해운기업경영론

류동근 김창수 윤방섭 신한원

博 英 社

본서는 중앙대학교 해운물류전문인력양성사업단에서
국토해양부의 지원사업으로 출간되었다.

머 리 말

오늘날 기업경영의 글로벌화와 국제물류관리의 중요성이 증대되어 해상운송에 대한 관심이 높아지고 있다. 해상운송은 세계경제의 성장과 국제무역의 발전에 기여하고, 국가경제발전에 필요한 원자재 및 수·출입 상품의 원활한 운송, 외화획득, 국위선양, 유사시 전쟁물자수송, 해운관련업의 성장 등 국익에도 많은 도움이 된다. 해상운송은 교통의 한 수단으로 선박을 이용하여 화물이나 여객의 장소적 이동을 목적으로 하는 운송서비스를 생산한다. 해운서비스를 제공하기 위해 많은 해운기업들이 역할을 수행하고 있다.

해운기업이란 해상운송 및 관련서비스를 생산하여 판매하며, 영리를 추구하는 생산경제단위이다. 즉 선박운항을 통해 화물이나 여객을 운송하는 해운선사뿐만 아니라 해운대리, 해운중개, 선박대여, 선박관리 등의 서비스를 제공하는 해운관련기업을 말한다. 이들 해운기업들은 해운 및 관련서비스를 생산한다는 점에서 일반 다른 기업들과 기업경영 활동측면에 많은 차이가 있다.

지금까지 해상운송과 관련된 많은 서적들이 출판되었다. 그러나 대다수의 서적들은 해상운송의 실무를 중심으로 내용이 기술되었다. 해운기업의 경영활동에 대해 이해할 수 있는 서적이 부족한 실정이다. 아직 해운기업의 경영활동에 대한 체계적인 연구나 이론정립이 미흡하여 이를 정리하고 책으로 출판하기 어려운 점이 있다. 저자들은 경영학이나 기업경영의 이론을 해운기업에 접목하여 해운기업경영의 이론을 체계화하고, 해운기업에 종사하는 실무자, 경영자와 해운경영관련 전공자들에게 해운기업경영에 대해 전반적으로 이해할 수 있도록 집필하고자 노력하였다.

하지만 앞서 언급한 해운기업에는 해운관련서비스를 제공하는 기업들이 있기 때문에 이들 기업들의 특수한 경영활동을 모두 반영하여 자세한 내용을 기술하기에는 힘든 점이 있었다. 일부 내용은 해운선사의 경영활동에 초점을 맞춰 기술되었다. 기업의 조직, 인적자원, 경영전략, 재무, 회계, 마케팅 등의 내용은 경영학의 일반이론과 해운기업의 특수성을 고려하여 기술하였다.

본서는 총 13장으로 구성되어 있다. 제 1 장에서 제 4 장까지는 해운기업경영의 개념, 해운기업환경, 해운기업성장, 부정기선과 정기선 해운에 대해 설명하였으며, 제 5 장에서 제 7 장까지는 해운기업의 조직관리, 인적자원관리, 리더십과 경영전략에 대해 기술하였다. 제 8 장에서는 해운기업의 마케팅에 대한 개념과 마케팅전략에 대해 설명하였다. 제 9 장에서 제13장까지는 해운기업의 회계정보개념 및 회계정보시스템, 경영성과와 재무상태, 재무분석, 회계정보의 전략적 활용, 세금과 회계정보에 대하여 정리하였다. 본서가 해운기업의 경영활동을 이해하는 데 조금이나마 도움이 되었으면 한다.

본서가 완성되기까지 많은 분들의 도움이 있었다. 자료의 수집과 정리 등 많은 도움을 준 천미림 박사, 김지범 교수, 김재웅, 김보영 그리고 교정을 위해 고생한 김현아에게 감사의 인사말을 전한다. 특히 이 책이 출판될 수 있도록 지원을 해 준 국토해양부와 중앙대학교 해운물류교재개발사업단 방희석 단장님께 감사의 뜻을 전하고 싶다. 그리고 편집과 교정에 수고해 주신 박영사 이일성 편집위원님께도 진심으로 감사드린다.

2009년 2월

저자일동 씀

차 례

CHAPTER 1 해운기업경영의 개념

CHAPTER 2 해운기업환경

CHAPTER 3 해운기업성장

CHAPTER 4 부정기선과 정기선해운

CHAPTER 5 해운기업의 조직관리

CHAPTER 6 해운기업의 인적자원관리

CHAPTER 7 해운기업경영의 리더십과 전략

CHAPTER 8 해운마케팅

CHAPTER 9 해운기업경영과 회계정보

CHAPTER 10 해운기업의 경영성과와 재무상태

CHAPTER 11 경영과 재무분석

CHAPTER 12 회계정보의 전략적 활용

CHAPTER 13 세금과 회계정보

CHAPTER

1

해운기업경영의 개념

제 1 절 기업과 경영의 개념

1. 기업의 개념

1) 기업의 정의

해운기업을 포함한 기업은 국민경제를 구성하는 기본적 단위이며, 영리목적을 추구하는 독립적인 생산경제단위이다. 기업은 정부, 단체, 학교 등과 같이 사회적인 조직체의 하나이며, 이들 조직체와 다른 점은 이윤을 추구할 목적으로 재화와 용역을 사회에 제공하려고 운영되는 조직체이다.

기업의 주된 활동은 제품이나 서비스의 생산 및 판매이다. 기업은 제품이나 서비스를 생산하여 판매하기 위해서는 사람, 자금, 토지, 원료 등 여러 가지 생산요소를 필요로 한다. 생산요소의 투입비용을 총비용이라 하고 생산된 재화를 판매하여 얻은 수익을 총수익이라 한다면, 총수익과 생산비용의 차이가 바로 기업이윤이 된다. 기업이 이윤극대화를 추구한다는 것은 생산요소를 효율적으로 사용하여 최소의 비용으로 최대의 효과를 거두기 위하여 노력한다는 것이다.[1)]

1) 윤심노, 현대경영학원론, 세학사, 2005, p. 22.

해운기업은 해상운송서비스를 생산하여 판매하며, 운송의 대가로 운임수입을 얻는다. 해운서비스를 생산하기 위해 자본, 선원, 선박 등 생산요소를 투입하고, 사람 또는 화물의 장소적 이동을 가능케 한다.

기업은 생산활동 및 이익창출 기능 외에도 고용을 창출하는 기능을 한다. 기업의 운영에는 경영자와 근로자 등 수많은 인력을 필요로 한다. 따라서 국민들에게 취업기회와 생활기반을 제공한다. 해운기업은 육상에 근무하는 근로자뿐만 아니라 선박에 승선하는 선원들을 고용한다. 선원들은 자국민뿐만 아니라 외국인들을 고용하여 선박에 혼승하는 경우가 많다.

한편 기업의 성장은 경제성장과 국가발전에 기여한다. 기업의 이윤은 기존제품의 개량, 신제품의 생산, 유통구조의 개선 등을 위해 재투자되어 생활환경이 개선되고 국가발전에 밑거름이 된다. 해운기업의 성장은 자국수·출입 화물의 안정적인 수송과 외화획득, 국위선양, 유사시 전쟁물자수송, 해운관련산업의 성장 등 국익에 많은 도움이 된다. 또한 기업은 사회적 욕구충족의 기능을 수행한다. 기업은 사회에서 요구하는 제품이나 서비스를 제공할 뿐만 아니라 문화사업, 각종 기부 등을 통해 사회에 직접, 간접으로 기여한다.

2) 기업의 특징

기업은 다른 경제주체와 구별되는 특징을 가지고 있다.

첫째, 기업은 목적의식을 가진 경제주체이다. 즉 특정한 경제목적을 실현하기 위하여 인위적으로 형성된 조직체이다.

둘째, 기업은 독립적인 개별 경제단위이다. 기업은 정부 및 가계와 함께 경제활동의 독립성을 가지고 있다.

셋째, 기업은 비영리조직과 대별되는 영리를 추구하는 생산경제주체이다.

넷째, 기업은 생산활동의 주체이다. 기업은 다양한 생산요소를 결합하여 생산활동을 수행하고, 일국의 경제적 부의 증대를 실현한다.

다섯째, 기업은 소득의 원천이다. 기업은 생산활동을 통해 기업에 참가하는 여러 이해관계자집단들에게 그들의 소득을 얻게 한다. 기업의 이익, 이익배당, 이자, 임금, 법인세 등은 다양한 이해자집단의 소득을 의미한다.

여섯째, 기업은 자발적으로 수요를 창조하고 개발하는 주체이다. 기업은 성장하기 위해 끊임없이 신제품개발, 광고, 판매촉진, 유통경로의 확립 등 마케

팅활동을 추구한다.[2)]

3) 기업의 성공요소

기업은 대내외 환경변화 속에서 생존하고 발전하게 된다. 기업이 경영활동 과정에서 성공하여 지속적으로 발전하기 위해서는 기본적인 요소를 갖추어야 한다.

첫째, 기업은 재무적인 성과를 달성해야 한다. 기업은 다양한 기업활동을 통해 기업의 가치를 극대화하고, 미래에도 지속적으로 존재하기 위해서는 이윤 극대화를 추구해야 한다.

둘째, 기업은 고객의 욕구를 충족시키는 상품이나 서비스를 제공해야 한다. 고객의 기호를 지속적으로 파악하고, 그들의 욕구를 만족시키는 것이 곧 이윤창출의 길이다.

셋째, 기업은 대내외 환경변화에 대응하여 지속적인 혁신과 창조의 노력이 필요하다. 새로운 기술변화에 대응하고, 경쟁기업보다 경쟁우위를 차지하기 위해 끊임없이 경영혁신을 모색하고, 기업의 생산성과 효율성을 향상시켜야 한다.

마지막으로, 기업은 조직구성원들로부터 헌신적인 자세를 이끌어 내야 한다. 조직의 구성원들이 자기 직무에 만족을 느낀다면, 자신의 능력을 최대한 발휘하여 기업의 성과를 높일 것이다. 따라서 기업은 종업원들에게 다양한 자기계발 및 의사결정에 참여할 수 있는 기회를 마련해야 한다.[3)]

2. 경영의 개념

1) 경영의 정의

경영이란 주어진 기업체의 목표를 효과적, 경제적, 능률적으로 달성키 위해 기업체가 활용하는 인적 및 물적 자원, 기술, 자본, 경영기법 등의 자원을 기획, 조직, 지휘, 조정, 통제하는 과정이라 할 수 있다. 경영은 하나의 시스템으로서의 기업체가 제조활동, 판매활동, 마케팅활동 등 제 활동을 전사적 수준

---

2) 신재정, 경영학원론, 법영사, 2001, pp. 29-30.

3) 전용수 외, 현대경영학의 개관, 법문사, 2006, pp. 12-14.

[그림 1-1] 기업의 경영활동

투 입	변환과정(경영활동)			산 출
관리대상 (경영자원 등)	기업활동	관리과정	기업경영	경영성과 (관리성과)
노동력, 자본, 물자, 정보, 설비, 기술, 지식, 전략, 조직문화	생산활동 마케팅활동 재무활동 인사활동	계 획 조 직 지 휘 통 제	생산관리 마케팅관리 재무관리 인적 자원관리	제품 및 품질에 대한 고객만족 소유주 및 조직구성원 만족

자료 : 임우진 · 장선구(2006).

에서 통합하여 기업목표를 달성키 위해 하는 총합관리와 기업체부문별로 각각 추구하는 부문목표를 원활하게 달성하기 위한 인사관리, 재무관리, 생산관리, 마케팅관리 등의 부문관리로 구성된다.[4]

2) 경영의 기능

경영의 기능이란 경영자가 기업목표를 능률적, 경제적, 효과적으로 달성하기 위하여 수행하는 직무를 의미하며, 크게 계획, 조직, 지휘, 통제기능을 나타낸다.

(1) 계 획(Planning)

기업체를 합리적으로 경영하기 위해서는 명확한 기업목표를 설정하고, 실행과정을 결정해야 한다. 이러한 과정을 계획이라고 하며, 계획수립단계에서 기업의 단기 및 장기 목표설정, 진행절차수립, 예산의 편성과 소요자원배분 등이 이루어진다. 계획은 기존 계획이 완료되기 전에 그 다음에 대한 미래계획이 수립되는 계속적인 과정이다. 계획수립시 기업환경조건의 변화를 반영시켜야 하며, 조건변화에 따라 계획은 수정되어야 한다.

4) 해운산업연구원, 해운경영론 I, 1993, p. 11.

(2) 조 직(Organizing)

조직은 수립된 계획을 행동으로 이행하는 과정을 의미한다. 조직을 통해서 경영자는 직무를 규정하고, 인사를 배치하며, 기술과 자원을 지원한다. 또한 조직 내의 모든 부서와 계층이 수행하는 직무활동을 상호간 조정하기 위해 유기적인 조직관계를 개발한다.

(3) 지 휘(Leading)

지휘는 기업의 목표를 달성할 수 있도록 조직구성원들을 인도하고 감독하는 경영자의 기능이다. 경영자는 직원들에게 동기부여를 통해 자발적으로 맡은 바 책임을 다하고 기업목적달성에 공헌할 수 있는 분위기를 조성해야 한다.

(4) 통 제(Control)

통제는 기업의 목표와 실제성과가 일치되도록 하는 경영자의 기능이다. 통제기능을 수행하려면 일상활동을 계획하고, 각종 표준을 설정하고, 모든 원가를 평가분석하고, 감독기능을 수행하고, 시정행위를 취해야 한다.

[그림 1-2] 경영의 4가지 기능

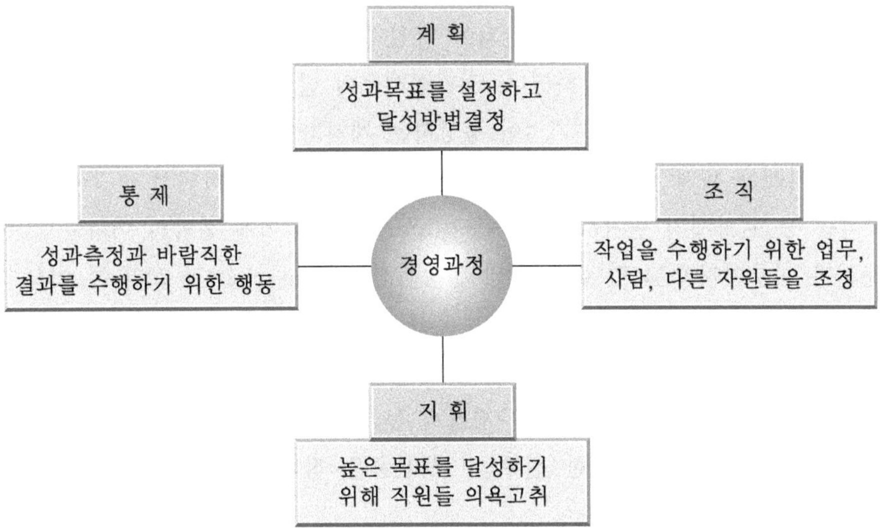

자료: 임우진·장선구(2006).

제 2 절 해운기업의 개념

1. 해운기업의 발전

해운기업은 해상운송의 발달과 함께 기업의 형태가 발전해 왔다. 시대별 해운기업의 발전과정을 살펴보면, 고대는 선박의 소유자가 자기의 선박으로 자기의 화물을 운송하는 자기운송인(private carrier) 시대였다. 즉 선주와 선장, 화주가 동일인이었다. 중세에는 상인(merchant)이 선주와 선원과 하나의 조합을 형성하여 자기상품을 운송하는 상인운송인(merchant carrier) 시대였다. 즉 상인은 화물을 조달하고, 선주는 선박을, 선원은 해상노동력을 제공하는 무역과 해운이 하나로 통합되는 형태이다.

근대는 모든 화주에게 정당한 운임으로 차별 없는 동등한 서비스를 제공하는 공공운송인(common carrier) 시대였다. 이 시기에는 18세기부터 19세기에 걸쳐 산업혁명이 일어났고, 증기선의 등장으로 선박운항의 안전성과 속력이 증가되어 해상운송의 규모가 크게 확대되었다. 또한 19세기 영국을 중심으로 유럽과 미국 사이에 정기선항로가 개설되어 타인의 화물을 전문적으로 운송하는 대중운송(public carrier)이 발달하였다. 정기선해운의 발달은 해운업이 무역업으로부터 분리되어 전문적 해운기업이 등장하는 계기가 되었다.

20세기에는 세계경제가 급속하게 성장하고, 공업이 발달하면서 철광석, 석유, 석탄 등 원자재의 원거리 대량수송이 요구되었다. 이에 선박의 대형화 및 전문화가 이루어지고, 10만 톤 이상의 철광석전용선(ore carrier)과 20만 톤 이상의 초대형 석유운반선(VLCC, ULCC) 등이 건조되었다. 그리고 탱커(tanker), 산적화물선(bulk carrier), 원목선(log carrier), 컨테이너선(container ship) 등이 운항하게 되었다. 또한 이 시기에 정유회사, 제철소 등 대기업의 경우 산하에 해운회사를 설립하여 자사가 필요한 원료 및 생산품을 직접 운송하는 산업운송인(industrial carrier)이 등장하였다.[5]

1970년대에는 1차 오일쇼크 이후 많은 선사가 도산하게 되고, 이에 따라

5) 기회원, 해운경영학, 해문출판사, 1988.

채권금융기관이 압류한 선박을 위탁관리하는 선박관리회사가 출현하게 되었다. 오늘날 해운선사는 선박관리 및 운항업무를 전문 선박관리회사에게 맡김으로써 비용을 절감하고 영업역량을 확대하는 추세이다.

2. 해운기업의 유형

기업의 형태는 일반적으로 기업의 규모, 업종, 출자자의 성격에 따라 분류된다. 먼저 기업의 규모에 따라 대기업, 중기업, 소기업으로 구분되며, 업종에 따라 제조업, 상업, 농수산업, 금융업, 서비스업, 운송업 등으로 분류된다. 그리고 출자성격에 따라 사기업, 공기업, 공사혼합기업 등으로 세분화된다. 기업의 규모, 출자성격에 따른 분류는 해운기업에도 적용되며, 해운기업은 업종분류상 운송서비스업에 속한다. 이 절에서는 해운기업의 형태를 해상운송과 관련된 업종에 따라 분류하고자 한다.

해운기업은 해상운송 및 이에 관련된 제반 서비스를 제공하는 기업이라 할 수 있다. 우리나라의 해운법 제 2 조 제 1 호에서 "해운업"이라 함은 해상여객 운송사업, 해상화물 운송사업, 해운중개업, 해운대리점업, 선박대여업 및 선

[그림 1-3] 해운업의 법적 구성

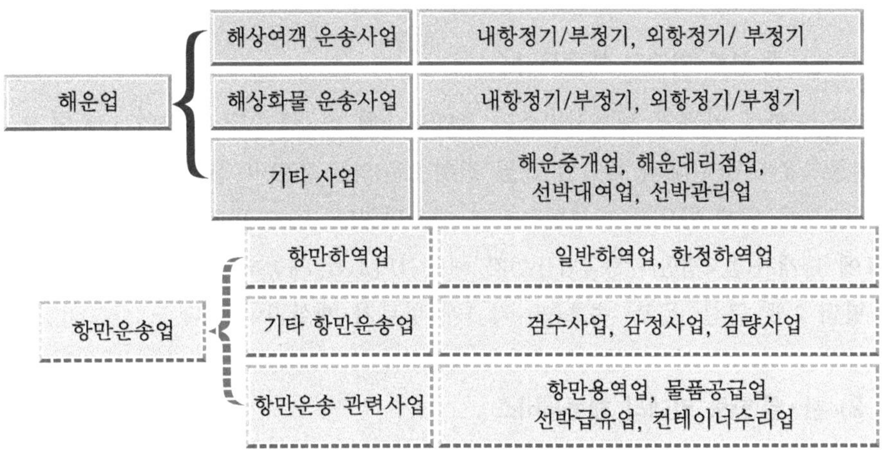

자료 : 부산시, 해운비즈니스 클러스터 구축전략수립 연구, 2009.

박관리업을 말한다고 규정하고 있다. 선박운항을 통해 화물이나 여객을 운송하는 사업뿐만 아니라 해상운송관련 서비스사업도 해운업에 속한다.

제3절 해상운송업의 형태

1. 해상여객 운송사업

해상 또는 해상과 연접한 내륙수로에서 여객선(13인 이상의 여객정원을 가진 선박)으로 사람 또는 사람과 물건을 운송하거나 이에 수반되는 업무를 처리하는 사업을 말한다.

해상여객 운송사업의 종류는 내항정기여객 운송사업, 내항부정기여객 운송사업, 외항정기여객 운송사업, 외항부정기여객 운송사업, 기타 해상여객 운송사업으로 구분된다. 내항정기여객 운송사업은 국내항간에 일정한 항로 및 일정표에 의하여 운항하는 해상여객 운송사업이며, 내항부정기여객 운송사업은 국내항간에 일정한 항로 또는 일정표에 의하지 않고 운항하는 해상여객 운송사업이다. 외항여객 운송사업은 국내항과 외국항 간 또는 외국항간에 운항하는 여객운송사업을 말한다.

1) 한·중 항로 카페리 해운서비스

한·중 항로 카페리 해운서비스는 1992년 8월 한·중 수교 이전인 1990년 9월 위동항운(인천-위해)과 1991년 12월 진천항운(인천-천진)이 양국 간의 인적 및 물적 교류를 위해 항로를 개설함으로써 개시되었다. 2007년 현재 총 15개(15척) 항로에 14개사(한국법인 7, 중국법인 7)가 해운서비스를 제공하고 있으며, 인천 10개, 평택 2개, 군산, 목포, 속초(러) 각 1개 항로가 개설되어 있다.

2) 한·일 항로 카페리 해운서비스

한·일 항로에서는 총 4개(13척) 항로에 7개사(한국법인 4, 일본법인 3)가 부산을 기점으로 오사카, 하카다, 시모노세키, 대마도로 서비스를 제공하고 있다.

한·일 항로는 연간 여객 180만 명, 화물 22만 TEU의 수송능력을 가지고 있으며, 1항차당 여객 4,069명, 화물 674 TEU를 운송할 수 있다.

[그림 1-4] 한·중·일 카페리 서비스항로

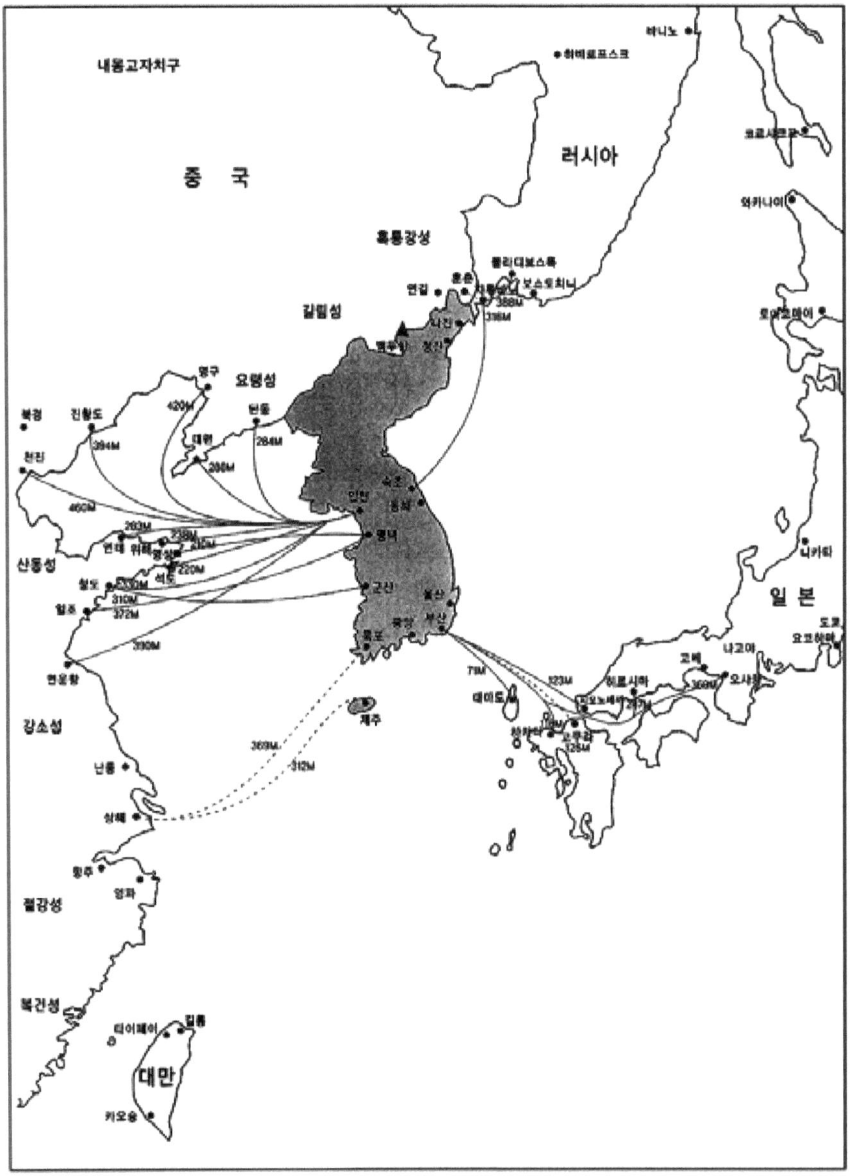

[표 1-1] 한·중 항로 국제카페리 현황

항 로	사업자	선 명	총톤수	수송능력	운항 횟수	건조일 (국적)	항 로 개설일
인천/위해 (238마일, 440km)	위동항운유한공사 (한·중 합작)	뉴 골든 브릿지 Ⅱ	26,463	여객 : 731명 화물 : 250 TEU	주 3회 (14H)	'90. 2 (파나마)	'90. 9
인천/청도 (330마일, 611km)	위동항운유한공사 (한·중 합작)	뉴 골든 브릿지 Ⅴ	29,544	여객 : 660명 화물 : 280 TEU	주 3회 (20H)	'97. 2 (파나마)	'93. 5
인천/천진 (460마일, 852km)	진천국제객화항운 (한·중 합작)	천 인	26,463	여객 : 800명 화물 : 274 TEU	주 2회 (25H)	'90. 2 (파나마)	'91.12
인천/연운항 (390마일, 722km)	연운항중한윤도 유한공사 (한·중 합작)	Zi Yu Lan (자옥란)	16,071	여객 : 392명 화물 : 293 TEU	주 2회 (24H)	'95. 8 (중 국)	'04.12
인천/연태 (283마일, 522km)	연태중한륜도 유한공사 (한·중 합작)	향설란	16,071	여객 : 392명 화물 : 293 TEU	주 3회 (15H)	'96. 3 (중 국)	'00.10
인천/대련 (288마일, 533km)	대인훼리㈜ (한·중 합작)	대 인	12,365	여객 : 555명 화물 : 125 TEU	주 3회 (17H)	'88. 7 (파나마)	'95.10
인천/단동 (284마일, 526km)	단동국제항 운유한공사 (한·중 합작)	동방명주 (오리엔탈펄 Ⅱ)	10,648	여객 : 599명 화물 : 130 TEU	주 3회 (16H)	'86. 8 (파나마)	'98. 7
인천/석도 (220마일, 407km)	영성화동해 운유한공사 (한·중 합작)	화동명주 (화동펄)	12,659	여객 : 599명 화물 : 132 TEU	주 3회 (13H)	'87. 7 (파나마)	'02. 7
인천/영구 (420마일, 778km)	범영훼리㈜ (한·중 합작)	자정향 (아라프랄리)	12,304	여객 : 332명 화물 : 228 TEU	주 2회 (22H)	'96.11 (중 국)	'03. 1
인천/진황도 (394마일, 730km)	진인해운유한공사 (한·중 합작)	욱금향	12,304	여객 : 348명 화물 : 228 TEU	주 2회 (21H)	'95.11 (한 국)	'04. 4
평택/영성 (210마일, 388km)	영성대룡해운 유한공사 (한·중 합작)	대 룡	8,091	여객 : 834명 화물 : 150 TEU	주 3회 (12H)	'80. 1 (한 국)	'01.10
평택/일조 (372마일, 689km)	황해훼리㈜ (한·중 합작)	케이씨 레인보우	24,946	여객 : 735명 화물 : 220 TEU	주 3회 (19H)	'92. 6 (한 국)	'03. 6
군산/청도 (310마일, 574km)	청해윤도㈜ (한·중 합작)	세원 1호	5,688	여객 : 300명 화물 : 228 TEU	주 3회 (18H)	'72. 1 (한 국)	'04.11
목포/상해 (378마일, 700km)	포시즌크루즈㈜ (한·중 합작)	케이씨 브릿지	16,340	여객 : 600명 화물 : 92 TEU	주 2회 (21H)	'80. 1 (한 국)	'06. 6
속초/훈춘/블라디 (378마일, 718km)	동춘항운㈜ (한·중 합작)	뉴동춘호	12,961	여객 : 599명 화물 : 119 TEU	주 2회 (17H)	'88. 1 (파나마)	'00. 4
15개 항로	14개 사	15척			주 39회		

자료 : 황해화객협의회.

[표 1-2] 한·일 항로 국제여객선 현황

항 로	사업자	선 명	총톤수	수송능력	운항 횟수	건조일 (국적)	항로 개설일
부산/시모노세끼 (123마일, 227km)	부관훼리 (한 국)	성 희	16,665	여객 : 601명 화물 : 120 TEU	주 3회 (10H)	'02. 4 (한 국)	'83, 4
	관부훼리 (일 본)	하마유	16,187	여객 : 500명 화물 : 114 TEU	주 3회 (14H)	'98. 8 (일 본)	'70. 6
부산/오사카 (369마일, 680km)	팬스타라인닷컴 (한 국)	팬스타드림	9,690	여객 : 552명 화물 : 220 TEU	주 3회 (18H)	'97. 3 (한 국)	'02. 4
		팬스타써니	26,183	여객 : 683명 화물 : 250 TEU	주 3회 (18H)	'93. 9 (파나마)	'02. 4
부산/하카다 (116마일, 214km)	카멜리아라인 (일 본)	뉴카멜리아	19,961	여객 : 522명 화물 : 220 TEU	주 6회 (7.5H)	'04. 7 (일 본)	'90. 12
	구주여객철도 (일 본)	비틀 2	164	여객 : 215명	주 7회 (3H)	'90. 11 (일 본)	'91.3
		비틀 3	162	여객 : 215명	주 7회 (3H)	'89. 8 (일 본)	'01. 4
		제 비	263	여객 : 215명	주 4회 (3H)	'89. 8 (일 본)	'98. 5
		제비 2	263	여객 : 215명	주 4회 (3H)	'94. 2 (일 본)	'03. 6
	미래고속 (한 국)	코 비	306	여객 : 222명	주 7회 (3H)	'97. 9 (한 국)	'02. 2
		코비Ⅲ	267	여객 : 221명	주 7회 (3H)	'77. 1 (파나마)	'02. 9
		하이제트	267	여객 : 214명	주 7회 (3H)	'75. 4 (파나마)	'04. 4
부산/(대마도) (71마일, 131km)	대아고속 (한 국)	씨플라워 2	363	여객 : 376명	주 3.5회 (2.5H)	'90. 6 (한 국)	'04. 8
4개 항로	7개 사	13척			주 68.5		

자료 : 정기선사협의회.

2. 해상화물 운송사업

1) 국내 해상화물 운송사업

해상 또는 해상과 연접한 내륙수로에서 선박(부선(艀船)이 예선(曳船)과 결합된 경우, 이를 포함)으로 물건을 운송하거나 이에 수반되는 업무(용대선(傭貸船)을 포함)를 처리하는 사업을 말한다. 해상화물 운송사업은 국내항간의 해상화물을 운송하는 내항화물 운송사업과 국내항과 외국항 간 또는 외국항간에 운송사업을 하는 외항정기화물 운송사업, 외항부정기화물 운송사업으로 구분한다.

내항화물 운송사업과 외항화물 운송사업을 영위하고자 하는 자는 국토해양부령이 정하는 바에 의하여 국토해양부장관에게 등록하여야 한다. 한편 원유, 제철원료, 액화가스, 기타 대통령령이 정하는 대량화물의 화주 또는 대량화물의 화주가 소유하거나 지배하는 법인이 그 대량화물을 운송하기 위하여 해상화물 운송사업의 등록을 신청한 경우에는 미리 관련업계, 학계 및 해운전문가 등으로 구성된 정책자문위원회로부터 국내해운산업에 미치는 영향 등에 대한 자문을 들어 등록 여부를 결정한다.

우리나라의 내항화물 운송사업에는 700여 개 업체가 2,000여 척의 선박을 운항하고 있으며, 선종별로는 예부선이 전체의 70% 이상을 차지하고 있다. 2007년 내항화물 운송사업의 운송실적은 1억2천톤 규모이며, 정점이었던 2003년에 비해 17.4% 감소하였다.

[그림 1-5] 내항화물 운송사업 현황

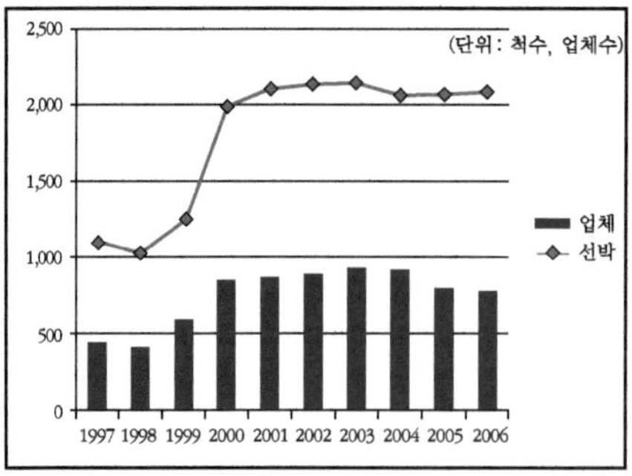

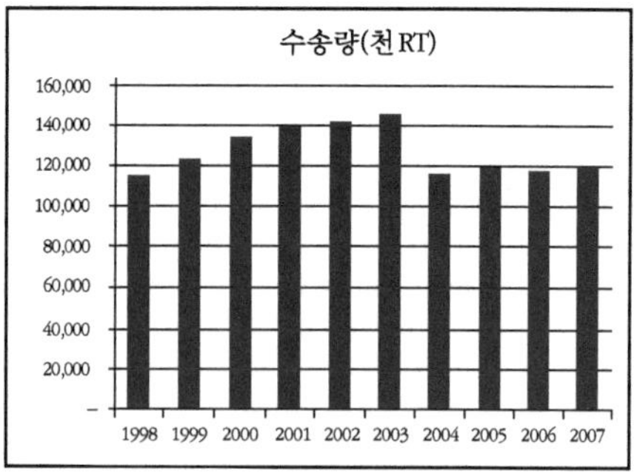

자료 : 부산시, 해운비즈니스 클러스터 구축전략수립 연구, 2009.

[그림 1-6] 외항화물 운송사업 등록현황

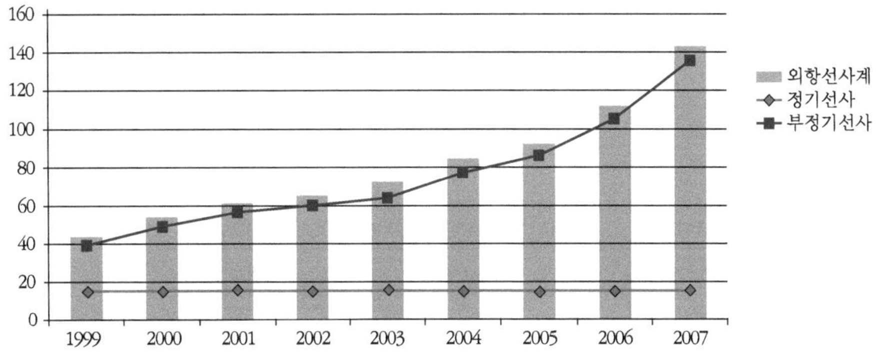

자료 : 부산시, 해운비즈니스 클러스터 구축전략수립 연구, 2009.

우리나라의 외항선사는 최근 급격한 증가추세를 보이고 있으며, 증가는 부정기선부문에 집중하고 있다. 2007년 정기선부문 등록선사는 15개 사로, 풀 컨테이너선 112척 등 119척 23만8천 TEU의 선복을 운영하고 있다. 부정기선부문에는 모두 136개 사가 등록하여 599척, 2,488만여 DWT의 선복을 운영하고 있다. 정기선부문에서는 한진해운과 현대상선이 총선복(TEU 기준)의 약 79%를 점할 만큼 집중도가 높다. 부정기선부문에서는 한진해운, STX 팬오션, 현대상선 3사의 집중도가 DWT 기준으로 약 절반에 달하고 있다.

2) 세계 주요 컨테이너선사

2008년 기준으로 세계 20대 컨테이너선사의 보유선박 척수는 8,762척이며, 1,260만 TEU의 선복량을 가지고 있다. 이 중 덴마크국적의 Maersk 선사는 446척, 163만 TEU 선복량을 보유하여 1위를 차지하고 있고, 다음으로 스위스의 MSC 선사가 359척, 120만 TEU, 프랑스의 CMA-CGM 선사가 238척, 70만 TEU, 대만 Evergreen 선사가 177척, 62만 TEU, 독일 Hapag-Lloyd 선사가 142척, 49만 TEU, 중국 COSCO 선사가 141척, 42만 TEU의 선복량을 가지고 있다.

우리나라의 한진해운은 74척, 32만 TEU로 12위, 현대상선은 선박 45척, 19만 TEU로 17위를 차지하였다.

[표 1-3] 세계 20위 글로벌 컨테이너선사 현황

Ranking	Operator	Country/territory	No. of ships in 2008	TEU capacity in 2008
1	Maersk Line	Denmark	446	1,638,898
2	MSC	Switzerland	359	1,201,121
3	CMA-CGM Group	France	238	701,223
4	Evergreen	Taiwan Province of China	177	620,610
5	Hapag Lloyd	Germany	142	491,954
6	COSCON	China	141	426,814
7	CSCL	China	122	418,818
8	APL	Singapore	117	394,804
9	OOCL	Hong Kong(China)	84	351,542
10	NYK	Japan	87	331,083
Subtotal			1,913	6,576,867
11	MOL	Japan	104	325,030
12	Hanjin	Republic of Korea	74	321,917
13	K-Line	Japan	91	293,321
14	Yang Ming	Taiwan Province of China	83	276,016
15	Zim	Israel	84	243,069
16	Hamburg Sud	Germany	76	196,632
17	HMM	Republic of Korea	45	194,350
18	PIL	Singapore	72	140,135
19	Wan Hai	Taiwan Province of China	75	125,393
20	CSAV	Chile	48	108,927
Total 1-20			2,665	8,801,657
World container cellular fleet at 1 January 2008			8,762	12,657,725

자료 : UNCTAD(2008).

3) 세계 주요 벌크선사

세계 주요 벌크선사는 보유선대선복량이 1,000만 DWT가 넘는 4개의 대형 선사가 있고, 나머지 선사들은 200-300만 DWT의 선복량을 가지고 있다. 세계

[표 1-4] 세계 10대 벌크선사(2004)

구 분		보유선대		사업부문
순위	선사	척수	선복량 (천 DWT)	
1	MOL	593	40,406	자동차, LNG, 유조선, 크루즈, 연안, 컨테이너
2	NYK	617	35,233	벌크선, 컨테이너선, 유조선, 물류
3	K-Line	363	21,469	벌크선, 자동차, LNG, 석탄, 유조선, 컨테이너
4	ZMA	106	12,122	벌크선중심
5	KG Jeben	90	3,626	벌크선, 시멘트, OBO, 설탕운반선
6	World-Wide	20	3,616	벌크선중심
7	Marmaras	41	3,278	벌크선중심
8	STX 팬오션	71	3,633	벌크선, 컨테이너선, 케미컬선, 유조선
9	Angelicoussis	30	2,881	벌크선중심
10	대한해운	21	2,636	벌크선, LNG선, 컨테이너선
합 계		1,952	128,900	

적으로 규모가 큰 벌크선사는 MOL, NYK, K-Line, ZAM 선사들이며, ZAM을 제외한 나머지 선사들은 모두 일본선사들이다. 세계 최대규모의 선사는 MOL이며, 선박 593척, 4,000만 DWT를 확보하고 있으며, 자동차, 유조선, LNG, 크루즈선, 컨테이너선과 같이 다양한 선종을 운항하고 있다. 일본 NYK 선사는 617척, 3,500만 DWT를 확보하고 있다. 우리나라는 STX 팬오션, 대한해운이 선복량기준으로 세계 8위와 10위를 각각 기록하고 있다.

제 4 절 해상운송 관련사업

1. 해운대리점업

1) 해운대리점의 정의

해운대리점 또는 선박대리점이란 현행상법 제 1 편 제 5 장에서 규정하고 있는 대리상의 하나이다. 대리상이라 함은 “일정한 상인을 위하여 상업사용인이 아니면서 상시 그 영업부류에 속하는 거래의 대리 또는 중개를 영업으로 하는 자"를 말한다(상법 제87조). 그러므로 해운대리점이란 운송용역을 판매하는 해상운송사업자의 거래를 대리 또는 중개하는 사업자라고 할 수 있으며, 해상운송사업자와 해운대리점 간의 관계는 계약에 의거한다.

일반적으로 대리상으로서의 선박대리점은 그러한 계약에 의거 운송인으로부터 운송거래의 대리에 따른 일정한 수수료를 지급받는 외에 아무런 보수도 받지 않고 대리점사무비를 스스로 부담하는바, 운송인의 피고용자가 아닌 독립된 영업자이다. 그러나 그 거래는 운송인을 대리하여 운송인의 용역을 판매하는 것일 뿐 자기의 이름으로 영위되는 것이 아니므로, 대리나 중개 등의 거래가 이루어진 경우에는 지체없이 운송인에게 그 거래의 내용을 통지하여야 한다.

이상과 같이 해운대리점은 운송용역거래를 대리할 뿐 아니라 판매자와 구매자 간의 거래를 중개할 수도 있는바, 이 같은 경우에는 운송용역의 중개인이 된다.[6]

2) 해운대리점의 기능

해운대리점은 해상화물 운송사업을 영위하는 자를 위하여 통상 그 사업에 속하는 거래의 대리업무를 수행한다. 선박을 통하여 화물을 운송하는 과정에서 특정항구에 선박이 입항해서 화물의 양·적하에 관련된 제반 업무를 담당한다. 즉 세관의 적하목록신고, 화물하역에 관한 정보제공, 수·출입 관련 하주와의 커뮤니케이션, 화물집하 등의 업무를 선주 혹은 용선주를 대리하여 업무를 수행한다.[7] 주요 업무의 흐름은 다음과 같다.

- 선박입항예정일을 확인
- 필요한 서류를 구비(선박증서/선원명부/보건상태신고서 등)
- 입항 하루 전에 항만청, 세관, 법무부에 입항예보(EDI 전송)
- 법무부에 선원들의 상륙신청을 하여 상륙증을 발급받음
- 선박입항 당일에는 본선이 부두접안과 동시에 세관과 법무부에 입항통보
- 선장에게 보건상태신고서나 선박동정 등에 사인을 요청하고, 필요한 서

6) 정경인(2008), "소프트시스템방법론(SSM법)에 의한 해운대리점 발전방향 설정에 관한 개념모형 연구," 경영학석사학위논문, 한국해양대학교.

7) 정경인, 상게서.

류(상륙증) 전달
- 보건상태신고서는 검역소에 제출하고, 선박입항완료를 항만청과 법무부, 세관에 통보
- 하역작업이 끝나는 시간에 맞추어 출항수속개시
- 세관에서 출항면장을 부여받아 본선에 전달하고, 앞서 주었던 상륙증은 회수하여 법무부에 반납
- 출항수속을 마친 후 출항완료를 항만청과 법무부에 보고
- 선박이 출항한 후 선주에게 보고서를 제출
- 출항시간, 본선동정, 차항지도착시간을 통보
- 발생된 경비를 정리하여 선주에 보고

2. 해운중개업

해상화물운송의 중개, 선박의 대여, 용대선(傭貸船), 매매를 중개하는 사업을 해운중개업이라고 말한다. 용대선(傭貸船)이란 해상여객 운송사업이나 해상화물 운송사업을 영위하는 자 상호간 또는 해상여객 운송사업이나 해상화물 운송사업을 영위하는 자와 외국인 간에 사람 또는 물건을 운송하기 위하여 선박의 일부 또는 전부를 용선하거나 대선하는 것을 말한다.

해상여객 운송사업 또는 해상화물 운송사업을 영위하는 자 외의 자가 그가 소유하거나 소유권을 이전받기로 약정하고 임차한 선박을 타인(외국인을 포함)에게 대여하는 사업을 선박대여업이라고 말한다. 해운중개회사는 선박의 대여, 용대선(傭貸船) 또는 매매를 중개하고, 수수료를 받아 사업수익을 창출한다.

용선계약은 보통 선박중개업자(ship broker) 또는 용선중개인(chartering broker)을 통하여 이루어진다. 용선시장에서 용선자 또는 선주는 일반적으로 세 가지 경로를 통해 용선계약을 체결한다.

첫째, 용선거래에 용선자의 중개인(charterer's broker)과 선주의 중개인(shipowner's broker)이 용선계약협상에 참여하는 경우이다. 이 때 용선자의 중개인은 용선자의 이익을 대변하고, 선주의 중개인은 선주의 이익을 대변하여 항해용선 또는 정기용선 거래를 도와 준다.

[그림 1-7] 지역별 해운중개업 현황

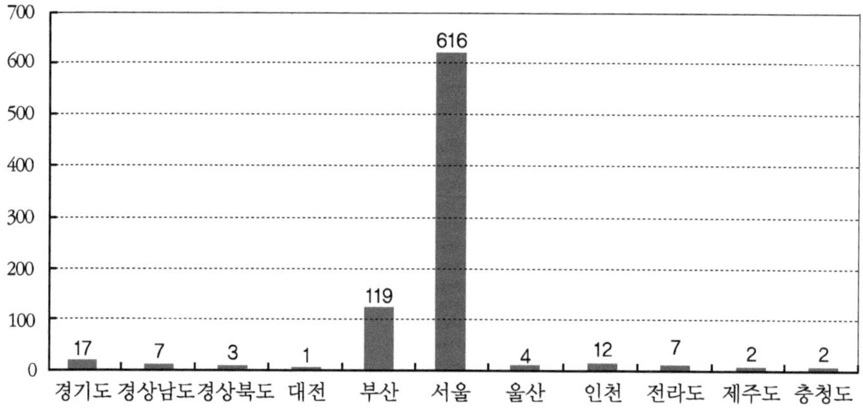

자료 : 부산시, 해운비즈니스 클러스터 구축전략수립 연구, 2009.

둘째, 용선자와 선주 사이에 단독중개인(sole broker)이 용선협상을 담당하는 경우이다.

마지막으로, 용선자와 선주의 용선거래에 중개인이 개입하지 않고 직접 용선계약을 체결하는 경우이다.

국내 해운중개업체들은 대부분 서울지역에 집중되어 있으며, 2009년 현재 전체의 78%인 616개 해운중개업체들이 서울에 소재하고, 그 다음으로 119개 업체가 부산에 소재하고 있다.

3. 선박관리업

1) 선박관리의 발달

해운선사는 선박의 소유를 통해 선원의 고용, 선박의 기술적 관리, 상업적인 운항업무 등을 자사조직 내에서 일괄적으로 수행한다. 그러나 오늘날 주요 선진해운국가에서는 소수의 정기선사만이 이러한 관리형태를 유지하고 있으며, 부정기선사를 중심으로 한 대다수의 해운선사는 선박의 소유, 관리, 운항업무의 전문화 및 분업화를 통해 기업경영의 효율성을 제고시키고, 국제경쟁력을 향상시키고 있다.

특히 1970년대와 1980년대의 해운불황기를 거치면서 유럽선사들이 경영합리화와 선원비의 절감을 위해 선박관리업의 중요성을 크게 인식함에 따라 세계해운시장에서 선박관리회사의 역할과 비중이 점차 커지고 있다.[8)]

2) 선박관리업의 정의

선박관리업은 선주와 경영관리계약을 체결하여 해운선사의 관리기능의 일부 또는 전부를 선주를 대신하여 수행할 뿐만 아니라, 선주에게 각종 특수서비스를 제공하여 반대급부로 선주로부터 관리수수료를 받는 전문서비스업을 말한다. 즉 자기자본 및 타인자본을 이용해 선박을 신조하거나 매입해서 선박의 소유권을 갖는 선박소유업무, 선박을 운항가능한 상태로 유지하기 위한 선박관리업무, 그리고 해상운송서비스를 제공하기 위한 선박운항업무로 구성된 해운선사의 제반 경영활동을 대행하는 서비스회사가 바로 선박관리회사이다.

(1) 상업적 선박관리(Commercial Management)

1970년대 오일쇼크의 영향으로 많은 선사들의 채무이행이 불가능하였다. 이로 인해 선박이 선박금융업자에게 인도되었으며, 선박금융업자는 상업적 운항 및 관리능력이 가능한 선박관리업자에게 선박관리를 위탁하게 되었다. 선박관리회사의 상업적 관리업무는 용선계약, 운송계약의 성립, 선박의 매매, 각

[표 1-5] 선박관리회사의 제공서비스

구 분	서비스내용
시장조사 및 시장활용범위	운임률, 용선자의 선택, 단기용선 또는 기간용선의 선택
용선서비스	선박의 지정, 협상, 용선계약서의 완성 등 선주가 기대하는 중계기능
항해서비스	용선계약서에 따른 운임징수, 조출료 및 체선료의 협상과 지급, 선박과 선주에 관련된 클레임의 기소나 방어 등
항해회계서비스	소유은행에 제출하는 지급된 관리비와 실제 항해계정상의 차이와 잔액에 대한 설명
기술적 운항서비스	선원배승, 선식품, 선용품, 윤활유, 수리유지 등과 관련된 통상 한 달 기준 경비서비스

8) 한국선원선박문제연구소, 선박관리회사제도의 발전적 운영방안, 부산: 한국선원선박문제연구소, 1991, p. 41.

종 컨설턴트 등을 포함한다.

(2) 기술적 선박관리(Technical Management)

선박관리회사의 기술적 관리는 선용품, 연료유 등의 조달, 선박의 정비, 수리, 보험수배, 선박에 관한 각종 감독 등의 업무를 말한다.

(3) 선원관리(Crew Management)

선박관리업체 중 선원관리만을 전문적으로 담당하는 경우가 있다. 국제적인 자격을 충족하고, 선주나 선원관리회사의 고용기준에 맞는 선원을 공급할 책임을 가진다. 또 선원의 선박 승선 및 귀환, 훈련과 복지업무를 수행한다.

3) 세계 선박관리업의 현황 및 전망

선박관리업은 1970년 이후 지속적인 환경변화와 성장을 거듭하여 오늘날에는 해운의 종속된 산업에서 탈피하고, 독립적인 고부가가치산업으로 자리매김하고 있다. 선박관리업체들이 제공하는 서비스는 선박관리, 선원관리, 선원양성뿐만 아니라, 구매, 보험, 재무, 회계, 선박매매, 선박금융, 용선, 선박중개, 컨설팅까지 고객의 다양한 욕구를 충족할 수 있는 통합선박 관리서비스(Integrated Management Service)를 지향하고 있다.

2005년 1월 기준 선박관리 시장규모는 종합관리의 경우 1,500-1,700척, 선원관리의 경우 4,500-5,500척으로 전망하고 있다. 선박관리시장의 성장잠재력 측면에서는 세계 총 선복량이 35,600척에 이를 것으로 추정하고 있다. 연간 2.0%(700척)의 성장률을 기록하고, 제3자 선박관리회사의 연간 선대증가량은 6.0-8.0%(90-130척)에 이를 것으로 예상된다. 종합관리(Full Management) 서비스부문은 향후 10년 후 3,500-4,500척으로 증가할 전망이며, 선원관리(Crew Management) 서비스부문은 단계적으로 감소될 전망이다.

2009년 기준으로 세계 주요 선박관리회사 중 V. SHIP사가 가장 규모가 크며, The Schulte Group, Barber Ship Management, Columbia Ship Management, Anglo Eastern사가 그 뒤를 차지하고 있다. V. SHIP사는 총 1,000척의 선박과 25,600명의 선원을 관리하고 있으며, 전세계적으로 70개의 지점을 두어 글로벌 네트워크망을 구축하고 있다. 세계 5대 선박관리회사의 경우 330척에서 1,000

[표 1-6] 세계 5위 선박관리회사 현황

순 위	2001		2005		2009	
	회사명	규 모	회사명	규 모	회사명	규 모
1	V. Ship (Monaco)	·선박 670여 척 ·선원 22,500명 ·직원 1,100명 ·40개 지점소	V. Ship (Monaco)	·선박 900척 ·선원 22,500명 ·직원 1,145명 ·44개 지점소	V. Ship (Isle of Man)	·선박 1,000척 ·선원 24,000명 ·직원 1,600명 ·70개 지점소
2	Bernard Schulte (Germany)	·선박 400척 ·선원 6,000명 ·직원 500명 ·23개 지점소	Berhard Schulte (Germany)	·선박 434척 ·선원 7,900명 ·직원 470명 ·50개 지점소	Berhard Schulte (Germany)	·선박 590척 ·선원 15,000명 ·직원 1,000명 ·지점소 –
3	Barber (Norway)	·선박 220척 ·선원 6,000명 ·직원 360명 ·33개 지점소	Barber (Norway)	·선박 250척 ·선원 6,400명 ·직원 426명 ·지점소 –	Anglo Eastern (Hong Kong)	·선박 370척 ·선원 11,000명 ·직원 600명 ·22개 지점소
4	Columbia Ship management (Cyprus)	·선박 150척 ·선원 – ·직원 – ·24개 지점소	management (Cyprus)	·선박 300척 ·선원 6,000명 ·직원 – ·23개 지점소	Wallem (Hong Kong)	·선박 340척 ·선원 7,800명 ·직원 700명 ·55개 지점소
5	Anglo Eastern (Hong Kong)	·선박 130척 ·선원 5,000명 ·직원 63명 ·12개 지점소	Wallem (Hong Kong)	·선박 240척 ·선원 6,000명 ·직원 600명 ·39개 지점소	Columbia Ship management (Cyprus)	·선박 330척 ·선원/직원 8,500명

자료 : 김종태(2009).

여 척의 선박을 관리하고, 8,500명에서 25,000여 명의 선원을 관리하고 있다. 글로벌지점망 수에서는 22개 소에서 70개 소로 나타나고 있다. 관리선종 또한 벌크선, 컨테이너선, 자동차전용선, 케미칼선, 유조선, LPG 선, LNG 선, 여객선, 크루즈선, 냉동선 등 전선종을 대상으로 하고 있다.

4) 국내 선박관리업의 현황

2007년 말 기준 외국적선을 관리하는 국내 선박관리업체 중 시도상선이 가장 매출규모가 크며, 그 다음으로 해영선박, 한국선무 등 모기업의 선박을 관리하는 업체들이 매출기준 상위권을 차지하고 있다.

외국적선의 외화수입 현황은 2007년에 4억9천만 USD를 기록하였으며, 2005

[표 1-7] 외국적선 선박관리업체 상위 10개사 현황 및 실적

순 위	회사명	선박관리	선원관리			중점영업분야				연 매출액 (단위 : US$)
		상 선	계	해기사	부 원	선박관리	선원관리	보험관리	기 타	
1	시도상선	57	57	52	5	O	O	O	O	84,832,016
2	해영선박	12	57	57	0	O	O		O	34,979,400
3	한국선무	10	37	37	0	O	O			28,355,373
4	동진상운	63	377	284	93		O		O	27,839,900
5	동국상선	82	302	237	65		O		O	22,515,490
6	우일상운	56	210	137	73	O	O		O	21,927,000
7	세진상운	18	31	31	0	O	O			16,420,147
8	경일상운	27	90	90	0	O	O		O	15,234,699
9	아이엠에스코리아	46	226	220	6	O	O		O	14,281,981
10	케이에스아이엠	4	17	17	0		O			14,116,275

자료 : 한국선박관리업협회 내부자료.

년부터 2007년까지 연평균 19.3%의 증가율을 보이고 있다.

외국적선의 외화수입은 선원임금과 관리수수료, 그 외 기타 항목으로 구분할 수 있으며, 이 중 관리수수료의 수입은 2007년 기준으로 3천8백만 USD를 기록하면서 연평균 16.4%의 가장 높은 증가율을 보이고 있다.

2007년 매출액기준 우리나라 국적선 선박관리업체 중 범진상운이 약 240억 원의 매출을 기록하여 1위를 차지하였고, 그 다음으로 매출액이 약 170억 원인 STX가 2위를 차지하였다.

국적선의 외화수입현황은 2007년에 1천7백억 원을 기록하였으며, 2004년부

[표 1-8] 외국적선 외화수입 현황

(단위 : USD)

구 분	총합계	선원임금	관리수수료	기 타
2005	354,331,116	187,898,807	28,917,994	137,514,315
2006	400,532,088	197,048,318	33,560,092	169,923,678
2007	490,905,580	215,088,962	38,353,243	237,463,375
연평균증감(%)	19.3	7.1	16.4	35.2

자료 : 부산시, 해운비즈니스 클러스터 구축전략수립 연구, 2009.

[표 1-9] 국적선선박 관리업체 상위 10개 사 현황 및 실적

순위	회사명	선박관리	선원관리			중점영업분야				연매출액 (단위 : 원)
		상선	계	해기사	부원	선박관리	선원관리	보험관리	기타	
1	범진상운	50	475	347	128	O	O	O	O	23,929,681,231
2	STX	64	845	510	335	O	O	O	O	17,303,150,470
3	디엘쉬핑	8	95	70	25	O	O		O	16,189,800,000
4	우림선박	20	202	150	52	O	O		O	12,345,282,980
5	제오마린	28	196	136	60	O	O		O	9,772,000,000
6	한진에스엠	23	148	119	29	O	O		O	9,472,587,189
7	씨엔케이씨엘	17	212	135	77	O	O		O	9,267,334,665
8	금강선박	16	168	111	57	O	O		O	6,478,451,624
9	새한선관	6	47	40	7	O	O		O	5,650,000,000
10	코리아쉽메니져스	5	40	38	2	O	O			4,645,191,637

자료 : 한국선박관리업협회 내부자료.

터 2007년까지 연평균 23.92%의 증가율을 보이고 있다.

국적선의 외화수입 역시 외국적선과 마찬가지로 선원임금과 관리수수료, 그 외 기타 항목으로 구분할 수 있으며, 이 중 선원임금의 수입은 2007년 기준으로 1천2백억천 원을 기록하면서 연평균 29.83%의 가장 높은 증가율을 보이고 있다.

[표 1-10] 국적선 외화수입 현황

(단위 : 천원)

구 분	총합계	선원임금	관리수수료	기 타
2004	96,722,966	69,015,431	12,514,302	15,913,233
2005	119,855,338	89,601,899	14,390,965	15,862,474
2006	138,522,071	97,903,143	15,695,028	24,923,900
2007	173,926,992	123,728,334	19,451,106	30,747,552
연평균증감(%)	23.92	29.83	15.00	4.40

자료 : 부산시, 해운비즈니스 클러스터 구축전략수립 연구, 2009.

4. 국제복합운송업

1) 국제복합운송의 발달

1956년 미국의 말콤 맥린(Malcom P. McLean)이 뉴욕과 휴스턴 간에 컨테이너를 적재한 선박을 운항한 이후 컨테이너운송이 본격화되었다. 이러한 컨테이너운송 시스템의 개발은 국제복합운송의 발달을 가속화시켰다.

복합운송은 화물유통의 신속성 및 안정성 제고, 화물유통의 저렴성확보, 운송서류의 간소화, 노동력부족의 해결, 하역설비의 자동화, 무역의 확대 등 많은 경제적 이점이 있다. 운송인의 입장에서는 컨테이너운송에 의한 선박의 가동률이 증대되고, 규모의 경제를 실현할 수 있게 됨에 따라 화물단위당 비용이 절감되고, 기계화 및 자동화에 따른 인건비절감 및 대량화물의 신속한 취급 등의 이점을 얻을 수 있다. 또한 화주의 입장에서는 운송비, 포장비, 하역비, 보관비, 보험료 등의 절감과 신속한 운송에 따른 빠른 자금회전 등 많은 측면에서 경비를 절감할 수 있게 되었다.[9)]

한편 1980년대 전반까지도 미국내륙의 복합화물운송은 트럭에 크게 의존하였으나 이단적열차(Double Stack Train : DST)의 등장으로 안전, 정확, 대량수송면에서 우세한 철도수송이 크게 각광을 받게 되고, 미국내륙의 복합운송방식이 크게 전환되는 계기가 되었다. 이러한 철도를 이용하여 주요 지점까지 수송한 후 트럭에 접속하여 최종목적지까지 운송하는 Interior Point International(IPI), Mini Land Bridge(MLB) 등의 수송형태가 개발되었다.

국제복합운송의 발전과 컨테이너선사들의 사업다각화전략으로 1980년대부터 세계 주요 컨테이너선사들이 내륙운송사업에 참여하기 시작하였으며, 종래 항만(port-to-port) 서비스에서 운전(door-to-door) 서비스로 서비스범위가 확대되었다. 또한 복합운송의 수요증가로 컨테이너선사들이 전용컨테이너 터미널을 확보하여 운영하기 시작하였다.

1980년 UNCTAD의 유엔국제물품복합운송조약(United Nations Convention on International Multimodal Transport of Goods)에서 복합운송을 두 가지 이상의 운송방법(선박/항공/철도/도로 운송)에 의한 운송, 복합운송인이 운송물품의 수령지와 인

9) 김현겸, "우리나라 복합운송주선업의 구조고도화방안 연구," 해양한국, 1999. 5.

도지가 다른 두 나라 사이의 운송, 하나의 운송계약에 의한 운송이라 정의하고 있다.

복합운송의 대표적인 특징은 다음과 같다.

- 복합운송인은 전운송구간 내지 전운송기간 단일운송책임(through liability)을 원칙으로 한다.
- 전운송구간을 한 장의 선하증권으로 커버할 수 있는 통운송선하증권(through B/L)을 발행하며, 이 때 복합운송인이 발행하는 통운송선하증권을 복합운송증권이라 한다.
- 운임은 전구간을 묶어서 하나의 일관통운임(through rate)을 설정한다.
- 어떤 운송방식을 이용하던 매도인으로부터 매수인에게까지 모든 물품운송은 복합운송인에 의해 이루어진다.
- 복합운송인은 일관운송의 전체적인 책임을 지고, 모든 구간에 있어 관계구간운송과 운송계약을 체결한다.

2) 국제복합운송인의 유형

국제복합운송인은 두 가지 이상의 운송수단을 이용하여 두 나라 사이에 화물수송을 책임지는 운송인을 말하며, 이를 CTO(Combined Transport Operator), MTO(Multimodal Transport Operator), ITO(Intermodal Transport Operator)라 부른다. 복합운송인은 다음 세 가지 유형으로 구분된다.

① 운송회사형 복합운송인

해운회사, 항공사, 철도, 트럭 등의 육상운송회사가 복합운송인의 역할을 하는 경우이다. 오늘날 세계 주요 컨테이너선사는 해상과 육상을 연결하는 일관복합운송 서비스를 제공하고 있다.

② 계약형 복합운송인

복합운송주선인(freight forwarder)은 계약형 복합운송인의 대표적인 예이다. 즉 운송수단을 직접 보유하지 않고 화주를 대표하여 해운, 항공, 육상 운송회사와 운송계약을 체결하고, 운송주체자로서의 기능을 수행하는 운송인을 말한다.

[표 1-11] 복합운송주선인의 발전단계

유 형	업무형태
수동적인 운송주선인	기본적인 운송정보만 제공하며, 화주의 요구에 의하여 수동적으로 집화
적극적인 운송주선인	적극적인 조언과 자문을 통하여 화물집화추구
다양한 서비스운송주선인	광범위한 서비스를 선택적으로 제공할 수 있는 능력을 겸비
포괄적인 운송주선인	광범위한 서비스를 포괄적으로 제공하며, 적극적인 화물집화

자료 : Christopher H. Lovelock(1988), "Managing Services," Englewood Cliffs, New Jersey : Prentice-Hall, p. 61.

③ 무선박복합운송인

무선박복합운송인(Non Vessel Operating Combined Transport Operator : NVOCTO)은 복합운송주선인과 같이 선박을 직접 소유하거나 운항하지는 않지만, 자기의 운임(tariff)에 따라 자기의 책임 하에 해상운송과 내륙운송업자와 제휴하여 일관수송을 책임지는 운송인이다.

3) 운송주선인의 기능

운송주선인(프레이트 포워더)은 운송대리인으로서 국제화물운송을 주선하며, 전운송과정에 걸쳐 화물이 안전하고 원활히 운송되도록 관리한다.

세부적인 기능은 다음과 같다.

- 조 언(advice) : 고객에게 운송수단별 최상의 운송경로 및 소요비용, 화물의 포장방법, 각국의 운송규정과 수·출입 규정 등에 관해 조언을 한다.
- 통관업무(customs clearance) : 세관원 및 관세사들과 긴밀한 접촉을 유지하면서 화주를 대신해 관세사를 통해 통관수속을 한다.
- 선복예약(space booking) 및 운송계약체결(conclusion of the contract of carriage) : 특정화주의 대리인으로서 자기명의로 운송계약을 체결한다.
- 운송관련 서류작성(documentation) : 선하증권, 항공운송장, 통관서류, 원산지증명서, 보험증권, 선적지시서 등의 서류를 포워더가 직접 작성하든가, 또는 화주가 작성하는 경우 효율적인 조언을 한다.
- 화물의 집화, 분배(distribution), 혼재(consolidation) 서비스 : 운송주체자로서

의 업무로 포워더 본연의 중요한 기능이다.

- 창고 및 보관(warehousing & storing): 자기창고를 소유하거나 창고업자와 제휴하여 보관서비스를 제공한다.
- 보험수배(insurance coverage): 화물보험형태, 보험금액, 보험조건 등에 관해 화주에게 조언을 하며, 화주를 대신해 보험수배를 한다.

CHAPTER

2

해운기업환경

제 1 절 해운기업환경의 개요

1. 기업환경의 개념

해운기업을 포함한 모든 기업은 언제나 대내외 환경 속에서 기업활동을 수행하고, 환경과 상호 작용하면서 성장과 발전하게 된다. 기업이 환경변화에 얼마나 잘 적응하여 경영하는가에 따라 기업의 성쇠는 좌우된다. 따라서 기업경영에 있어 환경의 문제는 매우 중요하다.

기업환경(business environment)이란 기업경영에 영향을 미치는 외부환경과 내부환경을 의미한다. 외부환경은 다시 간접적 환경과 직접적 환경으로 세분화된다. 간접적 기업환경은 일반환경(general environment)이라고도 부르며, 기업의 경영활동 및 성과에 영향을 미치는 모든 요인과 상황 전체를 의미한다. 즉 정치, 경제, 사회, 문화, 법률, 기술 등의 일반환경은 기업의 성장기회를 제공함과 동시에 기업의 존속에 중대한 영향을 미치는 요인으로 작용한다. 직접적 환경은 기업시스템을 둘러싸고 있는 환경요인 또는 상황을 의미한다. 즉 주주를 비롯한 종업원, 노동조합, 소비자, 공급자, 정부기관, 금융기관, 지역사회 등의 환경요인을 포함한다. 이들 직접적 환경은 기업의 과업환경(task environment) 또는 업무환경이라 부른다.

앞서 언급한 외부환경 외에 기업경영에 영향을 미치는 내부환경(internal environment)은 특정기업의 독특한 조직분위기를 의미하며, 기업의 인적자원, 물적자원, 재무자원, 기술자원, 기업문화, 기업구조 등이 포함된다. 해운기업의 경영자는 기업을 효과적으로 경영하기 위해서 환경에 대한 올바른 이해와 예측이 필요하고, 환경변화에 능동적이고 창조적으로 대응할 수 있는 조직시스템 및 의사결정시스템을 구축해야 한다.

2. 기업환경의 특성

기업환경은 환경의 불확실성, 환경의 동태성, 환경의 복잡성 등의 특성을 지니고 있다.[1)]

1) 환경의 불확실성

기업경영에 영향을 미치는 환경요인은 특성에 따라 그 변화를 예측할 수 있거나 예측이 어려운 경우가 있다. 이는 환경의 복잡성, 환경변화의 속도, 자원의 유무 등과 밀접한 관계가 있다. 정치적 환경, 경제적 환경, 사회적 환경, 문화적 환경 등의 외부환경요인들의 경우, 상호 연관성을 가지며 변화하기 때문에 환경의 불확실성이 크다. 그리고 환경변화의 속도가 빠를수록 기업은 그 변화를 예측하기가 어렵고, 자원부족현상이 심하면 환경변화의 불확실성이 높게 나타난다. 경영자는 어떤 환경요인이 기업경영에 큰 영향을 미치고, 환경의 불확실성수준은 어느 정도인지에 대해 파악하여 불확실성을 최소화하는 경영전략 및 경영시스템을 구축할 필요가 있다.

2) 환경의 동태성

대내외 환경요인은 변화의 속도에 차이가 있지만, 항상 직접, 간접적으로 기업경영에 영향을 미친다. 환경요인이 빠른 속도로 변화하는 경우 이를 사전

1) 박재린, 지식정보시대의 경영학, 무역경영사, 2004, pp. 256-258.

에 예측하기 어렵고, 미래 변화에 대해서도 판단하기 어렵다. 이런 경우 기업은 환경의 동태성과 불확실성으로 기업경영에 어려움을 겪게 된다. 환경변화에 잘 대응하는 기업은 성장과 발전을 하지만, 반대의 경우 기업의 유지, 존속이 어렵다.

3) 환경의 복잡성

환경의 복잡성은 기업경영에 영향을 미치는 환경요인의 다양성을 의미한다. 기업의 경영활동영역에 따라 기업에 영향을 미치는 환경요인은 상이하다. 기업활동이 국제적으로 이루어지는 기업은 국제적 환경변화에 영향을 받으며, 세계경제, 각국정부의 규제, 국제관계, 국제법규 등 다양한 국제적인 환경요인의 변화에 대해 관심을 가져야 한다.

국내에서 기업활동을 하는 기업은 국내의 정치, 경제, 사회, 문화 등의 환경변화가 기업경영에 어떤 영향을 미치는지에 대해 면밀한 분석이 필요하다. 물론 경영활동이 국내에서 주로 이루어지지만, 국제적인 환경변화에 직접적 또는 간접적으로 영향을 받게 된다. 이와 같이 기업은 다양한 환경변화 속에 영향을 받으며 성장, 발전하게 된다.

3. 기업환경의 중요성

과거 기업의 경영문제는 단순히 기업내부문제로 인식하여 외부환경의 변화에 대해 관심을 가지지 못했다. 학문적 분야에서도 경영학, 경영과학, 행동경영학 등은 기업의 경영문제를 해결하기 위한 방안으로 기업의 경영합리화를 최우선과제로 삼았다. 하지만 오늘날 대기업의 등장, 기업경영의 글로벌화, 기업의 사회적 책임강조, 경쟁구조의 다변화, 경영여건의 급변 등은 기업으로 하여금 대내외 환경에 관심을 가지도록 하였다. 이제 환경에 대한 이해와 예측이 기업경영의 중요한 과제가 되었다. 기업환경의 중요성이 강조된 배경을 살펴보면 다음과 같다.[2)]

---

2) 김세중, 경영학원론, 2006, pp. 258-259.

- 기업의 사회적 책임강조: 기업의 경영활동은 인간생활 전반에 영향을 미치고, 특히 대기업의 출현으로 그 영향력이 증대됨에 따라 기업의 사회적 책임이 크게 강조되고 있다.
- 경쟁환경의 변화: 기업간 경쟁이 갈수록 치열해지고 있으며, 경쟁의 심화는 기업의 경영전략수립을 어렵게 하고 있다.
- 환경보호에 대한 사회적 인식증대: 해운기업의 경우 선박운항에 따른 오염물질배출 및 선박사고에 의한 기름유출 등으로 환경오염에 대한 국제적인 관심이 증대되었다.

제 2 절 해운기업환경의 유형

1. 기업외부환경

1) 일반환경

해운기업의 경영활동과 성과에 영향을 미치는 대표적인 대외적 환경요인은 경제적 환경, 시장 및 경쟁 환경, 법률적 환경, 기술적 환경 등 크게 네 가지로 구분된다.[3)]

(1) 경제적 환경

① 국제경제 및 무역환경의 변화

세계 경제 및 무역환경은 해운기업의 경영에 직접적으로 영향을 미치는 요인이다. 세계경제가 성장하고 국제교역량이 증가할수록 해상물동량이 늘어나고 국제적인 해상운송수요가 증가한다. 이에 해운기업은 증가하는 해운수요를 충족시키기 위해 신조선박을 건조하여 선박공급을 확대한다. 만약 세계 경제가 침체하고 국제무역이 둔화된다면, 해운경기는 침체되고 해운기업의 경영환경은 악화될 것이다.

---

3) 길광수, "우리나라 해운산업의 중·장기 발전전략," 누리항만물류국제심포지엄 발표자료, 2006. 11. 8.

[그림 2-1] 해운기업의 대외적 환경

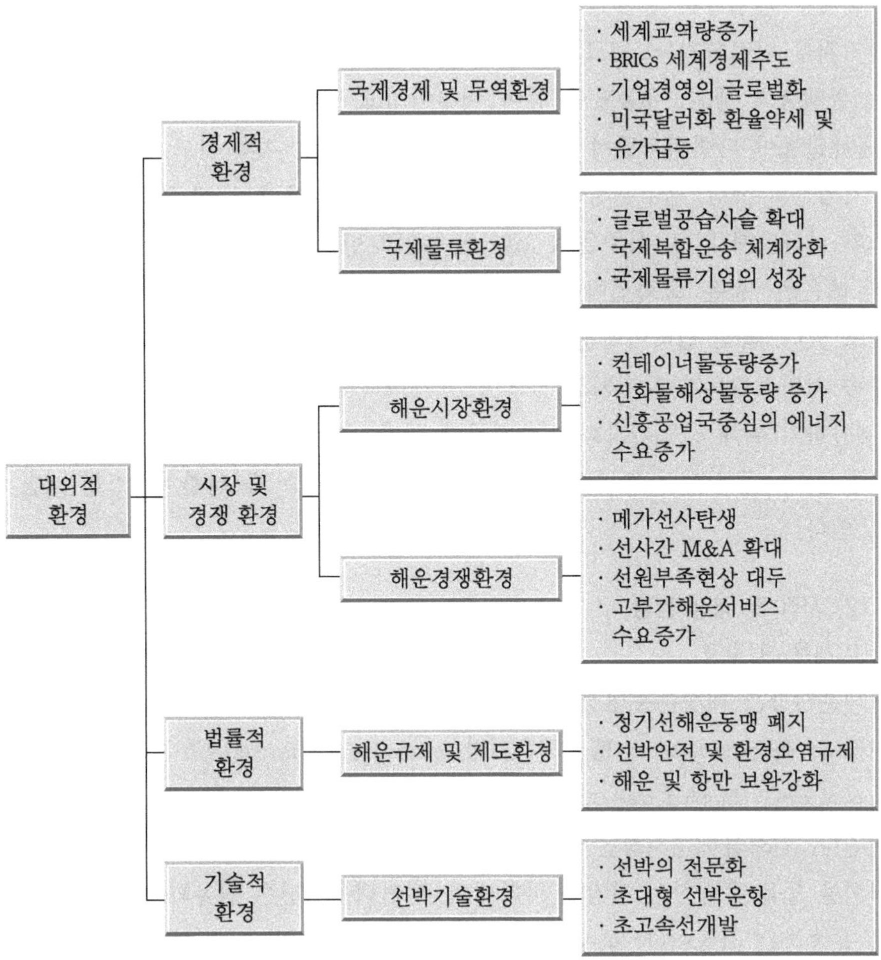

2000년 이후 세계경제무대에서 질서변화를 주도하면서 급부상한 신흥강대국인 브라질, 러시아, 인도, 중국(BRICs) 등 4개국의 지속적인 경제성장은 해운산업의 발전에 큰 영향을 미친다. BRICs 4개국은 인구대국이자 자원부국으로서 세계무역에서는 물론 자본, 노동 등 생산요소시장에서도 큰 영향력을 행사하고 있다. 2050년 경 BRICs의 경제규모는 세계경제규모의 절반수준을 차지할 것으로 전망된다.

② 국제물류환경의 변화

오늘날 기업들은 노동력이 풍부하고 인건비가 저렴한 지역 또는 국가로 생산기지를 이전하거나, 원료조달의 국제화, 지역별 물류거점을 이용한 반제품 또는 완제품의 생산, 유통활동 등이 이루어지고 있다. 이러한 기업들의 생산 및 물류활동이 다변화되면서 해상운송서비스의 수요가 변화되고 있다.

기업들의 생산, 물류활동이 글로벌화되면서 새로운 항로에 새로운 해운서비스가 나타나게 되고, 화주들의 보다 신속하고 빈번한 해상운송 서비스요구에 따라 해운선사들은 고속선박을 투입하거나 선박투입척수를 늘려 운항빈도를 높이고 있다. 특히 컨테이너운송의 발달로 해상, 육상, 항공운송을 연계하는 복합운송 서비스수요가 확대되고 있으며, 컨테이너해운선사들은 복합운송서비스를 제공하기 위해 사업다각화를 추진하고 있다. 즉 정기선해운선사는 과거 해상운송 서비스중심에서 항만하역, 창고, 내륙운송서비스 등 일관서비스를 제공하고 있다.

(2) 시장 및 경쟁 환경

① 해운시장환경

해운시장은 해상운송대상인 화물과 여객에 따라 구분되며, 크게 건화물해운시장(dry shipping market), 탱커해운시장(tanker shipping market), 특수화물 해운시장(special cargo shipping market), 여객선해운시장(passenger shipping market)으로 나누어진다. 건화물해운시장은 철광석, 석탄, 곡물 등 벌크화물, 일반화물, 컨테이너화물 등을 운송하는 시장을 나타내며, 탱커해운시장은 원유와 같은 액체화물을 운송하는 시장이다. 특수화물 해운시장은 중량화물, LPG, LNG 등 특수한 운송방법이나 하역작업이 필요한 화물을 운송하는 시장을 말한다. 해상운송의 대상이 여객인 경우 여객선해운시장이라고 말한다.

해운기업은 어떠한 해상화물을 대상으로 해운사업을 하는가에 따라 경영전략, 선박투자, 선박운항, 선원고용, 마케팅활동, 해운서비스 등의 경영활동이 달라진다. 따라서 해운기업은 그 기업이 속해 있는 해운시장에 영향을 미치는 주요 환경요인에 대해 항상 관심을 가져야 한다. 그 중 대표적인 요인이 해상물동량이다.

해상물동량이 변화하면 해운서비스에 대한 수요가 변화한다. 해상물동량이 증가하면 해운서비스에 대한 수요가 증가하고, 선박투자 및 선원고용이 증가한다. 해상물동량의 변화는 세계경제와 국제무역 경기변화에 직접적인 영향을 받는다. 특히 원유, 철광석, 석탄 등의 화물은 세계경제의 여건에 따라 해상물동량에 차이가 있으며, 곡물, 농산물 등은 기후의 영향을 많이 받게 된다. 주요 해상물동량의 현황 및 전망을 살펴보자.

Drewry Shipping Consultant는 컨테이너 해상물동량이 2010년(1억7,840만 TEU)에는 2001년(7,070만 TEU) 대비 2.5배 정도 증가될 것으로 전망하고 있다. 해상물동량의 비중이 높은 항로로는 극동역내항로(28.3%), 태평양항로(15.6%), 구주항로(12.4%) 순이다. 2005년 기준으로 태평양항로의 경우 동향(극동→북미)의 물동량이 서향보다 2.4배 많고, 구주항로의 경우 서향(극동→북유럽)이 동향보다 1.7배 많아 동서 불균형이 나타난다. 5대 건화물(철광석, 석탄, 곡물, 보크사이트/알루미나, 인광석) 중 해상물동량이 가장 많은 품목은 석탄(2005년 기준 6억8,300만 톤)이며, 연평균증가율이 가장 큰 품목은 철광석이다.

경제협력개발기구(OECD)와 유엔식량농업기구(FAO)의 2000-2014년 전망자료에 따르면, 중국을 중심으로 한 주요국들의 곡물수요가 늘어날 것으로 예상하고 있다. 세계 유조선해운시장은 향후 3년간 선복과잉 및 중동지역의 정세불안이 장기화되면서 유조선해운 불황가능성이 높아지고 있다. 한편 중국 및 인도를 포함한 신흥공업국을 중심으로 에너지수요가 증가하여 LNG 선박에 대한 수요가 빠르게 증가되고 있다.[4)]

원유 및 석유 제품은 선박에 의해 운송되는 벌크화물 중 대표적인 화물이며, 수송규모는 매년 꾸준히 증가하고 있다. 2007년 현재 원유는 약 20억 톤, 석유제품은 약 5억 톤으로 총 25억 톤의 화물이 운송되었다. 이들 화물은 중동, 아프리카, 카리브지역으로부터 전세계로 운송되고 있다.

철광석은 5대 벌크화물 중 하나이며, 2007년 현재 7억8천만 톤의 화물이 수송되었다. 철광석의 주요 수출지역은 호주, 북미, 남미, 아프리카, 서남아시아이며, 주요 수입지역은 유럽과 동북아시아이다. 전세계 52%의 철광석이 중국으로 운송되고 있다.

4) 길광수, 전게서.

[그림 2-2] 원유 및 석유 제품의 수송현황

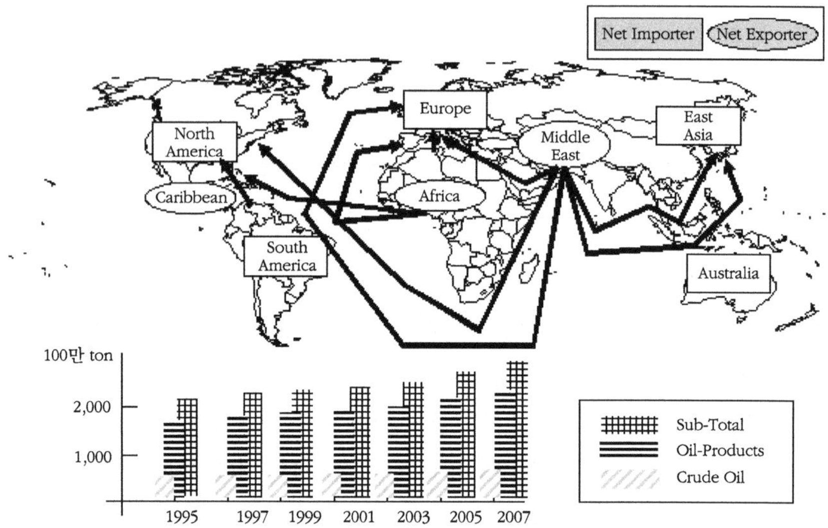

자료 : Fleming(2002).

[그림 2-3] 철광석의 수송현황

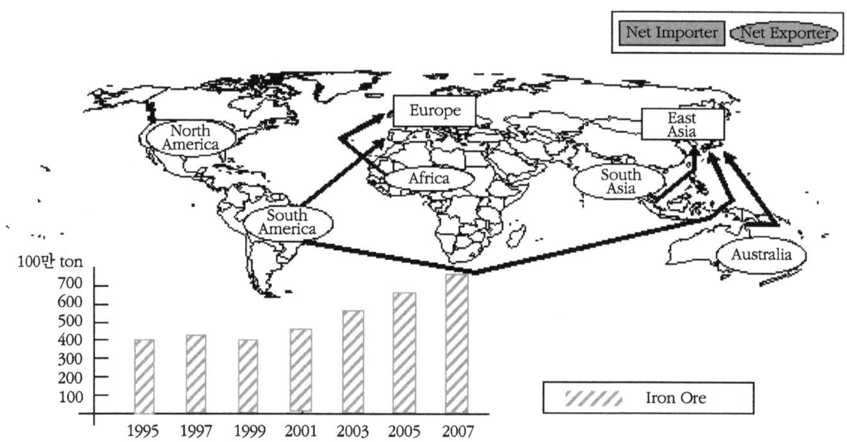

자료 : Fleming(2002).

2007년 현재 석탄의 운송량은 약 7억5천만 톤이며, 이 중 연료탄이 5억6천만 톤이며, 원료탄은 약 1억9천만 톤이다. 석탄의 주요 수출지역은 중국, 인도네시아, 호주, 아프리카, 콜롬비아 등이며, 수입지역은 북미, 남미, 유럽, 동아

[그림 2-4] 석탄의 수송현황

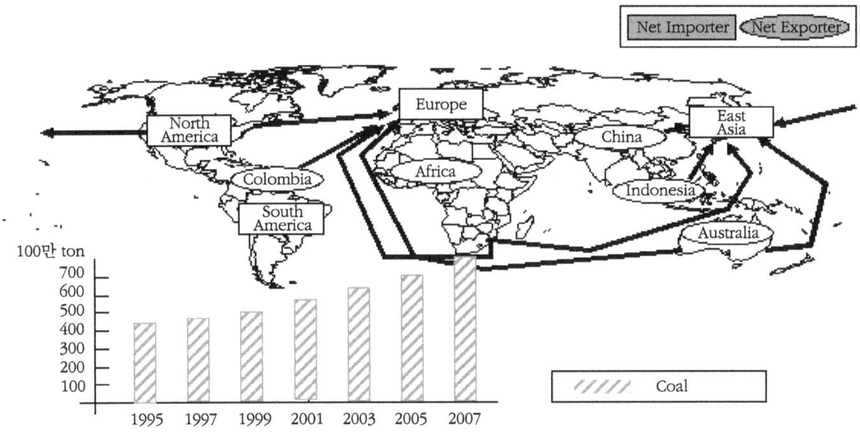

자료 : Fleming(2002).

시아이다.

곡물은 계절성이 강한 화물이며, 해마다 수확량은 해상운송량에 큰 영향을 미친다. 2007년 현재 곡물의 해상운송량은 약 2억7천만 톤이다. 곡물의 주요 수출지역은 북미, 남미, 호주이며, 수입지역은 유럽, 아프리카, 중동, 동아시아, 호주 등이다.

[그림 2-5] 곡물의 수송현황

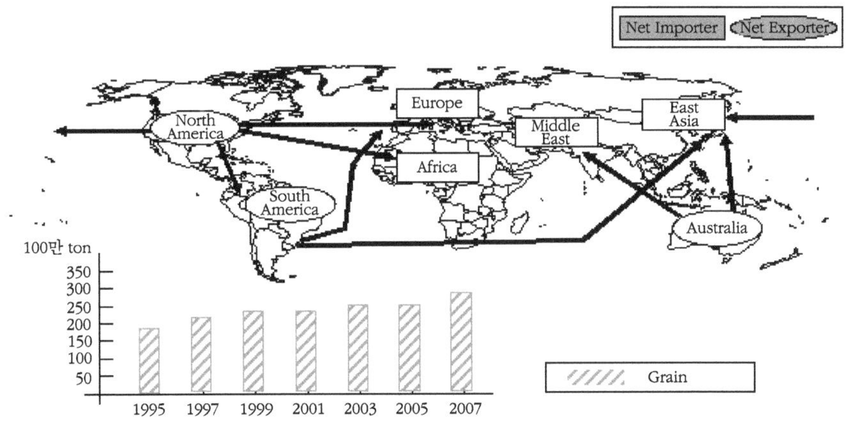

자료 : Fleming(2002).

② 해운경쟁환경

해운기업은 많은 타 해운기업과 치열한 경쟁 속에서 기업활동을 하고 있다. 해운기업에 영향을 미치는 경쟁환경은 세 가지 측면에서 살펴볼 수 있다.

가. 주요 경쟁자의 탈퇴와 신규진입

해상운송은 선박의 운항형태에 따라 부정기선해운과 정기선해운으로 나누어진다. 부정기선해운시장은 해운선사의 시장진입과 탈퇴가 용이하고 완전경쟁시장의 특성을 가지고 있다. 반면 정기선해운시장은 과점경쟁시장의 특성을 가지고 있으며, 정기선서비스를 제공하기 위해서 많은 자본이 소요되기 때문에 선사의 시장진입과 탈퇴가 자유롭지 못하다.

해운기업은 자사가 기업활동을 하고 있는 해운시장이나 서비스항로에서 어떤 해운기업이 신규해운서비스를 제공하는지, 어떤 종류와 크기의 선박을 운항하고 있는지, 어떤 경쟁기업이 서비스를 중단하는가 등의 분석이 필요하다.

나. 대체재의 이용가능성

해상운송은 철도, 도로, 항공, 수로운송 등 타 운송수단과 경쟁관계에 있으며, 운임, 서비스 질, 속력 등의 요인에 따라 이용가능성이 결정된다. 해운기업은 타 운송수단의 발전과 물동량변화를 주의깊게 검토할 필요가 있다.

다. 현재 경쟁자의 전략변화

해운기업은 경쟁기업의 전략을 면밀히 검토하고, 자사의 경영전략수립에 반영할 필요가 있다. 지난 10년간 컨테이너해운선사들은 해운서비스범위를 확대하고, 비용절감과 경쟁우위를 확보하기 위해 경쟁기업과 전략적 제휴를 맺고 있다. 또한 경쟁선사는 인수합병(M&A)을 통한 선박 및 선복량 확대로 시장지배력을 강화하고 있다. 예를 들면 머스크시랜드는 P&O 네들로이드 합병으로 컨테이너선 549척, 선복량 150만 TEU를 운영하는 세계 1위 선사가 되었으며, 아시아/유럽항로의 시장점유율이 21%로 상승하였다. 하팍 로이드는 CP Ship을 인수하여 컨테이너선 139척, 선복량 40만 TEU로 세계 5위 선사가 되었으며, CMA CGM은 델마스인수로 컨테이너선 284척, 선복량 48만4천 TEU의 세계 3위의 선사가 되었다.

(3) 법률적 환경

① 정기선해운동맹의 폐지

최근 정기선해운산업에서 가장 대표적인 법률적 환경변화는 정기선해운동맹의 폐지이다. 지금까지 해운동맹은 유럽연합의 경쟁법면제를 인정받아 선사간 공동운임설정 및 선복량조절행위가 가능하였지만, 2008년 10월부터 역내지역에서 운항하는 선사들은 EU 경쟁법을 적용받게 됨으로써 유럽항로에서 해운동맹체제가 폐지되었다.

해운동맹의 폐지로 정기선사간 운임경쟁이 더욱 치열해질 것으로 전망되며, 선사들은 서비스다각화, 비용절감, 전략적 제휴 등을 통해 새로운 시장환경변화에 대응해 나가야 한다.

② 해상안전 및 해양환경 오염규제

오늘날 해상안전 및 해양환경에 대한 관심이 증대되면서 국제해사기구(IMO)에서는 해상안전과 해양오염방지를 위한 다양한 국제적인 규칙 및 협약을 제정하여 시행하고 있다. 최근 IMO에서 제정한 대표적인 협약은 국제선박 및 항만시설 보안규칙(ISPS Code : International Ship and Port Facility Security Code), 선박의 밸러스트수와 침전물의 통제 및 관리를 위한 국제협약, 선박 대기오염물질 배출규제협약, 단일선체유조선 운항규제협약 등이 있다.

ISPS Code는 9.11테러 이후 미국과 국제해사기구(IMO)의 주도로 추진된 선박과 항만의 보안규칙에 관한 새로운 글로벌 해상보안체계다. ISPS Code의 시행에 따라 각국선박들은 반드시 국제선박보안증서(ISSC)를 선박에 비치하고 운항해야 하며, 기존에 승인된 선박보안계획서에 따라 선박보안활동을 시행해야 한다. 국제선박보안증서는 선박의 기국정부(Flag State)로부터 인증된 선박임을 표시하는 보안적합증서로 기국이 인정한 보안인증 대행기관(RSO, 주로 선급이 해당됨)이 발급하기도 한다. 한편 선박의 ISSC에 대응하는 것이 항만에서는 항만시설적합확인서(Statement of Compliance)로서, 이에 대한 발급은 당사국정부(Contracting Government)가 맡는다.

선박의 밸러스트수와 침전물의 통제 및 관리를 위한 국제협약은 선박 밸러스트수를 통해 외래해양생물체가 유입되어 연안국의 해양생태계를 파괴함에 따라 국제적으로 밸러스트수를 관리하기 위한 협약이다. 이는 1970년대부터 호주, 미국 등이 문제를 제기하여 1990년대부터 국제협약마련을 위해 본격적으로 논의되었고, 2004년 IMO가 협약을 채택하였다. 신조선박(2009년 이후 건조선박)은 밸러스트수 처리장치를 설치하여 해양생물체 및 병원균을 전기, 약품 등을 이용해 살생, 살균 후 배출하도록 하였다. 현존 선박(2009년 전 건조선박)은 깨끗한 해수를 교환하여 입항할 수 있으나, 2017년부터는 의무적으로 설비를 설치하고 교환시는 육지로부터 50마일, 수심 200미터 이상 해역에서 교환하도록 규정하고 있다.

국제해사기구는 1997년 10월 선박대기오염물질 배출규제협약을 제정하였다. 이 협약은 대기오염을 줄이기 위해 배에서 나오는 황산화물과 질소산화물의 농도를 일정한도 이하로 낮추도록 하는 한편, CFC계 냉매와 할론 가스, 휘발성유기화합물(VOCs)의 배출 등을 엄격하게 규제하고 있다.

지난 2002년 스페인연안에서 발생한 유조선 기름유출사고 후 "해양오염방지 국제협약(MARPOL)"을 개정하여 2005년 4월부터 단일선체유조선의 운항금지에 들어갔다. MARPOL은 5,000 DWT(재화중량톤) 이상의 단일선체유조선의 운항을 2010년까지 금지하되 각국의 사정에 따라 예외적으로 2015년까지 또는 선령이 25년 될 때까지 운항을 연장할 수 있도록 허용하고 있다. 이에 따라 세계각국은 2010년이나 2015년까지 단일선체유조선의 운항을 금지하는 법령을 제정, 시행중이다.

(4) 기술적 환경

기술적 환경이란 해운기업이 해운서비스생산과 관련되는 지식이나 기술이 기업활동에 미치는 영향을 의미한다. 해운기업의 경영활동에 영향을 미치는 가장 대표적인 기술적 환경변화는 선박건조기술의 발달이다.

조선기술의 발달로 선박의 대형화가 진전되고 있다. 머스크 라인은 2006년 8월 1만1천 TEU급 극초대형 선박인 엠마 머스크호(Emma Maersk)의 진수식을 가졌으며, 프랑스선사인 CMA CGM의 경우 1만1천400 TEU급 컨테이너선박 8척을 발주하였다. 스위스선사 MSC도 1만 TEU급 선박을 발주예정에 있으며, 중국 COSCO는 1만 TEU급 컨테이너선박 4척을 인도받는 등 글로벌 컨테이너선사들의 초대형 컨테이너선운항이 보편화되고 있다.

대형 컨테이너선은 규모의 경제효과에 의해 선박운항비용이 절감된다. 따

[표 2-1] 컨테이너선의 대형화단계

구 분		I세대	II세대	III세대	IV세대	V세대	VI세대	VII세대	VIII세대
발전방향		본격화	대형/고속화	에너지 절약화	거대화		초거대화		
명 칭		피더형	핸디형	준파나막스	파나막스	포스트 파나막스	슈퍼포스트 파나막스		울트라 막스
시 기		60년대 후반	70년대	70년대 말-80년대 초	80년대 후반	90년대 전반	90년대 후반	90년대 말	21세기 초
선 형(TEU)		700-1,500	1,800-2,300	2,000-2,500	2,500-4,400	4,300-5,400	6,000-6,670	7,000-8,700	10,000-13,000
대표선박	건조선사	NYK	MOL	Safmarine	APL	Hapag-Lloyd	Maersk	Maersk	–
	건조연도	1968년	1973년	1979년	1988년	1991년	1996년	1997년	(2006년)
	선 명	Hakonemaru (箱根丸)	뉴저지 호	S.A. Waterpark	Levenkusen E.	P. Truman	Regina M.	Souverin M.	–
선박제원	적재능력(TEU)	752	1,887	2,464	4,340	4,626	6,418	6,600	(13,000)
	선장-Lpp (m)	187.0	263.3	247.4	260.8	281.6	302.3	331.5	(365.0)
	선장-Los (m)	200.0	280.0	258.5	275.2	294.0	318.2	247.0	(380.0)
	선 폭(m)	26.0	32.2	32.2	39.4	32.25	42.8	42.8	(55.0)
	선창깊이 (m)	15.5	19.6	24.1	23.6	21.4	24.1	24.1	(30.0)
	최대흘수 (m)	10.5	11.5	13.2	12.5	13.5	14.0	14.5	(15.0)
	톤(GT)	16,240	37,799	52,615	50,206	53,800	81,488	91,560	(150,000)
적재규모	선창 내 (단)	6	7-9	8	8	8	9	9	(10)
	갑 판(단)	2	2-3	3	4	5	6	6	(7)
	선창횡적수(개)	7	9	10	11	12	14	14	(18)
	갑판횡적수(개)	9	12	13	13	16	17	17	(22)
추진	주기관 (마력)	27,800	69,600	34,840	59,960	49,640	74,640	74,555	(140,000)
	항해속도 (노트)	22.6	26.0	19.5	24.2	24.5	25.0	26.4	–
	추진축수 (개)	1	1	1	1	1	1	1	(2)

자료: 한국컨테이너부두공단, "상하이(대소양산) 및 북중국 항만의 발전이 미치는 영향과 대응방안 연구," 2004. 1.

라서 글로벌 컨테이너선사를 중심으로 대형 컨테이너선박의 발주가 증가하고 있다. 대형 컨테이너선은 세계 3대 기간항로인 미주, 유럽, 대서양항로에 투입될 예정이며, 이들 항로의 선복과잉은 더욱 심화될 전망이다.

2) 과업환경

(1) 내부집단

① 주 주(stockholder)

주주는 기업의 출자자로서 핵심적인 이해자집단이다. 대기업의 경우 대부분의 주주들은 경영에 참가하는 소유권행사를 하지 않고 전문경영자에게 기업경영을 위양하고 있다. 경영자는 경영성과에 대한 이익배당이나 잔여재산분배가 공정하게 이루어지도록 해야 한다.

② 노동조합(labor union)

노동조합은 산업화가 진전되면서 필연적으로 발생하는 집단으로서 기업조직의 주요 구성원이 된다. 과거 노동조합은 오랫동안 기업과 종속관계 또는 대립관계로 존재해 왔으나, 현대의 노사관계는 이해대립으로 보는 것이 아니라 자본과 노동의 결합이라는 협력관계로 발전하고 있다. 기업은 노조나 종업원의 임금, 복지후생, 승진, 직무안정, 근로생활의 질 향상을 위해 노력해야 할 것이다.

(2) 외부집단

① 고 객(customer)

고객은 기업의 제품이나 서비스를 구입하는 구매자이다. 해운기업의 고객은 화물의 해상운송을 의뢰하는 화주, 포워딩업체, 용선자 등을 의미한다.

고객은 구매자로서 언제 어디서나 양질, 저가의 서비스를 제공받기를 바라고 있다. 그리고 고객의 욕구는 변화하기 때문에 기업은 고객의 욕구를 충족시켜 주기 위해 노력해야 한다. 오늘날 기업경영은 공급자중심이 아니라 수요자중심의 '고객만족(Customer Satisfaction : CS) 경영'을 지향해야 한다.

② 공급업체(supplier)

일반적으로 기업의 공급업체는 원자재, 부품 및 반제품, 설비, 노동, 자본, 작업장을 제공해 주는 기업환경의 주체다. 해운기업의 경우 공급자는 해운기업이 해상운송서비스를 제공하기 위해 필요한 선박, 선용품, 선원, 선박금융 등을 제공해 주는 주체를 의미한다. 공급자가 소수이거나 독점적 지위를 유지할 경우, 거래교섭시 기업환경으로서의 영향력은 막대하다. 공급자와 구매기업 간 일방적 관계보다는 상호간의 이해관계에 균형을 이루도록 해야 할 것이다.

③ 경쟁업체(competitor)

기업경영에 영향을 미치는 외부집단 중 중요한 이해관계자는 경쟁업체이다. 해상화물은 선박에 의해 연안운송 또는 국가간 운송이 이루어지기 때문에 해운기업은 자사선박에 적재하여 운송할 화물을 집하하기 위하여 국내해운기업뿐만 아니라 국외해운기업과도 경쟁관계에 있다. 해운기업은 경쟁기업의 서비스전략, 운임전략, 선박운항 및 투자전략, 영업전략 등에 항상 관심을 가지고 대응전략을 수립해야 한다.

④ 규제기관(regulator)

규제기관은 기업의 경영활동에 직·간접적으로 영향을 미친다. 기업은 정부에서 만든 각종 경제정책이나 법률, 규정을 준수하지 않으면 기업활동을 유지할 수 없다. 기업활동에 직·간접적으로 영향을 미치는 정부의 조치는 다음과 같다.

- 가격결정규제
- 덤핑과 과당경쟁 규제
- 경제력집중방지
- 불공정거래행위 제한
- 임금인상률규제
- 특별소비세부과

해운기업의 경영활동은 정부의 각종 법률 및 규제에 영향을 받을 뿐만 아니라 해상운송사업과 관련하여 자국의 해운법을 준수하여 사업을 영위해야 한다. 우리나라 해운법은 해상운송의 질서를 유지하고, 공정한 경쟁을 확보하며, 해운업의 건전한 발전을 도모함으로써 국민경제의 발전과 공공복리의 증진에 기여함을 목적으로 제정되었다.

해상운송은 국제적인 운송수단으로 국제기구에서 제정된 국제협약 및 규칙과 국가간 체결된 해운협정에 의해 해운기업의 해운사업은 영향을 받는다.

국제해사기구(International Maritime Organization : IMO)는 해사관련 국제기구로서 선박기술, 해상안전, 해양오염방지, 해난사고방지, 차별적 조치와 불필요한 제한 철폐 등과 관련된 국제협약 및 국제통일규칙을 제정하고 있다.

국제해운정책의 변화는 해운기업의 경영활동에 많은 영향을 미치고 있다. 국제해운정책은 중상주의시대의 무역, 해운산업 육성정책을 거쳐 세계 제 2 차대전 이후 무역자유화 및 경제의 글로벌화가 가속되면서 국가의 이익과 선사의 이익이 상호 연관관계를 맺으며 지속적인 변화를 거듭해 왔다.

1970년대 무역자유화추세에 따라 세계 주요 선사들은 조세회피, 운항 · 선원 관련 비용절감, 자유로운 투자 및 금융상의 이익 등을 목적으로 편의치적국으로 자사선대를 이적하는 경향이 강하게 나타났다.

1990년대 유럽 주요 해운국들은 해운산업의 중요성을 재인식하고, 자국선대의 재유입 및 육성을 위한 다각적인 정책을 추진하기 시작하고, 제 2 선적제도 도입, 각종 해운지원정책을 실시하였다. 제 2 선적제도는 1980년대 후반 유럽을 중심으로 도입된 제도로 해운산업의 규제로 간주되었던 자국선원 승선의무, 선원규정 적용의무 등을 완화하는 제도로 선박고속 감가상각제도 등 다양한 해운기업 지원정책과 함께 활용되면서 자국선대확대를 도모하는 전략으로 활용되었다. 영국의 맨섬등록제도, 네덜란드의 엔필레스등록제도, 노르웨이의 NIS 제도 등이 이에 속한다. 제 2 선적제도 도입에 따라 유럽의 주요 해운국들은 자국선대증가 및 관련 산업활성화라는 성과를 경험하였으나, 단기적인 성과에 머물렀을 뿐 지속적인 성과를 거두지 못했다.

제 2 선적제도가 지속적인 성과를 거두지 못하자 유럽 주요 해운강국들은 경영환경, 비용 등의 측면에서 보다 근본적인 해운산업 육성정책이 필요함을 인식하여 유럽해운국은 해운기업에게 최적의 경영환경과 비용조건을 제공할 수 있는 정책대안으로 선박톤세제를 도입하였다.

2. 기업내부환경

기업의 내부환경(internal environment)은 특정기업이 보유하고 있는 자원, 기업문화, 기업구조 등을 말하며, 외부환경요인과 더불어 기업의 성장과 발전에 큰 영향을 미친다. 기업의 내부환경 중에서 인적자원, 물적자원, 재무자원, 기술자원 측면에서 살펴보자.

1) 인적자원

기업의 내부환경 중 인적자원은 기업의 구성원을 말한다. 해운기업의 구성원은 육상에서 근무하는 육상근로자와 선박에서 근무하는 해상근로자인 선원으로 구성된다. 이들 구성원의 자발성, 창의성, 혁신성, 전문성 등은 기업가치를 높여 주고 경쟁력을 제고하는 매우 중요한 요소이다. 기업은 인적자원이 기업의 가장 중요한 핵심자원이라고 인식하고, 조직구성원의 역량을 높일 수 있는 환경조성이 필요하다.

2) 물적자원

기업의 물적자원은 공장설비, 공장입지, 원자재확보 등 기업의 생산활동에 필요한 자원을 의미한다. 해상운송이라는 서비스를 창출하기 위하여 필요한 대표적인 해운기업의 물적자원은 선박이다. 선박은 운송하는 화물의 종류, 운항항로, 운항형태 등에 따라 선박의 종류는 다양하다. 해운기업은 자사의 경영목표, 경영전략 등을 고려하여 적정한 선박을 확보해야 할 것이다.

3) 재무자원

기업의 재무자원환경은 기업활동에 요구되는 자금의 보유와 소요되는 자금의 조달능력, 조달된 자금의 투자능력, 성과의 배분과 관련되어 있다. 해운산업은 자본집약적 산업이고, 해운기업의 경영활동 중 가장 중요한 활동은 해상운송서비스에 필요한 선박을 적기에 확보하는 것이다. 선박확보방법은 다양하며, 방법에 따라 소요되는 자금의 규모는 상이하다. 그리고 해운기업은 자본의 조달능력, 선박운항의 경제성 및 효율성, 기업의 경영전략 등을 고려하여 선박투자에 대한 의사결정을 해야 한다.

[표 2-2] 선박확보방법 및 소요자금규모

선박확보방법	소요자금규모	비 고
선박건조	대	선박금융 이용
중고선매입	중	선박금융 이용
선박용선(정기용선, 나용선)	소	일정기간 용선료지급

(1) 선박확보

해운선사의 선박확보방법은 선박건조, 중고선매입, 선박용선 등 크게 세 가지로 구분된다. 선박을 건조하는 경우 중고선에 비해 소요자금의 규모가 크다. 물론 해운경기가 호황일 경우 신조선가에 비해 2-3년된 중고선의 선가가 높은 경우도 있다. 일반적으로 신조선의 가격이 높기 때문에 선사들은 다양한 선박금융제도를 이용하여 자금을 조달하고 있다. 해운선사는 선박건조시 선가의 20% 정도는 자기자본을 투자하고, 나머지는 선박금융을 통해 조달한다.

선사는 정기용선 또는 나용선을 통해 일정기간 동안 선박을 확보할 수 있다. 이 경우 용선기간 동안 일정한 금액의 용선료만 지급하면 선사는 선박을 확보하여 해상운송서비스를 제공할 수 있다. 선박확보에 필요한 자금조달이 용이하며, 선박투자에 따른 위험을 줄일 수 있는 방법이다.

(2) 선박투자

① 신조선투자전략

가. 무엇을 건조할 것인가

선박의 종류, 형태, 규모, 추진기, 속력 등의 선정과 관련된 문제이며, 운송의 목적, 대상, 수익성 및 운항비 등을 고려해야 한다.

나. 언제 건조할 것인가

운임시황을 파악하여 선박인도시기가 운임상승시기에 맞춰 발주해야 한다.

다. 어디에서 건조할 것인가

건조선가, 품질, 인도일자, 신용조건 등을 고려하여 가장 유리하고 적합한 조선소를 선정해야 한다.

라. 어떻게 건조할 것인가

건조대금의 조달방법과 관련된 사항으로 융자조건과 세제 등을 고려해야 한다.

[표 2-3] 신조선과 중고선의 경영상의 특징

구 분	신조선	중고선
자본비	높다	낮다
자금조달	쉽다	어렵다
투자효과	늦다	빠르다
선박설계적합성	높다	낮다
운항비	적게 든다	많이 든다
수익성	높다	낮다
수리비	적게 든다	많이 든다
계선점	낮다	높다

자료 : 기회원, 해운경영학, 1988.

② 중고선투자전략

중고선의 매입은 선박구입시기의 선정이 매우 중요하다. 중고선의 매입시기는 해운불황기가 거의 끝나고, 경기회복기가 접어들 때쯤 경기가 호전되리라는 예측 하에 중고선을 매입하여 운항하는 것이 바람직하다.

(3) 선박금융

해운기업의 경쟁력은 선박확보시 조달하는 선박금융방법, 선박의 도입과 보유에 따라 적용받는 조세제도에 크게 좌우된다. 선박의 자본비는 선박의 가격과 선박의 금융조건에 의해 결정되며, 특히 동일한 가격에 선박을 확보하는 경우에도 융자비율, 상환기간, 이자율 등 조달하는 금융조건에 따라 자본비부담이 크게 달라진다. 또한 자본비는 선박에 대한 감가상각비와 자본조달에 관

[표 2-4] 우리나라의 선박확보 금융제도

	구 분	특 징
선박확보금융	은행융자	· 공적선박 수출금융 · 계획조선자금 차입금융 · 일반 상업은행의 차입금융
	리스금융	· 선박리스금융 · 국적취득조건부 나용선금융
	주식시장	· 주식발행금융
	세제혜택의 선박투자금융	· 독일의 K/G 펀드금융 · 노르웨이의 K/S 펀드금융
	장기운송계약 담보금융	· 일본의 메자닌금융

련한 금리로 구성되며, 감가상각비는 선박취득가격에 따라, 금리는 취득선가와 자기자본비율 및 금리수준에 따라 결정된다. 따라서 유리한 조건의 선박금융의 조달방법과 운용이 해운기업경영에 있어서 매우 중요한 요소이다.

(4) 해운기업의 재무성과와 현금흐름

① 재무성과의 개념

해운기업의 재무성과는 해운시장에서 기업이 성장하고 생존하는 매우 중요한 과제이다. 따라서 기업은 재무성과를 어떻게 달성할 수 있고, 어떤 요인들이 기업경영의 재무성과에 영향을 미치는가에 대해 관심을 가져야 한다. 해운기업의 재무성과는 크게 아래 세 가지 요인들의 현금흐름에 의해 달라진다.

- 선박운항 및 용선활동에 의해 얻는 수입
- 선박운항에 따라 지출되는 비용
- 선박확보를 위한 선박금융 조달방법

② 해운기업의 현금흐름

가. 선박수입

해운선사의 수입은 해상운송서비스를 제공하고 화주로부터 받는 운임과 운항하고 있는 선박을 다른 선사와 일정한 기간 동안 용선계약을 체결하여 벌어들이는 용선료수입이 있다. 선박으로부터 발생하는 수입은 크게 세 가지 요인에 의해 영향을 받는다.

첫째, 선박의 화물적재능력이다. 선박의 크기가 클수록 적재능력이 뛰어나며, 운임수입의 규모도 커진다. 반면 선박에 적재된 연료량이나 선용품 등의 적재량이 많을수록 선박의 수입은 적어진다.

둘째, 선박의 효율적인 운항계획, 회항시 화물적취, 운항속력, 용선료지불중단기간, 선복활용도, 항만재항시간 등에 따라 선박의 생산성이 달라지며, 생산성이 높을수록 운임수입도 커진다.

셋째, 해상운임수준은 선박의 수입에 직접적으로 영향을 미친다. 해상운임은 해운수요와 공급의 균형에 의해 변하며, 해운서비스품질과 시장의 경쟁여건 등에 따라 운임은 변동한다.

[그림 2-6] 해운기업의 현금흐름 모델

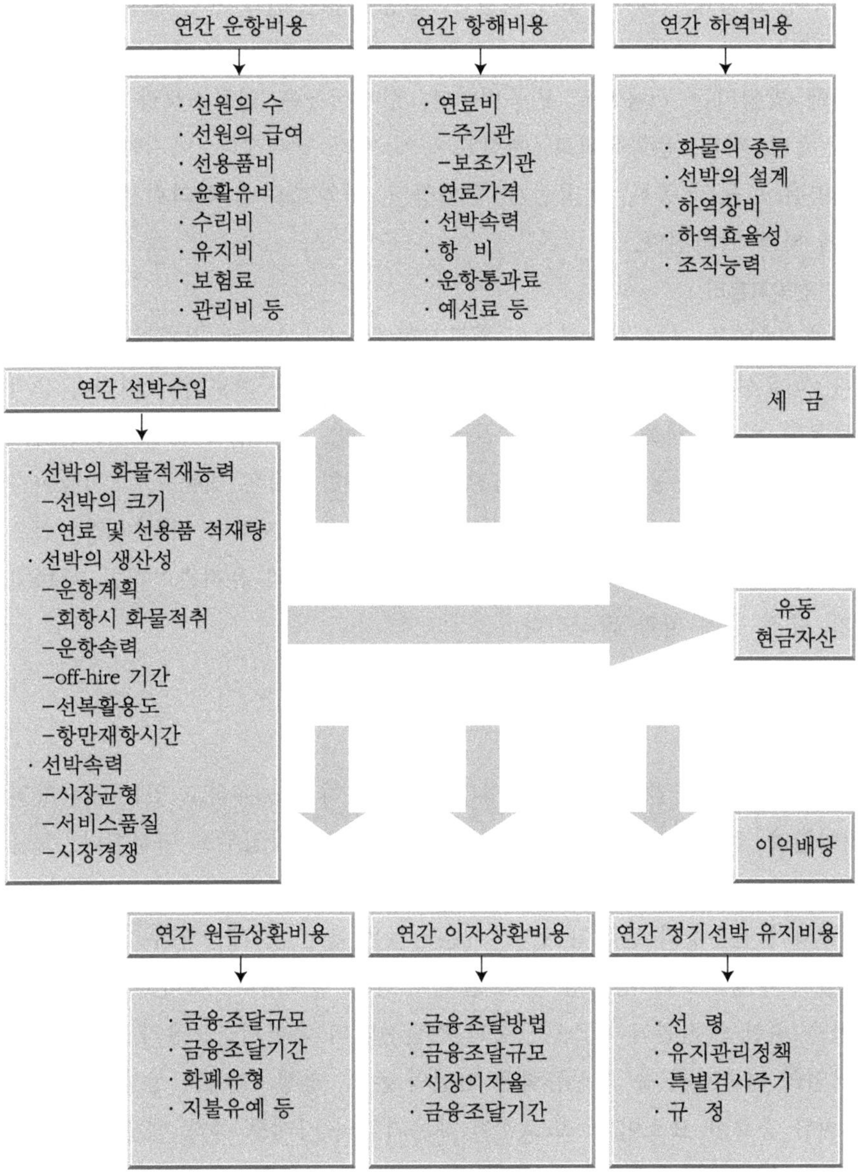

자료 : Stopford(1997).

나. 선박비용

선박비용은 크게 운항비용, 항해비용, 하역비용으로 구분된다. 운항비용에 영향을 미치는 요인은 선원의 수, 선원급여수준, 선용품비용, 윤활유비, 수리비, 유지비, 보험료, 관리비 등이 속한다. 운항비용은 선박의 항해와 관계 없이 항상 고정적으로 발생하는 것으로 고정비성격을 가진다. 항해비용은 선박의 항해시에 발생하는 비용으로 변동비이다. 항해비용은 연료소모량, 연료가격, 선박의 속력, 항비, 운항통과료, 예선료 등에 따라 달라진다. 마지막으로 화물하역비용은 화물의 종류, 선박설계, 하역장비, 하역효율성, 하역회사의 작업능력 등에 따라 달라진다.

다. 선박자본비

선박자본비는 크게 선박금융의 원금상환액, 이자상환액, 정기검사비용으로 나뉜다. 해운선사는 일반적으로 신조선건조나 중고선을 확보하기 위해 금융기관으로부터 일정금액을 조달한다. 원금상환금액은 대출규모 및 기간, 통화의 종류, 지불유예기간 등에 따라 달라진다. 이자상환금액은 대출규모, 시장이자율, 대출조건 등에 영향을 받는다. 선박은 안정성을 유지하기 위하여 정기적으로 선박검사를 받는다. 정기검사는 선박의 선령, 선박의 유지관리계획, 특별검사주기, 규정 등에 따라 달라진다.

4) 기술자원

기술자원환경은 해운기업의 경영활동과 관련하여 보유하고 있는 기술자원을 의미한다. 해운기업의 업무는 크게 육상업무와 해상업무로 구분된다. 육상업무는 해상운송서비스를 위한 제반 지원업무와 영업활동을 말하며, 해상업무는 선박의 안전운항과 관련이 있다. 해운기업은 육상 및 해상 업무가 유기적으로 원활히 수행되도록 경영정보시스템의 구축이 필요하다. 그리고 선박의 안전운항을 위한 안전관리 시스템구축과 첨단선박의 운항기술보유가 필요하다.

기업의 기술자원 중 혁신능력은 기업의 존립, 경쟁, 경제적 성장과 수익창출을 위한 중요한 요소이다. 노르웨이 해운기업의 사례를 통해 해운기업의 혁신능력이 기업의 성장에 얼마나 큰 역할을 하는지 살펴볼 수 있다. 노르웨이는 수 세기 동안 선진해운국가였으며, 제 1 차 세계대전이 시작될 무렵에는 세계에서 네 번째로 큰 해운국가였다. 제 1 차 세계대전 후 노르웨이선주들은 오일 탱커에 많이 투자하였으며, 제 2 차 세계대전이 시작될 무렵에 노르웨이선주들은

[표 2-5] 기업내부환경의 내용

내부환경	내 용
인적 자원	· 구성원의 능력 : 자발성, 혁신성, 창의성, 협조성, 지식 등 · 전문적인 인력 : 전문경영자, 유능한 관리자, 우수한 선원, 정보분석가의 확보정도 등
물적 자원	· 우수한 선박설비 : 선박장비, 선박설계, 선박구조 등
재무자원	· 자금의 보유 : 기업활동에 요구되는 자금의 보유 등 · 자금의 조달능력, 투자능력, 성과의 배분능력 등
기술자원	· 시스템지원능력 : 정보처리시스템, 자원흐름 유지시스템 등 · 혁신능력 : 첨단선박 운항기술의 보유, 신기술의 적용능력, 노하우 등

자료 : 김세중(2006)의 자료를 저자가 재구성함.

세계 탱커선복량의 17%를 가지고 있었다. 오늘날까지 노르웨이 해운선사들이 해운시장에서 우위를 확보하고 있는 이유는 지속적인 서비스 전문화 및 차별화에 있다. 노르웨이선사들은 자동차운반선, 로로선, 부유식 원유생산저장선 등 특수선에 대한 투자와 서비스로 계속 성장하고 있다.

제 3 절 해운시장의 경기주기

해운시장은 일반산업의 경기와 마찬가지로 침체기, 회복기, 호황기, 하락기의 4단계 경기주기로 변한다. 각 주기별 특성에 대하여 살펴보자.[5)]

1. 침 체 기

해운시장의 경기침체기는 해운수요에 비해 공급이 초과하기 때문에 나타난다. 침체기 때 선박들은 선적항에서 화물을 집하하기 위해 대기하거나 연료비를 절감하기 위해 저속으로 항해하며, 항구에 도착을 지연하기도 한다. 해상운임은 비경제적인 선박의 운항비수준까지 하락하며 계선하는 선박이 증가한다. 지속적인 운임의 하락으로 해운기업의 현금흐름이 악화되고, 선박을 저가

5) M. Stopford, "Maritime Economics," Routledge, London, 2007, p. 43.

에 매각하는 사례가 발생한다. 경기침체기에는 선박매매시장의 경기도 침체하며, 선박구매자들도 많지 않다. 비경제적이고 노후선박들은 폐선되는 경우가 많아 선박해체시장이 활성화된다.

2. 회 복 기

회복기는 초과공급이 어느 정도 해소되고, 운임수준이 운항비용보다 높은 수준에서 결정된다. 계선한 선박은 줄어들고, 화물운송서비스를 제공한다. 심리적으로 경기가 회복될 것인지 예측하기 힘들고, 확신하기 힘든 시기이다. 경기회복으로 중고선가격이 서서히 상승하기 시작하며, 선박매매시장도 활기를 찾기 시작한다.

3. 호 황 기

호황기는 해운수요와 공급이 균형을 이루고 운임이 상승한다. 운임수준은 운항비용의 두 배 내지 그 이상 수준에서 결정된다. 경기호황기는 수요와 공급의 균형 여부에 따라 몇 주, 몇 개월, 몇 년 지속될 수 있다. 운항할 수 없는 선박을 제외하고 계선된 선박들은 운항에 투입되고, 선박은 고속으로 항해한다. 해운기업의 유동성은 호전되고, 금융기관의 금융조건이 좋아진다. 경기호황으로 신규설립되는 해운기업들이 늘어난다. 선박의 중고선가격은 장부가치보다 높아지며, 신조발주선박들이 증가한다.

4. 하 락 기

경기하락기는 해운수요에 비해 다시 공급이 초과하는 경우이다. 해상운임수준도 하락하기 시작한다. 경기하락이 지속될 것이라는 심리적 요인은 경기하락을 더욱 가속시킨다. 선박들은 물동량이 많은 항구로 모이게 되며, 운항속력을 낮추게 된다.

CHAPTER

3

해운기업성장

제 1 절 해운기업성장의 개념

1. 기업성장의 의의

기업성장(business growth)이란 기업이 동일성을 유지하면서 기업의 규모나 능력이 증가되는 것을 의미한다. 이러한 기업성장은 산업의 성장, 나아가 전체 경제성장의 바탕이 된다. 즉 해운기업의 경우 개별 해운기업의 성장은 해운산업의 성장을 촉진시키고, 국가의 국제교역을 확대시켜 국가경제성장뿐만 아니라 세계경제성장의 기반이 된다. 우리나라의 경우 1960년대 이후 급속한 경제성장을 가능케 한 것은 바로 우리나라 해운산업의 발전과 국적선사의 역할이 매우 크다.

기업성장은 "자력 성장과 유도 성장" 그리고 "양적 성장과 질적 성장"으로 구분된다.[1)]

- 자력 성장 : 경영자의 우수한 기업경영 및 관리에 의한 기업성장을 의미하며, 이는 경영자의 의사결정능력에 좌우된다. 해운기업의 경영자는 해운산업의 특수성을 고려하여 해운기업 경영 및 관리에 관한 전문적인 능

1) 박민생, 최신 경영학의 이해, 형설출판사, 2005, p. 110.

력이 요구된다.

- 유도 성장: 기업의 성장이 국가의 특정산업 육성 또는 지원정책과 같은 외부상황에 의해 성장하는 형태를 말한다. 예를 들면 개발도상국이 자국의 해운산업을 육성시키기 위해 특정해상화물은 자국선박에 의해 운송하게 하는 해운보호정책과 자국의 해운산업을 육성하기 위한 선박금융 지원정책은 외부요인에 의한 해운기업의 성장을 나타낸다.
- 양적 성장: 기업의 인적, 물적 요소가 확대되어 기업의 규모가 커지는 것을 의미하며, 외적 성장이라고도 한다. 해운기업의 경우 운항선박척수의 증가, 육상 직원 및 선원규모의 증가를 의미한다. 양적 성장은 다른 기업의 인수, 합병에 의해 기업규모가 단기간에 확대될 수 있다.
- 질적 성장: 기업이 영업활동을 통해 이익을 축적하거나 주식발행 등을 통해 자본을 조달하여 스스로 규모를 확대해 나가는 성장을 의미한다. 기업의 질적 성장은 효율적인 생산, 판매 및 서비스 활동과 밀접한 관계가 있다. 해운기업은 해상물동량이 많은 항로에 적정 크기와 종류의 선박을 적기에 투입하여 서비스를 제공함으로써 영업이익을 창출할 수 있고, 해운경기변화를 잘 예측하여 선박의 매매, 선박용선활동을 통해 이익을 극대화할 수 있다.

2. 기업성장의 요인

기업의 성장은 다양한 요인에 의해 영향을 받는다. 그 중 기업의 외부환경요인과 기업의 내부환경요인 측면에서 살펴보자.

- 기업외부 환경요인: 경제, 정치, 사회, 문화 등 기업을 둘러싼 외부환경이 기업경영에 유리하게 변화될 경우, 기업의 성장가능성은 높아진다.
- 기업내부 환경요인: 경영자의 경영능력, 효율적인 조직관리, 우수한 인재의 확보와 육성, 성공적인 투자전략, 적극적인 시장개발, 재무의 건전성, 생산설비의 현대화, 경쟁업체와의 제휴, 기업 인수, 합병, 신기술, 신제품 개발 등을 들 수 있다.

해운기업의 성장에 영향을 미치는 대표적인 외부환경요인들은 세계경제의 발전과 국제무역의 성장이다. 국가간 교역이 활발해지면 해상물동량이 증대되어 해운수요가 증가하게 된다. 이는 해운기업의 투자를 유발하고, 기업성장을 촉진시킨다. 내부환경 중 중요한 요인은 성공적인 시장진출 및 투자전략, 효율적인 선박관리 및 운항능력, 신규 해운시장개척, 경쟁기업간 제휴 및 인수, 합병 등이다.

해운기업의 해운사업진출시 어떤 해운시장에서 해운서비스를 제공할지 결정해야 한다. 해운시장은 크게 정기선과 부정기선 해운시장으로 구분되며, 운송서비스지역에 따라 원양, 근해, 연안 해운시장으로 구분된다. 그리고 해상운송 대상화물에 따라 일반화물, 벌크화물, 컨테이너화물, 액체화물, 로로화물, 초중량화물, 특수화물 등으로 해운시장이 세분화될 수 있다. 따라서 해운기업은 진출하고자 하는 해운시장의 수요와 공급, 시황, 경쟁구조, 수익성, 기업의 중·장기 경영전략 등을 잘 파악하여 진출해야 하며, 해운시장의 수요에 적합한 크기의 선박투자 및 선복량 확보가 중요하다.

또한 해운기업의 효율적인 선박관리 및 운항능력은 기업의 수익성 창출과 밀접한 관련성이 있으며, 기업의 성장과 직결된다. 안정적인 선박운항과 선박운항비절감을 위해 효율적인 선박관리 및 유지가 중요하고, 우수한 선원의 고용 및 교육훈련이 필요하다.

해운기업은 기업성장을 위해 신규 해운시장개척에 지속적인 관심을 가져야 한다. 신규 해운시장진출은 첫째, 기존 해운시장과 연계하여 시너지효과를 얻을 수 있는 새로운 해운시장에 참여하는 방안이다. 예를 들면 아시아와 유럽 항로 간 컨테이너정기선 서비스를 제공하는 선사가 아시아와 북미항로에 신규서비스를 제공하거나 두 항로를 연계하여 시계추서비스를 제공함으로써 기업의 시장참여를 확대시키는 것이다. 둘째, 기존 해운서비스와 다른 해운시장에 참여하는 것이다. 예를 들면 정기선해운서비스를 제공하는 선사가 부정기해운시장에 참여하는 경우나 벌크화물을 주로 운송하는 선사가 여객선사업에 참여하는 경우이다.

해운기업이 성장하기 위한 방안으로 경쟁기업간 제휴 또는 기업의 인수, 합병을 이용한다. 경쟁기업간 제휴 또는 협력은 신규시장참여, 기존 시장의 서비스확대, 투자에 따른 위험 회피 등을 목적으로 한다. 기업의 인수, 합병은 기업의 성장전략 중 대표적인 전략이다. 1990년 중반 이후 컨테이너 정기선사간 인수, 합병이 활발히 진행되고 있으며, 이는 컨테이너 해운시장의 환경변화에 능동적이고 적극적인 대응방안으로 추진되고 있다.

이상 언급한 성장요인 외에도 개별 기업은 자사의 경영전략, 경영여건 등을 고려하여 가장 적합한 성장요인을 모색해야 한다.

3. 기업의 성장전략

기업의 성장은 확대화와 다각화로 크게 두 가지 방향으로 나눌 수 있다. 앤소프(Ansoff)는 기업성장매트릭스를 통해 확대화성장모델로 시장침투, 시장개발, 신제품개발의 3가지 방향을 제시하였다. 해운기업의 입장에서 각 성장방향에 대해 살펴보자.

- 시장침투: 현재의 해운시장에서 마케팅강화를 통해 시장점유율을 높이는 성장방향을 의미한다.
- 시장개발: 기존 해운서비스항로에서 새로운 해운수요를 개발하거나 새로운 해운시장의 개척을 말한다.
- 제품개발: 해운서비스빈도의 확대, 고속선투입에 따른 서비스시간단축 등 기존 해운서비스의 품질을 개선하거나 새로운 서비스를 개발하여 수익을 증대시키는 전략이다.
- 다 각 화: 새로운 서비스로 새로운 수요를 개발하는 경우를 의미한다. 해운기업이 육상운송업, 항만하역업, 창고업 등에 진출하는 경우를 말한다.

[표 3-1] 기업성장 매트릭스

제품 \ 시장	현 재	신 규
현 재	확대화(시장침투)	신제품개발
신 규	시장개발	다각화

4. 기업의 다각화와 계열화

1) 기업의 다각화

기업다각화(business diversification)란 기업이 새로운 업종이나 산업에 진출하여 기존 업종의 사업과 더불어 경영활동범위를 확대하는 것을 말한다. 기업의 다각화는 수직적 다각화와 수평적 다각화로 구분된다. 전자는 기업이 생산 또는 서비스과정에서 생긴 부산물을 판매하는 것을 의미한다. 예를 들면 해상운송서비스를 제공하는 해운기업이 항만하역업, 육상운송업에 진출하는 것이 수직적 다각화라고 할 수 있다. 수평적 다각화는 동종산업의 다른 제품 또는 서비스를 추가적으로 제조, 판매하는 것을 나타낸다. 예를 들면 소니는 음악, 영화, 게임의 소프트웨어와 VAIO PC, PS 2 등 하드웨어를 네트워크사업으로 연결하는 디지털 컨버전스의 수평적 다각화전략을 나타낸다.

기업은 기업성장의 추구, 기업경영의 안정화, 시장변화에 대응, 간접비절감, 시장기회의 활용, 기업 내 제 자원의 활용 등의 목적으로 다각화를 추구한다.

2) 기업의 계열화

기업계열화(business integration)란 대기업이 중심이 되어 기술과 제품판매 등의 면에서 중소기업의 육성, 강화를 꾀하면서 하청공장 또는 판매점 등을 자사 산하에 결합하는 것을 말한다. 기업이 계열화하는 목적은 다음과 같다.[2)]

- 타기업의 고정설비이용과 이로 인한 자사의 고정자본의 절약
- 감가상각비, 유지비, 관리비 등 생산원가의 절감
- 타기업의 우수기술이용
- 원자재 및 판로 확보
- 경기변동에 따른 위험분산 및 방지

2) 박민생, 전게서.

제 2 절 해운기업의 협력

1. 정기선해운기업의 협력

1) 해운동맹(Shipping Conference)

해운동맹은 동일항로에 서비스를 제공하는 둘 이상의 정기선회사가 경쟁을 피하고 상호 이익을 증진하기 위하여 해상화물의 운임, 기타 운송조건에 대하여 협정 또는 계약을 체결하는 일종의 국제카르텔(international cartel)이다. 해운동맹은 운임동맹(freight conference), 해운연합(shipping ring), 정기선동맹(liner conference)이라고도 부른다.

해운동맹은 정기선해운에서 가장 오래된 협력형태이며, 많은 선사들이 해운동맹에 가입하여 해운서비스를 제공해 왔다. 해운동맹이 나타나게 된 역사적 배경으로 1869년 수에즈운하가 개통됨으로써 항해시간은 매우 단축되었고, 유럽과 아시아 항로에 우수한 성능을 가진 증기선이 등장하게 되었다. 해상운임이 상승했던 1872-1873년에는 아시아항로에 정기선서비스를 제공하고자 증기선의 신조발주가 쇄도하였다. 예를 들면 영국의 경우만 보더라도 영국에 등록된 증기선의 숫자가 1860년에 450,000톤에서 1880년에 2,720,000톤으로 다섯배 이상 증가했다.

P&O, Alfred Holt, Glen Line 등 영국의 많은 선사들이 아시아항로에 정기서비스를 제공하였지만, 선복량의 공급과잉으로 인해 해상운임이 총비용을 부담하지 못하는 수준까지 운임이 하락하게 되었다. 그리고 농산품운송의 경우 계절적 영향을 받아 아시아와 유럽 간 항로에서 불균형을 이루게 되었다. 따라서 선사들은 해운동맹을 결성하여 선사간 경쟁을 방지하고, 외부선사의 경쟁으로부터 동맹을 보호하고자 하였다. 또한 안정된 운임수준을 유지하고, 서비스운항횟수를 늘여 고객들에게 보다 나은 서비스를 제공하고자 하였다.

세계최초로 결성된 해운동맹은 1875년의 영국/캘커타 해운동맹(U.K./Calcutta Conference)이다. 해운동맹은 폐쇄적 동맹(closed conference)과 개방동맹(open conference)으로 구분되며, 그 특징은 다음과 같다.

폐쇄적 동맹은 보통 유럽항로에서 결성된 동맹을 말한다. 가장 큰 특징은 신규가입 및 탈퇴가 매우 까다롭고, 선주의 동맹신규가입시 그 선주의 능력과 과거의 실적, 항로의 선복과잉 정도 등을 엄격하게 심의한다. 유럽-아시아 항로에 결성된 FEFC(Far East Freight Conference)가 이에 속한다.

개방적 동맹은 북미항로에서 결성된 동맹을 말하며, 신규가입 및 탈퇴가 자유롭다. 이러한 개방적 동맹에서는 동맹선사의 수가 수시로 증감하므로 동맹선사간의 단결이 미약하고, 해운시황변동에 대처할 강력한 방책이 결여되어 있고, 맹외선의 침입, 교란으로 인하여 항로의 안정을 기하지 못하고 있다.

오늘날 화주들의 영향력이 강화되면서 해운동맹의 기능이 많이 약화되었으며, 2008년 10월부터 유럽연합에서는 정기선해운동맹의 공동운임설정 및 선복량조절행위를 금지하기로 하였다. 해운동맹의 폐지로 정기선해운시장은 선사간 경쟁이 더욱 심화될 것으로 전망되며, 전략적 제휴와 같은 새로운 형태의 선사간 협력이 더욱 강화될 것으로 예상된다.

2) 슬롯 챠트(Slot Charter)

슬롯 챠트는 컨테이너선박의 여유컨테이너 적재공간을 필요로 하는 선사에게 사용하게 하는 계약형태를 의미한다. 슬롯 챠트는 일본선사가 1968년에 미국의 연방해사위원회에 최초의 슬롯 챠트를 신고함으로써 주요 컨테이너 정기항로에서 많이 이용되고 있다. 슬롯 챠터는 다음과 같은 장점이 있다.

• 자사선박의 적재율향상
• 선박에 대한 투자위험감소
• 서비스영역의 확대
• 서비스운항빈도 증대

3) 공동운항(Joint Service)

공동운항은 컨테이너선사간 공동운항스케줄에 따라 동일항로에 선박을 배선하고 상호 슬롯을 교환하는 것을 말하며, 때로는 선박을 배선하지 않고 슬롯 챠트를 통해 공동운항서비스를 제공하는 서비스형태를 의미한다. 컨테이너선사는 공동운항을 통해 선박운항비용을 절감하고, 서비스를 확대할 수 있는 이점이 있다.

공동운항은 각 선사들의 자기 이름이 그대로 남아 있고, 운영만 공동으로 하기 때문에 영업활동이 자유롭고, 따라서 신축성 있게 독자적으로 행동할 수 있다. 컨테이너해상운송이 발달하면서 오늘날 컨테이너선사간 공동운항서비스가 보편화되었다.

4) 컨소시엄(Consortium)

1960년대 컨테이너선박이 도입되기 이전에는 정기선해운서비스에 재래 일반화물선이 운항되었으며, 컨테이너선박의 도입으로 선사들의 투자비용이 증가하였다. 이에 정기선사들은 컨소시엄을 구성하여 재래정기선박을 컨테이너선박으로 대체하게 되었다. 컨소시엄을 통해 투자위험을 줄이고, 컨테이너해운서비스를 확대함으로써 정기선해운이 더욱 발달하게 되었다. 1966년 초 영국의 Ben Line, Blue Star Line, Port Line, Elleman Line, T&J Harrison 등 5개 사가 Associated Container Transportation Ltd.(ACT)를 결성한 것이 정기선분야에서 컨소시엄의 시초가 되었다. 컨소시엄의 이점은 다음과 같다.

- 자금부담경감
- 자금조달능력 확대
- 리스크분산경감
- 기술력의 상호 보완강화
- 비용절감
- 화물수집활동 용이

5) 조인트 벤츠(Joint Venture)

1960년대 컨테이너해상운송 시스템의 도입으로 정기선사들은 고가의 컨테이너 선박투자에 대한 비용부담을 절감하고, 투자위험을 줄이기 위해 컨소시엄과 같은 유사한 형태의 조인트 벤츠회사를 설립하여 컨테이너해운 서비스를 제공하게 되었다.

6) 글로벌 얼라이언스(Global Alliance)

1990년대 중반 세계 정기선해운시장의 경영환경은 선복량의 급증, 해상물동량증가세의 둔화, 선사간 집화경쟁의 심화, 저운임현상의 지속 등으로 악화되었다. 이에 대형 컨테이너선사를 중심으로 전략적 제휴를 결성하여 경영혁신 및 글로벌화전략을 적극 추진하게 되었다. 글로벌제휴를 통해 컨테이너선사는

[표 3-2] 세계 주요 컨테이너선사들의 전략적 제휴현황

<table>
<tr><th>전략적 제휴유형</th><th>참여선사</th><th>선복량(TEU)</th><th>시장점유율</th></tr>
<tr><td rowspan="3">New World Alliance</td><td>현대상선</td><td>148,681</td><td rowspan="7">28.6%</td></tr>
<tr><td>APL/NOL</td><td>331,639</td></tr>
<tr><td>Mitsui OSK Line</td><td>220,122</td></tr>
<tr><td rowspan="4">Grand Alliance</td><td>Hapag-Lloyd</td><td>413,281</td></tr>
<tr><td>MISC</td><td>n.a</td></tr>
<tr><td>NYK Line</td><td>303,799</td></tr>
<tr><td>OOCL</td><td>236,789</td></tr>
<tr><td rowspan="4">CKYH-Group</td><td>한진해운(DSR-Senator 포함)</td><td>315,153</td><td rowspan="4">22.5%</td></tr>
<tr><td>COSCO</td><td>311,644</td></tr>
<tr><td>K-LINE</td><td>228,612</td></tr>
<tr><td>Yang Ming Line</td><td>185,638</td></tr>
<tr><td rowspan="2">독자노선</td><td>Maersk Line</td><td>1,620,587</td><td rowspan="2">14.3%</td></tr>
<tr><td>MSC</td><td>733,471</td></tr>
<tr><td rowspan="7">운송공간 사용협정
(slots agreement)</td><td>Evergreen</td><td>458,490</td><td rowspan="7">34.6%</td></tr>
<tr><td>China shipping</td><td>334,337</td></tr>
<tr><td>APL/NOL</td><td>331,639</td></tr>
<tr><td>CMA-CGM</td><td>485,250</td></tr>
<tr><td>ZIM Line</td><td>201,263</td></tr>
<tr><td>Norasia</td><td>n.a</td></tr>
<tr><td>UASC</td><td>n.a</td></tr>
</table>

주 : 1) n.a.는 세계상위 20개 회사에 들지 않은 관계로 선복량집계에서 누락되었음을 의미.
2) 전략적 제휴관계에 참여하였다고 해서 모든 운송공간을 공유한다는 뜻은 아님.

자료 : Noteboom, Theo E. *et al.*(2006), ibid.

보다 다양한 항로에서 서비스를 제공할 수 있게 되고, 제휴선사간 공동운항, 슬롯 챠터를 통해 비용절감과 선복이용률을 증대시키는 효과를 가져온다. 또한 제휴선사간 해운서비스뿐만 아니라 터미널의 공동사용, 피더망의 공유, 내륙수송의 공동이용, 컨테이너 데포의 공동이용 등 협력의 범위가 확대되고 있다.

현재 그랜드 얼라이언스, 뉴월드 얼라이언스, CKYH 그룹 등 3개의 제휴그룹이 있으며, Maersk Sealand, MSC 선사는 독자적인 서비스를 제공하고 있다. 뉴월드 얼라이언스는 우리나라 현대상선, APL, MOL 등 3개 사가 속해 있다. 그랜드 얼라이언스에는 Hapag-Lloyd, MISC, NYK, OOCL 등 4개 사가 회원사로 가입하고 있으며, CKYH 그룹에는 Cosco, K-Line, Yangming, Hanjin이 회원사로 있다. 최근 Maersk Sealand사가 P&O Nedlloyd사를 인수하여 단일선사가 되었다.

최근에는 제휴그룹간 협력이 확대되고 있다. 예를 들면 그랜드 얼라이언스와 뉴월드 얼라이언스가 주요 서비스에 대한 전략적 제휴에 합의하여 사실상 세계최대규모의 얼라이언스가 탄생했다. 이러한 전략적 제휴로 그랜드 얼라이언스와 뉴월드 얼라이언스 그룹은 선복량 213만 TEU, 선박 725척을 운영(세계 총 선복량의 25.3%)하게 되어 독립선사인 머스크 라인과 한진해운이 포함되어 있는 CKYH 그룹을 제치고 세계최대의 제휴그룹으로 부상했다. 그랜드 얼라이언스와

[표 3-3] 주요 얼라이언스 및 독립선사의 선대규모

(단위 : TEU)

구 분		2005년 7월		2010년	
		선복량	세계비율	선복량	세계비율
1위	GA+NWA	2,129,751	25.3	3,018,003	25.1
2위	Mearsk Line	1,590,901	18.9	2,313,238	19.2
3위	CKYH Group	1,022,220	12.1	1,514,161	12.6
4위	MSC	718,753	8.5	1,018,875	8.5
5위	Evergreen	442,564	5.2	647,070	5.4
6위	CMA CGM Line	427,900	5.1	805,119	6.7
7위	CSAV	321,584	3.8	483,377	4.0
8위	CSCL	321,584	3.8	483,377	4.0
세 계		8,433,375	100.0	12,027,555	100.0

자료 : 한국해양수산개발원, "2005년 해운시황의 특징과 향후전망," 월간 해양수산동권 제253호, 2005. 10.

뉴월드 얼라이언스 그룹은 유럽항로, 지중해항로에서 공동서비스에 나선 이후 북미동안항로를 시작으로 공동서비스의 범위를 점차 확장해 나갈 계획이다.[3)]

2. 부정기해운기업의 협력

부정기해운기업의 대표적인 협력형태는 벌크선사간의 풀(Pool) 제도이다. 벌크선사간 과열경쟁지양, 규모의 경제실현, 운항비용절감의 목적으로 풀이 형성되었다. 벌크 풀은 과거에도 있었지만, 2000년에 Bocimar의 Capesize 풀이 위력을 발휘하면서 관심이 고조되었다. 2001년에는 2002년 이후 시황호전전망으로 풀 형성 및 확대를 위한 논의가 활발히 전개되었다.

풀 선대의 규모는 최소 20척 이상이며, 대부분이 장기용선선박으로 시황에 따라 투입/철수를 반복한다. 평균선령은 신조선인도분을 포함해 10-20년에 걸쳐 다양하게 분포되어 있다. 풀 선대의 운영은 합작투자, 주력선사 독자적 운항, 풀 이름 하에 각각 영업을 하는 형태를 가진다. 운임정산방법은 정액제 또는 일정부분 이상은 수익에 비례하여 정산하는 경우도 있다.[4)]

풀은 벌크 해운시장에 큰 영향을 미치고 있으며, 통합화추세와 경쟁과열에 대응하기 위해 풀 참여 혹은 설립을 고려중인 선사들이 늘어날 것으로 전망된다.

현재 풀 형태는 기존 풀에 신규선사들이 참여하고, 같은 목표시장을 공유하는 것이 대부분이지만, 풀의 영향력확대와 활성화를 위해서는 노후선대체 등을 통해 참여선사들의 선대평균선령을 낮추고, 목표시장이 다른 선사들 간 제휴를 통해 선대운영의 효율성을 증진시키려는 노력이 요구된다. 현재 Handymax 풀은 활성화가 되어 있지 않지만 향후 많은 풀이 탄생할 것으로 예상되며, Handysize 선복수요가 줄어들고 있는 점에 비추어 볼 때 Handysize 선사들의 생존을 위한 풀 설립논의가 활발히 전개될 전망이다. Panamax와 Capesize 풀은 평균선형의 증가추세로 인해 풀 선대의 평균선형이 보다 커질 것으로 전망된다.[5)]

---

3) 한국해양수산개발원, "2005년 해운시황의 특징과 향후전망," 월간 해양수산 통권 제253호, 2005. 10.
4) 류동근, 해상운송의 이해, 2005, p. 128.
5) 현대상선, VIP Report, 해운연구실, 2003.

[표 3-4] 세계 주요 Pool의 현황

주요 참여선사	발표 시점	주력 선형	선대구성	비 고
Anangel-America(그) Bocimar(벨) Zodiac(이스)	'01. 6	Capesize	Capesize 75-85척	세계최대 Capesize pool Pool명 : Capesize International
Ceres Hellenic(그) Coeclerici(이탈)	'01. 6	Capesize Panamax	Capesize 13척 Panamax 6척	CCBC(Coeclerici Ceres Bulk Carriers)에서 선대운영 CCBC 지분 : Coeclerici 66%, Drylog 34%
Premuda Bulk(이탈) IMC Shipping(싱)	'02. 1	Panamax	Panamax 10척	Pool명 : United Bulk Carriers Pool
Pacific Basin(홍) Torm(덴) Wah Kwang(홍)	'01. 8	Handysize	Handysize 25-30척	Pool명 : International Handybulk Carriers
Lauritzen Bulkers(덴) Island View Shipping(남아)	'01. 9	Handysize	Handysize 30척	선 형 : 25,000-40,000 dwt
Torvold Klaveness(노) Bocimar(벨)	'99. 1	Panamax	Panamax 20-25척	Pool명 : Baumarine AS 참여선사 : Klaveness 외 5-7개 선사
Oglebay Norton Marine(미) American Steamship(미)	'02. 1	Handysize	Handysize 23척	Oglebay Norton : 미 5대호에서 최대선대보유
Navios Corp(미)	'02. 2	Panamax	Panamax 20-25척	Panamax Pool 추진중 현재 Panamax 보유선대는 10척
Lasco Shipping(미)	'02. 3	Panamax	Panamax 20척 이상	Pool 결성추진중

자료 : 현대상선, VIP Report, 해운연구실, 2003.

[표 3-5] 세계 주요 Pool의 SWOT

	강 점	약 점	기 회	위 협
Anangel-America Bocimar Zodiac	· 세계최대 Cape Pool : 전세계 선복량의 14%	· 대서양수역에 치중	· 시장영향력 증대	· 시장개척 필요
Ceres Hellenic Coeclerici	· 두 선형 공략 : Capesize + Panamax	· 부문별 경쟁력 확보 시급	· 기존 Coeclerici Transport 효과 기대	· 부문별 척수 소규모
Premuda Bulk IMC Shipping	· IMC Shipping의 운영 Know-how	· 선대 혹은 추가 참여선사 필요	· 향후 투입척수 증가	· Pool 운영척수 적음
Pacific Basin Torm Wah Kwang	· Torm의 운영 Know- how 효과	· 경쟁선사 다수	· 태평양, 대서양 수역 모두 공략가능	· 응집력부족 : 개별적 운영
Lauritzen Bulkers Island View Shipping	· 선대경쟁력 : Grab & Log fitted	· Af, Europe, N. Am 시장에 치중	· Asia, S. Am 시장에서 영업력강화	· 시장개척 필요
Torvold Klaveness Bocimar	· Klaveness의 오랜 Pool 운영 Know-how	· 대서양수역에 치중	· 시장영향력 증대	· 일부선사 탈퇴
Oglebay Norton Marine American Steamship	· 5대호에서 경쟁력 1위	· 목표시장이 한정	· 선대개선	· 노후선대 다수 보유
Navios Corp	· 경쟁력보유	· 구체적 추진 미비	· 참여선사 다수 기대	
Lasco Shipping	· 경쟁력보유	· 구체적 추진 미비	· 참여선사 다수 기대	

자료 : 현대상선, VIP Report, 해운연구실, 2003.

제 3 절 해운기업의 인수 · 합병

1. 인수 · 합병의 의의

기업의 인수 · 합병(Merger and Acquisition : M&A)이란 둘 이상의 기업이 하나

로 통합되어 단일기업이 되는 합병(merger)과 어떤 한 기업이 다른 기업의 주식이나 자산을 취득하여 경영권을 획득하는 인수 또는 매수(acquisition)가 결합된 개념이다. 이러한 M&A의 목적은 기존 기업의 내적 성장한계를 극복하고 신규 사업참여에 소요되는 기간과 투자비용의 절감, 경영상의 노하우, 숙련된 전문 인력 및 기업의 대외적 신용확보, 경쟁사인수를 통한 시장점유율확대, 경쟁기업의 주식매입을 통한 M&A 대비, 자산가치가 높은 기업을 인수한 뒤 매각을 하여 차익획득 등 여러 가지가 있다.

2. 인수 · 합병의 형태

기업 인수, 합병(M&A)의 형태는 크게 우호적 M&A와 적대적 M&A로 구분된다. 우호적 M&A는 기업주간 사전 M&A 합의로 이루어지는 경우를 말한다. 적대적 M&A는 대상기업 경영진의 동의 없이 제3자가 강제로 경영권행사에 필요한 주식을 인수하는 경우이다.

일반적인 M&A 방법으로는 주식인수, 영업양수, 자산취득, 위임장대결, 합병 등이 있으며, 적대적 M&A는 주로 주식매수와 위임장대결을 통해 이루어진다.

- 자산인수 : 대상기업의 자산뿐 아니라 영업권 등 포괄적 권리를 매수
- 주식인수 : 주식매수를 통한 회사의 경영권인수(주주개별매수, 증권시장매수, 공개매수)
- 흡수합병 : 인수기업이 대상기업을 흡수
- 신설합병 : 양 기업이 합병하여 새로운 회사를 설립
- 역 합 병 : 실질적인 인수기업이 소멸하고 피인수기업이 존속

3. 인수 · 합병의 동기

기업은 여러 가지 이유에 의해 M&A를 한다. 대표적인 목적은 회사의 이익 증대와 비용을 감소하기 위해서이다. 인수를 통해 시장지배력을 강화할 수 있으며, 이는 기업의 성장을 가져오는 이점이 있다. 또한 M&A는 새로운 시장에

신속하게 진입할 수 있는 장점과 M&A 대상기업의 경영능력, 기술노하우, 영업네트워크활용 등의 측면에서 많은 운영상의 합리성과 비용의 효율성을 증대시킬 수 있다.

[그림 3-1] M&A의 흐름도

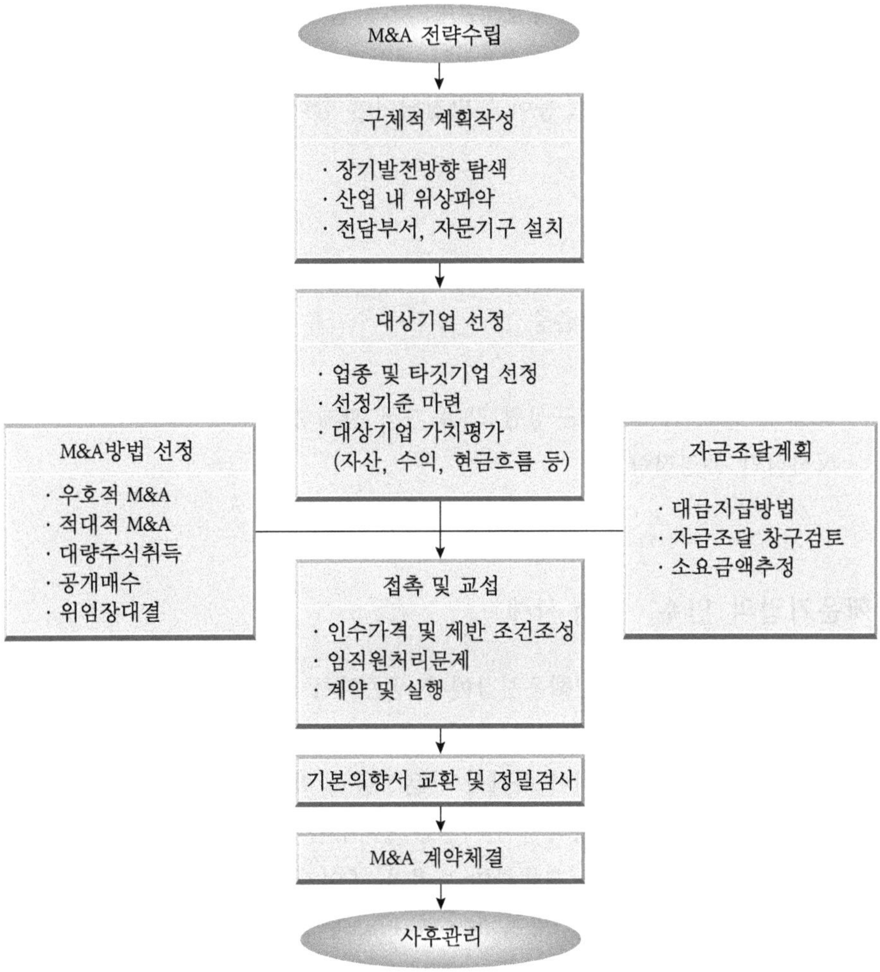

자료 : 김세중(2006), p.141.

4. 인수 · 합병의 성공요인

기업의 M&A는 성공할 확률보다 실패할 확률이 더 많다고 한다. 이는 M&A를 추진할 경우 발생할 수 있는 문제점을 사전에 파악하여 철저히 대비해야 함을 의미한다. M&A의 목적은 가치창출이며, 이는 성공적 통합을 위한 잠재적인 많은 한계를 해결해야 가능하다. 조직적인 적합성, 회사문화의 조화, 절차적인 통합문제, 잠재적 비용의 감소 등이 뒷받침되어야 한다. M&A의 성공요인은 다음과 같이 설명할 수 있다.

- 문화적 이질성의 극복
- 피인수기업에 이점제공
- 피인수기업의 조직문화존중
- 충분한 보상제도활용
- 경영자, 관리자, 이사회구성원 간 유기적 관계형성
- 혁신적인 운영전략

5. 해운기업의 인수 · 합병 사례

정기선해운기업은 정기선해운시장에서 생존하기 위한 효율적인 대응방안으로 타 선사를 인수하거나 합병하는 전략을 추진하고 있다. 정기선시장에서 선사간 경쟁이 악화되고, 운임이 하락하여 운임을 올리는 방법으로는 영업이익을 확보할 수 없게 되었다. 따라서 선사들은 인수, 합병을 함으로써 규모의 경제를 실현하고, 시너지효과를 획득하여 비용을 줄이기 위해 노력하고 있다.

선사의 인수, 합병 사례를 보면 1996년 P&O와 Nedlloyd 선사가 합병하여 P&O Nedlloyd라는 단일선사가 되었고, 1997년에는 한진해운이 DSR-Senator 선사를, NOL 선사가 APL 선사를 각각 인수하였다. 그리고 1999년에는 Maersk 선사가 글로벌제휴를 맺고 있었던 파트너선사인 Ses-Land 선사를 인수하였다.

영국의 P&O사와 네들란드의 Nedlloyd사의 합병은 세계 6위와 8위의 대형선사들이 세계최대의 선사로 통합되었고, 기존 조직의 정비 및 선대운영의 효

[표 3-6] 컨테이너선사의 주요 인수합병추이(1999-2005) (단위 : 백만 US달러)

연 도	인수사	피인수사
2000	Hamburg Sud	Crowly American Tranport(미국/남미 서비스)
	CP Ships	Christensen Canadian African Lines
	CSAV	Norasia Line
	P&O Nedlloyd	Farrell Line
	P&O Nedlloyd	Hrrison Line
2001	Grimaldi	Atlantic Container Line(주식 40%)
	CSAV	칠레 운영사 CCNI 지분 26%
	Tropical shipping	Kent Line Int'l의 컨선 서비스 부문
2002	Tropical shipping	Tecamarine(일부)
	Sea Star Line	NPR
	CP Ships	Italia Di Navigazione
	Tschud & Eitzen	Estonian Shipping Co
	AP Moller	Tom Lines
	Wan Hai Line	Trans Pacific Lines
2003	Hamhurg Sud	AWS'e East Africa, Indian Ocean Mid-east/South Asia & Mediterranean S-
	CMA CGM	AWS'e Intra-North Europe and Spain/Portugal Services
	Samskip	T&E ESCO Container Lines 주식 50%
	Hamburg Sud	Kien Hung Shipping
	China Navigation	Bank Line's South Pacific RTW Service
	China Navigation	Oldendorff에서 Indor]trans Line 인수
	AP Moller	SCF Oriental Lines
2004	Israel Corp	정부소유 Zim 지분의 49% 인수
	Castle Harlan	Cariyle 그룹이 매각한 Horizon Line 인수
2005	Samskip	Geest North Sea Line
	AP Moller-Maersk	Royal P&O Nedlloyd
	Avion Group	Eimskip
	TUI/Hapag-Lloyd	CP Ships
	CMA CGM	Boller's Shipping Interests
	CMA CGM	Boller와 SNCM에서 SudCarogs 인수

자료 : Drewry(2005), pp. 216-217.

율화에 의하여 약 2억 미국달러의 비용절감이 가능하게 되었다. 이 합병에 따른 구체적인 효과로는 기항지의 확대, 서비스빈도의 증가, 육상운송의 합리화, 영업 및 서비스망의 효율증대, 정보통신시스템의 향상, 육상 및 터미널 비용의 감소 등을 들 수 있다.

2005년 세계 1위의 컨테이너선사인 덴마크 머스크씨랜드사는 영국 P&O Nedlloyd사를 인수하여 기존 세계해운시장의 20%에 가까운 점유율을 확보하였다. 양사의 합병으로 선대규모가 용선선박까지 포함해 149만5천785 TEU, 549척에 이른다. 머스크 시랜드사가 P&O Nedlloyd사를 인수하게 된 배경은 글로벌 네크워크구축을 통한 정기선해운시장의 주도권을 확보하기 위해서이다. M&A를 통해 단기간에 선복확보가 용이하고, 시장점유율을 높일 수 있는 이점이 있기 때문이다.[6)]

[표 3-7] 주요 선사의 M&A를 통한 경영실적 추이

(단위 : 백만 US달러)

선 사	2003(A)	2004(B)	차 이(B-A)	증가율
AP Moller-Maersk[1)]	2,600	3,067	467	18.0%
OOIL	552	749	197	35.7%
CSCL	179	708	529	295.5%
CMA CGM	225	367	142	63.1%
NOL	543	675	132	24.3%
CP Ships	75	135	60	80.0%
Hapag-Lloyd	28	209	181	646.4%
Royal P&O Nedlloyd[2)]	93	897	804	864.5%
계	4,295	6,807	2,512	58.5%

주 : 1) 선박 이외의 활동 포함.
2) 2005년 AP Moller-Maersk사에 합병됨.
자료 : Drewry, Annual Container Market Review and Forcast 2005/6, 2005.

6) 류동근, 전게서, p. 143.

CHAPTER

4

부정기선과 정기선해운

제 1 절 부정기선해운

1. 부정기선해운의 개념

해상운송은 선박의 운항서비스형태에 따라 부정기선해운(tramp shipping)과 정기선해운(liner shipping)으로 구분된다. 부정기선해운은 운항항로나 일정이 정해져 있지 않고 운송수요에 따라 특정화주와의 계약에 의해 화주가 요구하는 시기와 항로에 선복을 제공하여 화물을 운송하는 형태를 말한다.

부정기선박에 의해 운송되는 화물은 선박에 만재하거나 선복의 일부에 포장되지 않은 상태로 대량으로 운송되는 것이 특징이다. 원유, 철광석, 석탄, 인광석, 시멘트, 곡물, 비료, 원목 등이 대표적인 부정기화물이며, 이러한 화물을 산화물 또는 벌크화물(bulk cargo)이라고 부른다. 부정기선운임은 선복의 수요와 공급에 의해 결정되며, 수요의 가격탄력성은 매우 낮다.

부정기화물을 운송하는 선박을 부정기선(tramper)이라고 하며, 특수화물운송에 적합하도록 건조된 전용선이 많이 이용되고 있다. 예를 들면 원유전용선, 철광석전용선, 석탄전용선, 곡물전용선, 시멘트전용선 등이 이에 속한다.

부정기해상 운송계약은 화주별로 특정의 운송조건을 반영하여 이루어진다.

즉 운송시기, 운송화물규모, 운송빈도, 운임지불조건 등 화주의 요구에 따라 선주와 협의해서 결정된다. 철광석, 석탄, 원유 등 원료를 수송하는 대량화주의 경우, 안정적인 화물운송을 위해 선사와 장기운송계약을 맺는 경우가 있다.

2. 부정기선해운시장

1) 부정기선해운시장의 구조

부정기선해운시장의 구조는 매우 복잡하다. 해운시장의 구조는 일반적으로 선박의 운항형태에 따라 정기선과 부정기선으로 구분되며, 운송화물의 종류별, 선박의 크기별, 화물운송항로별 등에 따라 나누어진다. 운송화물의 종류는 선박의 종류와 크기에 영향을 미친다. 예를 들면 원유와 같은 액체화물은 유조선에 의해 운송되며, 대량으로 운송되는 특징이 있기 때문에 10만 톤 이상의 대형 유조선에 의해 수송된다. 곡물의 경우 보통 4-6만 톤 크기의 선박에 의해 운송되는 것이 특징이다.

부정기화물 중 대표적인 5대 건화물(dry bulk cargo)은 철광석, 석탄, 곡물, 보크사이트와 알루미늄, 인광석을 말하며, 해상으로 운송되는 벌크화물의 대부분을 차지한다. 이들 화물을 운송하기 위해 운항되는 선박의 크기와 운송루트는 상이하다. 철광석의 경우 70% 이상의 화물이 12만 톤 이상의 케이프사이즈 선박에 의해 운송되며, 브라질 또는 호주에서 선적하여 서유럽과 일본, 한국, 중국 등으로 운송된다. 석탄의 경우 운송화물의 45% 정도는 케이프사이즈 선박과 40% 정도는 파나막스급 선박에 의해 운송된다. 석탄의 주요 선적지역은 호주, 남아프리카, 북아메리카 등이며, 주요 하역지역은 유럽, 동북아시아지역이다. 인광석의 경우 소량으로 운송되는 특징이 있으며, 핸디사이즈선박에 의해 모로코, 러시아, 미국으로부터 선적되어 유럽이나 일본 등으로 수출된다.

2) 부정기선해운시장의 특징

① 시장진입과 퇴출의 용이성

부정기선사는 화물운송에 필요한 선박을 확보할 수 있다면, 해운시장에 진입하기가 용이하며 진입장벽이 없다. 부정기해운서비스는 정기선해운과 다르

[표 4-1] 벌크선의 크기별 운송화물과 운송루트

벌크선의 구 분	해상화물(운송비율(%))				
	철광석	석 탄	곡 물	보크사이트 & 알루미늄	인광석
Capesize	70%	45%	7%	–	–
Panamax	22%	40%	43%	45%	20%
Handymax and Handysize	8%	15%	50%	55%	80%
벌크선의 구 분	**주요 운송루트**				
	철광석	**석 탄**	**곡 물**	**보크사이트 & 알루미늄**	**인광석**
Capesize (120,000 dwt and over)	· Brazil to west Europe & Japan · W.Australia to West Europe & Japan	· Australia to Far East, Japan & West Europe · South Africa to West Europe and Far East	· Argentina and River Plate to Near East, & East Europe		
Panamax (65,000 dwt)	· Brazil to West Europe & Japan · Australia to W. Europe & Japan	· N. America to Japan & W. Europe · Australia to Far East, Japan & West Europe	· N. America to Far East, W. Europe & Near East		
Handymax and Handysize (45,000 dwt) & (30,000 dwt)	· India to Japan & Korea · Canada to USA & Japan · Liberia & Mauritania to West Europe	· S. Africa to Far East & Europe	· Australia to Far Japan & Middle East · N. America to Africa & West Europe	· Caribbean to North America & W. Europe · West Africa to W. Europe & Japan · Australia to Japan & West Europe	· Morocco to W. Europe · Russia to W. Europe · The US to Japan & West Europe

자료 : Alizadeh & Nomikos(2005).

게 많은 선박이 필요하지 않으며, 기항지마다 해운대리점을 운영할 필요가 없다. 자사의 영업 및 선박운항 능력에 맞는 규모의 선박과 조직을 갖추고 시장에 참여할 수 있다.

선박은 고가의 자산이지만 다양한 선박금융을 이용하여 선박을 건조하거나 중고선을 매입할 수 있다. 또한 자사선박을 소유하지 않고 선박용선을 통해 일정기간 선박을 빌려 운송서비스를 함으로써 선박확보에 따른 비용부담을 줄일 수 있다. 만약 해운시장에서 더 이상 사업을 하지 않을 경우, 기존 보유하고 있는 선박을 매각함으로써 쉽게 퇴출할 수 있다.

② 다수의 시장참여자

부정기해운시장은 완전경쟁시장이다. 수많은 선주와 용선자 간에 부정기적으로 용선거래가 체결되고 화물운송이 이루어진다. 따라서 해상운임은 특정 화주나 선주에 의해 결정되지 않고, 해운시장의 수요와 공급에 의해 운임이 결정된다.

③ 해운서비스의 동질성

부정기선사간 화물운송서비스에 차이가 많지 않다. 해운서비스수요가 부정기적으로 발생하고, 선사는 화주의 요구에 따라 원하는 시간, 날짜, 장소, 운임으로 안전하게 화물운송을 하면 된다. 부정기로 운송되는 해상화물은 주로 가치가 낮은 화물들이며, 선박 한 척에 한 가지 종류의 화물이 운송되는 것이 특징이다. 부정기해운시장에서 서비스를 제공하는 선사는 다수이기 때문에 화주는 운송서비스요구를 충족시켜 주고, 최저의 운임을 제시하는 선사와 거래하는 것이 일반적이다.

반면 정기선해운은 서비스품질, 속력, 운임 등에 따라 선사간 서비스에 차이가 있다. 정해진 항로에서 주간서비스를 제공하는 경우와 격주간 서비스를 하는 경우 선사간 서비스경쟁에 차이가 있으며, 고속페리선으로 서비스를 제공하는 경우 고객에게 보다 신속한 운송을 제공할 수 있는 이점이 있다. 정기선해운에서 화주는 운임수준보다 서비스품질을 고려하여 선사를 결정한다.

④ 정보의 효율적인 공유

완전경쟁시장은 효율적인 정보의 제공 및 공유가 전제요건이다. 부정기해운시장에서 선박 및 화물에 대한 정보가 발틱해운거래소, 로이드해운정보서비스, 로이드선급협회, 해운중개업체, 용선업체 등을 통해 전세계적으로 정기적으로 제공되고, 선사 및 화주 간 정보가 쉽게 공유되고 있다. 특히 오늘날 정보통신기술의 발달로 해운정보가 실시간으로 전세계 해운중개업체, 해운선사, 화주들에게 전달되고 공유되고 있다.

⑤ 선박의 유동성

해상운송서비스를 제공하는 선박은 유동성이 매우 높다. 즉 해운경기의 변화에 따라 선사는 해상운임이 높은 화물과 항로에 선박을 배선하여 운항한다. 운임수준이 높은 해운시장에 많은 선박들이 투입되기 때문에 초과공급을 유발하며, 반면 선사들은 장기간 초과이윤을 얻기 어렵다.

3. 선박용선

1) 용선의 개념

부정기해상운송은 화주의 화물운송수요가 부정기적으로 발생하고, 화주가 원하는 시기에 화물운송이 가능한 선사와 운송계약을 체결하여 운송이 이루어진다. 부정기선사는 자사가 운항하고 있는 선박에 화물을 적취하기 위해 해운시장에서 화물에 대한 정보를 수집하고, 채산성이 있는 화물에 대해 화주와 협상을 하여 운송계약을 맺게 된다. 이러한 운송계약을 용선(charter) 또는 용선계약(charter party)이라고 한다. 즉 화주와 선주 간에 특정화물에 대해 특정시기에 운송이 가능하도록 계약을 체결하는 것을 말한다. 이 때 화주를 용선자(charterer)라고 말한다.

또한 선주가 필요로 하는 선박을 다른 선주로부터 일정한 기간 동안 빌리거나 또는 여유 있는 선박을 빌려 주는 계약관계를 말한다. 용선계약은 크게 항해용선(voyage charter), 정기용선(time charter), 나용선(bareboat, demise charter) 등 세 가지로 나누어진다.

2) 용선의 종류

(1) 항해용선(voyage charter)

항해용선은 화주가 원하는 시기에 원하는 목적지로 화물을 운송하기 위해 선복을 임차하는 운송계약이다. 항해용선을 이용하는 화물은 철광석, 석탄, 곡물, 원목, 시멘트 등 벌크화물이나 부정기적으로 운송되는 화물이며, 선복 전체나 일부에 선적되어 운송되는 것이 특징이다.

구 분	선적시 하역비	양하시 하역비
Liner or Berth terms	선주부담	선주부담
F.I.O.(free in and out)	화주부담	화주부담
F.I.(free in)	화주부담	선주부담
F.O.(free out)	선주부담	화주부담

용선자는 운송의 대가로 선주에게 운임을 지불하고, 운임은 해운시황에 의해 결정된다. 해운수요에 비해 선복량이 많을 경우 운임은 낮아지고, 반대로 선복량이 적을 경우 운임은 상승하게 된다.

선주는 화물운송에 소요되는 선박운항비용 및 항해비용을 부담하고, 하역비용부담은 선주와 용선자 간의 협의에 의해 결정한다. 선적과 양하시 발생하는 하역비용을 선주와 용선자 중 누가 부담하는가를 용선계약서에 기재한다. 하역비부담조건의 종류는 위의 표와 같다.

항해용선계약시 가장 많이 사용되는 표준계약서는 GENCON 계약서이다. GENCON은 1922년 발틱국제해운회의소(The Baltic and International Maritime Council : BIMCO)에 의하여 제정되어 1974년, 1976년, 1994년 개정되었다. GENCON 계약서에 기재되는 주요 내용은 다음과 같다.

- 용선중개인(shipbroker)
- 선 주(owner)
- 용선자(charterer)의 명칭
- 용선계약 장소 및 날짜(place and date)
- 선 명(vessel's name)
- 선박의 총톤수(GRT), 순톤수(NRT), 재화중량톤수(DWT)
- 선박의 현재 위치(present position)
- 선적준비예정일(expected ready to load)
- 선적항 또는 장소(loading port or place)
- 양하항 또는 장소(discharging port or place)
- 화물의 종류와 수량(cargo)
- 운임률(freight rate)과 운임지급조건(freight payment)
- 하역비부담조건(loading and discharging costs)

- 정박기간(laytime)
- 화주명칭과 주소(shippers)
- 체선료(demurrage rate)
- 취소날짜(cancelling date)
- 중개수수료(brokerage commission)

(2) 정기용선(time charter)

정기용선은 용선자가 선박을 일정기간 동안 사용하는 조건으로 선주와 계약을 맺는 것을 말한다. 용선기간은 용선자의 필요에 의해 수개월에서 수년까지 정해지며, 정해진 기간 동안 용선자는 선주에게 약정한 용선료를 정해진 기일에 지불한다. 용선료는 보통 일일당 금액으로 정해지며, 선박의 크기, 화물적재능력, 선령, 해운시황 등에 의해 결정된다.

선주는 선박이 감항상태를 유지하도록 모든 속구를 구비하고 자질 있는 선원을 배승시킬 책임이 있다. 선주는 선박자본비, 보험료, 선원비, 수선비, 선용품비 등을 부담하고, 용선자는 선박운항에 소요되는 연료비, 항비 등을 부담한다.

정기용선계약시 가장 많이 사용되는 계약서는 NYPE(New York Produce Exchange Form)이다. 이 용선계약서는 1913년 뉴욕물품거래소에서 만든 것으로 그 동안 여러 차례 개정을 거쳐 현행 사용되는 서식은 1946년에 개정한 것이다. NYPE 용선계약서에 포함된 주요 내용은 다음과 같다.

- 선주 이름
- 선박명 및 선박명세(ship's particulars)
- 용선 후 선박항해구역(trading limits)
- 선박인도시기(laydays/cancelling day)
- 정기용선기간
- 선박 인도(delivery) 및 반선(redelivery) 장소
- 용선료(hire) 및 지급조건
- 용선자에게 인도될 연료량과 가격
- 수수료율(commissions)

(3) 나용선(bareboat charter 또는 demise charter)

나용선계약(bareboat charter)은 선주와 용선자 간 선원을 제외한 선박 자체만을 일정기간 사용하도록 계약하는 것을 말한다. 용선자는 나용선계약에 의해 임차한 선박에 승선할 선장 및 선원을 자기 책임 하에 고용한다. 선주는 선박자본비만을 부담하고, 나용선자는 선박의 자본비를 제외한 선박운항비, 항해비를 부담한다. 나용선자는 선박을 임차한 대가로 용선기간 동안 약정한 용선료를 선주에게 지불한다.

선주의 입장에서 나용선계약은 용선기간 동안 안정된 용선료수입을 얻을 수 있는 장점이 있으며, 나용선자의 경우 선박용선을 통해 선박을 자유로이 운항할 수 있는 장점이 있다.

(4) 국적취득조건부 나용선계약(BBC/HP)

국적취득조건부 나용선은 선박을 나용선하여 일정기간 용선료형태로 선박대금을 지급한 후 소유권이 용선자에게 이전되어 국적을 취득하게 되는 선박확보방법이다. 우리나라의 경우 1970년대부터 중고선도입을 위해 국적취득조건부 나용선이 많이 이용되었다. 그러나 1984년 해운산업 합리화조치로 중고선도입이 규제되면서 신조선확보방법으로 이용되고 있다.

(5) 장기운송계약(contract of affreightment)

장기운송계약(Contract of Affreightment : COA)은 운송계약기간이 장기간이며, 정해진 화물을 정해진 항로에서 운송하는 계약을 말한다. 석탄, 철광석 등 원료를 많이 수입하는 제철소와 원유를 많이 수입하는 정유회사 등이 선사와 장기운송계약을 많이 이용하고 있다.

장기운송계약을 통해 용선자는 안정적으로 화물을 수송할 수 있는 이점이 있고, 선사는 장기간 수송권을 확보함으로써 안정적인 운임수입을 얻을 수 있는 이점이 있다. 용선자나 선주는 해운시황의 변동에 따라 선복량 및 운임변동 등의 영향을 받지 않는 장점이 있다.

[표 4-2] 용선계약별 비용부담구분

	나용선	정기용선	항해용선	정기선해운
항만시간비용	C	C	CO	O
화물선적과 양하비용	C	C	CO	O
항 비	C	C	O	O
연료비	C	C	O	O
해상시간비용	C	C	O	O
화물집하비용	C	C	O	O
선원비	C	O	O	O
선박유지 관리비용	CO	O	O	O
해상보험	CO	O	O	O
자본비용	O	O	O	O

주 : C=charter(용선자), O=owner(선주).
자료 : L. Gorton, R. Ihre and A. Sandevarn, p.123, 1999.

제 2 절 정기선해운

1. 정기선해운의 개념

정기선해운(liner shipping)이란 정해진 항로에 정해진 스케줄로 미리 공표된 운임요율(freight tariff)을 적용하여 운송서비스가 이루어지는 것을 말한다. 컨테이너운송이 발달하기 이전에는 일반화물선에 의해 정기선서비스가 제공되었지만, 오늘날에는 컨테이너선에 의한 정기선서비스가 보편화되었다. 정기선항로는 크게 북미와 아시아를 연결하는 태평양항로, 북미와 유럽을 연결하는 대서양항로, 유럽과 아시아를 연결하는 구주항로로 구분되며, 지역 내 정기항로는 유럽역내항로, 아시아역내항로 등이 있다. 또한 유럽과 아프리카, 북미와 남미를 연결하는 남북항로가 있다. 정기선해운의 특징은 아래와 같다.[1)]

1) 류동근, 해상운송의 이해, 2005, p. 132.

- 반복운항 : 정기선선박은 정해진 스케줄에 따라 정해진 항구를 규칙적이고 반복으로 운항한다.
- 운임요율표(freight tariff) : 정기선해운동맹이나 선사에 의해 정해진 운임요율표에 의해 운임가격이 정해져 있다.
- 일반운송인(common carrier) : 불특정다수의 화물을 운송하는 공중운송인(public carrier) 성격을 가진다.
- 표준계약서 : 부정기선은 화물의 종류, 수량에 따라 운송계약이 다양하게 체결되나, 정기선은 화물의 종류, 수량에 관계 없이 정형화된 선하증권이 운송계약서 역할을 한다.

[표 4-3] 부정기선해운과 정기선해운의 차이점

구 분	부정기선해운	정기선해운
해운수요	불규칙, 불안정	규칙적, 안정적
해운서비스	운항항로 및 일정이 불규칙이며 수요에 따라 항상 변함	정해진 항로에서 운항일정에 따라 규칙적, 반복적으로 서비스제공
운송화물의 종류	원료, 연료, 광석, 농산물 등	완제품, 반제품, 냉동화물, 우편물, 여객 등
운송화물의 가치	저 가	고 가
화물운송의 형태	한 선박에 동종화물운송	한 선박에 이종화물운송
개별 수요단위	대규모, 대량운송	소규모, 개품운송
운항선박	일반화물선, 벌크선, 탱커선, 특수선, 겸용선 등	일반정기화물선, 컨테이너선, 카페리선 등
운송인	공중운송인(Public Carrier), 사설운송인(Private Carrier)	보통운송인(Common Carrier), 공중운송인(Public Carrier)
운송계약	용선계약서(charter party)	선하증권(bill of lading)
운임결정	해운시황을 고려하여 선주와 용선자간 협의에 의해 결정	운임요율표(tariff), 운임동맹
운항선사조직	소규모 조직	대규모 조직 (본사, 해외지점)
화물집화형태	해운중개인(ship broker) 이용	자사영업직원, 포워더
여객운송	여객운송 없음	카페리선의 경우 여객운송

자료 : 류동근(2005).

- 고가화물 : 원자재, 농산물, 광산물 등의 저가화물은 부정기선에 의해 운송되는 반면, 고가화물은 정기선해운을 이용하며 운임도 부정기선에 비해 높다.
- 대형조직 : 다양한 화물의 취급 및 여러 항구를 기항하므로 취항항구마다 지점을 두게 된다. 따라서 본사 및 지점의 조직규모가 부정기선에 비해 훨씬 크다.
- 자본집약산업 : 화물의 유무에 관계 없이 운항일정에 맞춰 규칙적으로 운항해야 하기 때문에 많은 선박이 필요하고, 조직규모도 커서 막대한 자본을 요하는 위험도가 큰 사업이다.

2. 컨테이너운송의 특징

컨테이너운송은 1956년 4월 미국의 맬콤 맥린(Malcom Purcell McLean)이 맥스톤(Maxton)호의 갑판상에 58개의 컨테이너를 적재하여 뉴저지의 뉴워크(Newark)에서 텍사스의 휴스톤(Huston)까지 운송함으로써 본격화되었다. 그리고 1965년 유럽과 미국 간에 컨테이너정기선이 취항한 이후 해상운송에 컨테이너화(containerisation)가 급속도로 진전되었다. 1960년대 컨테이너 전용선박이 개발되면서 정기항로에 재래 정기화물선이 컨테이너선으로 대체되기 시작하였으며, 고가의 컨테이너선박을 확보하기 위하여 정기선사들 간 컨소시엄을 구성하여 컨테이너선박을 확보하였다.

컨테이너운송은 국제교역의 성장은 물론 국제운송 물류체계에 많은 변화를 가져 왔다. 국제복합운송이 발달하게 되었으며, 문전서비스가 가능하게 된 계기가 되었다. 이러한 현상은 컨테이너운송이 가져다 주는 경제성, 신속성, 안정성 등의 이점 때문이다.[2)]

① 경제성

화주의 입장에서 컨테이너운송은 포장비, 해상 및 육상운송비, 하역비, 보관비, 인건비 등을 절감할 수 있는 이점이 있고, 자금의 원활한 회전을 기할 수 있다.

---

2) 류동근, 전게서, p. 154.

② 신속성

컨테이너운송은 해륙일관수송을 가능케 하여 화물의 생산지에서부터 소비지까지 수송시간을 크게 단축시켜 준다. 또한 컨테이너하역의 기계화로 하역의 생산성이 향상되고 하역시간이 줄어든다.

③ 안정성

컨테이너운송은 화물의 파손, 오손, 분실 등의 위험이 적고, 화물운송중에 비바람, 온도, 습도 등으로부터 화물을 보호할 수 있는 이점이 있다.

컨테이너화는 단위당 운송비용을 최소화하고, 항만에서 컨테이너하역작업의 기계화로 선박의 재항시간이 단축되어 선박의 생산성이 증대되었다. 특히 화물의 단위화로 복합운송이 가능하여 문전에서 문전까지 화물수송을 통한 운송의 합리화가 이루어졌다.

컨테이너운송의 단점으로는 컨테이너선의 정박을 위한 전용부두건설 및 컨테이너화물의 하역작업을 위한 하역설비설치 등에 많은 자금이 소요된다. 또한 규격화되지 않은 화물은 컨테이너로 운송되지 못하는 문제점이 있다. 이러한 단점보다는 장점이 훨씬 많기 때문에 재래 정기화물의 컨테이너수송은 지속적으로 증가하고 있다.

3. 정기선선박운항의 유형

오늘날 정기선해운서비스는 컨테이너선박에 의해 제공되고 있으며, 컨테이너선사들은 선대의 보다 효율적인 운영을 통해 다양한 하주들의 요구에 부응하기 위해 노력하고 있다. 이 같은 측면에서 등장한 것이 세계일주서비스와 시계추서비스이다.

1) 세계일주서비스

세계일주서비스(Round-the-World-Service)란 특정선박이 한 방향으로 운항하며, 지구를 한 바퀴 돌아 원 출발항으로 돌아오는 서비스를 의미한다. 예로 부산을 출발한 선박이 극동/유럽, 유럽/북미, 북미/극동 구간을 통해 다시 귀항하는 경우를 들 수 있다. 특정지역간 왕복서비스(End-to-End 서비스)와 비교해서 세계일주서비스(RTW)의 차이점은 동일선박에 대한 선복이용효율의 증가에 있다. 즉 ETE 서비스는 양 지역 간 제한된 집하시장에서 1항차당 왕복 2회의 영업기회를 갖는 반면, RTW 서비스는 세계를 동서로 일주하는 전구간에 걸쳐 최소한 3-4회 이상의 영업기회를 가질 수 있다.

2) 시계추서비스

시계추(Pendulum : 펜듀럼) 서비스는 특정지역을 축으로 서로 다른 선박이 서로 다른 항로를 취항, 축과 기점 사이를 왔다 갔다 함으로써 항로와 항로를 연결하는 효과를 얻게 된다. 즉 선박의 배선이 마치 시계추와 같이 구주/극동항로에 이어서 극동/북미항로, 또는 극동/북미항로에 이어서 북미/구주항로로 이어지는 항로통합서비스를 말한다.

시계추서비스의 경우 세계 전지역을 커버할 수 있는 선대와 모선이 기항할 수 없는 지역을 서비스할 수 있는 지선서비스가 요구된다. 시계추서비스의 장점은 세계 주요 기항지를 연결함으로써 선박이용률을 제고하고, 동시에 이중기항을 피함으로써 비용절감을 통한 수익성 개선에 기여할 수 있다. 또한 항로통합을 통해 선사는 컨테이너용기관리의 효율화를 증대시킬 수 있으며, 선적지역의 확대로 위험을 분산시킬 수 있다.

4. 세계 컨테이너물동량

현재 전세계 컨테이너물동량의 약 80% 정도를 차지하고 있는 북미, 서유럽, 극동 및 동남아 4개 지역의 경우 변화를 보면, 북미지역은 1980년도에는 전세계 물동량의 24.5%를 차지하였으나 2007년에는 9.6%로 그 점유율이 대폭 감소되었다. 서유럽의 경우도 1980년에는 30.2%로 세계에서 가장 많은 컨테이너물동량이 발생한 지역이었으나 2007년에는 18.4%에 그치고 있다. 이에 반하여 중국이 포함된 극동지역은 19.8%에서 36.2%로, 세계최대의 환적항인 싱가포르가 위치한 동남아지역은 4.8%에서 13.6%로 그 비중이 확대되었다.

2000년 이후 컨테이너물동량은 연평균 11.2% 성장하였으며, 중국의 급속한 개방화 및 성장으로 극동지역의 물동량은 세계평균보다 높은 연평균 14.1%의

[표 4-4] 지역별 컨테이너물동량 비율

(단위 : %)

지역/연도	1980	1990	2000	2004	2005	2006	2007
북 미	24.5	18.9	13.0	11.3	11.2	10.6	9.6
서유럽	30.2	25.6	21.8	19.6	19.0	18.4	18.4
극 동	19.8	26.2	30.3	33.8	34.5	35.5	36.2
동남아	4.8	11.0	14.5	14.3	13.8	13.5	13.6
중 동	5.0	4.1	4.7	5.5	5.6	5.5	5.7
남 미	6.1	5.8	7.6	6.9	7.0	7.1	7.1
오세아니아	4.1	2.6	2.1	2.0	1.9	1.8	1.7
남아시아	0.6	2.0	2.3	2.4	2.5	2.6	2.7
아프리카	3.8	3.1	3.1	3.4	3.5	3.6	3.6
동유럽	1.0	0.7	0.5	0.9	1.1	1.2	1.4

자료 : Drewry, Annual Container Market Review and Forecast(2008).

성장률을 기록하였다. 동 기간중 가장 높은 성장률을 기록한 지역은 동유럽으로 연평균 30.3% 증가율을 기록하였다.

5. 정기선해운서비스의 환경변화

기업경영의 글로벌화와 국제교역의 확대로 컨테이너화물의 해상운송수요는 꾸준히 증가하고 있으며, 정기선해운서비스의 수요도 다양해지고 있다. 컨테이너선사는 고객의 수요를 충족시키기 위해 신규항로를 개척하고, 서비스빈도를 높이기 위해 선대를 확충하기도 한다. 특히 기업의 이윤을 창출하는 새로운 정기서비스의 개발이 요구되고 있다. 앞으로 컨테이너해상운송은 틈새시장을 중심으로 서비스수요가 증가할 것으로 예상된다. 대형 선박은 허브항만을 중심으로 서비스를 제공하고, 허브항만과 피더항 간 피더 서비스수요가 더욱 증가하는 틈새시장이 확대될 것이다.[3]

앞으로 컨테이너운송시장에서는 일반컨테이너 화물운송과 항공화물 운송서비스의 단점을 보완해 주는 차별화된 서비스수요가 증가할 것이다. 즉 일반컨테이너 화물운송보다 더욱 신속하고 항공운송서비스의 운임보다 저렴한 차별화된 서비스를 요구하는 컨테이너화물이 증가할 것이다. 이러한 서비스를

3) 류동근, 전게서, p. 150.

[그림 4-1] 틈새 해운서비스시장의 확대

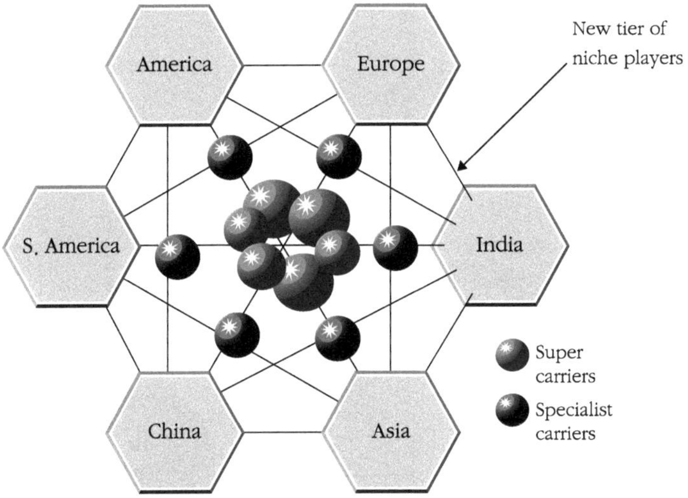

The future-small & speedv container

자료 : Stopford(2000).

요구하는 화물을 프리미엄 컨테이너화물이라고 하며, 이런 서비스를 프리미엄 서비스라고 부른다. 프리미엄 서비스수요가 증가하는 이유는 다음과 같다.

- 첫째, 국제무역의 성장으로 틈새항로에서 중소형 선박의 직기항서비스가 확대되었다.
- 둘째, 틈새시장을 겨냥한 정기선사들이 정보통신기술을 이용하여 문전 서비스를 보다 용이하게 제공할 수 있게 되었다.
- 셋째, 컨테이너선복량의 증가로 중소형 선사들이 틈새서비스를 제공하기 위해 필요한 컨테이너선박을 용선시장에서 쉽게 확보할 수 있게 되었다.
- 넷째, 중소형 컨테이너항만의 경우 틈새시장에서 서비스를 제공하는 중소형 선사를 대상으로 화물유치를 위한 적극적인 마케팅활동과 저렴한 서비스를 제공하고 있다.
- 마지막으로 환경보호를 위해 컨테이너의 육상운송을 해상운송으로 전환하는 노력이 확대되고, 이에 따라 중소항만의 이용을 촉진시키는 계기가 되고 있다.

[그림 4-2] 프리미엄 서비스화물

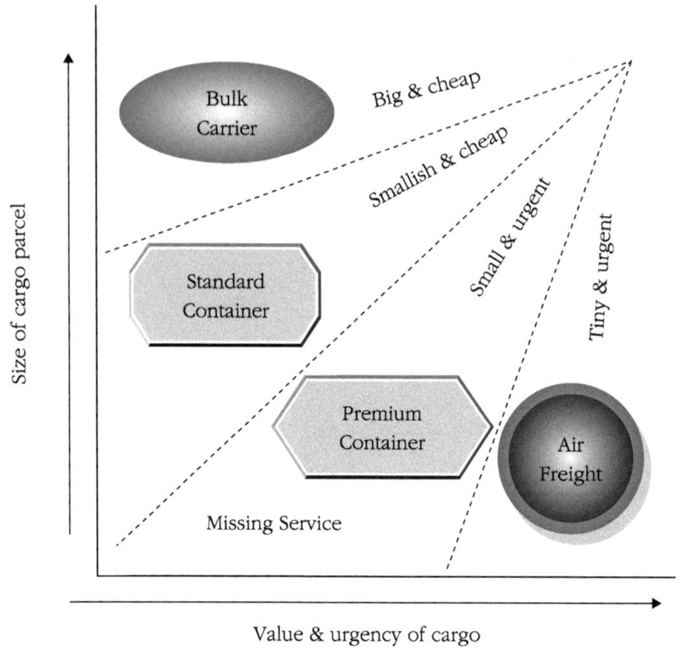

자료 : Stopford(2000).

6. 컨테이너선사의 경영전략

1) 선사간 전략적 제휴

주요 경쟁기업간의 국제적인 전략적 제휴가 전세계로 확대되고 있는 가운데 세계 정기선해운에서도 글로벌 서비스의 제공을 목표로 한 전략적 글로벌 제휴가 확산되고 있다. 특히 컨테이너선의 대형화로 선사들은 수송원가의 절감을 도모할 수 있게 된 반면, 서비스빈도저하, 직접기항 항만수감소 등 서비스의 질적인 면에서 소형선의 투입보다 오히려 악화될 우려가 있다. 선박대형화로 인해 야기될 수 있는 서비스 저하를 막고, 원가절감과 동시에 고객서비스의 향상이라는 목표를 달성하기 위해 대형 컨테이너선사들을 중심으로 전략적 제휴를 통해 해운서비스를 제공하고 있다. 전략적 제휴는 기존의 선대 및 조직으로 하주들이 요구하는 전세계에 걸친 서비스망을 단시일에 구축할 수 있고,

[표 4-5] 컨테이너선사의 경영전략에 따른 전략적 제휴의 동기

경영전략	전략적 제휴의 동기
시장안정화전략	· 운임의 안정화 · 외부경쟁의 제한
서비스차별화전략	· 서비스범위의 확대 · 서비스빈도의 확대 · 복합운송 서비스제공 · 종합물류 서비스제공
비용절감전략	· 규모의 경제를 통한 이익달성 · 재정적인 시너지극대화 · 새로운 정기선서비스제공에 따른 비용절감 · 선박확보에 따른 재정부담경감
시장개발전략	· 시장점유율증가 · 신규서비스 항로개척 용이 · 파트너의 마케팅 네트워크연계

자료 : 류동근, "해운기업의 경영전략과 전략적 제휴의 역할에 관한 연구," 한국항해학회지 제24권 제 3 호, 2000. 6.

투자위험감소 및 비용절감과 운항빈도를 확대할 수 있는 이점이 있다.

2) 선사간 M&A에 의한 경쟁력강화

선사간 단순한 전략적 제휴는 중복되는 기업조직과 선대로 인해 비용면에서 비효율성을 초래하며, 제휴그룹내부적으로 선사간의 경쟁이 존재하는 한계를 지니고 있다. 따라서 선사들은 M&A를 통해 단일기업을 구성하여 실질적인 비용절감을 실현하고 경쟁우위를 확보하고자 한다.

3) 중심항과 주변항 운항서비스

정기선사들은 초대형 컨테이너선박의 운항과 복합일관 운송체제의 발달로 선박운항서비스를 중심항과 주변항(Hub & Spoke) 체제로 제공하고 있으며, 지역거점중심으로 가능하면 기항지의 수를 줄이고 있다. 선박의 기항지축소에 따른 중심항만과 지선항만의 양극화로 대형 항만간에 중심항경쟁이 그 어느 때보다 치열하게 전개되고 있다. 대형선의 경우 막대한 초기 자본설비가 요구되기 때

문에 단위당 수송원가를 절감하려면 선박의 회전율을 높이지 않으면 안 된다. 더욱이 대형선의 경우 항만에서의 체류시간이 증가되어 각 서비스 루트마다 기항항만수를 축소하지 않으면 종전과 같은 수송기간을 맞추기 어렵게 된다.

4) 컨테이너선사의 전용터미널확보

국제해운시장에서는 선박의 대형화와 항로의 다양화 같은 외형적 요소들로는 선사들 간의 경쟁력을 평가할 수 없을 정도로 기업운영의 노하우와 전산시스템구축 등이 평준화되고 있어 각 선사의 서비스향상 및 비용절감을 위한 방안으로서 항만물류부문의 경쟁력확보가 최우선요소로 등장하였다. 이에 따라 주요 컨테이너선사들은 세계 주요 거점에 전용컨테이너 터미널을 확보하여 터미널운영사업에 참여하고 있다. 전용터미널운영의 이점은 자사선박에 안정적인 항만하역서비스를 제공하고, 선석확보에 정시성을 제공할 수 있다. 그리고 화주들에게 부가가치서비스를 제공할 수 있는 기회가 증대된다. 또한 해운사업뿐만 아니라 항만물류사업에 진출함으로써 기업의 수익창출에도 기여한다.

CHAPTER

5

해운기업의 조직관리

제 1 절 해운기업 조직관리의 개요

1. 조직의 정의

경영은 경영자 한 사람이 과업을 수행하는 것이 아니라, 기업조직 속에서 다른 사람과 더불어 목표를 달성하기 위한 과업을 수행하는 활동이다. 그러므로 기업을 효율적으로 경영하고, 기업의 목적을 성공적으로 달성하기 위해서는 조직의 속성과 조직에서 발생하는 현상을 잘 이해해야 하며, 조직과 그 구성원인 사람들을 잘 관리할 수 있어야 한다.

조직에 대한 정의는 학자에 따라 다소 차이가 있으나, 일반적으로 다음의 특징을 지닌 것으로 요약할 수 있다.

① 사람들로 이루어진 사회적 실체 : 조직은 1인 이상의 구성원들로 이루어진 사회적 실체이며, 구성원들은 조직 안에서 서로 상호 작용을 한다.

② 공동의 목표 : 조직은 조직으로서 추구하는 공동의 목표가 있으며, 구성원들은 이를 달성하기 위해 노력한다.

③ 체계화된 활동시스템 : 조직은 목표를 달성하기 위하여 과업의 분류 및 할당, 구성원의 역할구분, 의사결정권한의 규정, 업무수행의 규정과 절

차 등을 정한다.

④ 경계에 대한 인식 : 조직은 조직 내의 요소와 조직 외의 요소를 구분할 수 있으며, 누가 조직에 속해 있고, 그렇지 않은지를 인식한다.

2. 조직의 속성 및 조직관리의 중요성

조직을 구성하고 있는 사람들은 능력, 태도, 성격, 행동면에서 매우 다양한 속성을 지니고 있으며, 그들의 상호 작용은 조직에서 매우 복잡하고도 예측불가능한 현상을 야기하고 있다. 조직은 아래와 같은 몇 가지 기본속성을 지니고 있다.[1)]

① 조직의 현상은 복잡하다 : 다양한 사람들의 상호 작용으로 인한 복잡성은 물론, 사람, 부서, 기술, 목표, 환경이 복잡하게 어우러지면서 조직은 매우 복잡한 속성을 지닌다.

② 조직의 현상은 예외가 많다 : 조직에서는 수많은 요인들이 복잡하게 얽혀서 여러 갈래로 부딪히기 때문에 우리의 기대와는 전혀 다른 결과가 나타나기도 한다.

③ 조직의 현상은 보는 것과 다르다 : 조직은 우리의 기대와는 다른 결과를 나타낼 뿐만이 아니라, 그것을 겉으로 드러내지 않는 기만적인 속성을 지닐 때도 있다.

④ 조직의 현상은 모호하다 : 조직은 때로 문제가 정확히 무엇인지도 모르고, 실제로 조직에서 무슨 일이 일어나고 있는지도 확실히 모르며, 원하는 것이 무엇인지도 확신하지 못하며, 어떻게 원하는 것을 달성할 수 있는지도 모르며, 성공과 실패를 판단하는 방법도 알지 못한다.

조직은 이처럼 복잡하고 모호하기 때문에 조직을 잘 이해하고 관리한다는 것은 매우 어려운 일이다. 조직관리를 위한 이론들은 복잡하고 모호한 조직의 현상을 이해하고, 효과적으로 대처하는 데 도움을 준다.

---

1) E. G. Bolman, & T. E. Deal(2003), Reframing Organizations : Artistry, Choice, and Leadership, 3rd ed., San Francisco : Jossey-Bass.

3. 조직관리의 패러다임

Scott은 그 동안 개발된 조직관리이론들을 각 이론이 지닌 조직과 인간에 대한 관점의 차이를 바탕으로 네 가지의 패러다임으로 분류하였다. 조직에 대한 관점은 특정조직 관리이론이 조직환경의 중요성을 인식하고 환경과의 관련성 속에서 조직을 바라보고 있는지, 아니면 환경의 중요성에 대한 인식 없이 단지 조직의 내부적 효율성문제에만 관심을 가졌는지에 따라 각각 개방적, 폐쇄적 관점으로 구분된다. 인간에 대한 관점은 특정조직 관리이론이 가정하고 있는 조직 내 인간의 모습을 합리적 존재로 가정하는지 혹은 사회적(또는 자연적) 존재로 가정하는지에 따라 각각 합리적, 사회적 관점으로 구분된다. 이처럼 조직 및 인간에 대한 관점의 조합에 따라 조직관리이론을 폐쇄-합리적 조직이론, 폐쇄-사회적 조직이론, 개방-합리적 조직이론, 개방-사회적 조직이론의 네 가지 패러다임으로 분류하였다.

[그림 5-1] 조직관리이론의 발전

조직에 대한 관점 \ 인간에 대한 관점	합리적	사회적
폐쇄적	1900-1930 과학적 관리법(Taylor) 관료제(Webor) 일반관리론(Fayol) 제1상한	1930-1960 인간관계론(Mayo) *X*, *Y*이론(McGregor) 제2상한
개방적	제3상한 1960-1970 시스템이론 상황적합접근	제4상한 1970 이후 Weick(1979) 쓰레기통모형(March) 조직정치 조직문화

자료 : Scott & Richard, Organization : Rational, Natural, and Open System, Prentice-Hall, 1981 수정.

1) 폐쇄-합리적 조직이론

폐쇄-합리적 조직이론은 1900년에서 1930년 사이를 지배했던 패러다임이다. 이 시기는 조직의 외부환경이 조직에게 미치는 영향이 거의 없었던 시기로서 조직내부의 효율성문제가 가장 큰 관심사였으며, 인간을 경제적 이익을 따라 행동하는 합리적 존재로 가정하였다. 이 시기의 대표적 조직관리이론은 Taylor의 과학적 관리법(Scientific Management)이며, 그 밖에 Weber의 관료제이론, Fayol의 일반관리이론 등이 있다.

(1) Taylor의 과학적 관리법[2)]

Taylor는 경영관리의 과학화를 처음으로 이룩한 인물이다. Taylor는 당시 공장을 주먹구구식으로 관리하던 것으로부터 과학적이고도 합리적인 관리방법으로 바꿀 것을 주장하였다. 그는 과업을 수행함에 있어서 가장 효율적으로 수행하는 유일한 최선의 방법(one best way)이 있을 것이라고 가정하고, 그것을 과학적 방법으로 찾고자 하였다.

Taylor가 주장한 과학적 관리법을 요약하면, 첫째 시간연구, 동작연구 등을 통해 작업자의 표준과업량을 설정해야 한다는 것과 둘째 높은 성과를 보인 종업원에게는 높은 임금률을 적용하고, 낮은 성과를 보인 종업원에게는 낮은 임금률을 적용하는 방법, 즉 할당된 과업의 달성정도에 따라 서로 다른 임금률을 적용하는 차별적 성과급제를 주장하였으며, 셋째 과업수행에 필요한 능력을 지닌 적합한 종업원을 과학적으로 선발하고, 교육훈련을 시킬 것과 넷째 근로자와 관리자가 각각 맡은 직분에 따라 직무를 수행해야 한다는 것이다.

[표 5-1] 과학적 관리법의 원칙

당시의 관리실태	과학적 관리법의 4대 원칙
1. 주먹구구식 관리	1. 작업자의 표준과업량설정
2. 사용자와 근로자는 이익을 놓고 경쟁	2. 할당된 과업의 달성 여부에 따른 차별성과급
3. 선발과 훈련에 관리개념이 없음	3. 과업수행에 적합한 근로자의 선발 및 교육
4. 관리자의 고유의 역할을 인정하지 않음	4. 근로자와 관리자의 역할

2) F. W. Taylor(1911), The Principle of Scientific Management, New York : Harper.

2) 폐쇄-사회적 조직이론

폐쇄-사회적 조직이론은 1930년에서 1960년 사이를 지배했던 패러다임이다. 이 시기에는 조직내부의 구성원들이 경제적 합리성만이 아닌 다양한 사회적 욕구를 지닌 존재라고 인식하고, 그들의 사회적 욕구를 충족시켜 줄 때 조직의 성과가 높아진다는 가정 하에 인간에 대한 많은 연구가 이루어졌다. 이 시기의 가장 대표적인 조직관리이론으로는 인간관계론을 들 수 있다.

(1) 인간관계론

과학적 관리법과는 달리 경영에 있어서 인간을 중시하고, 인간의 다양한 사회적 욕구에 관심을 갖는 새로운 흐름을 인간관계론이라 하는데, 이는 1927년부터 1932년 사이에 Mayo의 주도로 미국 서부전기회사의 호손공장(Hawthorne Plant)에서 시행된 연구로부터 시작되었다. 호손공장실험은 과학적 관리법 패러다임에 입각하여 유일최선의 방법(one best way)으로서의 작업조건, 조명의 밝기, 휴식시간, 보상제도 등을 발견하려는 연구였으나, 실험결과는 의외로 종업원이 외적 작업조건의 변화보다는 단지 실험집단으로 선택된 사실, 즉 관심과 주목의 대상이 되었다는 사실로 인해 종업원의 생산성이 높아졌다는 점을 보여 주었다. 호손공장실험은 조직의 성과에 있어서 인간의 경제적 욕구가 아닌 사회적 욕구의 중요성, 비공식집단의 중요성, 종업원참여의 중요성을 발견하였다. 그 후 조직에서 인간의 다양한 욕구와 인간관계의 중요성에 대한 연구는 인간관계론(Human Relations)이라는 이름 하에 많은 학자들에 의하여 이루어지게 되었다.

(2) *X*이론, *Y*이론

McGregor[3]는 과거의 관리자가 종업원을 바라보는 인간관은 *X*이론적 관점, 즉 종업원은 수동적이고 게으르며, 일하기 싫어하고 야망이 없으며, 지시받기를 원하고 변화를 거부하는 존재라는 관점이었다고 주장하였다. McGregor는 인간본질에 대한 *X*이론은 잘못된 것이며, 새로운 인간관인 *Y*이론, 즉 인간은 적절한 여건이 갖추어지면 일하기를 좋아하고, 적극적으로 책임을 수용하며, 감시와 통제가 없어도 스스로 일할 수 있는 성숙한 존재로 바라볼 것을 주장하

3) D. M. McGregor(1957), "The human Side of Enterprise," Management Review, pp. 22-28.

[표 5-2] *X*이론, *Y*이론 비교

*X*이론	*Y*이론
1. 대부분의 사람들은 일을 싫어한다	1. 조건만 맞다면 사람들은 일하기를 즐거워한다
2. 대부분의 사람들은 야망이 없고, 책임감도 거의 없으며, 지시받기를 좋아한다	2. 사람들은 목표달성에 책임감을 느끼고 자기통제를 한다
3. 대개의 사람들은 창의력이 없다	3. 누구나 창조적 능력을 지니고 있다
4. 동기부여를 위해 생리 및 안전욕구의 충족이 필요하다	4. 동기부여를 위해 생리 및 안전욕구뿐만 아니라 사회적 존경, 자기실현의 욕구가 필요하다
5. 효율적 관리를 위해서는 통제와 감시, 감독이 필요하다	5. 효율적 관리를 위해서는 자율적, 민주적 관리방법이 필요하다

였다. 따라서 *X*이론에 입각하여 종업원에 대한 철저한 감독과 감시, 통제의 관리방법을 사용하기보다는 *Y*이론에 입각한 관리방법, 즉 종업원의 신뢰를 바탕으로 자율적, 참여적, 민주적 관리방법을 사용할 것을 주장하였다.

3) 개방-합리적 조직이론

개방-합리적 조직이론은 1960년에서 1970년 사이를 지배했던 패러다임이다. 이 시기는 조직의 생존과 발전이 조직내부의 효율성만으로는 달성하기 어렵고, 정치, 경제, 사회, 문화, 기술 등의 외부환경에 의해 영향을 받는다고 생각하였다. 이 시기의 가장 대표적인 조직관리이론은 시스템적 접근과 상황적합적 접근을 들 수 있다.

(1) 시스템적 접근

학문이 점차 발전하고 세분화되면서 세부학문간의 소통이 어려워지고, 자연현상과 사회현상을 통합적으로 이해하는 데 오히려 걸림돌이 된다는 반성에서 여러 학문분야가 함께 연구할 수 있는 공통적 사고의 틀이 제안되었는데, 그 중의 하나가 시스템이론이다. 시스템이론에 의하면 조직은 개방시스템의 속성을 가진 복잡한 시스템으로서 시스템의 생존과 발전을 위해서는 환경과 적절한 관계를 유지해야 한다.

조직을 시스템적으로 접근한다는 것은 첫째, 조직을 둘러싼 환경의 중요성을 인식한다는 것이다. 조직은 환경으로부터 물적, 인적 자원을 받아들여(input) 조직내부에서 전환시켜(transformation) 제품이나 서비스형태로 외부환경으로 내보는데(output), 조직의 생존과 성장은 내부의 전환과정을 얼마나 효율적으로 하는가 하는 것뿐만 아니라, 어떤 자원이 환경으로부터 투입되는가와 환경으로 내보내는 제품과 서비스가 환경으로부터 성공적으로 받아들여지는가에 달려 있다. 그러므로 환경의 변화를 탐색, 감지하고, 환경과 적절한 관계를 맺고 관리하는 능력이 중요한 것이다. 둘째, 시스템적 접근은 조직이 상호 연관성과 의존성을 지닌 하위시스템들로 구성되어 있으며, 그 조직은 사회라는 더 큰 시스템의 하위시스템으로 존재한다고 보는 것이다. 그러므로 경영조직을 이해하려면 생산, 마케팅, 재무, 인사 등 하위시스템을 개별적으로 이해하는 것은 물론 전체조직을 이해할 필요가 있고, 경영조직보다 더 큰 상위시스템을 이해할 필요가 있다. 경영조직은 이를 구성하는 부분들의 단순한 합이 아니므로 부분에 대한 이해와 더불어 전체에 대한 이해가 필요한 것이다.[4)]

(2) 상황적합접근(contingency approach)

조직관리에 있어서 환경의 중요성에 대한 인식과 더불어 개별 조직의 형태나 관리방식은 조직의 상황, 즉 기술, 규모, 환경 등에 따라 가장 적합하고 합리적인 방식으로 이루어져야 한다는 접근법이다. 상황에 적합한 유일최선(one-best way)의 관리방법을 찾고자 한다는 점과 개별 조직의 상황은 매우 독특하고 특수하다는 점에서 극단적으로는 개별 조직마다의 특수한 관리방식을 지향하는 것이 될 수도 있으나, 이는 "이론"이 추구하는 보편타당성의 목적을 달성하지 못하는 것이 된다. 그러므로 상황적합접근은 상황을 의미 있게 분류하고, 의미 있게 분류된 상황에 적합한 조직형태나 관리방법을 발견하여 유형화하는 것을 추구한다. 상황적합접근은 조직의 현실상황을 중요하게 고려하기 때문에 조직의 실질적 유효성을 높일 수 있는 접근법이기도 하다. 환경의 불확실성에 따라 조직구조의 형태가 달라져야 한다는 Lawrence & Lorsch의 이론[5)]과 조직의 전략에 따라 적합한 구조를 갖추어야 한다는 Chandler의 이론[6)] 등이 이

4) G. Morgan(1986), Images of Organization, Sage Publications.

5) P. R. Lawrence, & J. W. Lorsch(1967), Organization and Environment : Managing Differentiation and Integration, Boston, Graduate School of Business Administration, Harvard University.

6) A. Chandler(1962), Strategy and Structure, Cambridge, M. A. : MIT Press.

에 속한다.

4) 개방-사회적 조직이론

개방-사회적 조직이론은 1970년 이후에 각광받는 패러다임이다. 이 시기의 이론은 조직의 목표달성보다 생존을 중요시하고, 조직 안에 현실적으로 존재하고 있는 비공식성, 비합리성에 초점을 맞추어 설명하고 있다. 개방-사회적 조직이론의 예로는 Weick의 이론과 March의 의사결정의 쓰레기통 모형, 조직정치와 조직문화에 대한 이론들을 들 수 있다.

(1) Weick의 이론[7)]

상황적합접근법에서 환경은 주어진 것이고 조직의 구조와 관리방법을 결정하는 요인으로 간주되었지만, Weick은 환경이란 모호하고 느슨하게 연결된 상태인 것으로서 인간의 역할에 따라 환경이 새롭게 부각되고 인식되는 것으로 보았다. 즉 환경은 주어지는 것이 아니라, 인간의 역할과 상호 작용에 의해서 창조된다는 것이다. 예를 들어 트랜스지방의 유해성을 심각하게 생각하는 사람이 그 유해성을 언론에 고발하고 언론을 통해 사람들 사이에 그 인식이 공유되면, 이제 그것은 제과업체가 심각하게 고려해야 하는 환경요인이 되는 것이다.

(2) 의사결정의 쓰레기통 모형

March와 그의 동료들(Cohen, March & Olson)은 의사결정에 대한 쓰레기통 모형을 제안하였다. 조직에서의 현실적인 의사결정 모습은 문제인식으로부터 대안이 결정되는 단계에 이르기까지 합리적으로 이루어지는 것이 아니라, 문제가 제대로 인식되지도 않은 상태에서 우연히 제안된 아이디어가 해결책으로 제시되기도 하고, 문제는 인식되었으나 해결책이 제시되지 못하는 등 문제와 해결책이 서로 연결되지 않고 있다고 하였다.[8)] 이는 마치 쓰레기통의 쓰레기들이 무원칙적으로 흘러들어가서 우연히 서로 만나듯이 의사결정은 문제, 해결책, 참가자, 선택기회가 무원칙적으로 흘러서 섞이는 과정에서 우연히 결합되어 이루어진다는 것이다.

---

7) K. E. Weick(1979), The Social Psychology of Organizing, 2nd ed., Reading, M. A. : Addison-Wesley.

8) M. D. Cohen, J. G. March, & J. P. Olsen(1972), "A Garbage can Model of Organizational Choice," Administrative Science Quarterly, 17, pp. 1-25.

(3) 조직문화

1980년대 미국시장에서의 일본기업의 인상적인 성공은 조직관리에 대한 새로운 이론적 자극을 주었다. Ouchi는 일본기업과 미국기업을 비교연구하는 과정에서 일본기업뿐만 아니라, 미국의 우수기업에서도 나타나는 공통적 특징으로 장기고용제와 참여적 의사결정, 구성원들간의 인화와 집단주의적 공동체의식 등을 제시하고 이를 *Z*조직문화라고 불렀다.[9] 또 Peters & Waterman이 세계적인 베스트셀러인 "초우량기업의 조건"에서 문화의 중요성을 강조하면서 조직문화는 조직관리의 중요 변수로 떠오르게 되었다.[10] 과거 합리적 모형에서는 비합리적 요소로 간주되어 왔던 가치, 의미, 신념 등의 문화적 요소가 조직경쟁력의 원천이 되고, 중요한 관리수단이 된다는 것을 발견하게 된 것이다.

4. 조직의 구조와 구성원, 조직의 변화와 문화

조직은 조직으로서 추구하는 공동의 목표가 있으며, 구성원들은 이를 달성하기 위해 노력한다. 조직은 목표를 달성하기 위해 조직이 처한 상황에 적합하도록 조직구조를 설계해야 한다. 조직구조는 구성원들의 행위, 역할, 상호 관계를 결정짓는 틀로서 조직의 목표를 달성하기 위한 가장 합리적인 방법으로 설계되어야 한다. 제 2 절에서는 해운기업의 조직구조와 설계에 대하여 살펴본다. 즉 과업의 분화와 통합방식, 의사결정권한의 배분방식, 조직구성원들의 행동통제방식 등에 대한 다양한 방식을 설명한다. 또한 조직의 구조를 합리적으로 설계하기 위해 고려해야 할 요소들을 살펴보고, 해운기업들이 지닌 일반적 조직구조의 형태를 소개한다.

한편 조직은 목표를 달성하기 위하여 구성원들이 지닌 능력과 아이디어, 헌신을 필요로 한다. 구성원은 조직의 성과를 결정짓는 가장 중요한 요소이므로 조직은 구성원의 행동을 이해하고, 구성원이 자신의 역량을 마음껏 발휘하고, 조직을 위하여 헌신하도록 구성원을 관리해야 한다. 조직의 구성원들이 다

9) W. G. Ouchi(1981), Theory *Z*: How American Business can Meet The Japanese Challenge, Reading, M. A. : Addison-Wesley.

10) T. J. Peters, & R. M. Waterman, Jr.(1982), In Search of Excellence : Lessons from America's Best-run Companies, New York : Harper & Row.

른 구성원들과의 상호 작용 속에서 어떻게 사고하고, 느끼고, 행동하는가를 살펴보는 것은 해운기업의 경영자가 구성원을 관리하는 데 필요한 이론적 바탕을 제공해 준다. 제 3 절에서는 개인행동의 차원인 가치관과 태도, 동기부여 등을 소개하고, 제 4 절에서는 집단행동의 차원인 집단의 특성, 갈등과 권력, 리더십을 소개한다. 마지막으로, 정치, 경제, 문화, 기술 등 다양한 환경의 변화 속에서 조직은 능동적으로 대처하고 변화함으로써 생존하고, 성장할 수 있다. 또한 조직구성원들 사이에 공유된 의미와 가치인 조직문화는 조직의 정체감을 확립시키고, 조직구성원들이 일관된 행동을 하도록 영향을 주어 결국 조직의 과정과 성과에 영향을 준다. 제 5 절에서는 조직변화와 조직문화에 대한 기본적인 개념을 소개한다.

제 2 절 해운기업 조직구조와 설계

조직설계에 있어서 첫번째로 고려해야 할 것은 과업을 어떻게 분화시키고, 개인별로 어떻게 과업을 할당하며, 할당된 개인별 과업을 어떻게 서로 연결하고 통합할 것인가 하는 것이다.

1. 조직설계의 구조변수

1) 과업의 분업화

과업의 분업화(specialization)란 조직구성원들이 책임지고 수행하는 과업의 범위와 깊이를 의미한다. 과업의 분업화에는 수평적 분업화와 수직적 분업화로 나누어 생각할 수 있다.

(1) 수평적 분업화

수평적 분업화란 조직구성원이 책임지고 수행해야 하는 과업의 범위가 얼마나 넓은가와 관련된 것이다. 수평적 분업화정도가 높다는 것은 한 사람이 제한된 범위의 과업을 수행하는 것을 의미하며, 수평적 분업화가 낮다는 것은 한 사람이 넓은 범위의 과업을 수행하는 것을 의미한다. 수평적 분업화가 높으면 한 사람이 수행하는 작업의 수가 적기 때문에 숙련도는 높아지지만, 각 사람의 과업을 연결하는 데 필요한 비용은 높아진다.

(2) 수직적 분업화

수직적 분업화란 과업수행방법이나 수행 후의 조처에 대해 얼마나 재량권을 부여하는가와 관련된 것이다. 수직적 분업화수준이 높다는 것은 표준화된 방법으로 일을 수행하도록 되어 있거나, 과업수행자와 감독자가 분화되어 과업수행자에게 재량권이 없다는 것을 의미하며, 수직적 분업화수준이 낮다는 것은 과업수행자가 과업수행방법의 결정이나 후속조처에 대해 포괄적인 재량권을 지닌다는 것을 의미한다.

2) 행동의 표준화(standardization)

만약 분업화된 과업을 수행함에 있어서 과업수행자가 임의로 수행한다면, 혼란과 비효율성을 야기할 것이므로 과업수행과 관련된 행동을 표준화할 필요가 있다. 행동을 표준화하기 위한 방법으로는 작업절차를 공식화하는 방법과 훈련이나 교화를 통해 작업기술을 표준화하는 방법이 있다.

(1) 절차의 공식화

과업이 예측가능하고 단순하고 반복적인 경우, 표준화된 작업절차를 만들고 이를 문서화하여(공식화) 과업수행의 효율성을 높일 수 있다. 업무수행지침, 직무기술서, 내규 등이 이에 속한다.

(2) 교육과 훈련

과업이 복잡하고 비일상적인 경우는 과업수행과 관련된 행동을 일일이 표준화할 수 없다. 예를 들어 의사의 진료행위나 교수의 강의 및 연구행위는 매우 복잡하고 예외적인 경우가 많아 표준화시키기가 불가능하므로 장기적인 교육훈련과정을 통하여 전문적인 기술을 습득하도록 하고, 복잡하고 예외적인 상황이 발생할 때마다 스스로 적절한 과업수행을 할 수 있도록 한다.

3) 부 문 화

과업의 분업화와 행동의 표준화가 마무리되면, 비슷한 과업끼리 묶어서 과업집단으로 집단화시키는 일이 필요하다. 이를 부문화(departmentalization)라고 한다. 부문화의 방법에는 몇 가지 대안이 있다.

① 기능(function) 중심의 부문화 : 연구개발, 마케팅, 생산, 재무 등 기능별로 묶는 방법
② 시간(time) 중심의 부문화 : 주간근무, 야간근무처럼 근무교대시간을 기준으로 묶는 방법
③ 제품(product) 중심의 부문화 : 식품부, 의류부처럼 제품을 중심으로 묶는 방법
④ 고객(customer) 중심의 부문화 : 고객(정부와 기업, 혹은 남자와 여자, 혹은 연령별)을 중심으로 묶는 방법
⑤ 지역(geography) 중심의 부문화 : 국내담당, 해외담당, 아시아담당 등 지역을 중심으로 묶는 방법

4) 조직활동의 통합

분업화와 부문화는 전문화의 이점을 가져다 주지만, 조정과 통제의 문제를 발생시킨다. 개별 부서가 자기 부문의 목표만 중시하고 자기 방식만 고집하면, 전체조직의 목표를 효율적으로 달성할 수 없다. 그러므로 상호 의존성을 가진 개별 과업과 부문의 노력을 조정하고, 전체조직과 부문 간 목표가 효율적으로 연계되도록 다양한 통합수단을 사용할 필요가 있다.

(1) 수직적 통합

① 규정과 방침 : 규정, 표준절차, 표준업무지침 등을 통하여 동일한 사안을 동일한 방법으로 처리할 수 있도록 하여 조직의 예측가능성과 통일성을 높여 준다.
② 계획과 통제시스템 : 계획은 목표를 설정하는 것이며, 통제는 목표의 달성 여부를 평가하는 것이다. 예를 들어 구체적인 매출증대목표나 비용절감목표를 세우고, 그 결과를 통제하거나 목표를 달성하기 위한 실

행방법과 일정을 미리 계획하는 것이다.

(2) 수평적 통합

상호 의존적인 과업이나 부서 사이에 발생하는 문제는 수직적 조정을 통해 효율적으로 해결하기 어렵다. 이러한 경우는 상호 의존적인 부서와 관련자 사이의 수평적 조정이 필요하다. 수평적 조정의 방법에는 관련된 부서의 당사자들이 모여서 문제를 해결하는 위원회나 태스크 포스(task force), 수평적 조정의 역할을 전담하는 조정역이나 조정부서를 두는 방법, 종적 조직과 횡적 조직을 중첩하여 엮어 놓아 구조적으로 수직적 조정은 물론 수평적 조정도 가능하도록 매트릭스조직을 설계하는 방법도 있다.

5) 의사결정권한의 배분

의사결정권한의 배분은 의사결정권한을 조직의 어떤 계층에 어느 정도 위양할 것인가를 말한다. 의사결정권한이 특정한 개인에게 집중되어 있는 경우는 집권화되었다고 하며, 여러 구성원들에게 분산되어 있는 경우는 분권화되었다고 한다.

2. 조직구조의 결정요인

위에서 언급한 조직설계의 구조변수를 활용하여 조직은 구조를 설계하는데, 구체적인 조직구조의 설계는 조직이 처한 여러 상황변수를 고려하여 가장 효과적인 조직이 될 수 있도록 설계해야 한다. 효과적인 조직을 설계하기 위해 고려해야 할 요인들은 다음과 같다.

1) 조직의 규모

소규모의 창업조직은 단순하고 비공식적인 조직의 구조를 갖추게 되지만, 조직이 성장하여 규모가 커지면 과업이 분업화되고, 부서의 수도 많아지고, 부서간 이질화도 증대된다. 이러한 분화를 효과적으로 관리하기 위하여 다양한 수직적 통합의 방법과 수평적 통합의 방법들이 필요하게 된다. 또한 기술전문가집단이나 지원스태프부서와 같은 관리부서가 생기게 되어 조직의 복잡성이 증대되게 된다. 또한 조직의 규모가 커지고 분업화가 진행되면, 통일된 규칙과 업무처리절차 등의 공식화수단을 통해 종업원행동을 예측가능한 상태로 관리할 필요가 있다. 따라서 조직의 공식화수준이 높아진다.

2) 조직의 전략

전략은 조직이 지향하는 조직의 목표와 관련이 있다. 구체적인 조직의 목표는 전략을 통하여 구현되는 것이다. 조직의 구조는 조직의 목표를 효과적으로 달성하도록 하는 수단으로서 조직의 구조는 전략에 따라 적절하게 설계되어야 한다. 예를 들어 독창적인 제품이나 서비스를 창출하고자 하는 혁신전략을 사용하는 기업이라면 좀더 유연하고 느슨한 조직의 형태가 적합할 것이며, 제품이나 서비스의 원가를 철저히 통제하여 저렴한 가격을 제공하고자 하는 저원가전략을 사용한다면 철저한 통제와 안정성을 가져다 주는 기계적인 조직형태가 적합할 것이다.

3) 기　술

기술이란 투입물(input)을 산출물(output)로 변환시키는 과정을 말한다. 모든 조직은 재무자원, 물적자원, 인적자원을 제품이나 서비스로 변환시키는 기술을 지니고 있다. 기술은 다양하게 분류할 수 있지만, 일상화된 정도에 따라 크게 일상적인 기술과 비일상적인 기술로 나눌 수 있다. 과업을 수행하는 과정에서 예외적 상황이 많이 발생하고 그 상황을 처리할 수 있는 해결책을 찾기가 어렵다면 비일상적인 기술이라 할 수 있으며, 예외적 상황이 적게 발생하고 그 상황을 처리할 수 있는 해결책을 찾기가 쉽다면 일상적인 기술이라 할 수 있다. 일상적인 기술에는 문서에 의한 의사소통(공식화), 집권적 의사결정, 공식적 절차가 사용되는 기계적 구조가 적합하며, 비일상적 기술에는 분권적 의사결정, 대화에 의한 의사소통, 비공식적 절차를 사용하는 유기적 조직이 적합하다.

4) 정보기술

최근 발달한 정보기술로 인해 정보처리능력이 대폭 향상되어 대규모 조직에서도 모든 업무와 연결된 종합적인 경영정보망을 구축할 수 있게 되었다. 따라서 정보기술의 발달은 중앙에서의 집권화된 의사결정을 용이하도록 만드는 토대가 되었다. 그러나 한편 정보기술의 발달은 커뮤니케이션비용의 절감과 함께 과거 경영자와 관리자만이 공유하던 정보를 지위와 상관없이 누구나 접근가능하고 공유하도록 만들었다. 따라서 일선의 종업원들로 하여금 현장의 상황에 적합하게 의사결정하도록 하는 분권화가 가능하도록 만들었으며, 실제 최근의 많은 조직들은 정보기술의 발전을 바탕으로 분권화된 조직을 설계하고 있다. 결국 정보기술의 발달은 조직이 의사결정구조를 결정하는 데 유연성을 제공하고 있다. 또 여러 사람들이 데이터베이스를 공유하고 동시에 활용함으로써 과거의 순차적인 업무프로세스를 여러 사람이 동시에 병렬로 처리하는 것이 가능하게 되었으며, 이로 인해 업무프로세스를 전면적으로 재설계하여 단순하고도 효율적인 업무프로세스의 구축이 가능하게 되었다. 업무프로세스를 고객중심적 사고로 혁신적으로 재구축하여 비용, 품질, 서비스, 신속성과 같은 업무성과를 획기적으로 향상시키는 것을 비즈니스 프로세스 리엔지니어링(Business Process Reengineering : BPR)이라 하는데, 정보기술의 발전은 이를 가능하게 하였다. 또한 정보네트워크를 이용하여 부서의 경계를 넘어서는 가상팀(virtual team)의 구성이 가능하게 되었으며, 조직의 경계를 넘어서서 조직간 네트워크의 구성이 가능하게 되었다.

5) 환 경

조직의 환경은 경제적 환경, 정치적 환경, 사회, 문화적 환경, 기술환경 등과 같이 조직에 간접적인 영향을 주는 환경과 소비자환경, 공급자환경, 경쟁자환경 등과 같이 조직에 직접적인 영향을 주는 환경으로 나눌 수 있다. 또한 조직의 환경은 크게 불확실성정도에 따라 나눌 수 있는데, 환경의 불확실성이란 의사결정자가 충분한 정보를 갖고 있지 못해서 외부변화를 예측하지 못하는 상태를 의미한다. 고려해야 할 환경의 수가 많고 복잡할수록, 또한 환경이 안정적이지 않고 변화무쌍할수록 환경의 불확실성정도는 커진다. 환경의 불확실성이 커지면 조직의 효과성이 저해될 우려가 있으므로 조직은 불확실성을 감소시키기 위해 다양한 노력을 기울이게 되는데, 그 하나의 방법이 조직구조의 변경이다. 조직의 환경이 불확실할수록 팀조직, 네트워크조직 등 유연한 조직구조의 형태가 적합하며, 환경이 안정적이고 예측가능할수록 기계적인 구조의 형태가 적합하다.

3. 조직구조형태

조직은 목표를 달성하기 위하여 가장 합리적인 방식으로 과업을 분배하고, 부문화하며, 조정과 통합의 방법을 사용해야 한다. 또한 조직외부환경과의 적합성을 고려하여 가장 적합한 방법으로 구조의 구체적 형태를 결정해야 한다. 조직구조의 형태는 다양하게 제시되어 왔으나, 여기에서는 기능적 구조, 사업부제구조, 그리고 매트릭스구조에 대해 살펴본다.

1) 기능적 구조

기능적(functional) 구조는 [그림 5-2]에서 보는 바와 같이 마케팅, 재무/회계, 생산운영관리, 연구개발 등 각 기능별로 유사한 기능을 지닌 구성원을 하나의 부서로 집단화시켜서 기능적 효율성을 달성하고자 하는 구조를 말한다.

기능적 구조는 동일한 기능을 지닌 사람들이 한 곳에 모여 있으므로 자원의 중복을 피하고 기능적 전문성과 효율성을 달성할 수 있는 장점이 있으나, 어떤 특정기능부서도 최종제품에 대한 책임을 지지 않고, 기능들간의 갈등해

[그림 5-2] 기능적 구조의 예

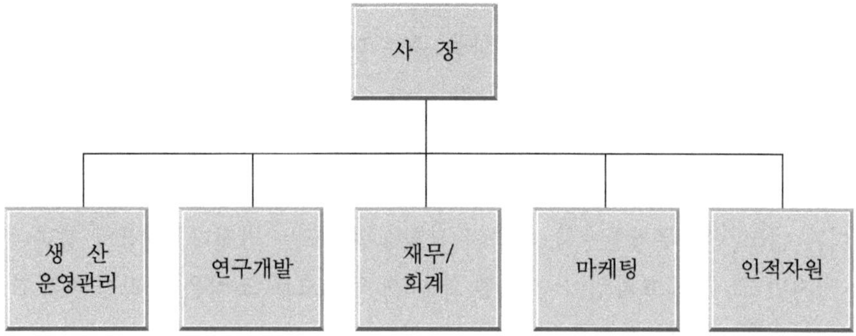

결과 조정이 어렵기 때문에 결국 최고경영자에게 의사결정과 조정의 책임이 주어지는 단점이 있다.

2) 사업부제구조

사업부제(divisional) 구조는 제품별(products), 고객별(customers) 혹은 지역별(regions)로 사업부를 나누고, 각 사업부 아래 마케팅, 재무/회계, 생산운영관리, 연구개발 등의 기능을 수행하는 구조의 형태이다. 사업부제조직은 사업부별로 책임의 소재가 분명하여 환경의 변화에 대하여 사업부별로 신속하게 대응할 수 있으며, 사업부목표에 대한 일관된 추구와 사업부 내에서 기능간 조정이 용이한 장점이 있으나, 사업부간 기능인력이 분산배치됨으로써 자원의 중복이 발생하고 기능적 효율성과 전문성이 약화되는 단점이 있다.

[그림 5-3] 사업부제구조의 예

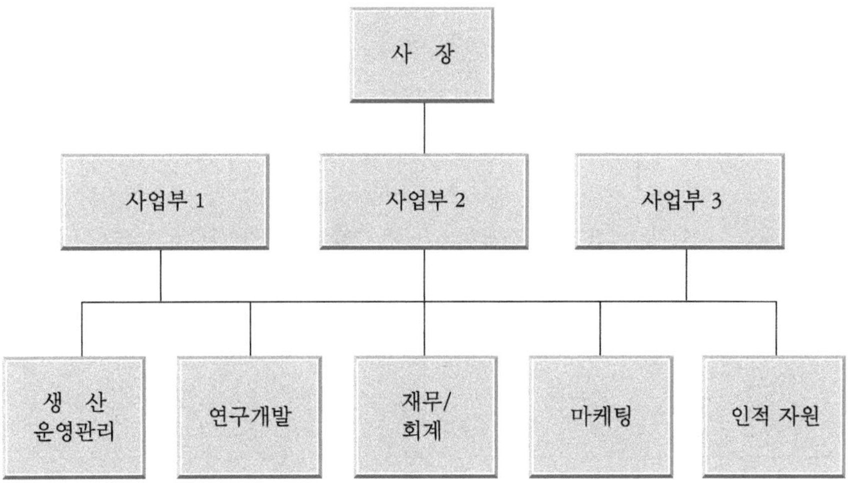

3) 매트릭스구조

매트릭스구조는 두 가지 부문화형태인 기능적 구조와 사업부적 구조를 결합한 구조의 형태로서 두 가지 구조의 약점을 피하고 강점을 살리기 위해 만들어진 구조이다. 매트릭스구조는 조직이 기능적 전문화를 필요로 함과 동시에 환경의 불확실성으로 인해 제품의 혁신이 필요한 경우처럼 기능활동과 제품라인을 동등한 비중을 두고 관리해야 할 필요가 있을 때 적합한 구조이다. 매트릭스구조에서 구성원은 부서 내에서 수행하는 업무에 대하여 제품관리자와 기능관리자 모두에게 동시에 보고하며, 두 사람의 통제를 받는다. 즉 매트릭스구조는 두 명의 상사에게 보고하고, 통제를 받는 이중보고체제를 지니고 있다. 이러한 이중적 구조로 인해 매트릭스구조의 관리자는 자신의 부문에 대해서만 제한적으로 부하를 통제할 수밖에 없고, 이로 인해 두 부문 간 갈등이 흔히 야기되고 구성원들이 많은 스트레스를 받을 수도 있기 때문에 매트릭스 구조가 효율적으로 작동되려면 구성원과 관리자 모두에게 효과적인 갈등관리 기술과 의사소통기술이 요구된다. 매트릭스구조는 기능의 전문성과 제품의 혁신성을 모두 필요로 하는 경우 두 가지 측면을 동시에 만족시킬 수 있으며, 조직이 복잡하고 상호 의존적인 활동을 해야 하는 경우 조정을 원활하게 할 수 있으며,

[그림 5-4] 매트릭스구조의 예

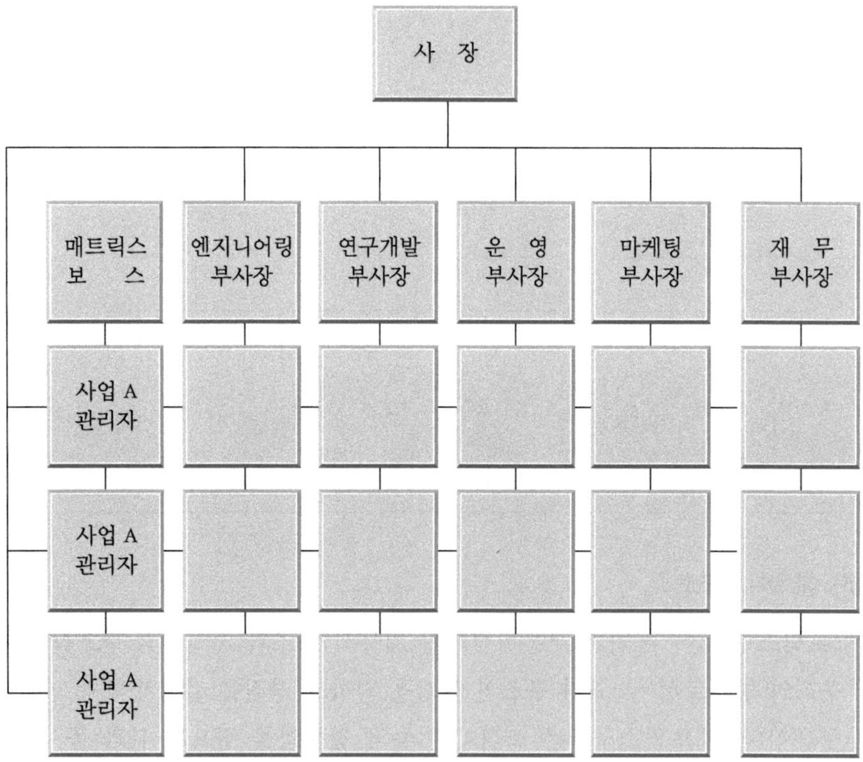

외부환경에 신속하게 대응하고 전문가들을 효율적으로 활용할 수 있는 장점을 지니고 있다.

4. 해운기업의 조직구조

해운기업의 조직구조는 선박경영의 형태, 즉 정기선(liner)을 운항하는 기업과 부정기선(tramps)을 운항하는 회사 사이에 큰 차이가 난다. 정기선회사는 일정한 항구 사이를 확정된 운항스케줄에 따라 운항하며, 다수의 하주로부터 화물들을 수집해야 하기 때문에 항로상의 모든 항구에 광범위한 조직을 갖는다. 정기선회사는 일정한 항로상에 규칙적이고 지속적인 운항을 유지하기 위해 적절한 규모의 정기선선단 선대(liner fleet)를 지니게 되며, 집화와 하역을 위한 지점이나 대리점이 필요하므로 조직의 규모가 크고 복잡하다. 정기선회사의 조직구조는 기획, 영업, 재무 등의 기능별 부문화가 이루어진 기능적 구조형태를 취하기도 하고, 전용선부문, 컨테이너선부문, 가스선부문 등의 사업부제구조의 형태를 취하거나, 혹은 둘의 형태를 혼합한 구조를 취하기도 한다.

그러나 부정기선회사는 주로 중개인을 통해 한 척의 선박단위로 용선계약이 체결되어 운항되므로 비교적 규모가 작고, 조직도 운항(operation), 정비(maintenance), 조달(victualing)의 주요 부문만으로 이루어진 단순조직의 형태를 지니고 있다. 현대의 많은 해운기업은 정기선운항과 부정기선운항을 함께 포함하고 있다. [그림 5-5]는 해운기업의 조직구조의 예이다.

해운기업의 조직은 또 육상조직과 해상조직으로 나뉘어진다. 육상조직인 본사에서 이루어지는 육상업무는 일반기업에서 이루어지는 기획, 총무, 영업, 재무, 인사 등의 일반적 업무 외에 선박관리를 위한 업무인 해무(海務)가 포함되어 있다. 해무(海務)란 선박관련업무인 신조선의 계약체결, 발주, 인수, 선박의 정비, 해난사고의 처리 등의 업무와 더불어 선원관련업무인 선원의 고용과 배승(配乘), 급여, 선원조합 관계업무 등이 포함된다. 또한 선박운영에 필요한 연료, 소모품, 식료품의 조달업무도 해무에 속한다.

한편 해상조직인 선박에서 이루어지는 선박업무는 선장을 위시한 선원들에 의해 이루어지는 업무로서 항해를 위한 선박의 조정과 기관의 운전, 선체와

[그림 5-5] 해운기업 조직구조의 예

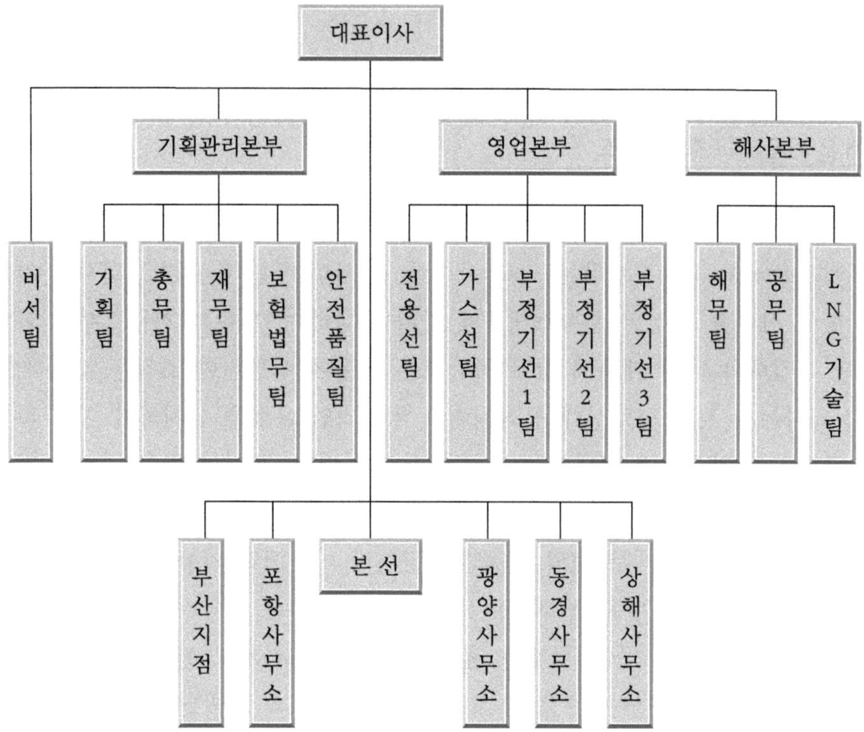

기관의 정비와 유지, 선내 회계와 사무관리 등의 업무가 포함된다. 또한 항만에서 이루어지는 입출항업무와 하역관련업무 등이 포함된다.

선박의 선내 조직은 전통적으로 최고책임자인 선장 하에 갑판부, 기관부, 무선부, 취사를 포함한 사무부, 의무부로 나뉘어져 있으며, 이 중 의무부는 통상 2등 항해사 혹은 3등 항해사가 소정의 자격을 취득하여 위생관리자로 선임되며, 사무부도 통신장과 1등 항해사가 그 직무를 겸직하고 있다.[11]

해운환경의 변화에 따라 선박조직도 과거의 기계적 구조의 틀에서 벗어나 능동적이고 효율적으로 상황변화에 대체할 수 있는 유기적인 구조형태로 변화하게 되었다. 이는 과거 각 부서 간에 엄격히 구분되어 있던 선박업무를 종적으로 혹은 횡적으로 통합하여 하나의 총괄적 시스템을 형성하는 것이다. 따라서 종래의 항해사나 기관사보다는 보다 포괄적인 지식과 기능을 갖춘 선박사(dual

11) 안기명 · 김명재(2005), 현대해운경영론, 다솜출판사.

purpose officer) 또는 운항사(Watch Officer : WO)를 양성하는 제도로 발전하게 되었으며. 부원 역시 종래의 갑판부 및 기관부의 부별 업무체제를 통합하여 운항과 관리 및 정비 등의 업무를 공통적으로 수행하는 공통목적선원(general purpose crew) 또는 운항부원(Dual Purpose Crew : DPC) 등으로 성격이 변하게 되었다.

선장의 직무성격도 변화되어 과거에는 선박의 운항에 주로 역점을 두었지만, 이제는 선박의 안전운항은 물론 수익의 극대화 및 비용절감에도 주의를 기울이면서 선박의 총괄관리자(ship manager)로서 선박의 예산통제와 이익관리, 선박의 조직관리, 인사관리 및 인간관계관리 등을 원만하게 수행할 것이 요구된다. 결국 과거 선장 하에 갑판부, 기관부, 무선부, 사무부가 있었다면, 앞으로는 총괄관리자 하에 운항부문과 생활부문(선내생활 및 서비스업무)으로 구성된다고 할 수 있다.

제 3 절 해운기업구성원의 관리

해운기업의 성과는 해운영업을 얼마나 잘 하는가와 얼마나 안전하고 효율적인 선박운항을 하는가, 그리고 그들의 활동을 얼마나 효율적으로 지원하는가에 달려 있다. 따라서 유능한 본사 직원과 선원의 확보가 중요하며, 그들의 능력을 어떻게 개발하고, 어떻게 동기부여시키는가는 해운기업의 성과를 결정하는 매우 중요한 일이다. 해운기업구성원을 효율적으로 관리하기 위해서는 구성원의 가치관, 태도, 행동을 이해하며, 그들을 동기부여시키는 방법을 알아야 한다.

1. 가치관과 태도

1) 가치관

가치관이란 무엇이 옳고 그른 것인가, 무엇이 바람직한 것인가에 대한 판단을 내리는 개인적 신념을 말한다. 사형제도가 옳은 것인가, 국가보안법은 바람직한 법인가에 대한 대답은 개인의 가치판단을 묻는 것이다. 가치관연구의 대표적 학자인 Rokeach는 가치관을 "개인이 개인적으로나 사회적으로 선호하는 어떠한 구체적인 행동방식(modes of conduct)이나 결과적 상태(end-state of existence)에 대한 신념"이라고 정의하였다.12) 개인이 지닌 가치의 우선순위를 가치체계(value system)라고 하는데, 평등, 자유, 정직, 성취와 같은 가치에 대한 상대적 중요도에 대한 신념인 가치체계는 개인마다 다르다. 가치관은 개인의 사회적, 문화적 경험과 학습에 의하여 형성된다. 즉 사회는 개인에게 무엇이 옳고 그른지, 무엇이 바람직한지에 대해 가르쳐 준다. 그러므로 가치관은 국가에 따라서도 다르고, 세대에 따라서도 다르다. 예를 들어 한국사람들은 미국사람들에 비하여 성실과 조화를 중요하게 생각하지만, 미국사람들은 한국사람들에 비하여 정직과 독립성을 더 중요하게 생각한다. 또한 중년 이상의 구세대들은 직장에서의 성취와 인정을 중요하게 생각하지만, 신세대들은 가정과 직장의 균형과 개인의 행복을 중요한 가치로 생각한다. 가치관은 성격처럼 상황의 변화에 상관없이 비교적 안정적인 개인차(individual difference) 변수이지만, 학습을 통해서 형성되고 변화가 가능하다. 가치관은 개인에게 있어서 "중요한가/중요하지 않은가"의 문제로서 "좋아하는가/싫어하는가"의 문제인 태도와는 다른 것이다. 가치관은 개인이 조직에서 외적 정보를 받아들이고 해석하는 데 있어서 준거틀의 역할을 하거나, 태도와 행동에 직접적인 영향을 미치기 때문에 중요하게 다루어진다.

2) 태 도(Attitude)

(1) 태도의 개념

태도란 어떤 대상에 대하여 좋아하거나 싫어하는 등의 방식으로 반응하려는 경향을 의미한다. 사람은 정부에 대해서, 자신의 회사에 대해서, 자신의 직무에 대해서 좋아하거나 싫어하는 태도를 지닐 수 있다.

태도를 좀더 구체적으로 살펴보면 다음의 세 가지 구성요소로 이루어져 있다.

① 인지적(cognitive) 요소 : 인지적 요소는 어떤 대상에 대해서 개인이 알고 있거나 믿고 있는 지식이나 신념을 의미한다. 담배를 피우면 스트레스

12) M. Rokeach(1973), The Nature of Human Values, New York : Free Press.

가 해소된다고 생각한다면, 그것의 사실 여부를 떠나 그것은 담배에 대한 인지적 태도인 것이다.

② 감정적(affective) 요소: 감정적 요소는 어떤 대상을 좋아하거나 싫어하는 식의 느낌이나 평가를 의미하며, 태도의 가장 대표적인 요소이다.

③ 행위적(behavioral intention) 요소: 행위적 요소는 담배를 끊어야겠다는 식으로 어떤 대상에 대한 행위의도를 의미한다.

일반적으로 태도의 인지적 요소는 감정적 태도를 형성하는 데 영향을 주며, 감정적 태도는 행위의도에 영향을 준다.

(2) 직무만족

직무와 관련된 대표적인 태도인 직무만족(Job Satisfaction)은 개인이 직무에 대해 갖고 있는 느낌을 이야기한다. 직무만족이 높다는 것은 직무에 대해 호의적인 느낌을 지니고 있는 것이며, 직무만족이 낮다는 것은 직무에 대해 부정적인 느낌을 갖는다는 것이다.

직무만족의 수준에 영향을 주는 요인들로는 직무 자체의 속성, 급여, 승진기회, 상사 및 동료와의 관계, 지원적인 작업환경을 들 수 있다. 조직구성원은 자신의 기술을 활용할 수 있는 직무, 자율적인 직무, 도전적인 직무를 가질 때 직무에 대한 만족을 느끼며, 공정하고도 합리적 수준의 급여, 공정하고도 합리적인 승진시스템, 상사와 동료와의 우호적인 관계, 쾌적하고도 청결한 근무환경이 지원될 때 직무만족을 느낀다.

직무만족이 높은 성과를 가져올 것이라는 것은 조직행동연구자들의 오래된 가정이지만, 실증적 연구결과에 의하면 직무만족과 성과와의 상관관계는 그렇게 높지 않은 것으로 나타났다. 이는 성과측정의 방법론적 문제 때문이기도 하지만, 성과가 직무만족 이외에도 개인이 능력이나 다양한 환경적 요인에 의해 영향을 받기 때문이다. 한편 직무만족과 성과와의 관계는 직무만족이 성과에 영향을 주는 것이 아니라, 오히려 역의 인과관계, 즉 높은 성과가 높은 만족도를 가져올 것이라는 견해가 지지받고 있다. 높은 직무만족은 결근율과 이직률의 저하를 가져올 뿐만 아니라, 조직시민행동(Organizational Citizenship Behavior: OCB)에 긍정적인 영향을 준다. 즉 만족도가 높은 구성원은 조직에 대해 호의적으로 말하고, 다른 구성원을 도우며, 직무수행과 관련된 일상적인 기대수준을 넘는 일을 수행할 가능성이 높다.

해상선원의 경우, 선박사회의 특수성으로 인해 육상근로자와는 다른 직무만족의 저해요인이 있다. 선박사회는 장기간 육상에서 떨어져서 모든 어려움을 선원들 스스로가 해결해야 하는 자기완결적 사회이다. 선박사회는 거주 공간이 제한되어 있으며, 공적인 생활과 사적인 생활이 미분화되어 있고, 대인간 접촉이 제한되어 있어 직무불만족의 원인이 되고 있다. 게다가 최근에는 타이트한 선박스케줄, 승선인원의 감소, 선원연령의 고령화, 선박기술의 고도화 등 선내생활환경이 변화되고 있는 반면, 육상직업의 근로조건은 상대적으로 향상되고 있고, 국민생활수준도 향상되고, 일에 대한 가치도 변화되고 있어서 선원직무의 불만족이 가중되고 있다.[13)]

3) 조직몰입(Organizational Commitment)

조직몰입이란 조직에 대한 태도로서 개인이 조직에 대해 애착을 가짐으로써 그 조직에 남아 있고 싶어하고, 조직을 위해 더 노력하며, 조직의 가치와 목표를 기꺼이 수용하는 심리적 상태를 의미한다. 조직몰입이 높으면 조직에 대한 높은 애착으로 인해 이직률이 줄어든다.

2. 동기부여(Motivation)

조직에서 개인의 성과를 결정하는 데 영향을 미치는 것은 개인의 능력 이외에도 개인의 동기수준이다. 사람은 무엇에 대한 욕구(need)가 결핍되었을 때, 긴장이 발생되고, 그 욕구를 충족시키고자 하는 내적 심리상태인 동기(motive)가 발생하게 된다. 이런 동기는 어떤 방향성을 가진 행동으로 이어지는데, 이를 동기부여(motivation)라고 한다. 동기부여란 개인에게 어떤 목적지향적인 행위가 발생되고(energized), 그 행위가 어떤 방향을 향하며(directed), 그 행위가 일정기간 지속되고(sustained), 욕구충족 후 멈춰지는(stopped) 모든 심리적 과정을 말한다.

동기부여이론은 크게 동기부여과정의 근본원인이 되는 인간의 욕구에 대

13) 임종길(1992), “상선선원의 직업의식에 관한 고찰,” 해운물류연구, pp. 31-82.

한 이론과 그것이 어떤 과정을 거쳐 구체적인 방향을 지닌 행동으로 이끌어지는가에 대한 이론으로 나누어진다.

1) 욕구단계이론

Maslow는 인간의 욕구를 5가지의 단계로 구성되어 있다고 파악하였다.

① 생리적 욕구 : 삶을 유지하기 위한 기초적인 욕구로서 의식주와 관련된 욕구
② 안정욕구 : 신체적 안전과 심리적 안정에 대한 욕구
③ 사회적 욕구 : 소속감과 집단으로부터 수용되고, 서로 정을 주고받고 싶어하는 욕구
④ 존경욕구 : 다른 사람들로부터 인정받고 존경받고 싶어하는 욕구
⑤ 자아실현욕구 : 자신의 잠재력을 최대한 발휘하고 싶은 욕구

Maslow는 하위단계의 욕구가 충족되면 그 욕구는 더 이상 동기부여의 역할을 수행하지 못하고, 상위단계의 욕구가 지배적인 욕구로 등장한다고 하였다. 그러므로 어떤 사람을 동기부여하기 위해서는 그 사람에게 가장 지배적인 욕구가 무엇인지를 아는 것이 필요하다.

한 조사에 의하면 선원의 경우 경제적 동기인 "타직업보다 좋은 수입"이 직업선택의 가장 큰 이유(22%)였으며, 가족과 떨어져 살아야 하는 것과 사회적으로 인정받지 못하는 등 사회적 욕구가 충족되지 않은 것으로부터 오는 불만이 가장 높은 것으로 나타났다.[14)]

2) 2 요인이론

Herzberg는 사람들이 직장에서 만족을 느끼는 상황과 불만족을 느끼는 상황이 확연하게 구분된다는 것을 발견하였다. 즉 만족과 불만족이 동일개념의 양극으로 파악하던 종래의 입장과는 달리 만족과 불만족이 별개의 개념이며, 만족과 불만족에 영향을 주는 요인도 별개라는 것을 발견하였다. 만족의 반대는 불만족이 아니라 만족이 없는 상태이며, 불만족의 반대는 만족이 아니라 불

14) 해운항만청(1986), 선원직업생활 의식구조 조사결과 보고서.

만족이 없는 상태인 것이다. Herzberg는 만족에 영향을 주는 요인을 동기요인(motivators)으로 불렀으며, 불만족에 영향을 주는 요인을 위생요인(hygiene factors)이라고 불렀다.[15)]

① 동기요인: 주로 직무내재적인 요인으로서 인정, 성취, 책임, 승진기회, 성장기회 등

② 위생요인: 주로 직무외재적인 요인으로서 임금, 기업정책, 감독의 질, 작업조건 등

2요인이론은 연구대상이 전문직이라는 점에서 일반화의 문제가 제기되고, 특히 임금을 위생요인으로 다룬 것에 대한 논쟁이 많으나, 직무와 밀접히 관계된 동기이론이라는 점에서 널리 알려진 이론이다.

3) 기대이론(Expectancy Theory)

Vroom에 의해 제시된 기대이론은 개인의 동기행동선택을 다루고 있다. 즉 사람이 어떤 방향의 행동을 할 것인가는 그 행동을 통해 얻을 것으로 기대되는 결과와 그 결과가 그 사람에게 얼마나 매력적인가에 의해서 결정된다는 주장이다.[16)] 첫째 개인은 어떤 노력을 하게 되면 어떤 성과가 달성될 것이라는 주관적 기대를 지니고 있으며(effort-performance linkage), 둘째 어느 정도 성과가 달성되면 그 성과로 개인이 궁극적으로 원하는 보상을 얻을 가능성에 대한 주관적 기대를 지니고 있고(performance-reward linkage), 셋째 개인의 노력을 통해 얻게 되는 최종결과인 보상에 대한 가치는 개인에 따라 다르다(valence). 예를 들어 A라는 직장에서 B라는 직장으로 옮기는 것을 고려하는 사람의 경우, 그가 옮기려는 노력을 할 것인지, 혹은 A라는 직장에 남아 있을 것인지는 그가 B로 옮기려고 할 때, 실제로 성공적 전직이 가능한가에 대한 주관적 확률과 B라는 직장이 그가 원하는 연봉과 승진을 실제로 가져올 것인가에 대한 주관적 확률, 그리고 그가 연봉과 승진을 얼마나 가치 있게 여기는가에 대한 주관적 평가에 따라 결정된다는 것이다. 따라서 B라는 회사로의 전직을 말리고자 한다면, 위에 언급한 노력-성과, 성과-보상의 주관적 확률과 최종보상에 대한 주관적 가

15) F. Herzberg(1966), Work and The Nature of Man, Cleveland: World.

16) V. H. Vroom(1964), Work and Motivations, New York: John Wiley and Sons.

치평가에 영향을 주어 그가 전직행동을 하지 않도록 유도할 수 있다.

4) 공정성이론(Equity Theory)

Adams가 제시한 공정성이론은 사람은 처지가 비슷한 다른 사람과 비교하여 공정한 처우를 받고 싶어한다는 것을 전제로 한다. 종업원은 자기가 일을 위하여 투입하는 것(Inputs : I)과 그로부터 얻어지는 산출물(Outcomes : O)의 비율(I/O)이 다른 사람의 투입과 산출의 비율(I/O)과 비교해서 일치하지 않으면 불공정성을 느끼며, 불공정한 느낌은 불쾌감과 긴장을 가져와 어떤 식으로든 공정성을 회복하는 방향으로 노력한다는 것이다.[17)]

투입요소(I)는 흔히 노력, 기술, 교육, 비용, 시간 등 과업수행을 위해 투자된 모든 자원과 에너지를 말하며, 그 댓가로 얻어지는 산출물(O)은 보상, 승진, 인정 등을 말한다. 만약 다른 사람에 비하여 과소보상이 되었다고 느끼게 되면, 사람은 보상의 수준을 높이려고 하거나, 그 보상의 수준에 걸맞도록 투입요소를 조정하려고 한다(예: 낮은 연봉수준에 걸맞는 정도만 노력한다). 또한 다른 사람에 비하여 과대보상이 되었다고 느끼게 되면, 그 보상수준에 걸맞도록 자신의 투입요소를 조정하려고 한다(예: 높은 연봉수준에 걸맞게 열심히 노력한다). 사람들은 공정성을 매우 중요하게 여기므로 투입과 산출의 조정을 통해서 공정성을 회복하려고 하는 이외에도 투입과 산출 요소에 대한 인지적 평가를 왜곡하거나 아예 비교대상을 변경하는 것을 통해서 사람들은 공정성을 회복하려고 노력하는데, 그럼에도 불구하고 공정성이 달성되지 않는 경우는 이직을 하기도 한다.

5) 목표설정이론(Goal Setting Theory)

목표설정이론은 Locke에 의해 제시된 이후 가장 널리 활용되고 있는 동기부여이론이다. 목표설정이론은 개인의 성과는 목표에 의해 결정된다는 이론이다.

목표설정과 관련된 연구를 통해 밝혀진 성과를 증진시키는 목표의 특징은 다음과 같다.

첫째, 목표는 애매한 목표보다 구체적인 목표가 성과를 높여준다. 즉 주어

---

17) J. S. Adams(1965), "Inequity in Social Exchange," In L. Berkowitz(ed.), Advances in Experimental Social Psychology, Vol. 2, New York : Academic Press, pp. 267-299.

진 시간에 제품을 포장하는 과업이라면, 최선을 다하라는 애매한 목표보다 구체적으로 주어진 시간 안에 100개를 포장하라는 구체적인 목표가 성과를 높여 준다. 그리고 비슷한 사람들은 평균 몇 개를 포장하며, 100개는 어느 정도 어려운 목표인지를 설명해 주면 더욱 구체적인 목표가 된다.

둘째, 목표의 수준과 관련된 것으로써 목표는 달성가능한 어려운 목표일 때, 가장 성과를 높여 준다. 쉬운 목표는 동기부여효과가 적고, 너무 어려운 목표는 포기할 가능성이 있으므로 도전할 만한(challengeable) 어려운 목표가 가장 높은 성과를 야기한다.

셋째, 단지 목표만 설정하는 것은 효과가 없고, 피드백이 함께 주어져야 한다.[18]

6) 내적 동기이론(Intrinsic Motivation Theory)

어떤 사람의 행위가 외적인 보상을 얻기 위해서가 아니고 행위 자체가 그 행위의 목적이 될 때, 그 행위를 내적으로 동기부여되었다고 표현한다. 즉 행위가 다른 목적을 위한 수단이 아니라, 즐겁고 재미있어서 행위 자체가 목적이 되는 경우를 내적 동기에 의한 행위라고 말한다.

Deci & Ryan은 외적 사건이 내적 동기에 미치는 영향을 설명하기 위하여 인지적 평가이론(cognitive evaluation theory)을 제안하였다. 인지적 평가이론에 의하면 개인의 내적 동기는 두 요인에 의하여 결정되는데, 첫째 그 일이 자신이 선택하여 결정한 일이라는 생각, 즉 자기결정(self-determination) 인식과 둘째 그 일을 잘 해낼 수 있다는 생각, 즉 유능성(competence) 인식에 의하여 결정된다는 것이다. 어떤 일이 스스로 결정하여 선택한 일이고, 그 일을 잘 해낼 수 있다는 자신감이 있다면, 그 일은 그에게 즐거운 일이 된다.[19]

---

18) E. A. Locke(1968), "Toward a Theory of Task Motivation and Incentives," Organizational Behavior and Human Performance, pp. 157-189.

19) E. L. Deci, and R. M. Ryan(1985), Intrinsic Motivation and Self-Determination in Human Behavior, New York : Plenum Press.

제 4 절 해운기업집단의 관리

해운기업의 성과는 해운기업구성원들의 노력의 합이라고 볼 수도 있지만, 그 활동의 대부분은 소속된 부, 과, 팀 등의 집단을 통하여 이루어진다. 집단은 개인들이 모여 이루어진 집합체이지만, 집단은 집단의 독특한 특성을 지니고 개인의 행동에 영향을 준다. 이 절에서는 집단을 연구함에 있어서 집단의 특성을 살펴보고, 집단에서 발생하는 여러 현상, 즉 갈등관리, 권력과 조직정치, 리더십을 살펴본다.

1. 집단의 특성

1) 집단의 개념

집단이란 일반적으로 공동의 목표를 달성하기 위해서 상호 작용하는 두 사람 이상의 집합체를 의미한다. 즉 집단의 개념은 공동으로 추구하는 목표가 있어야 하고, 구성원간의 상호 작용이 있어야 한다. 또한 구성원은 자신이 집단에 속해 있다는 인식이 있어야 한다.

2) 집단의 분류

공식적 집단(formal group)은 조직의 목표와 과업을 수행하기 위해 조직에 의해 의도적으로 형성된 집단으로서 대부분 조직도표상에 나타난다. 공식집단의 예로는 부와 과, 프로젝트집단 등이 있다.

비공식집단(informal group)은 구성원들의 개인적 관심사나 우호를 위해 자연적으로 형성된 집단으로 조직도표상에 나타나지 않는다. 비공식집단에는 구성원의 이해를 추구하기 위한 집단과 우정과 취미활동 등을 위한 집단이 있다.

3) 집단의 성격

집단의 성격을 이해하기 위하여 특정집단을 다른 집단과 구별시켜 주는 몇 가지 특성, 즉 규범, 역할, 지위, 응집성을 살펴보기로 한다.

(1) 규 범(Norm)

집단의 규범이란 그 집단의 개인행위와 집단행위에 대하여 집단구성원이 공유하고 있는 행동기준이다. 집단규범은 집단 내 구성원들의 옷입는 행위, 말하는 방법, 출퇴근 행위, 일하는 방법 등 모든 구체적인 행위에서 집단구성원들이 명시적으로 혹은 암묵적으로 따르고 있는 행동기준이다. 이러한 규범은 집단에 따라 독특하게 형성되어 있으며, 이러한 규범의 차이로 인해 집단구성원의 행동은 집단에 따라 차이를 보인다.

규범은 집단활동의 초기행위가 규범으로 굳어지는 경우도 있고, 상사나 동료들에 의해 명시적으로 선언되어 생기는 경우도 있다. 또한 어떤 결정적 사건이 계기가 되어 구성원의 행동규범이 생기는 경우도 있다. 규범은 행위에 대한 것이므로 구성원들의 사고와 감정까지도 규범화할 수는 없다. 규범은 일단 형성이 되면, 모든 구성원들이 이에 동조할 것이 요구된다. 만약 구성원이 동조하지 않으면, 집단은 그를 고립시키는 등의 여러 가지 형태로 압력을 행사한다. 반면 규범에 동조하면 구성원은 집단의 보호를 받고 인정을 받을 수 있으나, 규범에 대한 동조압력이 크면 개성과 창의성을 발휘하기 어려워 개인 발전과 성숙에는 바람직하지 않은 영향을 줄 수 있다.

(2) 역 할(Role)

역할이란 어떤 지위를 가진 사람이 해야 할 것으로 기대되는 행위를 의미한다. 사람은 자신이 속한 다양한 집단에서의 지위에 따라 다양한 역할을 수행한다. 예를 들어 해운회사 해무부에 근무하는 30대 남성 과장은 직장에서는 관계에 따라 상사, 하급자 혹은 동료, 가정에서는 아버지와 남편, 학교에서는 학교운영위원 등의 역할을 수행한다. 집단의 구성원들은 각각의 지위에 따라 어떤 역할을 수행할 것으로 기대되어진다. 이렇게 주변으로부터 기대되어지는 역할을 역할기대(role expectation)라고 한다. 구성원은 자신에게 부여되는 역할기대를 인식하고, 자신이 적절하다고 판단하는 방향으로 행동을 한다. 사람은 다양한 집단에 속하면서 다양한 역할기대를 받고, 때로는 동일한 집단에서도 상이한 역할기대를 받기도 한다.

역할과 관련된 문제로서 첫째 양립할 수 없는 두 가지 이상의 역할이 주어질 때 느끼는 역할갈등(role conflict), 둘째 역할에 대한 충분한 정보가 없어서 자신의 역할을 분명히 모를 때 느끼는 역할모호성(role ambiguity), 셋째 역할기대가 자신의 신념이나 가치관과 부조화되는 경우, 넷째 능력이 부족하여 역할기대를 충족시킬 수 없다고 느끼는 역할무능력(role incapacity) 등을 들 수 있다.

어떤 집단을 구성하고 있는 각 구성원들의 역할기대를 알 수 있다면, 그 집단의 행동을 이해하고 예측할 수 있다.

(3) 지 위(Status)

지위는 집단 내 구성원에게 부여된 사회적 서열이다. 지위는 얼마나 권력을 지니고 있는가, 집단목표에 얼마나 기여할 수 있는가, 얼마나 남다른 인간적 특징을 지니고 있는가에 의하여 형성되는 것이지만, 특히 공식적 권한과 밀접히 관련되어 있다. 지위에 영향을 주는 요인은 집단에 따라 다르다. 예를 들어 운동팀에서는 운동실력이 지위에 영향을 많이 주지만, 영업팀에서는 판매실적이 영향을 많이 준다. 지위는 봉급, 능력, 나이, 권한, 성격, 인상 등 여러 요소에 의해 결정되므로 어떤 관점에서는 지위가 높지만, 다른 관점에서 보면 지위가 낮은 지위불일치(status incongruence)가 발생할 수 있다. 예를 들어 상사가 부하직원보다 나이는 많지만 연봉이 적은 경우 지위불일치가 발생하는데, 이는 적대심을 유발할 가능성이 높으므로 집단의 성과에 부정적 영향을 준다. 한편 지위가 높은 사람은 집단의 규범으로부터 이탈할 수 있는 자유를 다른 구성원보다 더 많이 갖는다. 최우수영업실적을 올린 직원은 다른 직원에 비하여 고객제일주의에 따른 집단의 행동규범으로부터 비교적 자유로울 수 있다.

4) 응집성(Cohesiveness)

응집성은 집단구성원이 서로에게 매력을 느끼고, 그 집단에 머물러 있기를 바라는 정도를 말한다. 응집성이 높은 집단은 "우리"라는 의식, 즉 구성원간의 친밀감과 일체감이 강하고, 집단의 성공과 실패를 자신의 것으로 느낀다. 응집성이 높은 집단일수록 구성원들이 느끼는 집단규범에 대한 동조압력은 강하다.

응집성이 높은 집단에서는 이직률이 감소되고, 집단에 대한 구성원의 만족수준이 높다. 응집성과 집단성과와의 관계는 집단규범과 조직목표와의 관련성에 따라 달라진다. 집단의 응집성이 높을수록 구성원들은 집단규범에 동조수준이 높아지는데, 집단규범이 꼭 조직의 목표와 방향이 일치하는 것은 아니기 때문이다. 만약 집단의 규범이 조직의 목표와 일치한다면, 응집력이 높은 집단은 응집력이 낮은 집단보다 높은 성과를 나타낸다. 그러나 집단의 규범이 조직의 목표와 일치하지 않는 경우에는 집단의 응집성이 높을수록 집단의 성과는 떨어진다.

2. 갈등(conflict), 권력(power), 정치(politics)

1) 갈 등

(1) 갈등의 개념

갈등이란 두 사람 이상의 당사자가 서로 다른 목표를 추구하여 이해관계의 대립이 있을 때 나타나는 심리적 상태나 행위이다. 갈등은 흔히 조직의 목표달성에 방해가 된다고 생각하여 갈등을 최소화해야 한다고 생각하지만, 갈등에는 역기능적 갈등 외에도 조직의 목표를 달성하고 성과를 높이는 데 도움을 주는 기능적 갈등도 있다. 예를 들어 집단의사결정의 오류를 방지하기 위해 반론자를 일부러 지정하여 토론하는 것은 기능적 갈등을 활용하는 것이다. 또한 갈등의 정도가 지나치면 조직의 성과를 떨어뜨리지만, 갈등의 정도가 너무 낮으면 구성원들이 무관심, 불감증, 창의력결핍, 무사안일, 의지부족 등의 문제를 안고 있는 경우가 많다. 그러므로 적절한 수준의 갈등은 조직에 활력을 불러일으키고, 변화와 성장을 가져온다.

(2) 갈등관리

갈등관리의 방법은 자기주장의 정도와 타인에 대한 양보의 정도에 따라 다섯 가지로 구분할 수 있다.

① 강 요(forcing) : 상대를 압도하고, 자기의 주장을 관철하는 방법이다. 상대보다 자기에게 매우 중요한 문제이거나, 급히 해결해야 하는 문제일

[그림 5-6] 갈등관리방법

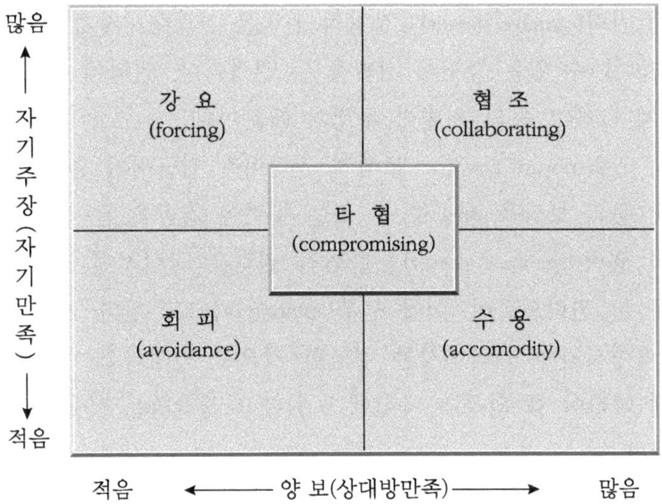

자료 : M. A. Rohim, "A Strategy for Managing Conflict in Complex Organizations," Human Relations 에서 수정.

때 적합한 방법이다.

② 수 용(accomodity) : 상대방의 주장에 따르는 것이다. 자기보다 상대에게 중요한 문제이거나, 전략적으로 차후의 양보를 얻으려고 할 때 적합하다.

③ 타 협(compromising) : 어느 한쪽이 양보할 수 없을 때, 서로가 약간씩 양보하는 방법이다.

④ 협 조(collaborating) : 서로의 관심사를 모두 만족시키는 win-win 방법이다. 드러난 입장에 초점을 맞추기보다는 입장의 원인이 되는 이해관계에 초점을 맞추어 서로의 이해관계를 만족시키는 제 3 의 대안을 창출하는 것이다.

⑤ 회 피(avoidence) : 갈등을 피하는 것으로서 때로는 회피의 방법이 시간이 지나면서 갈등을 저절로 해결해 주는 경우도 많다.

2) 권 력

두 사람 이상의 상호 관계는 항상 권력관계를 포함하고 있다. 권력의 일반적 개념은 상대의 의지에 상관없이 나의 의지를 상대에게 관철시킬 수 있는 능

력을 말한다. French & Raven은 권력의 원천을 다음과 같이 분류하였다.[20)]

① 강압적 권력(coercive power) : 강압적 권력은 권력행사자가 권력수용자에게 벌을 줄 수 있는 능력에 기반을 둔 권력이다. 권력에 복종하는 이유는 징계나 해고 등의 처벌이 두렵기 때문이다.

② 보상적 권력(reward power) : 보상적 권력이란 임금이나 승진, 유리한 과업할당 등의 보상을 제공할 수 있는 능력에 기반을 둔 권력이다.

③ 합법적 권력(legitimate power) : 합법적 권력은 공식적인 직위나 역할에 기반을 둔 권력으로서, 이를 권위(authority)라고도 한다. 합법적 권력이란 권력행사자의 권력행사를 정당한 것으로 인정하고, 조직의 규범상 그것에 따라야 할 의무가 자신에게 있다고 생각하는 것을 바탕으로 한 권력이다.

④ 준거적 권력(reference power) : 어떤 사람의 개인적 특성이 카리스마가 있거나, 매력이 있거나, 도덕적이거나, 존경할 만하여 다른 사람이 그를 따르려 할 때 생기는 권력을 말한다.

⑤ 전문적 권력(expert power) : 특정분야에 대한 전문적 기술이나 지식을 소유함으로 인해 발생하는 권력이다. 개인적 특성을 바탕으로 한 것으로서, 직위가 낮더라도 전문성이 있으면 권력을 행사할 수 있다.

그 밖에도 중요한 정보의 소유나 그 정보에 쉽게 접근할 수 있는 능력에 기반을 둔 정보적 권력이나 중요 인물과의 친분관계에 기초를 둔 연줄 권력 등 권력의 원천은 다양하다.

3) 정 치(politics)

정치적 행동이란 자신의 권력수단을 활용하여 자신이나 집단의 이해득실에 영향을 미치거나 미치려고 시도하는 활동을 말한다. 조직은 가치관, 신념, 정보, 관심사, 현실인식에 있어서 이해관계가 서로 다른 개인과 집단으로 구성되어 있다. 또한 조직에서 이루어지는 대부분의 중요 결정은 희소자원을 배분하는 것과 관련이 있다. 자원이 희소하고, 이해대립이 상존하는 경우, 구성원들

---

20) J. R. P. French, & B. Raven(1972), "The Bases of Social Power," In D. Cartwright(ed.), Studies in Social Power, Ann Arbor : Institute for Social Research, University of Michigan, pp. 150-167.

은 자신의 이익을 위해 정치적 행위를 한다. 이 때 자신이 지닌 권력수단은 정치적 행위의 가장 중요한 자원인 것이다.

직위가 낮은 사람도 상대에게 호의적인 인상을 부각시키거나, 칭찬이나 아첨을 통해 상대의 기분을 좋게 만들거나 하는 등의 수단을 통해 영향력을 행사한다. 그러므로 사람들이 지닌 권력수단은 매우 다양하며, 조직에서의 정치적 행위는 매우 일상적이다.

자원이 희소하고, 이해관계가 서로 다른 사람들과 더불어 일을 해나가야 하는 조직의 현실 속에서 정치적 행위는 매우 광범한 것이다. 정치적 행위로 인해 의사결정이 잘못되는 경우도 있고, 특정집단이 자기이익을 추구하는 정치적 행위결과로 기업이 심각한 손실을 입는 경우도 있으나, 그러한 이유로 정치를 죄악시하거나 없앨 수는 없으며, 오히려 집단들의 다양한 이해관계 속에서도 조직을 건설적인 방향으로 이끌어 갈 수 있는 정치적인 지혜가 필요하다.

3. 리 더 십

집단을 성공으로 이끌기 위해서는 여러 장애에도 불구하고 사람들을 이끌고, 동원하여 중요 목적을 달성할 수 있는 리더십이 필요하다. 리더십은 집단과 조직의 성공을 결정하는 가장 중요한 요인으로 간주되어 왔다. 리더십이란 일반적으로 어떠한 목적을 달성하기 위해서 집단구성원에게 영향을 주는 과정으로 정의된다.

리더십이란 권력과 다르다. 권력이란 상대로 하여금 자신이 원하는 것을 수행하도록 상대의 행위에 영향을 미칠 수 있는 능력을 의미하는 것으로서, 이는 강제력을 행사하는 개념도 포함하고 있다. 그러나 리더십은 설득과 모범, 비전의 제시 등 비강제적 수단으로 영향력을 행사하고, 자발적 복종을 이끌어 낸다는 점에서 권력과 차이가 있다.

리더십은 직위와도 다르다. 높은 직위에 있는 사람은 조직으로부터 공식적으로 부여받은 합법적 권한이 있지만, 그들이 모두 리더십을 발휘하는 것은 아니다. 반대로 합법적 권한이 없는 사람도 자신이 지닌 전문성이나 설득력, 비전이나 가치 혹은 헌신과 희생의 본을 통해 구성원들을 자발적으로 따라오도록 할 수 있다.

리더십을 이해하기 위해서는 리더 자신과 구성원(follower), 리더와 구성원 사이의 영향과정을 둘러싼 과업이나 조직구조와 같은 상황요소를 종합적으로 고려해야 한다. 리더십에 대한 자세한 설명은 "제 8 장 해운기업경영의 리더십과 전략"에서 살펴보기로 한다.

제 5 절 해운기업 조직변화와 문화

1. 조직변화

1) 조직변화의 필요성

기업이 처한 환경은 기업에게 때로 기회가 되기도 하고, 위협이 되기도 한다. 새로운 기술의 발전과 고객욕구의 변화는 기업에게 새로운 제품과 시장의 기회를 제공하기도 하지만, 적절하게 변화하지 못하는 기업에게는 생존을 위협하는 요인이 된다. 오늘날 조직은 역동적이고 급변하는 환경에 직면하고 있으며, 환경의 변화는 조직변화의 압력요인으로 작용하고 있다.

조직변화에 압력을 가하는 일반적 요인으로는 첫째 현대인의 삶을 급격히 바꿔놓고 있는 컴퓨터, 정보통신, 생명과학 등 지식과 기술의 급격한 발달과 둘째 세계화와 세계적 경제통합의 가속, 경쟁의 심화 등과 같은 사회, 경제, 정치적 환경의 변화, 셋째 급격한 노령화사회, 근로가치관의 변화, 고객욕구의 다양화 등 노동력의 특성과 시장의 특성의 변화를 들 수 있다.

해운기업 역시 여러 환경요인으로 인해 변화의 압력을 받고 있다. 첫째는 경제적 요인으로서 1970년대 석유파동 이후 장기적인 경영침체와 함께 선복과잉으로 인해 경쟁이 격화됨에 따라 선원비절감을 위한 선박조직의 변화가 절실해졌고, 둘째는 기술적 요인으로서 선박의 자동화를 비롯한 운항기술에 있어서의 혁신(특히 원격조정장치와 컴퓨터 시스템의 도입으로 인해 기관실무인화선이 등장)과 항해와 통신분야에서의 현저한 기술발전으로 인해 조직변화의 필요성이 제기되었으며, 셋째는 사회적, 문화적 요인으로서 선원의 가치관과 태도의 변화로 인해 해상근무를 기피하는 경향이 나타나는 것을 들 수 있다.

2) 점진적 변화와 급진적 변화

조직변화는 변화의 폭에 따라 점진적 변화와 급진적 변화로 나눌 수 있다. 점진적 변화는 기존의 경영전략을 보다 성공적으로 수행하기 위하여 조직의 내부요소들(구조, 과정, 직무, 구성원)의 일부를 개선하면서 점차 이를 확산하는 것이다. 점진적 변화는 혼란보다는 질서를, 갈등보다는 화합을 취하면서 변화를 시도하는 것이다.

급진적 변화는 기존 경영전략에 많은 변화를 가져오고 내부조직에도 큰 변화를 일으켜서 내부조직의 새로운 변화와 균형을 가져오는 등 조직체 전체에 근본적인 변화를 가져오는 방법이다. 기본사업의 변경, 조직구조의 전면개편, 새로운 경영이념의 도입 등이 그 예이다. 기업이 안정적인 환경에 있는 경우에는 점진적 변화가 적합하며, 급격하고 단절적인 환경에 있는 경우에는 급진적인 변화가 적합하다.

3) 변화에 대한 저항

개인과 조직은 변화에 저항한다. 변화에 대한 저항은 문제에 대한 토론을 촉진하고, 그 결과 더 좋은 대안을 만들어 낼 수도 있다. 그러나 변화에 대한 저항은 적응과 발전을 저해한다. 저항의 원인은 불확실성이나 기득권상실에 대한 두려움과 같은 개인적 요인과 구조적 타성이나 집단의 규범과 같은 조직적 요인으로 나누어 생각할 수 있지만, 많은 경우, 저항의 원인은 서로 중복되어 있다.

4) 조직변화의 방법

Lewin은 조직변화의 3단계 모델을 통하여 조직변화는 해빙(freezing), 변화(changing), 그리고 재결빙(refreezing)의 3단계를 거쳐 이루어진다고 제시하였다.[21)]

21) K. Lewin(1951), Field Theory in Social Science, New York : Harper & Row.

[그림 5-7] Lewin의 조직변화 3단계 모형

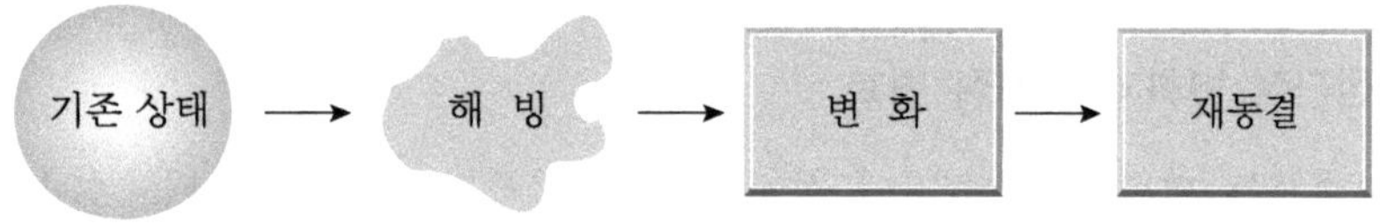

(1) 해 빙(freezing)

해빙단계에서는 변화를 추진하는 "추진세력"과 변화에 저항하는 "저항세력"이 힘겨루기를 하며, 갈등이 발생하는 시기이다. 변화를 성공시키기 위해서는 추진세력의 힘을 증진시키고, 저항세력의 힘을 약화시켜서 추진세력의 힘이 저항세력보다 커지도록 만들어야 한다. 저항세력의 힘을 약화시키기 위해 교육, 참여, 공개논의, 협상, 강요 등의 방법을 사용할 수 있다.

(2) 변 화(changing)

변화단계는 여러 가지 기법을 사용하여 계획된 변화를 실천에 옮기는 과정이다. 변화의 대상이 개인의 가치관과 태도라면 그를 위한 프로그램을 만들어 추진해야 하고, 조직구조가 변화의 목표라면 재구조화를 시행하거나 새로운 규정을 만들어야 한다.

(3) 재결빙(refreezing)

변화된 조직은 다시 원래의 상태로 돌아가려는 속성이 있기 때문에 계속적인 지원과 강화활동이 필요하다. 재결빙단계는 변화된 조직의 바람직한 상태를 상시화하는 단계이다. Lewin은 재결빙시켜야 하는 요인으로 새로운 목표, 조직구조, 행동, 태도 등을 들고 있다. 재결빙을 성공적으로 하기 위해서는 최고경영자의 지원, 적절한 보상, 체계적인 계획 등이 필요하다.

2. 조직문화(Organizational Culture)

1) 조직문화의 개념

조직문화를 연구하는 대표적인 학자인 Schein은 조직문화란 "외부환경에 적응하고 조직내부를 통합하는 문제를 해결하는 과정에서 특정집단이 고안, 발견, 개발한 기본 믿음들이다. 이들은 오랜 기간 동안 조직구성원들이 타당한 것으로 여겨 왔기 때문에 아무런 의심 없이 당연한 것으로 받아들여지며, 새로운 구성원에게는 조직의 내적, 외적인 문제를 해결하는 올바른 방향으로 학습되어지는 것"이라 정의하였다.[22] 조직문화에 대한 정의는 다양하지만, 조직문화는 조직의 구성원들이 공유하고 있는 가치관, 신념, 관습, 그리고 지식과 기술을 총칭하는 것이라 할 수 있다.

조직문화는 구성원들 사이의 공유된 가치의 결집정도에 따라 강한 문화와 약한 문화로 나눌 수 있다. 강한 문화는 핵심가치가 강하게, 그리고 널리 공유되어 있는 문화이다. 약한 문화는 핵심가치가 희미하고, 모호하고, 일관성이 없는 문화이다. 강한 문화는 약한 문화에 비해서 구성원들의 행동에 더 큰 응집력, 충성심, 조직몰입을 가져다 주며, 결과적으로 이직률을 저하시켜 준다. 그러나 강한 문화는 조직변화에 더 큰 힘으로 저항한다.

한 조직의 문화는 지배적인 문화와 하위문화로 구분할 수 있다. 즉 지배문화는 조직구성원 다수가 공유하는 가치관이나 신념이며, 하위문화는 하위조직이나 부서별로 독특하게 공유하는 가치관으로서 대규모 조직에서 흔히 볼 수 있다.

2) 조직문화의 중요성

조직문화는 조직의 공식적, 비공식적 운영과정에 광범위하게 영향을 미칠 뿐만 아니라, 조직의 전략수행에도 영향을 준다. 새로운 전략의 실행이 기존의 가치관, 작업방식과 다른 것이라면 성공을 기대하기 어렵다. 조직문화는 단기간에 변화하기 어려운 것이므로 전략을 수행할 때는 문화를 분석해야 한다.

조직문화는 경쟁력의 원천이 될 수 있다. 구성원들이 지닌 독특한 행동방식, 업무방식, 환경에 대한 반응방식 등에 영향을 주는 조직문화는 비교적 장기간에 걸쳐 형성된 것으로 다른 기업이 쉽게 흉내낼 수 있는 것이 아니므로, 조직경쟁력의 원천이 될 수 있다.

22) E. H. Schein(1985), Organizational Culture and Leadership, San Francisco : Jossey Bass.

3) 조직문화의 기능

조직문화는 다음과 같은 기능을 수행한다.

첫째, 조직문화는 구성원들에게 정체성을 제공한다.

둘째, 조직문화는 구성원들의 행동을 통제하고, 행동지침을 제시한다. 조직의 구성원들은 분명한 규정과 지시가 없는 상황이라도 조직의 문화적 가치에 따라 행동하기 때문이다.

셋째, 조직문화는 조직시스템의 안정성을 높여 준다.

구성원들이 말하고 행동하는 것에 대한 표준을 제공함으로써 모호한 상황으로부터 야기될 수 있는 갈등을 줄여 주고, 내부적 조화와 단합을 제공하고, 예측가능성을 높여 준다. 해운기업은 해상과 육상의 이원화된 조직을 가지고 있는바, 급변하는 환경에 잘 적응하고 조직내부의 통합문제를 해결하기 위해서는 적합한 조직문화를 통하여 조직구성원의 일치된 가치와 행동을 이끌어 낼 필요가 있다.

4) 조직문화의 관리

조직은 조직의 문화를 구체화하고, 표현해 주는 다양한 상징을 지니고 있다. 조직은 다음과 같은 다양한 상징을 통하여 조직 내·외의 사람들에게 의미를 전달함으로써 조직문화를 형성하고 강화할 수 있다.

① 일 화(stories) : Nordstrom 백화점에서는 세일기간중 맞는 사이즈의 옷이 없는 경우, 건너편 백화점에서 옷을 사서 할인가격으로 판매했다는 일화가 있다. 이 일화는 Nordstrom 백화점의 철저한 고객서비스문화를 잘 표현해 준다. 이러한 일화들이 조직구성원들에 의해 자주 회자되면 조직의 문화적 가치가 강화되며, 구성원들은 그 가치에 따른 행동을 하게 된다.

② 의식(rituals)과 의례(rites) : 회사에서 아침마다 외쳐지는 구호, 거창한 기념식, 까다로운 입회식, 신제품발표회 등은 상징적 의미를 표현하는 중요한 수단이며, 타조직과의 차이를 분명히 하여 구성원들의 응집력을 높이는 역할을 한다. 의식과 의례는 보통 구분하기 어렵지만, 의례는 좀더 규칙적으로 행해지며, 의식은 빈도는 적지만 좀더 정교하다.

③ 영 웅(heroes) : 조직에서는 조직의 문화적 가치를 가장 잘 드러낸 사람들이 영웅으로 떠오른다. 고객을 중시하는 조직문화에서는 고객을 감동시킨 사람이 영웅으로 떠오르며, 창의성을 중시하는 조직에서는 창의적 아이디어를 제안한 사람이 영웅으로 떠오른다. 누가 조직의 영웅인가를 살펴보면, 조직의 문화를 알 수 있다. 한편 조직은 문화적 가치에 걸맞는 사람을 발굴하고, 알리고, 표창함으로써 영웅을 만들며, 그것을 통해 문화적 가치를 확산시킬 수 있다.

CHAPTER

6

해운기업의 인적자원관리

제 1 절 해운기업 인적자원관리의 개요

기업경영을 위해서는 인적자원뿐만 아니라 기술, 기계, 자본, 원자재, 정보 등 다양한 자원이 필요하다. 그러나 인적자원은 이러한 자원을 효과적으로 창출하고 이용하는 주체이며, 경영활동에 필요한 모든 의사결정의 주체이므로, 결국 기업경영의 성패는 인적자원이 잠재능력을 최대한 발휘할 수 있도록 인적자원을 효율적으로 관리하는 것에 달려 있다. 또한 인적자원은 다른 자원들에 비해서 복제하기가 어렵기 때문에 기업의 전략적 우위를 확보하고 유지하는 데 있어서 그 중요성이 커지고 있다.

인적자원관리의 목표는 조직의 목표를 달성할 수 있도록 종업원을 효율적으로 관리하는 것이다. 조직의 목표를 달성하기 위해서는 종업원의 능력과 헌신이 필요하고, 종업원은 조직으로부터 자신의 욕구가 충족될 때 조직을 위해 능력과 헌신을 발휘하므로, 결국 인적자원관리는 조직의 목표와 개인의 목표를 통합하고자 하는 것이다. 인적자원관리를 통해 조직은 효율성, 생산성, 수익성을 향상시키며, 종업원은 경제적 욕구, 직업안정의 욕구, 사회적 욕구, 자아실현욕구 등을 충족시킨다.

인적자원관리는 종업원이 입사해서 퇴사할 때까지의 전과정에 대한 관리

활동, 즉 인력을 확보하고, 유지하며, 개발하는 모든 활동을 포함한다. 따라서 인적자원관리란 모집과 선발을 통해 인력을 확보하고 보상 및 복리후생제공, 산업안전정책과 동기부여를 통해 인력을 유지하며, 인사고과, 교육훈련, 배치이동, 승진, 경력개발 등의 활동을 통해 인력을 개발하는 것이다.

최근 인적자원관리는 사회적, 경제적 환경이 변화하면서 그 관점도 변하고 있다. 인구의 고령화, 교육수준의 전반적 향상, 여성인력의 진출, 가치관의 변화, 노동조합의 압력 등은 모두 인적자원관리에 영향을 주는 환경적 요소들이다. 특히 현대와 같은 정보화사회, 지식사회에서는 개인의 창의성이 기업경쟁력의 핵심이 되면서, 단순히 사람을 관리하는 기능적 차원에서 벗어나 조직 전체의 경쟁력을 창출할 수 있는 전략적 관점에서의 인적자원관리가 요구되고 있다.

해운기업은 각기 개별적인 생산단위로서 독자적인 항해와 영업활동을 수행하고 있는 선박조직과 이를 지원하고 관리하는 육상의 관리조직으로 구성되어 있다. 따라서 해운기업의 인적자원은 선박조직의 선원과 육상조직의 인적자원으로 구성되어 있다. 선박조직의 선원에 대한 인적자원관리활동, 즉 선원의 고용과 배치, 휴가 및 교대, 급여, 교육훈련 등의 선원관리는 그 특수성을 고려하여 선박관리부서인 해무(海務) 부서에서 수행하며, 육상조직의 인적자원의 수급과 유지를 위한 활동은 인사부서에서 수행한다. 해무(海務) 부서와 인사부서는 모두 육상의 관리조직에 속하여 있다.

인사부서에서 수행하는 육상직원에 대한 인적자원 관리활동은 일반기업체의 인적자원 관리활동과 크게 다르지 않다. 그러나 선박을 운항하는 인력인 선원(crew)에 대한 관리는 독특한 특징을 지니고 있다. 해상근무를 하는 선원은 육지에서 떨어져 공동생활을 하는 특징이 있기 때문에 선원 사이의 인간관계는 선박의 안전항해 및 효율적 운항에 결정적 영향을 준다. 또한 해상근무에 대한 선호도가 점차 떨어져 해상근무를 기피하거나 이직하는 경향이 높아지면서 해운기업은 선원확보에도 어려움을 겪고 있다. 선원의 인적자원관리는 두 가지 측면이 있는데, 하나는 육지에 있는 본사의 해무(海務) 부서에서 수행하는 것으로 선원의 모집과 선발, 임금 및 복리후생, 교육훈련, 승진 및 배치, 경력개발의 활동이며, 다른 하나는 선박 내에서 이루어지는 인적자원관리로서 주로 선장의 리더십과 모티베이션, 선내교육과 인사고과 등의 활동이다. 선원인사관리는 선원의 직무만족과 직장생활의 질을 높여 선원의 욕구를 충족시키며, 선박의 효율적 운항과 안전운항을 달성하고자 하는 것이다.

제 2 절 해운기업 직무관리

1. 직무분석(Job Analysis)

1) 직무분석(Job Analysis)의 개념

직무분석(job analysis)이란 직무에 대한 정보를 체계적으로 수집하는 과정이다. 기업에서 구성원은 특정직무를 수행하는데, 그 특정직무의 내용이 무엇이고, 그 직무를 수행하는 데 필요한 능력이 무엇인지를 밝히는 활동이 직무분석이다. 직무란 넓게 "일"을 의미하지만, 직무의 개념을 이해하기 위해서는 "일"의 다양한 범위 가운데 특정범위를 나타내는 개념인 요소, 과업, 직군, 직종 등의 개념과 비교하여 설명할 필요가 있다.

① 요 소(element) : 독립된 가장 작은 단위의 일
② 과 업(task) : 독립된 목적을 위해 수행되는 작업활동들
③ 직 위(position) : 한 사람의 작업자에게 부여되는 일의 집합
④ 직 무(job) : 유사한 과업들이 모여 형성하는 의미 있는 일의 범위
⑤ 직 군(job family) : 유사한 직무들의 집단
⑥ 직 종(occupation) : 유사한 직군들의 집단

예를 들어 비서직은 직무를 의미하는데, 비서직직무는 "상사의 일정관리," "방문객접대," "지시된 문서작성" 등의 과업으로 이루어져 있다. 요소는 과업을 구성하는 최소단위의 일, 즉 "문서작성"의 과업은 컴퓨터에 타이핑하는 일, 타이핑내용을 검토하는 일, 저장하고 출력하는 일 등의 요소로 나뉠 수 있다. 하나의 조직에 비서직을 수행하는 사람이 3명이 있다면, 동일한 비서직직무를 수행하는 직위는 3개인 것이다.

직무분석은 두 가지 정보를 획득하기 위해 수행한다. 첫째는 직무내용과

관련된 것으로서, 직무수행의 목적, 직무수행의 방법과 과정, 다른 직무와의 관계 등에 대한 정보이며, 둘째는 직무수행자에게 요구되는 자격요건에 대한 것으로서, 직무를 성공적으로 수행하기 위해 필요한 지식, 기능, 자질, 신체적 조건 등에 대한 정보이다. 직무내용과 관련된 정보를 기초로 직무기술서가 작성되고, 직무수행자에게 요구되는 자격요건을 기초로 직무명세서가 작성된다.

2) 직무분석의 목적

직무분석은 합리적인 인사관리를 위해 반드시 필요한 요소이다. 즉 먼저 직무를 정의하고, 이를 기준으로 필요한 인력을 확보하고, 보상하고, 개발하는 것이다.

첫째 직무분석은 인력확보의 기초자료로 사용된다. 인력을 모집할 때 작업집단에 존재하는 직무의 종류와 양을 파악함으로써 필요한 인력의 산정을 가능케 하고, 직무가 요구하는 구체적인 능력과 자질을 제시함으로써 인력선발의 기준을 제공한다.

둘째 직무분석은 인력유지의 기초자료로 사용된다. 직무분석을 기초로 직무의 상대적 가치를 결정하는 직무평가가 이루어지며, 이를 토대로 합리적인 임금수준을 결정할 수 있다. 또한 직무수행의 내용은 직무수행의 위험을 알

[그림 6-1] 직무분석의 목적

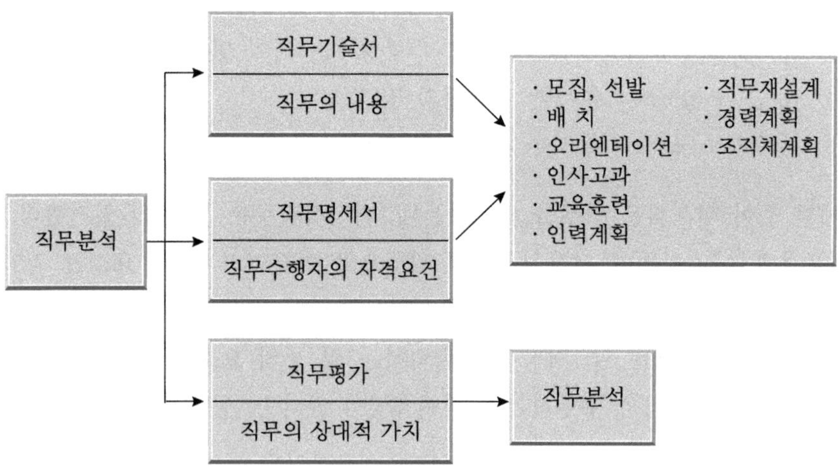

수 있게 해주어 안전사고예방을 위한 대책수립을 가능하게 한다.

셋째 직무분석은 인력개발의 기초자료로 사용된다. 직무분석은 작업수행자의 능력평가기준을 제공하고, 어떤 내용의 교육과 훈련이 필요한지, 어떤 직무순환이 직무내용적으로 연결이 가능한지를 알려 주어 인사고과, 교육훈련, 경력개발에 필요한 정보를 제공한다. 그 밖에 직무내용에 대한 정보는 직무의 내용과 과정 중 불필요한 요소를 제거하거나 보다 효율적으로 직무를 설계하기 위한 기초자료로 사용되고, 합리적인 인력감축이나 조직합리화를 위한 기초자료로도 사용되는 등 합리적인 인사관리를 위한 가장 기본적 자료를 제공한다.

3) 직무분석방법

직무분석은 직무에 대한 정보를 수집하는 것인데, 이를 위한 방법으로는 관찰법, 질문지법, 작업기록법 등이 있다.[1)]

① 관 찰 법: 직무분석요원이 직무담당자의 직무수행을 관찰하고, 그 내용을 기록하는 것이다. 이 방법은 매우 간단하지만, 직무의 시작에서 종료까지 너무 많은 시간이 소요되는 직무나 지나치게 복잡한 직무, 관찰하기 어려운 정신적인 활동으로 이루어진 직무에는 적용하기 어렵다는 단점이 있다. 그러므로 관찰법은 생산조립라인 업무 등 단순하고 직무의 시작과 종료의 시간이 짧은 직무를 분석하는 데 사용된다.

② 면 접 법: 직무분석요원이 직무담당자와 면접을 통해 직무의 내용을 파악하는 방법이다. 면접법은 관찰하기 어려운 정신적 활동도 파악할 수 있고, 직무의 시작과 종료 사이의 시간이 많이 소요되는 직무의 내용도 파악할 수 있어서 가장 널리 활용되는 방법이다. 그러나 직무담당자로부터 직접 직무에 대한 정보를 얻기 때문에 정보의 왜곡이 있을 수 있다.

③ 질문지법: 질문지법은 직무수행자에게 질문지를 나누어 주어 답하게 함으로써 직무에 대한 정보를 얻는 방법이다. 질문지법은 정보수집을 위한 시간과 노력이 절감된다는 장점이 있으나, 그 성공 여부는 질문지를 제대로 설계할 수 있는가, 직무담당자들이 적극적으로 협력해 주는가, 솔직하고 정확하게 응답해 주는가에 달려 있다.

---

1) W. Mondy, & R. Noe Ⅲ(1993), Human Resource Management, 5th ed., Allyn & Bacon.

④ 작업기록법 : 직무수행자가 매일 작성하는 작업일지나 메모사항을 갖고 직무에 대한 정보를 수집하는 것이다. 작업기록법을 통해 직무분석에서 원하는 정보를 충분히 획득하려면 장기간에 걸쳐 작성된 기록을 참조해야 한다.

4) 직무기술서와 직무명세서

직무분석의 결과 직무기술서와 직무명세서가 작성된다. 직무기술서(job description)는 직무의 내용, 직무수행에 필요한 원재료, 설비, 작업도구, 직무수행 방법 및 절차, 그리고 작업조건 등이 기록된 것이다. 직무명세서(job specification)는 해당 직무를 수행하는 작업자가 갖추어야 하는 자격요건, 즉 인적 특성이 기록된 것이다. 직무분석은 직무기술서와 직무명세서라는 정식문서로 요약된 후 이들 문서가 인사관리의 여러 목적에 기초자료로 활용되는 것이다.

선원의 직무에 관해서는 국제협약(IMO/STCW, 1978)과 국내법(선원법, 선박직원법)에 의하여 각 직무의 종류 및 등급에 따라 국제항해에 종사하는 선원이 갖추어야 할 지식과 경력 및 기술적 능력, 그리고 신체적 조건 등에 대한 자격요건을 규정해 놓고 있다. 또한 선박의 사관(직원)은 그 기능과 지식에 관하여 국제적으로 통일된 기준에 의한 국가의 자격시험을 통해서 海技士 면허장을 취득하도록 요구되고 있다. 일반적으로 선박회사에서는 이러한 직무기준에 의거하여 선원의 채용 및 배치가 이루어지고 있다. 그러나 근래에 와서 선박조직의 변화와 더불어 선원직무의 통합 내지는 확대 등 직무변화가 일어나고 있어서 선원직무의 내용과 성격을 새롭게 규명하기 위한 직무분석의 필요성이 제기되고 있다.[2)]

2. 직무평가

1) 직무평가의 개념과 목적

직무평가(Job Evaluation)란 해당 직무의 임금을 결정하기 위해서 직무의 상

---

2) 기회원(1995), 해운경영학, 해문출판사.

대적인 가치를 평가하는 공식적이고 체계적인 과정이다. 사장과 종업원의 임금이 다른 이유는 사장의 직무와 종업원의 직무가 회사의 목표달성에 기여하는 정도가 상대적으로 다르기 때문이다. 즉 직무의 상대적 가치가 다르기 때문이며, 이를 평가하는 것이 직무평가이다. 직무평가를 하는 목적은 직무가치가 높은 직무를 수행하는 사람에게 직무가치가 낮은 직무를 수행하는 사람보다 높은 임금을 제공함으로써 임금의 공정성을 확보하기 위한 것이다.

2) 직무평가의 방법

직무평가의 방법에는 대체로 다음의 4가지 방법이 사용된다. 서열법과 분류법은 비계량적인 방법이며, 요소비교법과 점수법은 계량적인 방법이다.

① 서 열 법: 직무평가자가 직무들의 직무기술서와 직무명세서를 가지고 직무의 기업목표관련 중요도, 직무수행의 난이도, 작업환경 등을 종합적으로 고려하여 가장 가치가 높은 직무부터 가장 가치가 낮은 직무까지 서열을 정하는 것이다.

② 분 류 법: 분류법은 숙련, 노력, 작업조건 등과 같은 평가요소에 의해 몇 개의 등급을 사전에 결정하고, 각 등급의 속성을 명확히 한 후에 모든 직무를 그 직무기술서와 직무명세서를 바탕으로 사전에 결정된 등급의 속성과 비교하여 각 등급에 분류하는 방법이다.

③ 요소비교법: 요소비교법은 직무를 구성하고 있는 여러 평가요소 각각에 부여된 임금을 모두 합하여 직무의 임금을 평가하는 방법이다. 요소비교법을 알기 위해서는 평가요소와 대표직무의 개념을 이해해야 한다. 평가요소란 특정직무의 가치를 측정하기 위해 고려되는 요소로서, 정신적 노력, 숙련, 육체적 노력, 책임, 작업조건 등이 이에 속한다. 대표직무란 직무의 내용이 잘 알려져 있고, 다른 여러 조직에서도 공통적으로 존재하는 직무로서 이미 그 임금수준이 알려진 것을 의미한다. 요소비교법은 다음의 단계를 거쳐 이루어진다. 즉 i) 평가요소를 선정하고, ii) 대표직무들을 선정하고, iii) 대표직무들을 평가요소별로 서열을 매기며, iv) 대표직무의 임금을 평가요소들에 배분하며, v) 대표직무들의 평가요소별 서열과 배분된 임금의 서열을 비교하여 모순되지 않도

록 평가요소별 임금을 조정한 후, vi) 대표직무들의 직무평가결과를 바탕으로 특정직무의 임금을 평가한다. 예를 들어 특정직무의 정신적 노력이 대표직무 5개의 정신적 노력 중 3위와 4위의 중간정도에 해당하고, 3위의 정신적 노력으로 배분된 임금이 3,500원이고, 4위의 임금이 2,500원으로 평가되었다면, 특정직무의 정신적 노력에 대한 임금은 3,000원이라 추정할 수 있다. 동일한 방법으로 나머지 평가요소인 숙련, 육체적 노력, 책임, 작업조건별로 특정직무의 임금을 추정하고, 그것을 모두 합하면 특정직무의 임금을 산출할 수 있다.

④ 점 수 법 : 점수법은 직무의 가치를 점수로 나타내어 평가하는 방법이다. 점수법은 다음의 단계를 거쳐 이루어진다. 첫째, 평가요소를 선정한다. 둘째, 평가요소의 가중치를 결정한다. 셋째, 평가요소를 보다 구체적인 평가요소로 세분하고, 일관성 있고 정확한 평가를 위해 그 구체적인 평가요소도 그 정도에 따라 몇 개의 단계로 나눈다. 예를 들어 숙련의 평가요소를 구체적으로 세분하면 교육, 경험, 창의로 나눌 수 있고, 그 중 경험을 다시 단계별로 나누면, 6개월 이하, 6개월-1년, 1-3년, 3-5년, 5년 이상의 5단계로 나눌 수 있다. 넷째, 각 평가요소별로 또 그 평가요소의 단계별로 점수를 배분하여 [표 6-1]과 같은 평가기준표를 만든다. 다섯째, 평가기준표에 의하여 평가하고자 하는 직무의 요소별 단계를 결정하고 각 요소의 점수를 합산하면, 그것이 그 직무의 점수가 되는 것이다.

선박조직의 직무에 있어서는 일반적으로 각 직급에 의해 일률적이고 고정적인 임금구조가 설정, 적용되고 있기 때문에 사실상 직무평가작업이 거의 이루어지지 못하고 있는 실정이다. 그러나 선원직무 역시 조직변화에 따른 직무분석을 토대로 선박의 종류와 운항형태 및 항로특성에 따라 직무의 난이도, 숙련도, 작업조건 등을 고려하여 체계적인 직무평가과정을 수행한다면, 합리적인 임금체계의 형성과 더불어 원활한 채용관리가 이루어질 수 있을 것이다.[3)]

3) 기회원(1995), 앞의 책, p. 400.

[표 6-1] 직무평가기준표(예)

평가요소 \ 단계		1	2	3	4	5
숙 련	교 육	15	30	45	60	75
	경 험	15	30	45	60	75
	창 의	10	20	30	40	50
노 력	육체적 노력	5	10	15	20	25
	정신적 노력	10	20	30	40	50
책 임	설비에 대한 책임	10	20	30	40	50
	재료, 제품	10	20	30	40	50
	타인의 안전에 대한 책임	5	10	15	20	25
	타인의 작업에 대한 책임	5	10	15	20	25
작 업 조 건	작업환경	5	10	15	20	25
	위 험	10	20	30	40	50
						500

제 3 절 해운기업 인력확보

1. 인력확보계획

해당 직무를 수행할 사람을 아무리 열심히 찾아보았지만 구할 수가 없어서 6개월간 공백으로 있다든지, 갑자기 불어닥친 불황 때문에 특정부분의 경우 9개월 전에 고용된 사람을 해고해야 하는 처지에 놓였다든지, 유능하게 판단되는 종업원이 그 능력을 발휘할 직무를 찾지 못하여 사직하였다든지 하는 것은 모두 인력확보계획, 즉 인력의 수요와 공급에 대한 예측이 잘못되었기 때문이다.

인력확보계획이란 필요한 시점에 필요한 직무를 수행할 적절한 자격을 갖춘 적절한 수의 인력을 얻기 위한 활동이다. 이를 위해서는 미래 기업이 필요로 하는 인력의 수요와 공급을 예측할 수 있어야 한다.

[그림 6-2] 인력확보계획 모형

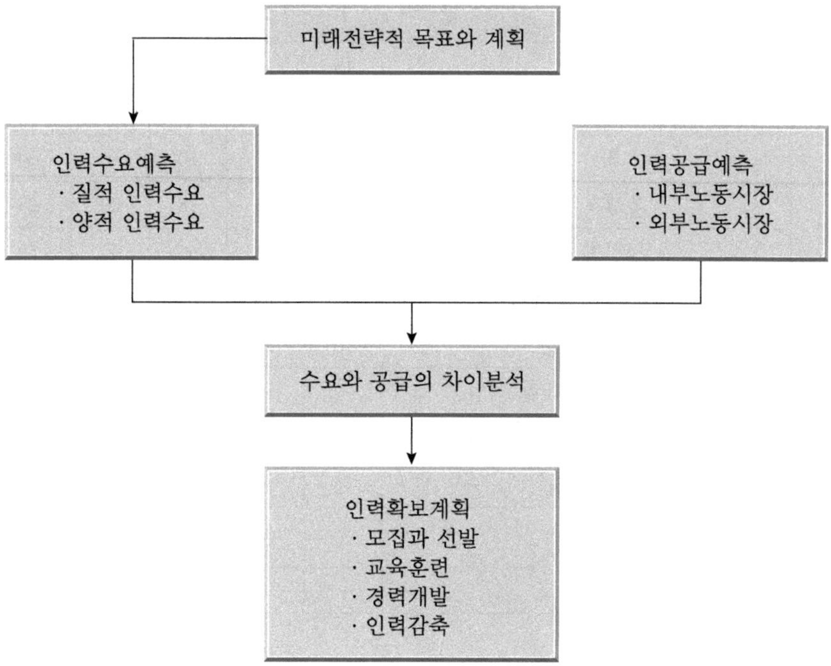

1) 인력수요예측

수요측면에서 보면 조직은 미래의 계획과 활동수준을 예측하여 이를 토대로 특정시점에서 필요로 하는 인력의 질과 양을 예측해야 한다. 인력수요를 예측할 때에는 인력수요결정에 영향을 미치는 매출액, 생산량, 생산장비에 대한 투자액, 노동생산성의 변화추세 등의 변수를 고려한 통계적 방법을 통한 양적인 변화의 예측만이 아니라 기술변화의 추세, 국제시장의 변화, 경쟁기업의 행동, 사회가치관의 변화 등 미래 경영환경의 변화와 기회와 위협의 분석, 개별 직무내용의 변화 등을 고려한 질적인 측면에서의 변화도 예측해야 한다.

2) 인력공급예측

인력의 공급측면은 인력의 내부이동, 승진, 교육훈련, 노동시간과 같은 작업조건의 변경 등을 고려한 기업내부에서의 이용가능한 인력의 질과 양(내부노동시장)을 예측하는 것과 조직외부로부터 공급받을 수 있는 인력(외부노동시장)에 대한 예측을 하는 두 가지 측면을 생각할 수 있다. 내부노동시장에 의한 인력공급은 미래 시점에 필요한 인력의 질적 측면과 양적 측면이 모두 고려되어야 한다. 예를 들어 미래 중국시장에 진출할 계획을 갖고 있어 중국어 능력을 지닌 인력이 필요하다면, 퇴직자, 이직자, 신규채용인력, 교육훈련인력, 기업내부의 이동인력을 고려하여 미래 시점에서 직종별, 직군별, 직무별로 중국어를 할 수 있는 인력을 어느 정도 내부에서 제공할 수 있는지를 예측해야 한다.

3) 해운기업인력의 확보

해운기업의 선원수요예측은 환경적 변화요인을 고려하면서 장기적인 측면에서 선복확충계획과 병행하여 수립되어야 한다. 선복확충계획이 급속히 추진되면 대규모의 선원충원이 요구된다. 그러나 선복량의 증가와 선원수요의 증가가 항상 일치하는 것은 아니다. 현대선박은 대형화와 자동화에 의한 기술혁신으로 인해 선박승조원의 정원감축이 가능해졌기 때문이다.

한편 해운기업에 있어서 필요한 수의 우수한 선원을 충원하는 것은 어려운 일이다. 세계적 경제성장과 함께 국민의 생활수준이 향상되면서 해상직업에 대한 기피현상이 늘어나고 있으며, 선원의 근무연한도 육상직업에 비하여 훨씬 짧고, 이직현상이 높아서 경력 있고 유능한 선원을 확보하는 일은 매우 어렵다. 우리나라는 과거 세계해운시장에서 중요한 선원공급국이었으나, 1987년 이후 국내경기 및 육상직임금의 급상승으로 인해 선원직은 3D업종으로 분류되어 취업기피현상이 발생하였다. 2004년도의 국적선원의 규모는 1993년도의 55% 수준으로 감소한 40,194명이었으며, 부족한 선원의 공급은 발전도상국(필리핀, 인도네시아, 미얀마, 인도 등)으로부터 이루어져 왔다. 우리나라 국적선사소유 선박에 승선하고 있는 외국선원의 규모는 2004년 말 현재 7,390명으로 1993년의 413명보다 약 18배 증가한 것으로 나타났으며, 이러한 추세는 점차 확대되어가고 있다.[4] 선원은 일정한 자격면허를 필요로 하는 직원(사관)과 보통선원으로 나뉘는데, 특히 海技면허를 소지한 고급선원의 부족현상은 심하다. 그러므로 국가 전체의 선원수급정책과 선원양성 교육기관 등의 공급계획을 살펴보

4) 해양수산부(2006), 2006년도 선원정책워크숍. 외항상선, 내항상선, 원양어선, 외항여객선, 연근해어선이 모두 포함된 수치이다.

며 충원계획을 세워야 한다.

2. 모집과 선발

인력확보계획에서 인력의 수요가 공급을 초과하면, 초과한 만큼 추가인력을 확보해야 한다. 우수한 인재를 채용하는 것은 기업의 성패를 결정하는 매우 중요한 일이고, 새로운 인력이 일단 채용되면 쉽게 해고할 수 없고 수십 년 간 고용관계를 계속하는 것을 가정하기 때문에 인력의 채용은 매우 신중하게 해야 한다. 한편 우수한 성적으로 채용된 신입사원이 실제 업무에서 성과를 나타내지 못한다든지, 신입사원의 이직률이 높다든지 하는 것은 모두 선발과정에 문제가 있기 때문이다.

선원을 모집하고 선발하며, 선발된 선원을 각 선박의 상황에 따라 현장의 해상근무에 배치하는 일은 육상의 해무(海務) 부서에서 담당한다. 해상근무는 위험성, 고립성, 공동생활성의 특수성을 지니고 있기 때문에 해상근무를 기피하는 경향이 있어서 우수한 선원확보가 어려운 것이 현실이다.

질적으로 우수한 선원을 확보하는 것은 선박경영의 성과에 결정적인 영향을 미친다. 이는 첫째 현대선박이 대형화, 고속화되면서 자본집약적이 되어서 해난사고에 대한 위험부담이 높아졌으며, 둘째 자동화, 컴퓨터화 내지는 위성항법장치 등 선박운항기술의 혁신으로 인해 선박의 효율적 운항을 위해서는 고도의 지식과 기능을 지닌 선원이 필요하게 되었으며, 셋째 선박조직의 변화를 통해 직무통합이 이루어지고 소수정예의 선원으로 선박이 운항되어 선원 개인의 업무범위와 책임범위가 확대되면서 우수선원의 확보가 매우 중요하게 되었기 때문이다.

1) 모 집(Recruiting)

모집활동이란 인력선발을 목적으로 양질의 지원자를 확보하는 활동을 말한다. 선발은 지원자 중에서 이루어지므로 만약 지원자가 모두 형편 없는 능력을 지니고 있다면, 아무리 선발과정이 과학적이더라도 우수한 인력을 확보할 수 없다. 따라서 모집활동은 다소 공격적일 필요가 있다.

2) 모집방법

모집의 방법은 크게 내부노동시장으로부터의 내부모집과 외부노동시장으로부터의 외부모집으로 나눌 수 있다.

① 내부모집: 내부모집의 방법에는 사내공모제도(job posting), 내부구성원의 추천 등이 있다. 내부모집의 장점은 첫째 간편하여 모집비용이 적게 들고, 둘째 지원자에 대한 평가를 정확하게 할 수 있으며, 셋째 상위직급으로의 승진인 경우에는 종업원의 사기진작에 도움을 준다. 한편 내부모집의 단점은 첫째 외부인력의 영입이 차단되어 조직이 정체될 가능성이 있으며, 둘째 적합한 인력의 공급이 안 될 수도 있으며, 셋째 지원자의 소속부서 상사와의 인간관계가 훼손될 우려가 있다는 점이다.

② 외부모집: 외부모집의 방법에는 모집광고를 통하는 방법, 직업안정소를 통해 소개를 받는 방법, 현직종업원에 의한 추천방법, 인턴제도를 통해 고용하는 방법, 교육기관(고교, 대학, 직업훈련원 등)을 통해 추천받는 방법 등이 있다. 외부모집의 장점은 첫째 참신한 관점과 감각을 지닌 외부인력의 투입으로 조직이 새로운 활력을 얻을 수 있다는 점과 둘째 조직 내부에서 찾을 수 없는 전문지식과 경험을 갖춘 인력을 채용할 수 있다는 점이다.

전통적인 모집관행은 미래의 종업원들에게 기업에 대해 좋은 이미지를 갖게 하기 위해 과대선정하는 경향이 있었다. 그러나 과도한 기대를 지니고 입사한 사람은 입사 후 실망이 커서 이직하는 경향이 높아 지원자에게 해당 직무에 대한 정확한 정보를 제공해 주는 것이 만족도를 높이고 이직률을 낮추어 더 효율적이다. 직무지원자에게 직무에 대한 긍정적 측면뿐만 아니라 부정적 측면도 제공하여 현실적인 직무의 모습을 알려 주는 것을 현실적 직무소개(Realistic Job Preview)라 한다.

해운기업에 있어서 선원의 정기적인 모집은 주로 선원교육 및 양성기관의 졸업생들에 대하여 졸업시기를 중심으로 집단채용하는 방식을 취하고 있다. 육상직원 중 해무부서와 같이 선박운항의 기술적 분야와 선원관리를 담당하는 부서의 업무는 흔히 선원출신직원으로 충원한다. 다년간의 해상경력을 가진 선원들을 육상직원으로 채용하는 것은 여러 가지 이점이 있는데, 과거 선원으로서의 해운실무경험과 지식을 활용할 수 있고, 이들에 의한 선박운항상의 통제와 선원관계의 조정이 보다 효과적일 뿐만 아니라, 현재 해상에서 근무중인 선원들에게는 육상근무로의 경력기회를 제공함으로써 모티베이션향상에도 기여하기 때문이다.

3) 선 발(selection)

선발은 지원자들 중에서 가장 적합한 자격을 갖춘 사람을 선택하는 것이다. 선발은 대개 다음과 같은 과정을 거쳐 이루어진다.

[그림 6-3] **선발과정**

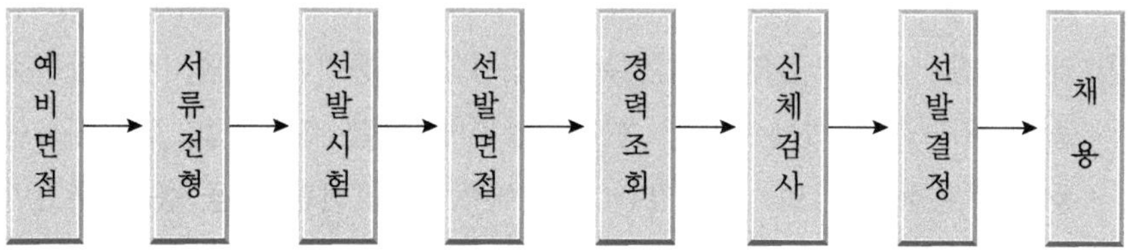

4) 선발도구

적합한 사람을 선발하기 위한 방법으로 사용되는 지원서, 선발시험, 면접 등을 선발도구라고 한다.

① 지 원 서: 지원서에는 성별, 가족관계, 학력, 경력 등의 객관적 자료에 대한 항목과 지원자의 지원동기, 태도, 역량 등을 주관적으로 기술하는 항목으로 이루어져 있다. 지원서를 통하여 지원자의 신상에 대한 정보를 얻을 뿐만이 아니라, 성별, 가족관계, 학력 등 개인의 신상내용 중에서 조직의 성과와 관련된 의미 있는 변수를 통계적으로 추출하고, 그것을 선발의사결정에 활용하거나(바이오데이터 분석방법), 지원서에 특정역량을 평가할 수 있는 질문을 주고, 논술식으로 답한 내용을 통해 지원자의 역량을 평가하기도 한다(역량기반지원서 평가).

② 선발시험: 선발시험의 종류는 다양하여 지원자의 직무에 대한 지식, 직무수행능력, 외국어능력 등을 측정하는 능력검사가 있고, 지원자의 성

격검사, 흥미도검사 등이 활용되기도 한다.

③ 선발면접 : 면접은 지원서에 나타나지 않는 지원자의 능력(언어구사력, 태도, 대인관계능력 등)을 파악하고, 불분명한 항목을 명확히 하며, 기업에 대한 정보를 지원자에게 전달하기 위해 사용된다. 면접은 직무명세서를 기초로 질문항목을 미리 개발하여 이루어지는 구조적 면접(structured interview)과 면접자가 임의로 질문하는 비구조적 면접(unstructured interview)이 있다. 또한 여러 명의 피면접자를 동시에 면접하는 집단면접과 한 명의 피면접자를 여러 면접자가 평가하는 위원회면접이 있다.

5) 선발도구의 조건 : 신뢰성과 타당성

(1) 신 뢰 성

선발도구의 신뢰성(reliability)이란 측정결과에 오차가 없는 정도를 말하며, 측정결과의 일관성과 안정성을 의미한다. 신뢰성평가방법에는 다음과 같은 것이 있다.

① 검증-재검증법(test-retest method) : 만약 영어실력을 측정하기 위한 영어시험을 개발하여 선발도구로 사용하였을 때 그 영어시험이 무엇인가를 일관되게 측정하고 있다면, 동일한 사람을 대상으로 동일한 시험을 치루었을 때 그 점수가 일관되게 나와야 한다. 이처럼 같은 대상에 같은 측정방법을 2회에 걸쳐 측정하여 그 결과의 상관관계를 통하여 신뢰성을 평가하는 것을 검증-재검증법이라 한다.

② 내적 일관성(internal consistency) 측정법 : 만약 외향적 성격을 측정하기 위해 만들어진 문항 5개에 대하여 지원자가 앞의 2개의 문항에 대하여는 높은 점수(높은 외향성)로 응답하였으나, 뒤의 3개 문항에는 낮은 점수(낮은 외향성)로 응답하였다면, 이 5개의 측정문항은 무엇인가를 일관되게 측정하고 있다고 볼 수 없다. 이처럼 시험이나 질문지를 구성하는 항목의 측정치 사이의 상관관계를 통해 신뢰성을 평가하는 것을 내적 일관성측정법이라고 한다.

③ 평행검증법(the parallel form method) : 만약 영어능력을 측정하기 위해 2개 이상의 측정방법이 개발되었을 때, 동일한 측정대상에 2개의 방법을

사용하여 측정한 후 2개 측정치 사이의 상관관계가 높다면, 그 두 개의 측정방법은 무엇인가를 일관되게 평가하는 것이다. 이를 평행검증법이라 한다. 사람들에게 서로 다른 두 개의 TOEFL 시험을 치른 결과 두 성적 사이의 상관관계가 높다면, TOEFL의 신뢰성은 높은 것이다. 또한 피면접자에 대한 여러 면접자들의 면접결과 사이에 상관관계가 높다면, 면접방법은 신뢰성이 높은 것이다.

선발도구의 신뢰성이 중요한 이유는 어떤 변수를 측정하는 선발도구의 신뢰성은 그 변수와 다른 변수의 상관관계의 상한을 결정하기 때문이다. 예를 들어 영어실력과 직무성과와의 관계에 있어서 만약 영어실력을 측정하기 위해 개발된 영어시험의 신뢰도가 낮다면, 직무성과를 완벽하게 측정할 수 있다고 해도 그 영어시험성적과 직무성과와의 상관관계는 어느 정도 이상으로 도출될 수가 없다. 즉 실제로는 두 변수 간의 상관관계가 높다고 해도 신뢰도가 낮은 측정도구를 갖고 측정한다면, 두 변수 사이의 상관관계는 높게 나타나지 않는다는 것이다.

(2) 타 당 성

선발도구의 타당성(validity)이란 선발도구가 평가목적에 걸맞는 것을 평가하고 있는가의 정도를 말한다. 만약 단순노무직을 위한 인력을 채용하는 데 영어시험을 본다면, 그것은 단순노무직의 직무성과와 관련이 없는 것이므로 타당하지 않은 것이다. 만약 해외영업직을 위한 인력충원을 위해 영어시험을 본다면, 직무성과와 관련이 있으므로 영어시험은 타당한 선발도구라고 할 수 있다. 그러나 이 경우에도, 영어시험이 독해, 회화, 문법, 작문 등 영어의 전반적 능력을 평가하지 못하고 영어문법에 대해서만 평가하고 있다면, 평가목적에 맞지 않는 것이므로 타당성이 떨어진다고 할 수 있다. 다만, 타당성이 낮더라도 그 영어시험이 무엇인가를 일관되게 측정하고 있다면, 신뢰성은 높을 수 있다. 타당성(validity) 평가방법에는 다음과 같은 것이 있다.

① 내용타당성(Content Validity) : 측정항목이 측정하고자 변수와 관련된 내용을 제대로 포함하고 있는가 하는 것이다. 회계직원선발을 위해서는 회계지식을 측정해야 하는 것처럼 관련 없는 항목이 들어가서도 안 되

고, 관련 있는 항목이 빠져서도 안 되는 것이다. 내용타당성은 계량적으로 판단할 수 있는 것이 아니며, 전문가에 의해 평가되어야 한다.

② 예측타당성(predictive validity) : 선발도구가 얼마나 직무성과를 예측할 수 있는가를 말하는 것으로서, 선발시험을 통해 합격한 지원자들의 선발시험점수와 입사 후 직무성과와의 상관관계를 통하여 평가한다. 어떤 선발도구가 타당한 것인가의 평가기준은 그 선발도구를 통해 선발한 합격자가 궁극적으로 높은 직무성과를 보여 주는가에 달려 있다. 직무성과는 선발도구뿐 아니라, 인사고과, 교육훈련의 방법이 타당한 것인가의 판단기준이 되는 기준변수(criterion variable)이다. 기준변수를 예측하기 위한 선발도구의 점수를 예측변수(predictor)라고 한다.

③ 표면타당성(face validity) : 겉으로 보기에 선발도구가 측정하고자 하는 것을 측정하고 있는 것처럼 보여야 표면타당성이 높다. 이는 과학적 기준은 될 수 없으나, 사용자와 대상자가 모두 측정도구를 수용하기 위해 필요하다.

6) 선발오류와 비용-편익분석

[그림 6-4]는 지원자의 선발도구 점수와 성과점수와의 상관관계를 나타낸 것이다.

지원자의 입사시험점수와 성과와의 상관관계 r은 예측타당도를 나타낸다.

[그림 6-4] 선발도구와 성과의 상관관계

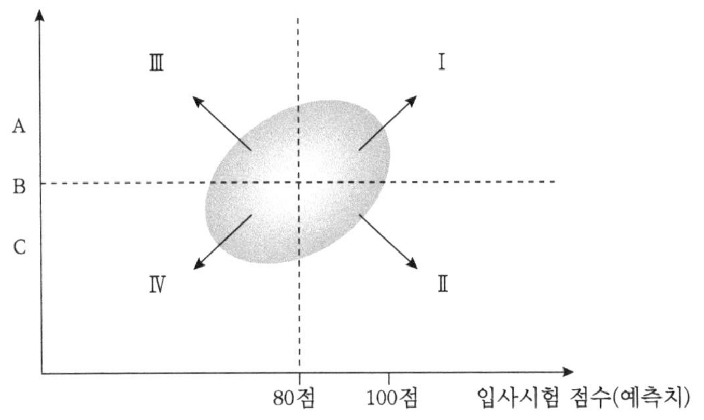

합격선이 80점이라면 Ⅰ과 Ⅱ집단은 채용된 사람들이고, Ⅲ과 Ⅳ집단은 탈락된 사람들이다. 만약 기업에서 원하는 직무성과수준이 B 이상이라면, Ⅰ집단은 선발해야 할 사람을 제대로 선발한 경우이며, Ⅱ집단은 선발하지 말아야 할 사람을 선발한 경우이다. Ⅲ집단은 선발했어야 할 사람을 탈락시킨 경우이며, Ⅳ집단은 탈락시켜야 할 사람을 탈락시킨 경우이다. 그러므로 Ⅱ와 Ⅲ집단은 선발의 오류이다. Ⅱ집단은 기업의 경쟁력약화의 원인이 되며, 지속적인 부담이 된다. Ⅲ집단은 프로야구구단에서처럼 경쟁기업에 입사하여 높은 성과를 나타낸다면, 기업에 큰 위협이 될 수도 있다.

선발의 오류를 줄이는 전통적 방법은 선발의 타당도를 높이는 것이다. 선발도구의 타당도인 입사점수와 성과의 상관관계(r)를 높이면, 분포가 얇아져서 집단 Ⅱ와 Ⅲ이 줄어든다. 그러나 선발도구의 타당도를 높이기 위해서는 선발도구개발에 많은 비용이 투자되어야 한다. 그러므로 지불되는 비용과 그로 인한 효과를 비교분석해서 판단해야 한다.

선발도구의 비용과 편익을 분석하는 데 있어 또 하나 고려해야 할 측면은 선발비율이다. 선발비율은 총 지원자수에 대한 선발인원수의 비율이다.

선발비율(SR) = 선발인원수/총 지원자수

[그림 6-5]에서처럼 합격점수가 낮아서 선발비율을 높게 하면 선발의 의미

[그림 6-5] 선발비율에 따른 선발도구의 비용과 편익

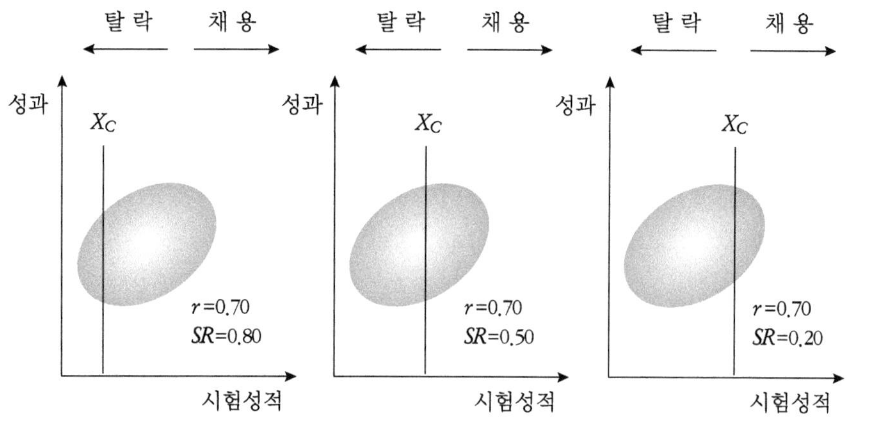

r=타당도계수, SR=선발비율, X_C=합격점수

가 상실되고, 합격점수를 높여서 선발비율을 낮게 하면 우수한 사람을 선발할 수 있지만, 인원이 적어 여러 번에 걸쳐 선발해야 하므로 선발비용이 많이 발생한다.[5)]

제 4 절 해운기업 인력유지

1. 보 상

1) 보상의 개념

종업원에게 노동력의 대가로 지급하는 금전적 보상을 임금(wage)이라고 한다. 임금이 직접적 보상이라면, 복리후생(employee benefits)은 임금을 제외한 간접적인 보상으로서, 보험료지원이나 퇴직금지급과 같은 금전적인 것과 체육시설, 휴양시설 제공 등의 비금전적인 것을 포함한다. 보상(reward)은 임금과 복리후생을 모두 포함한 것으로 종업원이 기업으로부터 받는 일체의 금전적, 비금전적인 것을 말한다. 종업원에게 지급되는 보상은 기업에게는 인건비로서 제조원가의 큰 비중을 차지하지만, 인력을 확보하는 데 중요한 역할을 하며, 확보된 인력을 기업에 남아 있게 하고, 동기부여시키는 중요한 수단이 된다. 한편 보상은 종업원에게는 소득의 원천이 되며, 사회적 지위를 의미하기도 한다. 이처럼 보상은 기업과 종업원 모두에게 매우 중요하기 때문에 기업과 종업원 사이에 갈등의 주요 원인이 되기도 한다.

2) 보상수준관리

보상에 있어서 첫번째로 중요한 것은 보상수준의 결정이다. 보상수준은 크게 생계비를 하한선으로 하고, 지불능력을 상한선으로 하는 범위에서 인력시장에서의 인력공급의 정도, 경쟁회사의 임금, 노동조합 등의 영향을 받아 결정된다. 지불능력이란 기업이 기업활동을 통해서 창출해 낸 부가가치 중에서 최대

5) 박경규(2006), 신인사관리, 홍문사, pp. 239-246.

한 어느 정도까지를 노동의 대가로 지불할 수 있는가를 나타내는 것이다. 기업이 구체적 보상수준을 정하는 데 가장 중요한 정보로 활용되는 것은 경쟁기업의 임금수준이다. 경쟁기업의 임금수준보다 높게 결정하면, 핵심인재를 유인하고 유지할 가능성이 높다.

경쟁기업의 임금에 대한 정보를 획득하는 것을 임금조사라고 한다. 임금조사(wage survey)는 업종이나 규모면에서 유사한 외부의 기업을 선정하여 이들로부터 보상수준과 보상체계에 대한 필요한 자료를 수집하는 것이다. 이름과 내용이 잘 알려진 직무로서 표준화정도가 높으며, 대부분의 기업들이 공유하고 있는 직무를 기준직무(key job)라고 하는데, 임금조사는 기준직무의 기본임금과 임금의 폭, 상여금, 복리후생비, 지급방법, 근로시간과 휴가일수 등 임금수준과 임금정책, 그리고 지불방법에 대한 상세한 정보를 수집하는 것이다.

3) 보상체계관리

(1) 보상체계의 구성

보상체계는 다음과 같이 기본급, 수당, 인센티브(상여금), 복리후생비로 구성된다. 복리후생비를 제외한 임금체계는 크게 기준임금과 기준외임금, 그리고 인센티브가 있다. 기준임금은 기본급과 정상적 근무와 관련된 수당으로 이루어진 것으로 흔히 본봉이라 부른다. 기준임금은 전체임금 중에서 가장 큰 부분을 차지할 뿐만 아니라, 상여금, 퇴직금, 임금인상 등의 기준으로 이용되기 때문에 기준임금의 관리는 보상관리의 핵심이다.

[그림 6-6] 보상체계의 구성

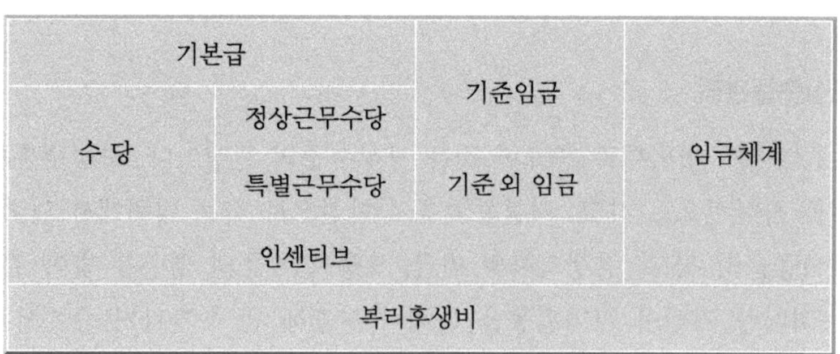

(2) 보상의 기준(basis)

기준임금을 어떤 기준에 의하여 배분할 것인가는 기업내부의 공정성에 관한 것이다. 임금배분의 기준은 크게 직무(job), 연공(seniority), 직무수행능력(직능) 및 성과 등이 있다.[6)]

① 연 공 급: 한국의 전통적인 보상방식이었던 것으로서, 개인의 학력, 근속연수, 연령, 성별 등의 종업원의 속성에 기초하여 임금을 결정하는 것이다. 연공이 높아지면 숙련이 증가한다고 전제하기 때문에 일반적으로 근속연수나 학력 및 경력이 많아짐에 따라 임금이 높아지는 것이 특징이다.

[표 6-2] 연공급의 장·단점

장 점	단 점
1. 종신고용에 따른 기업에 대한 귀속의식 확대	1. 동일노동, 동일임금의 원칙에 어긋남
2. 연공존중에 따른 질서와 안정유지	2. 능력 있는 구성원확보 어려움
3. 인력관리의 용이성	3. 인건비부담의 증가
4. 성과평가가 어려운 직무에서 적용용이성	4. 소극적인 근무태도 야기

② 직 무 급: 미국에서 널리 사용되고 있는 것으로서, 직무를 분석하고 평가하여 직무 자체가 가지는 가치에 따라 보상을 하는 것이다. 직무평가에 의하여 결정된 각 직무의 상대적 가치에 따라 개별임금을 결정하여 같은 직무를 수행하는 사람에게는 연령, 근속에 상관없이 같은 임금을 지급하는 것이다. 동일한 직무를 수행하는 사람은 동일한 임금을 지불하므로 동일노동, 동일임금의 정신과 일치한다. 직무급이 성공적으로 시행

[표 6-3] 직무급의 장·단점

장 점	단 점
1. 능력주의 인사풍토 조성	1. 절차의 복잡성
2. 인건비의 효율성증대	2. 연공주의 풍토에서 오는 저항
3. 개인별 임금차 불만의 해소	3. 종신고용풍토의 혼란
4. 동일노동에 대한 동일임금 실현	4. 노동의 이동성이 사회적으로 제한되어 있는 경우 적용의 어려움

6) 박영규(2006), 앞의 책, pp. 424-435.

되려면, 첫째 올바른 직무평가시스템이 구축되어 있어야 하고, 둘째 종업원의 능력에 따른 적재적소의 배치와 합리적 승진의 기준이 확립되어 있어야 하며, 셋째 올바른 인사고과시스템이 구축되어 있어야 하고, 넷째 다른 기업으로 자유로운 노동의 이동이 수용될 수 있어야 한다.

③ 직 능 급: 일본에서 시작된 것으로서 종업원이 보유하고 있는 직무수행능력에 따라 임금을 지급하는 것이다. 종업원의 직무수행능력을 숙련의 정도에 따라 혹은 직능자격에 따라 등급을 분류하고, 그 등급에 따라 임금을 결정한다. 종업원의 연공이 동일하더라도 직능이 다르면 다른 임금을 지불받으며, 수행하는 직무가 같더라도 직능이 다르면 다른 임금을 받는다. 이는 직무시스템이 체계화되지 않은 상태에서 능력주의 임금관리를 실시할 수 있는 장점이 있다. 최근에는 특정한 직무와 관련된 직능이라는 단어보다 좀더 넓은 개념인 종업원의 역량을 기준으로 한 역량급(competency-based pay)으로 바뀌고 있다. 역량이란 다양한 직무에 적용될 수 있는 종업원의 전문적 지식이나 기술을 포함하여, 좀더 내면적인 동기(motive), 자질(trait), 자아상(aspect of one's self-image or social role) 등을 포함하는 것이다. 직능급이 실시되려면 직능자격제도가 먼저 구축되어 있어야 하고, 직능이 신장될 수 있는 직종이어야 한다.

[표 6-4] 직능급의 장·단점

장 점	단 점
1. 능력주의 임금관리실현	1. 초과능력이 바로 성과를 가져다 주지 않는 경우 임금부담가중
2. 유능한 인재보유가능성	2. 직능평가의 어려움
3. 종업원의 성장요구 충족기회 제공	3. 적용할 수 있는 직종의 제한 · 표준화된 직무, 직능의 신장가능성이 있는 직종에만 적용가능
4. 승진정체완화	

④ 성 과 급: 종업원이 달성한 성과의 크기를 기준으로 임금액을 결정하는 것이다. 동일한 직무를 수행하는 사람이라도 성과가 다르면 다른 임금을 지불하는 것이다. 앞의 직무급, 연공급, 그리고 직능급은 고정급인데 반해, 성과급은 변동급이다. 성과급은 성과를 종업원 개인별로 계산하여 임금을 결정하는 개인성과급과 집단의 성과를 기준으로 임금을

결정하는 집단성과급이 있다. 개인성과급은 성과의 기준을 생산량으로 할 것인가, 과업시간으로 할 것인가에 따라 다양하게 운용할 수 있다. 집단성과급은 개인성과급의 결과 나타날 수 있는 협동심결여의 단점을 보완하기 위해 개인의 임금에 추가적으로 지급하는 임금의 방법으로 사용되는 것인데, 배분기준을 업적으로 할 것인가, 수익으로 할 것인가에 따라 다양하게 운용될 수 있다.

일반적으로 해운기업선원의 보상수준은 타산업에 비해 해상근무의 특수성과 어려움을 고려하여 비교적 높은 수준을 유지하고 있다. 또 선원의 보상체계는 선원법상에 ① 기본급, ② 특정수당, ③ 시간 외 근무수당으로 구성되어 있다.

2. 복리후생

기본급과 수당, 그리고 인센티브 이외에 종업원의 경제적 안정과 생활의 질을 향상시키기 위한 간접적인 보상을 복리후생이라고 한다. 사회경제가 발전함에 따라 종업원에 대한 간접적 보상인 복리후생의 중요성이 점차 커지면서 복리후생이 전체보상에서 차지하는 비중이 점차 커지게 되었다. 특히 선원의 복리후생은 매우 중요한 의미를 갖는다. 선원은 장기간 육상으로부터 떨어져 선박이라는 제한된 공간 내에서 근로시간뿐 아니라 휴식 및 여가시간까지도 보내지 않으면 안 된다. 따라서 선박에서의 작업조건과 생활환경의 개선을 위한 선원의 복리후생은 선원의 사기에 중대한 영향을 미치게 되고, 결국 선박운항의 안정성과 효율성에 중요한 역할을 한다.

복리후생의 종류는 매우 다양하고, 범위도 점차 확대되어 가고 있다. 복리후생은 법률에 의해 강제되는 법정복리후생과 기업이 임의로 실시하는 법정 외 복리후생으로 나눌 수 있다. 법정복리후생은 종업원들과 그들 가족의 사회보장을 위하여 국가가 법에 의하여 정한 것으로, 이에는 의료보험료지원, 연금보험료지원, 산업재해보상 보험료지원, 고용보험료지원, 퇴직금제도, 유급휴가제도 등이 있다. 법정 외 복리후생은 노조와의 단체협약으로 인한 것과 순수 기업의 자발적인 것이 있는데, 급식이나 통근 등의 생활활동보조와 주택이나 경조사 등을 위한 다양한 금융지원제도, 보건위생시설, 교육, 문화, 체육, 오락시설 등의 제공이 있다.

선원의 법정복리후생은 선원의 재해보상 및 부가급지급을 위한 선주 상호간의 보험조합제도와 선원의 유급휴가제도가 있다. 그리고 법정 외 복리후생은 선박에서의 복리후생과 육상에서의 복리후생으로 구분할 수 있다. 선박에서의 복리후생은 주로 시설적인 측면에서 선 내 체육시설(탁구장, 수영장 등), 문화시설(도서관, 영화, 비디오, TV 등), 오락시설(휴게실, 선 내 바 등), 보건위생시설(선 내 병원, 의료실 등) 등을 들 수 있다. 육상에서의 복리후생은 본선입항시에 가족의 선박방문의 알선, 기항지에서의 숙박시설제공, 그리고 육상의 교통 및 통신 편의제공 등을 들 수 있다.

복리후생은 종업원의 경제적 안정과 생활의 질을 향상시키지만, 기업의 입장에서는 그 비용이 매우 크므로 효과적인 복리후생관리가 필요하다. 효과적인 복리후생이 되려면 종업원의 욕구에 맞는 복리후생프로그램을 설계해야 한다. 최근에 효과적인 복리후생 관리방법의 하나로 사용되는 것이 카페테리아식 복리후생이다. 카페테리아 프로그램은 종업원에게 다양한 복리후생패키지를 제시하고, 그들에게 할당된 복리후생비용의 범위 안에서 각자의 욕구에 따라 선호하는 복리후생프로그램을 선택하도록 하는 방법을 말한다.

제 5 절 해운기업 인력개발

인력개발이란 확보된 인력의 역량(competency)을 개발하는 것이다. 기업은 종업원의 교육, 훈련을 통해 경쟁력을 높일 수 있고, 종업원을 필요에 따라 유연하게 배치할 수 있는 반면, 종업원은 교육, 훈련을 통해 자신의 능력을 신장시킬 수 있고, 더 많은 보상을 받을 수 있다. 인력개발을 위해서는 먼저 종업원의 역량과 성과를 평가하여 교육훈련의 필요성을 분석해야 한다. 종업원의 역량과 성과를 평가하는 것을 인사고과라고 한다. 한편 기업은 종업원이 경력상의 욕구를 충족할 수 있도록 교육, 훈련, 직무의 배치, 이동, 승진을 통해 종업원을 개발시켜 주고, 그것을 통해 기업도 인력을 효율적으로 활용할 수 있도록 효율적 경력개발시스템을 운영해야 한다.

1. 인사고과

1) 인사고과의 개념과 목적

인사고과는 종업원을 대상으로 여러 사항을 평가하는 활동을 말한다. 인사고과에서 평가하는 내용은 크게 성과와 역량으로 구분된다. 성과에 대한 평가는 매출액, 생산량, 불량률, 고객만족도 등을 평가하는 것이고, 역량에 대한 평가는 직무지식, 문제해결능력, 전략적 사고력, 커뮤니케이션능력 등과 같은 능력에 대한 평가와 조직헌신자세, 고객지향, 애사심, 신뢰성 등과 같은 태도와 자질을 평가하는 것이다.

인사고과의 목적은 첫째, 인력개발를 위한 정보를 제공하기 위한 것이다. 종업원이 현재 지니고 있는 역량에 대한 평가정보는 교육훈련의 내용과 수준을 결정하는 데 중요한 자료가 된다. 인사고과는 종업원의 역량을 증진시켜 인재로 만들고자 하는 데 목적이 있으므로, 인사고과는 인사관리과정의 마지막 평가단계라기보다는 인사관리과정의 시작이라고 할 수 있다. 둘째, 종업원을 배치, 이동 혹은 승진시키고자 할 때 의사결정의 중요한 기준으로 사용하기 위해서이다. 또한 인사고과는 임금결정의 중요한 기준으로 사용된다. 임금은 종업원의 노동에 대한 보상이므로, 노동의 질과 양을 평가하는 인사고과는 임금결정의 가장 중요한 기준이 된다. 그 밖에도 인사고과는 기업이 보유한 인력의 질적 수준을 판단하는 기준이 됨으로써 인력의 수요와 공급을 예측할 때, 혹은 인력을 방출하고자 할 때 필요한 정보를 제공해 준다.

2) 효과적 인사고과의 구성요건

인사고과가 목적을 달성하기 위해서는 아래의 몇 가지 사항을 갖추어야 한다.

(1) 타당성(validity)

인사고과의 타당성은 고과내용이 고과목적을 얼마나 잘 반영하고 있는가

[그림 6-7] 고과목적과 고과내용의 관계

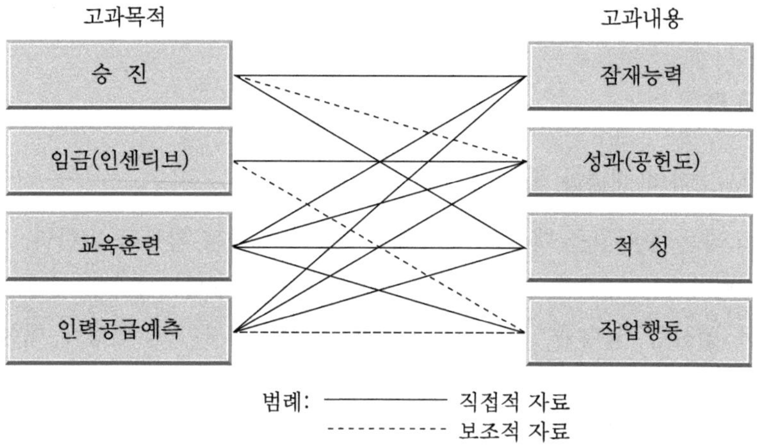

자료 : 박경규(2006), 신인사관리.

하는 것이다. 예를 들어 승진의사결정에 필요한 정보로 사용되기 위해서는 피고과자의 현재 직무에 대한 성과보다는 미래 직무에 대한 성과를 예측해 줄 수 있는 잠재능력과 적성이 고과내용으로서 타당할 것이다. 그러나 임금결정의 기준으로 사용되려면 피고과자의 성과가 고과내용이 되는 것이 타당할 것이다. [그림 6-7]은 고과목적과 고과내용의 관계를 나타낸 것이다.

(2) 신뢰성(reliability)

신뢰성이란 측정하고자 하는 고과내용이 얼마나 정확하게 측정되었는가 하는 것이다. 신뢰성을 저해하는 고과자의 전형적인 오류는 다음과 같다.

① 유사성오류 : 평가자가 자신과 비슷한 사람을 더 높이 평가하는 경향을 말한다.

② 대비오류(contrast error) : 객관적 기준에 의한 평가가 이루어지지 않고, 다른 피고과자와 대비되면서 평가가 영향을 받는 것을 말한다(예를 들어 지나치게 뛰어난 피고과자 다음의 피고과자는 실제보다 낮게 평가된다).

③ 분포상의 오류 : 평가분포상 한 부분에 지나치게 치우쳐서 평가되는 현상을 말한다. 피고과자와의 갈등이 우려되거나, 나쁜 평가에 대한 책임을 회피하기 위해 관대하게 평가하는 관대화경향, 고과자가 평가능력

이 부족하거나 피고과자에 대한 정보가 부족하여 중간점수에 치우치는 중심화경향, 피고과자와 갈등이 있거나 피고과자에 대한 기대가 너무 커서 피고과자를 낮게 평가하는 가혹화경향이 있다.

④ 후광오류(halo error) : 피고과자의 한 측면에 대한 평가 때문에 다른 측면도 모두 함께 평가되는 것을 말한다. 예를 들어 피고과자를 친절하다고 평가하는 경우, 그와 관련이 없는 성실함에 대한 항목도 긍정적으로 평가하는 것을 말한다.

(3) 수용성(acceptability)

수용성이란 고과결과를 피고과자가 인정하고 받아들이는 것을 말한다. 수용성을 높이기 위해서는 인사고과제도의 목적과 필요성을 충분히 알리고, 인사고과제도 개발과정에 종업원을 참여시키는 것이 필요하다.

(4) 실용성(practicability)

인사고과제도는 제도개발과 운영에 따른 비용보다 그로 인한 기대효과가 더 커야 한다.

3) 인사고과자와 고과시기

인사고과자는 흔히 피고과자의 직속상사가 되는 것이 일반적이지만, 동료, 부하, 외부전문가, 고객, 그리고 자기자신도 고과자가 될 수 있다. 한 사람의 평가는 오류의 가능성이 높고, 어느 한 사람도 고과내용의 모든 측면에 대한 정보를 완벽하게 지니고 있지 못하므로 다양한 관계자가 평가하는 방향이 바람직하다. 다면평가는 360도 평가라고도 하는데, 이는 위에서 상사가 평가하는 것, 아래에서 부하가 평가하는 것, 옆에서 동료가 평가하는 것, 내외부고객이 평가하는 것, 그리고 자기 스스로 평가하는 것 등 다양한 평가를 포함하는 것이다. 현실적으로는 다면평가라 해도 모든 방향의 평가를 포함하는 것은 쉽지 않으므로, 평가목적에 맞게 몇 개를 골라서 평가할 수 있을 것이다. 직속상사는 피고과자의 현재 능력, 작업행동 및 성과에 대해서는 많은 정보를 갖고 있으나, 잠재능력이나 적성은 알기 어렵다. 피고과자의 태도에 대해서는 동료의 평가가 좀더 진실될 가능성이 높으며, 리더십에 대해서는 부하의 평가가 좀더 정확할 것이다.

고과시기는 매 6개월 혹은 매 1년마다 정기적으로 하는 것이 일반적이나, 입사 후 수습기간이 끝난 시점이나 전환배치 직전, 혹은 인센티브책정시 시행될 수도 있다. 고과는 자주 실시하면 오류를 줄일 수 있으나, 비용이 발생할 뿐 아니라 고과자와 피고과자의 저항을 일으킬 수 있다.

4) 인사고과기법

인사고과는 아래와 같이 다양한 기법이 개발되어 사용되고 있다.

(1) 서열법(ranking method)

서열법은 피고과자의 능력, 업적 등을 통틀어 그 가치에 따라 피고과자들의 서열을 정하는 방법이다. 서열법은 정해진 T/O의 승진자를 결정하는 데는 도움을 주겠지만, 전환배치, 임금결정, 교육훈련 등에 필요한 정보를 제공해 주지는 못한다.

(2) 평정척도법(rating scale method)

평정척도법은 피고과자의 능력, 개인적 특성 및 성과를 평가하기 위한 평

[표 6-5] 평정척도법의 예

	직무요구에 부 족	직무요구에 약간 부족	직무요구에 충 족	직무요구에 초과충족	직무요구에 훨씬 초과충족
• 작업의 질 정확성, 기술, 완전성, 정연성	항상 불만족 □	때때로 불만족 □	항상 만족 □	우 수 □	항상 우수 □
• 작업의 양 정규임무, 과외 및 불시임무	요구수준 이하 □	자주 요구수준 이하 □	요구충족 □	요구의 초과 □	항상 요구초과 □
• 신뢰성 교육이행, 안전습관, 창의력, 시간엄수, 출석	항상 감독필요 □	때때로 감독 필요 □	보통 신뢰가능 □	감독필요 거의 없음 □	완전신뢰 □
• 태 도 회사, 직무 및 동료근로자에 대한 태도, 협동	타인과 함께 일할 수 없음 무관심 □	종종 비협조 □	보통 함께 일함 □	종종 열의표시 훌륭한 팀일원 □	특별한 흥미 타인이 작업하도록 자극함 □

자료 : 박경규(2006), 신인사관리.

가요소를 제시하고, 평가요소별로 사전에 마련된 척도에 따라 평가하도록 하는 기법이다. 평가요소별 등급이 정해져 있기 때문에 피고과자에 대한 비교적 구체적인 정보가 제공되지만, 고과자가 피고과자를 의도적으로 높게 평가하고자 할 때 이를 막을 수는 없다(예: 후광효과, 관대화경향 등). 그러므로 평정척도법은 타당성이 비교적 양호하지만, 신뢰성의 문제가 제기될 수 있다.

(3) 체크 리스트법(check list method)

체크 리스트법은 고과내용인 피고과자의 능력, 태도, 행동, 그리고 성과 등에 관련된 표준행동을 제시하고, 피고과자에게 해당되는 서술문에 체크하여 평가하는 것이다. 서술된 표준행동 각각은 고과자가 알 수 없도록 가중치가 매겨져 있으므로, 고과자의 주관에 의한 평가를 줄일 수 있어서 신뢰성이 높은 편이다. 그러나 표준행동의 개발 및 가중치부여를 위한 개발비용이 많이 들어가는 단점이 있다.

[표 6-6] **체크 리스트법의 예**

피고과자의 일반적인 행동이라고 생각되는 문항에 표기하시오

〈설문문항〉

______ 어떤 문제에 직면했을 때 결단력 있게 행동한다
______ 모든 부하들을 대상으로 공정한 승진의사결정을 한다
______ 지속적으로 드러나는 문제에 대해 임시방편의 해결책을 제공한다
______ 관계를 해칠지 모르는 일을 하기에 앞서 부하들의 감정을 평가한다
______ 1년에 1-2회 성과를 평가한다
______ 부하의 낮은 업무성과에 대해 잘 지적하지 않는다
______ 문제해결을 위해 작업자와 자세히 논의한다
______ 부하의 업무를 철저히 검토하고, 시정할 사항을 예리하게 찾는다
______ 낮은 성과를 낸 사람에게 높은 성과급을 준다
______ 개인의 상황을 고려하지 않고 회사정책을 실행에 옮긴다
______ 부하의 업무를 세심히 살펴보지 않고 일을 시킨다
______ 문제에 직면했을 때 문제해결을 위한 지침을 제공할 능력이 없다
______ 다른 관리자들과 매우 좋은 관계를 형성하고 있다
______ 종업원의 복지에 관심을 보이기는 하지만, 실천에 옮기지는 않는다

자료: C. D. Fisher, L. F. Schoenfeldt, & J. B. Shaw(1993), Human Resource Management, Houghton Mifflin Co., p. 499.

(4) 행동기준평가법(Behaviorally Anchored Rating Sacles: BARS)

행동기준평가법은 직무와 관련된 구체적 행동을 계량적으로 평가할 수 있도록 정교하게 개발된 기법이다. 행동기준평가법은 직무별로 평가표를 개발하여 평가를 하는데, 평가표를 만들기 위해서는 다음의 개발과정을 거친다.

첫째, 특정직무에 종사하는 종업원들로부터 직무와 관련된 5-10개의 성과차원을 도출한다.

둘째, 다른 집단으로 하여금 각각의 성과차원의 수준을 나타낼 수 있는 몇 개의 행동을 진술하게 한다. 즉 가장 효과적인 행동으로부터 가장 비효과적인 행동을 진술하게 한다.

셋째, 위의 행동들을 무작위로 섞은 후 또 다른 집단으로 하여금 다시 행동수준에 따라 분류하게 하여 최종적으로 일치하는 행동을 사용한다. [그림 6-8]은 판매관리직의 여러 성과차원 중 하나에 대한 평가표의 예이다. 행동기

[그림 6-8] 행동기준평가법의 예

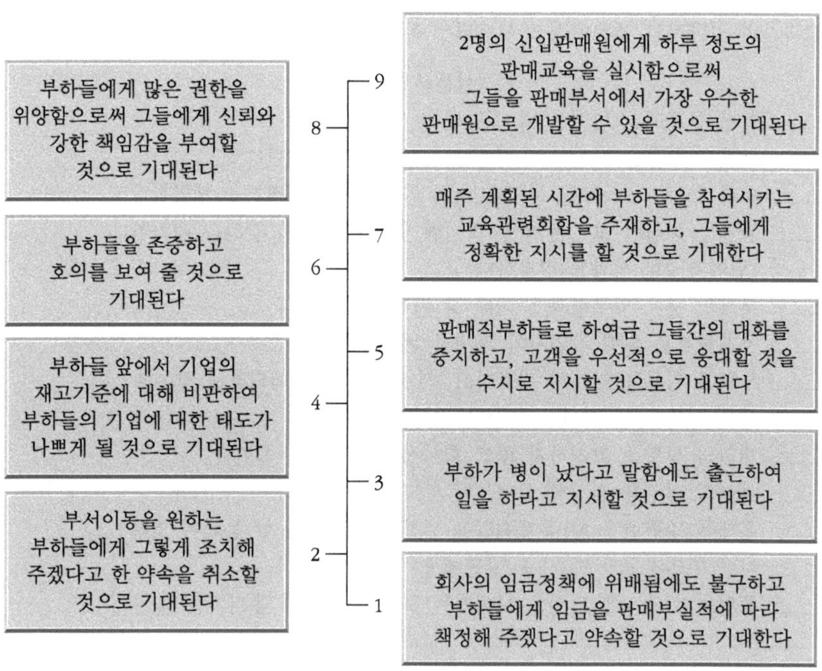

자료 : E. Flippo(1984), Personnel Management, 6th ed., McGraw-Hill, p.235

준평가법은 고과자로 하여금 9개의 서술된 구체적인 행동을 피고과자의 행동과 비교하여 가장 적합하다고 생각하는 것을 선택하도록 함으로써 주관적 평가보다는 보고(report)에 가깝도록 만들어 오류의 가능성을 최소화한 것이다. 그러나 직무별로 성과차원별로 복잡한 평가표를 개발해야 하므로 많은 비용이 소요되는 것이 단점이다.

5) 효과적 인사고과제도의 구축방안

인사고과제도가 효과적으로 시행되려면 인사고과제도의 타당성과 신뢰성이 높아야 한다. 먼저 타당성을 높이기 위한 방법의 하나는 고과목적에 따라 고과내용을 달리 구성하여 시행하는 것이다. 예를 들어 1년에 2회 고과를 실시할 경우, 상반기에는 승진, 교육훈련, 의사결정에 활용할 목적으로 피고과자의 능력(잠재능력), 개인적 특성, 작업행동을 평가한다면, 하반기에는 임금결정을 목적으로 성과(업적)와 작업행동을 평가한다.

타당성을 높이기 위한 또 하나의 방법은 전종업원을 대상으로 동일한 고과표를 사용하기보다는 피고과자를 직종별, 직급별로 구분하여 그에 걸맞는 고과요소를 반영하여 평가하는 것이 필요하다. 예를 들어 부장에게 요구되는 중요한 역할은 "변화의 촉진"이고, 사원에게 요구되는 중요한 역할은 "현상에 대한 이해"라면, 부장은 문제인식능력과 리더십을 중요하게 평가하고, 사원에게는 적응력과 적극적인 태도를 중요하게 평가할 필요가 있다.

인사고과의 신뢰성을 높이기 위해서는 고과결과를 피고과자에게 공개하는 것이 바람직하다. 또한 인사고과의 중요한 목적이 피고과자를 개발하고 육성하는 것에 있으므로, 고과자가 피고과자를 면담하여 고과결과와 더불어 피고과자의 개선할 점, 장점 등을 피드백해 주는 것이 바람직하다. 그러나 피고과자의 고과결과가 부정적인 경우나 고과시스템의 문제가 있을 때에는 자칫 고과자와 피고과자 사이에 갈등과 어려운 문제가 야기될 수 있으므로, 고과결과의 공개는 기업의 인사철학과 고과제도의 속성에 맞추어 해야 할 것이다.

마지막으로, 인사고과의 신뢰성을 높이려면 한 사람의 고과자보다는 복수의 고과자에 의해 고과를 실시함으로써 오류의 가능성을 낮춰 주는 것이 바람직하며, 고과자가 주관에 의해 평가하지 않고 다양한 오류가능성을 줄일 수 있도록 고과자를 교육할 필요가 있다.

그 밖에 인사고과제도의 수용성을 높이기 위해 피고과자로 하여금 자기평가를 하게 하여 고과자료로 참조한다거나, 고과제도 개발과정에 피고과자를 참여하게 하는 방법을 사용할 수 있다. 또한 인사고과제도의 실용성을 높이기 위해 고과제도개발을 위한 비용과 그 편익을 면밀히 분석할 필요가 있다.

2. 교육훈련

선원에 대한 기본적인 직무교육과 기술교육을 위해 교육훈련이 필요하지만, 최근에는 선박의 기술혁신에 따라 선박정원이 감소되면서 새로운 기술과 지식을 획득하기 위한 교육훈련의 필요성이 증대되고 있다. 교육훈련은 선원의 직무능력을 향상시키고, 자기개발기회를 증진시켜서 해상근무의 만족도와 안전도를 높여 주며, 결국 선박의 효율적인 운항을 가져다 준다.

선원에 대한 현장훈련(OJT)은 선상훈련을 통해 시행되는데, 주로 선원후보자에 대한 실습훈련이나 기존 선원에 대한 선상교육 및 안전훈련 등으로 이루어진다. 선원의 직장 외 훈련(Off JT)의 예로는 대규모 선박회사의 경우, 전용연수원을 설치해 놓고 하선휴가중의 선원이나 예비선원에게 직무교육 및 기술교육 등을 실시하는 것을 들 수 있다. 선원의 교육훈련은 연구기관에서도 시행되는데, 예를 들어 海技연수원에서는 해상안전훈련과 직무기술교육 등을 실시하고 있고, 海技기술원에서는 해운경영 및 관리자교육 등을 실시하기도 한다.

3. 경력개발

종업원은 시간의 흐름에 따라 여러 종류의 직무활동을 경험하는데, 개인에게 있어 의미, 질서, 계속성을 부여하는 직무의 연결을 경력이라 한다. 경력개발이란 종업원이 입사에서 퇴사에 이르기까지 종업원에게 다양한 직무를 의미있는 순서로 부여함으로써 종업원의 경력에 대한 경로를 관리하는 것을 의미한다. 경력개발은 종업원의 성장욕구를 충족시켜 줄 뿐만이 아니라, 미래를 설계할 수 있게 해주고, 종업원의 역량과 능력을 획득하고 개발할 수 있는 기회를 제공해 준다. 기업의 입장에서는 경력개발이 미래 필요한 역량을 미리 준비시키는 과정이므로, 기업은 경력개발을 통하여 인적 자원을 효율적으로 활용할 수 있다.

1) 경력개발시스템

경력개발시스템은 먼저 개인의 경력욕구를 파악하고, 조직이 제공할 수 있는 경력기회를 예측하여 이들을 서로 결합하고 조정하는 통합과정을 거쳐 경력경로를 설계하는 것이다. 개인이 경력경로상의 직무에 필요한 능력을 갖추고 있으면 그 직무에 배치하고, 그렇지 않으면 교육훈련을 시킨다. 또한 경력경로에 따라 필요한 시기에 승진이나 이동을 시키고, 그 결과를 평가한다.

(1) 경력욕구

경력욕구는 자신의 재능, 욕구와 동기, 태도와 가치, 여러 가지 삶의 경험 및 근무경험, 다른 사람들로부터의 피드백 등을 통해서 형성된 경력에 대한 자아개념으로부터 나온다. Schein이 경력욕구유형으로서 제시한 경력 닻(career anchor)의 주요 유형은 다음과 같다.7)

[그림 6-9] 경력개발 시스템모형

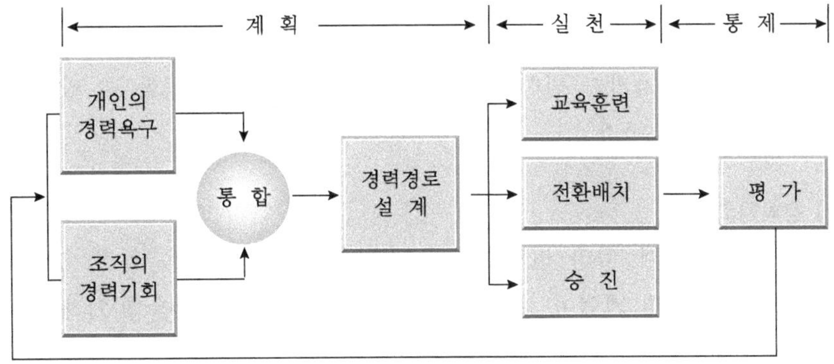

자료 : 박경규(2006), 신인사관리, p. 351.

7) E. H. Schein(1975), "How Career Anchors Hold Executive to Their Career Paths," Personnel, May-June, pp. 11-24.

① 관리(managerial competence) 지향성 : 관리지향성을 지닌 사람은 조직에서 권한, 권력, 영향력을 발휘할 수 있는 일반관리자역할에 대한 관심이 높고, 자신의 노력과 능력을 통해 조직에서 업적을 달성하고자 하는 사람이다. 이들은 자기에게 주어진 관리책임의 크기로 자신의 성공을 평가한다.

② 기술(technical competence) 지향성 : 기술지향성을 지닌 사람은 특정한 기술역량 혹은 기능역량을 중심으로 경력을 만들어 가는 경향이 있다. 이들은 특정한 분야에서 전문성을 쌓을 수 있는 경력에 관심이 많으므로 일반관리직보다 전문기술직을 선호하며, 관리자로서 승진하기보다는 자신의 전문적 영역 내에서 승진하기를 바란다.

③ 사업(entrepreneurial creativity) 지향성 : 사업지향성을 지닌 사람은 무언가 새로운 것을 창조하려는 욕구를 지닌 사람들이다. 이들은 자신의 아이디어를 구체화하고, 창의성을 발휘할 수 있는 직무를 선호한다.

④ 안정(security) 지향성 : 안정지향성을 지닌 사람은 직장안정성과 장기적 안정성을 선호하며, 혹은 조직이 자신의 능력을 인정하지 않거나 조직에서 자유가 손상되더라도 현재의 조직을 떠나려 하지 않는다. 그들은 직장안정성과 안정된 미래를 얻기 위해 조직의 가치와 규범에 순응하는 경향이 있다.

⑤ 자율(autonomy) 지향성 : 자율지향성을 지닌 사람은 조직의 규정과 상사의 통제로부터 벗어나기를 바라며, 자기가 원하는 삶을 살고자 하는 욕구가 크므로 자기가 원하는 일을 자기의 방식대로 수행할 수 있는 직무환경을 추구한다.

(2) 경력기회

기업은 경영전략에 따라 전략수행에 필요한 미래의 인력을 질적, 양적인 면에서 예측하고, 현재 기업이 보유하고 있는 인적자원의 능력을 파악해야 한다. 이는 종업원에게는 조직이 제공하는 경력기회가 된다. 개인의 경력욕구와 조직의 필요로 하는 인력수요를 통합하기 위해 경력경로를 설계하며, 그에 따라 교육훈련, 승진, 전화배치를 실행하여 조직은 적절한 시점에 적절한 인력을 확보하고자 한다.

(3) 경력경로설계

경력경로(career path)란 개인이 조직에서 여러 종류의 직무를 수행함으로써 경력을 쌓을 때, 그가 수행하는 직무들의 배열을 말한다. 전통적인 경력경로는 조직에서 개인이 경험하는 직무들이 수직적으로 배열되어 있는 경우이다. 개인이 특정직무를 수 년간 수행한 후 상위직무로 승진하는 경력경로는 같은 분야에서 계속 직무를 수행하므로 전문성을 높일 수 있는 장점이 있다. 네트워크 경력경로는 조직에서 개인이 경험하는 직무들이 수평적뿐만 아니라 수직적으로 배열되어 있는 경우를 말한다. 즉 해당 직급 내 상이한 여러 직무를 개인이 수행한 후 상위직급으로 이동하는 경우이다. 다양한 직무경험을 쌓음으로써 인력배치의 유연성을 높일 수 있는 장점이 있으나, 특정직무에 대한 전문성을 높이는 데는 한계가 있다.

선원의 경력은 해상경력과 육상경력의 두 가지로 구분된다. 해상에서의 경력개발은 선박직무의 단계적 발전을 통해서 이루어지며, 이를 위해서는 해상직무경험과 더불어 일정한 자격면허가 요구된다. 특히 선박운항기술이 혁신되고 새로운 직무변화가 이루어짐에 따라 해상경력의 개발을 위해서는 직무교육, 재교육 및 연수교육 등의 교육훈련이 매우 중요하다.

육상경력은 주로 해운관련기관 및 기업체로 진출하는 것을 의미한다. 선원에게 육상경력의 기회가 제공되는 것은 최근 국민생활수준의 향상으로 인해 해상근무의 기피현상이 나타나는 점을 고려할 때 해상근무를 매력적으로 보이게 하고, 해운인력을 원활하게 확보하는 수단이 되기도 한다. 그러므로 선원으로 하여금 육상경력이 가능하도록 육상근무로의 취업 및 전환을 위한 제도적 장치를 마련하여 선원의 다양한 경력욕구를 충족시키고, 장기적 관점에서 경력을 관리할 필요가 있다.

2) 경력에 대한 새로운 관점

최근 조직환경이 변화하면서 경력에 대한 관점도 변화되고 있다. 기업은 환경변화에 유연하게 대처하고 경쟁력을 유지하기 위해 핵심인력만 보유하고 나머지는 단기적 계약에 의하여 인력을 고용하는 경향이 있으며, 기업과 종업원 사이의 심리적 계약(psychological contract), 즉 기업은 장기고용을 보장하는 대신 종업원은 임금 이상의 조직에 대한 헌신을 약속하는 암묵적 계약이 깨어지게 되었다. 결국 조직은 더 이상 개인의 경력을 하나의 조직 내에서 책임질 수 없게 되었으며, 개인도 하나의 조직 내에서 자신의 경력목표를 달성할 수 없게 되었다. 따라서 개인에게는 경력관리의 주도권을 자신이 지고, 평생 동안 다수의 조직과 계약관계를 맺으며, 일하면서 일관된 경력목표를 추구하는 것이 중요하게 되었다. 이처럼 경력에 대한 관점이 변하면서 개인에게 중요한 것은 현재의 조직이 제공하는 교육, 훈련, 직무경험을 통하여 얼마나 자신의 역량을 증대시킬 수 있는가 하는 것이다. 그것이 차후 인력시장에서의 자신의 가치를 높여 주고, 고용가능성을 높여 주기 때문이다. 기업은 단기적 계약관계를 맺고 있는 종업원으로 하여금 어떻게 최대한 능력을 발휘하게 하고, 조직에 헌신하게 할 수 있는가 하는 과제를 안게 되었다.

4. 전환배치와 승진관리

전환배치(transfer)는 한 직무를 수행하던 종업원이 권한, 책임, 그리고 보상에 있어서 별 차이가 없는 다른 직무로 수평적으로 이동하는 것을 말한다. 반면 승진(promotion)이란 권한, 책임, 그리고 보상이 증가하는 직무로 수직적으로 이동하는 것을 말한다.

1) 전환배치

전환배치는 적합한 능력을 가진 사람을 적합한 직무에 적절한 시기에 이동시키는 것이 원칙이다. 즉 능력, 직무, 시기의 적합성이 맞아야 한다. 또한 전환배치는 인재육성의 관점에서 종업원의 능력이 신장될 수 있도록 이루어져야 한다.

전환배치의 종류에는 다양한 직무를 경험하게 함으로써 다양한 능력을 형성시켜 주고, 매너리즘에 빠지지 않도록 하는 순환근무(job rotation), 단순히 근무시간을 바꾸어 주는 교대근무(shift transfer), 개인의 적성과 직무가 맞지 않거나 현재 직무를 수행하는 과정에서 인간관계의 갈등이 있는 경우, 다른 직무로 바꾸어 주는 교정적 전환배치(remedial transfer)가 있고, 그 밖에 판매나 생산량의 변화로 인해 필요인력을 재조정하기 위해 시행하는 전환배치가 있다.

선원에게 해상과 육상 간 직무순환(job rotation) 제도를 시행하는 것은 선원에게 육상경력의 기회를 제공하는 방안이다. 즉 다년간의 선박운항관리에 대한 해상경력을 가진 선장이나 기타 선박직원들을 육상의 관리직에 정기적으로 이동배치함으로써 관리자로의 능력개발은 물론 해상에서의 실무경험을 활용할 수 있으며, 육상직무와 해상직무 간 긴밀한 협조체계를 구축하는 효과를 거둘 수 있다.

2) 승진관리

승진은 개인에게 권한의 증가를 가져다 주며, 주변으로부터의 인정과 명예, 보상의 증가로 인한 생활의 질의 향상을 가져다 주는 것이므로 개인에게 매우 중요한 문제이다. 승진은 기업에게도 매우 중요한데, 승진정책은 조직의 목표를 달성하기 위하여 인력을 효율적으로 활용하는 방법이며, 종업원의 행동목표에 대한 강력한 메시지를 제공하는 좋은 커뮤니케이션수단이기도 하다.

승진정책을 세우기 위해서는 먼저 어떤 기준에 의하여 승진을 결정할 것인가의 승진기준이 설정되어야 한다.

(1) 승진기준

승진기준은 크게 연공주의와 능력주의로 나눌 수 있다.

① 연공주의(seniority) : 연공주의는 승진결정에 있어서 근속연수를 가장 중요시하는 것이다. 즉 승진후보자 중에서 가장 오래 근무한 사람을 승진시키는 것이다. 연공주의 승진은 숙련과 능력이 근속연수에 비례한다는 가정에 입각한 것이다. 동양의 장유유서의 사상에 뿌리가 있는 것으로 부서 내 혹은 부서간에 협동시스템을 구축하는 데 효과적이지만, 구성원이 타성에 젖어 업적이 저하되고 조직이 경직될 가능성이 있다.

② 능력주의(competence) : 능력주의는 승진결정에 있어서 근속연수보다 능력을 가장 중시하는 것이다. 서구의 개인주의와 합리주의 사상에서 그 근원을 찾을 수 있으며, 조직의 효율성관점에서 합리적인 기준이라 할 수 있다. 근속연수와 능력이 비례하지 않는 많은 경우, 능력주의 승진

결정은 조직의 성과달성에 효과적이고 합리적인 방법이나, 개인주의의 팽배와 지나친 경쟁으로 인해 협동적 분위기를 해칠 수 있다.

③ 연공과 능력의 조화: 근속연수가 낮은 종업원에 대하여는 연공요소에 비중을 두고, 기간이 지나면서 능력에 비중을 두고 승진결정을 함으로써 연공과 능력의 조화를 승진기준으로 사용하는 것이다.

승진은 개인과 조직 모두에게 중요한 정책이다. 그러므로 승진기회는 모든 종업원에게 적정하게 부여해야 하며, 승진결정은 정해진 승진기준과 절차에 따라 공정하게 이루어져야 한다. 또한 승진은 조직의 목표달성과 관련된 타당한 요소(예: 현재 능력, 잠재능력, 업적)를 승진기준으로 사용하여야 한다.

선원의 승진제도는 대개 연공주의와 능력주의를 결합하는 형태를 취하고 있다. 특히 사관의 경우는 일정기간의 승선경력과 교육훈련을 마치고 전문적인 지식 및 기능에 대한 자격면허를 취득한 경우에 한하여 상위직으로 승진기회가 부여된다. 또한 실제적인 승진관리에 있어서는 선장 등의 현장관리자에 의해 수행되는 선원의 근무실적 내지는 업무수행능력에 대한 인사고과가 중요하게 반영된다.

(2) 승진유형

승진유형은 직급승진, 자격승진, 대용승진으로 구분할 수 있다.

① 직급승진: 직급승진이란 대리-과장-차장-부장-이사 등과 같이 상위직급으로 이동하는 것을 말한다. 직급승진을 결정하는 데는 연공주의나 능력주의 혹은 그 둘을 결합하여 적용할 수 있으며, 승진후보자들을 상대평가하여 T/O만큼 승진을 시킨다. T/O가 적으면 상위직급을 수행할 수 있는 능력이나 연공을 갖춘 승진후보자도 탈락하게 되어 승진정체 현상이 발생한다.

② 자격승진: 자격승진은 종업원이 지닌 직무수행능력(직능)을 기준으로 승진시키는 제도이다. 자격승진을 위해서는 직능자격제도가 갖추어져야 하고, 직능자격제도는 종업원의 직무수행능력의 발전단계에 따라 직능등급으로 이루어진다. 직능등급은 직급과 별도로 관리되며, 직능등급과 직급의 관계는 [그림 6-10]과 같다. 어떤 직능등급에서 요구되는

[그림 6-10] 직능등급과 직급의 관계

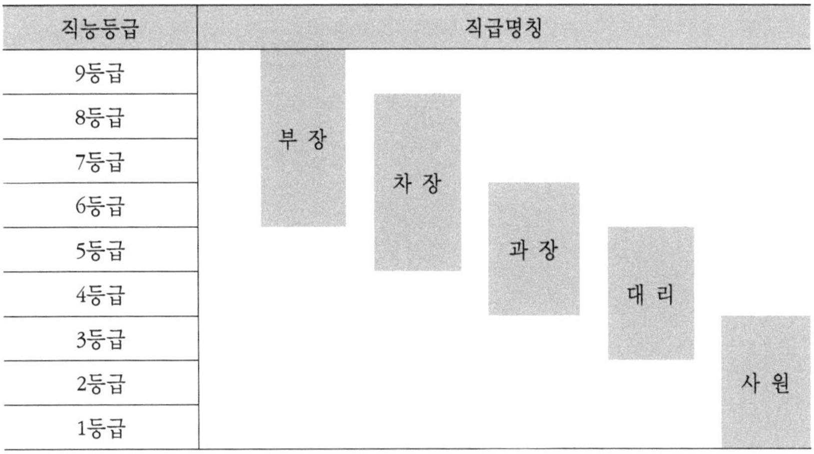

자료 : 박경규(2006), 신인사관리, p. 379.

지식, 기능, 업적, 경험을 충분히 만족시키면 T/O와 상관없이 누구나 상위의 직능등급으로 올라가는데, 이를 자격의 상승을 의미하는 승격(昇格)이라고 부른다. 승격이 되면 보상수준이 높아지므로 승진정체현상을 없애고, 유능한 인재의 이탈을 막는 데 기여할 수 있다. 조직의 필요에 따라 T/O에 의해 운영되는 직급(대리-과장-차장-부장-이사 등)은 필요한 직능을 지닌 사람 중에서 적합한 사람에게 부여하는 것이므로 동일한 직능등급의 사람이라도 부장이 될 수도 있고, 차장, 과장이 될 수도 있다.

③ 대용승진 : 대용승진이란 직무내용이나 보상의 실질적인 변동이 없이 직급명칭 혹은 자격명칭만 변경하는 형식적인 승진을 말한다. 대용승진은 승진정체현상이 심하여 사기가 정체되어 있거나, 상대하는 기업이나 고객에게 신뢰성을 높여 주기 위해 시행하는 경우가 있다.

CHAPTER

7

해운기업경영의 리더십과 전략

제 1 절 해운기업 리더십과 전략의 개요

1. 리더십과 전략의 중요성

최근 기업의 환경은 정치, 사회, 문화, 경제, 기술면에서 급격하고도 단절적인 변화가 일어나고 있다. 세계정치는 양극체제의 붕괴 이후 헤게모니경쟁이 일어나고 있으며, 세계경제는 미국, 유럽, 아시아를 축으로 글로벌경쟁, 무한경쟁이 심화되고 있다. 사회는 이제 정보화사회, 지식사회, 고령화사회, 그리고 다원적 가치관이 중시되는 사회로 변화되고 있으며, 정보기술이 가치창조의 핵심수단으로 부각되는 한편, 다른 기술들이 서로 융합하여 발전하는 추세를 보이고 있다.

기업은 미래 환경의 변화를 예측하고, 현재 기업의 상황과 문제점을 파악하여 올바른 방향과 목표를 세우고, 그것을 성공적으로 달성할 수 있도록 전략을 수립하고 관리를 잘 수행해야 한다. 기업의 성공을 위해서는 경영리더가 올바른 방향과 목표를 설정하는 것과 목표를 효율적으로 달성하기 위한 경영전략을 수립하는 것이 핵심적 요소이다.

효과적인 리더십의 발휘와 올바른 경영전략의 수립은 특히 기업의 최고경영자에게 중요하게 요구되는 역할이다. 기업의 경영진을 최고경영자, 중간관리자, 하위관리자로 나눌 때, 하위관리자에게 가장 요구되는 능력이 특정임무수행을 위한 전문적 기술(operational skills)이라면, 중간관리자에게는 종업원을 동기부여시키고 상·하급자, 동료와의 인간관계기술(human skills)이 좀더 중요하게 요구된다. 최고경영자는 조직의 현재 상태와 문제를 개념화된 틀에 의해 이해하고, 어디로 가야 할지의 방향을 꿰뚫어 볼 수 있는 개념화능력(conceptual skills)이 필요하다.[1)]

최고경영자가 효과적인 리더십을 발휘하고 올바른 경영전략을 수립하는 것이 매우 중요하지만, 리더십과 경영전략이 최고경영자의 전유물은 아니다. 기업의 성공을 위해서는 최고경영자를 비롯한 모든 경영자와 관리자, 그리고 모든 구성원이 리더십을 갖추고 경영전략을 이해할 필요가 있다.

2. 기업경영과 리더십

리더하면 우리는 흔히 역사 속의 전쟁에서 승리로 이끌었던 장군들이나, 강력한 국가를 만들었던 정치적 지도자, 아이아코카, 잭 웰치, 샘 월턴 등과 같이 뛰어난 능력과 카리스마를 통해 기업을 성공으로 이끈 최고경영자를 연상한다. 이처럼 리더십에 대한 우리의 일반적 인식은 최고의 위치에 있는 사람이 어떤 목표를 성취하기 위하여 자신의 권한과 능력을 뛰어나게 활용하여 부하를 원하는 방향으로 이끌어 가는 것이다. 기업경영에서 리더십은 흔히 어떤 경영의 문제라도 해결해 줄 수 있는 만병통치약으로 여겨진다. 기업의 모든 구성원들은 최고경영자가 진정한 리더십을 발휘한다면, 기업이 성공할 수 있을 것이라고 믿는다. 리더십은 조직의 비전, 목표, 전략을 제시하고, 그것을 달성할 수 있도록 구성원의 지지와 협조, 헌신을 이끌어 내는 모든 과정을 의미하므로, 기업경영의 성공은 최고경영자의 리더십에 달려 있다고 해도 과장이 아니다. 그러나 최고경영자는 리더의 역할이 요구되지만, 모든 최고경영자가 리더십을 발휘하는 것은 아니다.

---

1) C. Argyris(1962), Interpersonal Competence and Organizational Effectiveness, Homewood, Ⅲ, Irwin, Dorsey Press.

1) 리더십과 권력

리더십은 권력과 다르다. 권력이란 상대로 하여금 자신이 원하는 것을 수행하도록 상대의 행위에 영향을 미칠 수 있는 능력을 의미한다. 권력이란 강제력을 행사하는 개념을 포함하고 있으나, 리더십은 일방적이고 강압적인 권력행사와는 달리 설득과 모범, 비전의 제시 등 비강제적 수단으로 영향력을 행사하고, 자발적 반응을 이끌어 내는 것을 의미한다. 즉 리더십은 다른 구성원들로부터 동의를 얻을 수 있을 때 비로소 발생하는 대인간 영향력인 것이다. Jago는 리더십을 강제성을 띄지 않는 영향력행사과정으로서 구성원들에게 방향을 제시하고 활동을 조정하는 것이라 하였다.[2] 그러므로 리더십은 권력과 다른 것이다.

2) 리더십과 직위

리더십은 직위와도 다른 것이다. 현실의 기업에서는 경영자 또는 관리자를 리더와 구분하지 않고 혼용하는 경우가 일반적이며, 통념적으로 조직위계상 상급자의 위치에 있는 사람이 리더십을 발휘하게 될 것이라고 믿고 있다. 그러나 모든 경영자나 관리자들이 리더십을 발휘하는 리더는 아니며, 역으로 모든 리더들이 반드시 조직에서의 공식적인 경영자나 관리자는 아니다. 리더십은 어떤 특정한 직위로부터 나오는 것이 아니다. 리더십은 강제적 힘이나 공식적 권한에 의해 구성원을 이끌어 가는 것이 아니라, 리더가 지닌 전문성이나 설득력, 비전이나 가치 혹은 헌신과 희생의 본을 통해 구성원들이 자발적으로 따라오는 것을 의미한다. 그러므로 리더십은 기업에서 직위에 상관없이 누구나 발휘할 수 있다.

3. 기업경영과 경영전략

경영전략이란 경쟁기업을 이기기 위한 계획이라 할 수 있다. 경영전략이란 기업의 목표를 달성하기 위해서 외부환경, 자신, 경쟁자에 대한 분석과 평가를

2) A. G. Jago(1982), "Leadership : Perspectives in Theory and Research," Management Science, Vol. 28-3, pp. 315-336.

통해 경쟁우위를 창출하고 유지시켜 줄 수 있는 의사결정을 하는 것이다. 경영전략은 주로 기업 전체 혹은 특정사업에 대한 전략, 즉 신규사업에 진출할 것인가 혹은 기존 사업에서 탈퇴할 것인가에 대한 결정을 비롯해 특정사업분야에서 어떻게 경쟁우위를 창출하고 유지할 것인가를 다루는 것이지만, 인사, 재무, 마케팅, 제조와 같은 기능별 분야에서의 세부적인 경쟁전략도 필요하다. 기업의 전체적인 경영전략은 주로 최고경영자가 다루지만, 모든 최고경영자가 기업의 전체적인 경영전략을 다루는 것은 아니다. 조직의 최고경영진 중에는 기술담당이사의 경우처럼 어떤 특정기능적 분야에 대한 전략과 관리를 담당하는 사람이 있을 수 있다. 또한 최고경영진은 아니더라도 사업부를 책임진 사람은 그 사업의 경영전략을 다룬다. 그러므로 경영전략이 최고경영자의 전유물은 아니다. 더구나 최근에는 기업환경이 급격하게 변화함에 따라 기업의 유연하고도 신속한 반응이 요구되면서 기업조직이 전반적으로 전략적 사고능력을 갖추어야 기업의 성과가 높다는 것이 강조된다. 즉 경영전략은 더 이상 최고경영진만의 전유물이 아니며, 기업 내 모든 구성원은 전략적 사고방식을 갖추고 업무를 수행해야 한다.

제 2 절 해운기업경영과 리더십

1. 리더십의 개념

리더(leader)란 구성원들에게 조직이나 집단의 목표달성을 위한 행동을 하도록 영향을 미치는 사람을 말하며, 리더의 영향을 받아 이에 따르는 사람들을 추종자(followers) 또는 부하(subordinates) 혹은 구성원(members)이라고 한다. 리더십에 대한 정의는 매우 다양하지만, 일반적으로 리더가 일정한 상황에서 구성원들로 하여금 조직이나 집단의 공동목표를 달성하는 데 필요한 행위를 하도록 영향을 미치는 과정 또는 그러한 능력을 리더십(leadership)이라고 정의한다.[3)]

3) R. M. Stogdill(1974), "Definition of Leadership," Handbook of Leadership, New York : Free Press, pp. 7-16.

1) 리더십과 관리

리더십을 좀더 쉽게 이해하기 위해 리더십과 흔히 비교하는 개념이 관리(Management)이다. Bennis & Nanus에 의하면 관리자가 주어진 일을 올바로 처리하도록 하는 사람이라면, 리더란 올바른 일을 하도록 하는 사람이다("Managers do things right, and leaders do the right thing").[4] Kotter는 관리가 복잡성을 다루는 것과 관련된 것이라면, 리더십은 변화를 다루는 것이라고 하였다.[5] 조직이 다루어야 할 복잡한 요인들을 관리하려면, 우선 정해진 기간(주로 단기간)의 목표를 달성하기 위한 계획과 예산을 철저히 짜야 한다. 반면 조직이 올바른 방향으로 변화하려면 미래의 비전을 설정하고, 전략을 개발하는 등 방향의 설정(setting a direction)이 중요하다. 또한 관리가 계획에 따라 필요한 조직을 설계하고 적합한 사람을 충원하는 것(organizing & staffing)이라면, 리더십은 구성원들에게 새로운 방향을 이해시켜서 비전달성에 헌신하고 서로 협력하도록 그들의 행동을 조율하는 것(aligning)이다. 마지막으로, 관리는 통제와 문제해결(controlling & problem solving)을 통해 계획을 달성하는 데 반해, 리더십은 동기를 부여하고 의욕을 고취시킴으로써(motivating & inspiring) 비전을 달성하는 것이다. 관리가 안정을 지향한다면, 리더십의 핵심개념은 결국 변화를 지향하는 것이다.

물론 기업을 경영하는 데 있어서 리더십과 관리는 어느 하나만으로는 충분치 않다. 관리기능이 없이 리더십만으로 효율적인 경영을 할 수 없을 뿐만 아니라, 그 반대의 경우는 더욱 위험한 결과를 초래한다고 할 수 있다. 그러므로 기업경영의 성공을 위해서는 리더십과 관리능력이 서로 보완적인 역할을 해야 한다.

해운기업의 경영자와 관리자에게도 미래지향적인 비전의 설정과 변화의 추구는 물론, 효율적 관리 역시 매우 중요한 역할이다. 특히 선박운항의 안전과 효율성을 달성하기 위한 선박관리는 해운기업의 성공에 매우 중요한 요소이다. 또한 해상에서 장기간 공동체생활을 하는 선박조직을 이끌기 위해서는 대인관계능력, 갈등관리능력, 동기부여능력 등의 관리능력이 매우 중요하다.

---

4) W. Bennis, & B. Nanus(1985), Leaders : The Strategies for Taking Charge, New York : Harper Collins.

5) J. P. Kotter(1997), "What Leaders Really do," In R. P. Vecchio(ed.), Leadership : Understanding the Dynamics of Power and Influence in Organizations, Norte Dame, Indiana : Univ. of Norte Dame Press.

[표 7-1] Management와 Leadership의 비교

management	leadership
효율적 관리의 추구	변화의 추구
현재지향	미래지향
계획과 예산	비전/방향의 설정
조직화와 인력충원	비전중심의 조율(aligning)
통제와 문제해결	동기부여와 의욕고취
안정과 질서유지	현상에 대한 도전
과학적	예술적

2. 리더십이론

1) 특성이론(Trait Theory)

사람들은 리더란 보통사람들과 뭔가가 다르다거나 리더가 될 수 있도록 하는 어떤 자질이나 특성이 있다고 믿는 경향이 있다. 예를 들어 성공적인 기업을 일으킨 창업자를 보면 불굴의 의지, 집념, 근면성 등을 가졌기 때문이라고 여긴다. 리더십에 대한 일반경영학의 연구 중 가장 오래되고 일반적인 것은 이른바 영웅적 리더에 대한 연구이다. 특성이론(trait theory)이라고도 불리는 이 접근은 어떤 훌륭한 자질을 지닌 영웅적 리더가 조직의 성공적인 변화를 이끌어 낼 수 있다는 생각에 바탕을 둔 것이다.

그 동안 영웅적 리더가 갖추어야 할 특성으로는 지적, 신체적 능력으로부터 자신감, 결단력, 과업추진력, 사교성, 헌신과 열정, 신뢰 등 무수한 특징이 제시되어 왔다. 이러한 리더십특성에 대한 연구는 몇 가지 한계를 지니고 있다.

첫째, 공통된 특성으로 제시된 목록이 연구자의 연구대상에 따라 다르게 제시되고 있다는 것이다. 어떤 시대의 리더를 연구하는가, 어떤 분야의 리더를 연구하는가에 따라 상이한 리더십특성이 제시되고, 따라서 지나치게 많은 특성의 목록이 제시되어 과연 의미 있는 범위 안에서 공통적인 리더의 특성을 과연 발견할 수 있는가 하는 점에서 회의적이다. 또한 공통된 특성을 발견한다고 하

더라도 그런 특성을 지닌 리더들이 항상 성공적인 리더십을 발휘한다는 보편론적 주장은 받아들이기 어렵다.

둘째, 특성이론은 리더가 특성을 타고난다는 것을 강하게 암시한다. 타고난다는 것은 리더십이 후천적으로 육성되고, 개발할 수 없다는 것을 의미하므로 많은 논쟁과 함께 리더십연구의 실효성을 제한하는 한계가 있다.

리더십특성이론의 여러 가지 한계에도 불구하고 리더의 특성은 여전히 효과적 리더십의 핵심요인 중 하나이다. 해운기업에서도 경영자의 자질은 해운경영의 성과에 매우 중요한 영향을 미친다. 특히 오늘날처럼 해운시장의 경쟁이 글로벌화되고, 고객(하주)의 요구가 다양해지며, 선박기술의 첨단화가 급격하게 이루어지는 환경 속에서는 선박과 같은 유형설비자산보다는 경영리더의 창의성과 전문적 지식, 글로벌경영능력, 변화적응능력 등 경영리더의 자질이 해운경영의 성과에 더욱 중요한 요인으로 인식된다.[6)]

2) 리더십행위이론

초기 특성연구의 한계로부터 1940년대부터 1960년대까지는 다른 방향의 연구, 즉 리더가 겉으로 보여 주는 행동에 대한 연구가 이루어졌다. 즉 효과적인 리더가 보여 주는 행동의 특징 혹은 스타일은 무엇인가에 대한 것이다. 예를 들어 민주적 행동의 리더가 독재적 행동의 리더보다 더 효과적인가 하는 것이다. 리더십특성은 타고나는 측면이 강한 반면, 리더가 겉으로 보여 주는 행동 혹은 리더의 스타일은 후천적으로 개발이 가능하다는 점에서 이 이론의 장점이 있다.

(1) 오하이오주립대학의 연구

1940년대 후반 오하이오주립대학의 연구자들은 리더의 행동을 구성하는 많은 차원들로부터 두 개의 유형을 도출하여 리더십행동을 설명하였다.[7)] 그것은 구조주도(initiating structure) 행동과 고려(consideration)의 행동이다. 구조주도는 리더가 목표달성을 위해 자신의 역할과 구성원의 역할을 잘 정의하고 구조화하는 정도를 말한다. 구조주도의 수준이 높은 리더는 부하직원에게 성과기준

6) 안기명 · 김명재(2005), 현대해운경영론, 다솜출판사.

7) E. A. Fleishman, E. F. Harris, & H. E. Burtt(1955), Leadership and Supervision in Industry, Columbus, Bureau of Educational Research, Ohio State University.

[그림 7-1] 고려와 구조주도의 리더십행위이론

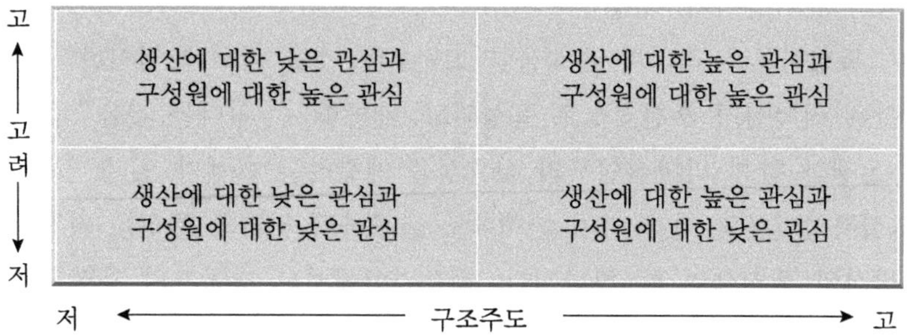

을 지킬 것을 요구하고, 과업할당을 강조한다. 고려(consideration)는 리더가 구성원을 신뢰하고, 감정을 살피며, 아이디어를 존중해 주고, 친절하게 대하고, 구성원에 만족에 관심을 보여 주는 정도를 말한다. 오하이오주립대학 연구자들은 구조주도와 고려는 서로 독립된 행동차원으로서 두 차원이 모두 높거나 낮은 유형의 리더가 있을 수 있다고 하였으며, 가능한 네 가지 리더십유형 중 구조주도와 고려차원이 모두 높은 리더가 조직의 성과와 구성원의 만족을 가져다 준다고 주장하였다.

(2) 매니지리얼 그리드(Managerial Grid)

Blake와 Mouton은 리더십행동의 두 차원을 "인간에 대한 관심"과 "생산에 대한 관심"으로 나누고, 이를 관리격자(managerial grid)로 나타내었다.[8] "인간에 대한 관심"과 "생산에 대한 관심"은 각각 오하이오주립대학의 고려 및 구조주도와 같은 개념의 차원이다.

매니지리얼 그리드에 의하면 9.9형(이상형)이 가장 좋은 성과만족을 가져다 주는 리더십 스타일이다. 따라서 리더는 그리드상에서 자신의 현 위치를 파악하고, 훈련을 통해 9.9형으로 되기 위하여 노력해야 한다는 것이다.

(3) 리더십행동이론의 한계

리더십행동이론이 지닌 한계는 첫째, 각 이론이 주장하는 리더십유형과 성과와의 관계가 실증적으로 일관되게 지지되지 못하였다는 점이다. 그 이유는

8) R. R. Blake, & J. S. Mouton(1968), Corporate Excellence Through Grid Organizational Development, Houston : Gulf Publishing.

[그림 7-2] 매니지리얼 그리드

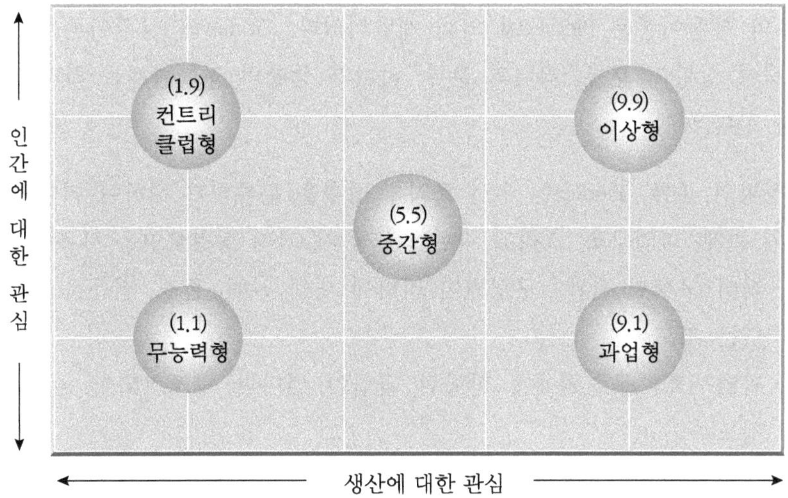

여러 가지가 있겠지만, 어떤 한 리더십유형이 상황과 상관없이 늘 높은 성과를 가져올 것이라는 보편론적 시각이 지닌 한계로부터 연유한다고 할 수 있다. 뒤의 상황이론에서 설명하듯이 구성원의 능력과 의욕이 높다면 9.9형보다 스스로 알아서 하도록 하는 1.1형이 더 적합한 리더의 스타일일 수 있다. 둘째, 리더십 스타일은 구성원에 대한 대인관계적 유형으로서 전체조직의 문제를 다루기보다는 미시적인 관점에서 주어진 목표를 달성하기 위한 관리이론인 것으로 보여진다.

3) 상황이론

리더십의 효율성은 리더의 특성이나 행동만으로는 설명할 수 없으며, 그 리더의 특성이나 행동이 리더에게 주어진 특수한 상황과 잘 맞아야 한다는 관점에서 리더십의 상황적합적(contingency) 접근이 제시되었다. 즉 어느 상황에서나 일반적으로 통용될 수 있는 리더의 자질이나 스타일에 관심을 갖기보다는 주어진 특수한 상황이 요구하는 리더의 특성이나 스타일에 관심을 가져야 한다는 것이다.

(1) Fiedler의 상황이론

최초의 상황이론은 Fiedler에 의해 개발되었다. Fiedler의 상황이론을 설명하기 위하여 상황의 분류, 리더의 분류, 리더와 상황의 적합관계를 차례로 살펴보고자 한다.[9)]

① 상황의 분류: Fiedler는 우선 조직의 상황을 분류하기 위하여 리더-구성원 관계, 과업구조, 그리고 직위권한 등 세 가지 상황요인을 사용하였다.
- 리더-구성원 관계: 구성원이 리더에 대해 신뢰, 존경, 믿음을 가지고 있는 정도
- 과업구조: 구성원에게 할당된 과업이 얼마나 구조화되어 있는가의 정도
- 직위권력: 리더가 고용, 해고, 징계, 승진, 임금인상 등에 얼마나 영향력을 행사할 수 있는가의 정도

상황요인이 리더에게 호의적인 상황인가 아닌가의 관점에서 각각 2분하여 상황을 총 8가지 (2×2×2) 상황으로 분류할 수 있다. 즉, 리더에게 가장 호의적인 상황은 리더-구성원 관계가 좋고, 과업구조화 수준이 높으며, 리더의 직위권력이 강한 상황이다. 한편, 리더에게 가장 비호의적인 상황은 리더-구성원 관계가 나쁘고, 과업구조화 수준이 낮으며, 리더의 직위권력이 약한 상황이다.

② 리더의 분류: 상황이 분류되었다면, 그 상황에 걸맞는 리더는 어떤 사람인지를 알기위해 리더를 분류해야 한다. Fiedler는 LPC(Least Preferred Co-worker)라고 불리는 설문지를 통하여 리더의 스타일을 관계중심적 스타일과 과업중심적 스타일로 구분하였다. LPC는 다소 독특한 설문지인데, 이는 리더의 스타일을 직접 평가하기 보다는 자신이 같이 일하는 사람들 중에서 가장 함께 일하고 싶지 않은 사람을 한 사람 떠올리게 한 후, 그 사람에 대한 평가 결과를 갖고 리더의 스타일을 간접적으로 평가하는 것이다. 가장 함께 일하기 싫은 사람에게도 긍정적으로 평가하는 리더는 관계지향적인 리더로 분류되며, 그 반대의 경우에는 과업

9) F. E. Fiedler(1978), "The Contingency Model and the Dynamics of the Leadership Process," In L. Berkowitz(ed.), Advances in Experimental Social Psychology, Vol. 11, New York: Academic Press.

지향적인 리더로 분류된다.

③ 리더-상황의 적합관계 : Fiedler는 상황과 리더의 스타일을 분류한 후 최대의 리더십효과성을 보여 주는 리더 스타일과 상황의 관계를 경험적으로 도출하였다. 즉 [그림 7-3]에 나타난 바와 같이 상황이 리더에게 매우 호의적이거나 비호의적일 때에는(상황 I - III, 그리고 VII과 VIII) 과업중심적 리더십 스타일이 적합하고, 호의성이 중간정도일 때에는(상황IV - VI) 관계중심적 스타일이 적합하다고 주장하였다. 특히 Fiedler는 리더의 스타일은 쉽게 변할 수 없는 것으로 가정하고, 상황이 부적합할 시에는 스타일을 바꾸기보다 상황을 스타일에 맞춰 바꾸도록 주문하였다.

Fiedler 이론은 많은 실증적인 연구에서 지지를 받는다는 점에서 장점이 있으나, 리더십유형과 상황의 적합관계에 대한 이유를 제대로 설명하고 있지 못하며, LPC 설문이 무엇을 측정하고 있는지가 분명하지 않다는 점이 문제점으로 지적되고 있다.

[그림 7-3] Fiedler의 리더십상황모형

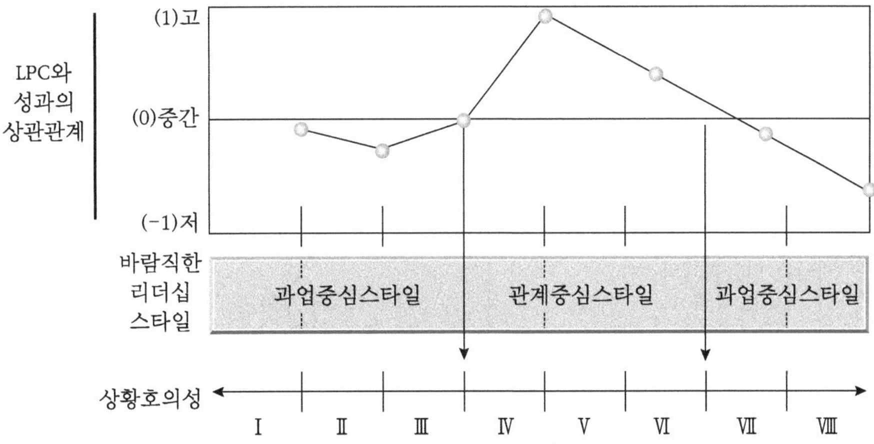

	I	II	III	IV	V	VI	VII	VIII
리더-성원 관계	좋음	좋음	좋음	좋음	나쁨	나쁨	나쁨	나쁨
과업구조	고	고	저	저	고	고	저	저
리더의 직위권력	강	약	강	약	강	약	강	약

(2) Hersey와 Blanchard의 상황적 리더십이론

허시(P. Hersey)와 블랜차드(K. H. Blanchard)는 구성원의 성숙도(maturity)를 중요한 상황요인으로 보고 있는 상황적 리더십이론(situational leadership theory)을 제시하였다. 리더와 함께 일하는 구성원들의 성숙도에 따라 적합한 리더십행위스타일이 다르다는 것이다.10)

구성원의 성숙도는 구성원의 능력과 의욕에 따라 평가될 수 있다. 구성원의 능력과 의욕이 모두 낮은 가장 미성숙한 상황(M1), 능력은 낮으나 의욕이 높은 다소 미성숙한 상황(M2), 능력은 높고 의욕이 낮은 다소 성숙한 상황(M3), 그리고 능력과 의욕이 모두 높은 가장 성숙한 상황(M4)으로 구분하였다. 이러한 상황구분은 후에 다시 부분적으로 수정되었다.

Hersey와 Blanchard는 리더의 스타일을 과업지향적인가, 관계지향적인가에 따라 지시형, 설득형, 참여적, 위임형의 4가지 유형으로 나누고, 구성원의 성숙도가 가장 낮은 M1일 경우에는 지시형 리더가 적합하며, M2일 경우에는 설득형 리더, M3일 경우에는 참여형 리더, M4일 경우에는 위임형 리더가 적합하다

[그림 7-4] **허시와 브랜차드의 상황적 리더십모형**

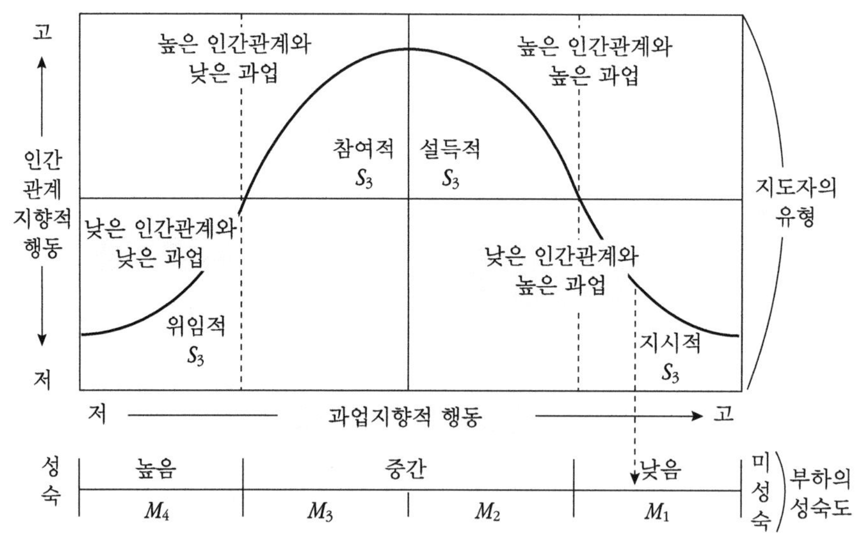

10) P. Hersey, & K. H. Blanchard(1988), Management of Organizational Behavior, 5th ed., Englewood Cliffs, N. J. : Prentice-Hall.

고 하였다. 구성원이 미성숙하다면 일일이 지시하는 리더 스타일이 적합하며, 성숙하다면 일일이 간섭하지 않고 위임하는 것이 오히려 효과적이라는 것이다.

이 이론은 아이가 자라남에 따라 부모가 서서히 아이에게 통제권을 넘겨주듯이 리더는 구성원이 성숙해 감에 따라 점진적으로 권한을 넘겨 주어야 한다는 관점을 택하고 있어 리더와 구성원관계의 수명주기를 다루는 이론이라고 볼 수 있다. Hersey와 Blanchard 이론은 리더십의 구체적 행동을 처방하고 쉽게 적용가능하다는 장점이 있으나, 실증적인 지지를 얻지 못한 단점이 있다.

(3) 리더십상황이론의 한계

리더십을 상황적으로 접근하는 상황이론들은 그것이 지닌 설명력에도 불구하고, 리더의 상황창조적 능력과 변화의 역할을 간과하고 있는 단점이 있다. 예를 들어 부하가 미성숙하기 때문에 지시형의 스타일을 사용한다면, 그 부하는 언제나 미성숙한 존재로 남아 있을 가능성이 높다. 그러므로 상황이론은 본질적으로 상황의 변화에 초점을 맞춘 리더십이론이라기보다는 주어진 상황에 성공적으로 적응하기 위한 관리이론에 가깝다고 할 수 있다.

4) 변혁적 리더십(Transformational Leadership)

변화를 다루는 리더의 역할을 강조하고 있는 이론은 변혁적 리더십이론이다. 변혁적 리더십을 최초로 소개한 사람은 Burns였으며, 그 후 Bass에 의하여 기업조직에 맞게 구체화되었다.

변혁적 리더십(transformational leadership)이란 거래적 리더십(transactional leadership)과 비교되는 용어이다. 거래적 리더십이란 리더가 부하들의 역할과 과업을 명확하게 함으로써 기존에 잘 정립되어 있는 목표를 잘 달성하도록 동기부여시키는 리더십으로서 기존에 언급된 대부분의 리더십이론들이 여기에 해당된다. 반면 변혁적 리더십이란 현 상태를 뛰어넘는 이상적인 비전을 제시하며, 비전을 달성할 수 있다는 높은 자신감과 확신을 구성원들에게 심어 주며, 구성원들이 자기 자신의 이익을 초월하여 조직의 이익을 위해 공헌하도록 고무시켜 주는 리더십을 말한다. 즉 거래적 리더십이 리더와 추종자와의 관계를 거래적 측면, 즉 리더가 추종자의 원하는 것을 제공해 주고, 추종자는 그 대가로 리더가 원하는 행동을 제공하는 것으로 본다면, 변혁적 리더십은 추종자가 무엇을 원해야 하는가를 제시하고, 그들의 가치와 행동을 변화시킴으로써 조직을 변화시켜 나가는 것이다.

Bass는 변혁적 리더십의 특징으로 세 가지 요인을 제시하였고, 거래적 리더십의 특징으로 두 가지 요인을 제시하였다. 즉 변혁적 리더는 "카리스마," "지적 자극," 그리고 "개별적 배려"의 행위를 추종자들에게 보여 준다. 반면에 거래적 리더는 "예외에 의한 관리" 행위와 "조건적 보상" 행위에 치중한다.[11)]

변혁적 리더십의 특징 중에서도 가장 핵심적인 것이 리더의 카리스마이므로, 변혁적 리더십은 카리스마적 리더십과 유사한 의미로 사용된다. 또한 카리스마의 핵심내용은 비전을 제시하고 실천하는 것이라는 점에서 변혁적 리더십과 카리스마적 리더십은 모두 조직변화에 있어서 비전의 중요성을 강조하고 있다.

그러나 리더십에 대한 이러한 접근이 지닌 단점은 추종자들이 카리스마를 지닌 리더에게 지나치게 의존적이 될 수 있으며, 리더의 커다란 영향력으로 인해 리더 개인의 윤리적 수준과 비전의 내용에 따라 조직에게 부정적 결과를 나

[표 7-2] 변혁적 리더의 특성

구분	특성
카리스마	· 함께 있음으로써 기분이 좋아진다 · 완전히 믿을 만하다 · 존경을 받을 만한 사람이다 · 분명한 자기확신이 있다 · 투철한 사명감이 있다 · 미래에 희망을 준다 · 자부심을 느끼게 한다 · 비전을 제시해 준다 · 비전을 설득시킬 수 있다 · 비전에 대한 확신이 있다
지적인 자극	· 새로운 시각, 관점의 제시 · 문제의 핵심파악능력
개별적인 관심	· 개인적 관심 · 학습과 성장기회의 제공 · 개인적 사정의 고려 · 자상한 지도 및 피드백

11) B. M. Bass(1985), Leadership and Performance Beyond Ecpectations, New York : Free Press.

타낼 가능성이 얼마든지 있다는 점이다. 그리고 조직에 미치는 리더 개인의 영향력이 지나치게 커서 리더가 교체되는 시점에서 조직은 혼란에 빠지기 쉽다는 것이다.

5) 수퍼 리더십

Manz & Sims는 구성원 스스로가 리더가 되는 것을 셀프리더십(self-leadership)이라 부르고, 구성원 모두를 셀프리더로 만드는 리더를 수퍼 리더십(Super Leadership)이라고 불렀다.[12] 그러므로 수퍼 리더란 리더가 모든 권력을 장악하고, 하급자들을 보호해 주고, 안내하고, 구원해 주는 영웅적 스타일과는 거리가 멀다. 진정한 리더십이란 외적인 리더십으로부터 오는 것이 아니라 개인내부로부터 발생하는 것이며, 외적 리더십이 할 수 있는 것은 개인에게 내재되어있는 내부의 리더십에 불을 붙여 주는 것이라는 것이다. 수퍼 리더십은 리더-구성원 관계에 있어서, 수직적 상하관계를 통해 리더십을 발휘하기보다는 누구나 자신이 속한 영역에서 동료들과 함께 협력하여 새로운 변화를 추구하도록 하는 수평적 관계를 지향한다.

[표 7-3] 수퍼 리더가 되기 위한 7단계

1. 먼저 스스로 셀프리더가 된다
2. 셀프리더십의 모범을 보여 준다
3. 스스로 목표를 설정하도록 독려한다
4. 긍정적인 사고패턴을 창안한다
5. 보상과 건설적 비판을 통하여 셀프리더를 육성한다
6. 팀워크를 통하여 셀프리더십을 권장한다
7. 셀프리더십문화를 배양한다

6) LMX(Leader-member exchange) 이론

한 사람의 리더와 다수의 구성원을 분석대상으로 하는 리더십의 다른 이론과는 달리 LMX 이론은 "리더와 구성원 한 사람"(dyad)을 분석의 대상으로 하는 것이다. 즉 리더는 구성원들을 하나의 집단으로 묶어 전체적으로 평균적인

12) C. C. Manz, & H. P. Jr. Sims(1991), "Superleadership : Beyond the Myth of Heroic Leadership," Organizational Dynamics, Vol. 19-4, pp. 18-35.

영향력을 행사하는 것이 아니라, 구성원 한 사람 한 사람과 각각 다른 성질의 관계를 발전시킨다는 이론이다.

리더는 구성원과 각각 서로 다른 관계의 질을 형성하는데, 보다 친밀한 관계를 형성하고 있는 리더-구성원의 짝을 내집단(ingroup)이라 부르고, 소원한 관계를 형성하고 있는 리더-구성원의 짝을 외집단(outgroup)이라 부른다. 내집단에서는 리더가 구성원들을 신뢰하고, 많은 관심과 지원, 폭넓은 재량권을 주며, 구성원과 높은 상호 관계를 유지한다. 내집단에 속한 구성원은 보다 많은 충성과 기여로 보답하려 하는 반면, 외집단에 속한 구성원들은 리더의 관심을 덜 받고, 공식적 상호 관계만을 유지한다.

리더는 구성원과의 관계의 초기단계에 구성원을 내집단과 외집단으로 구분하는 경향이 있고, 그 관계는 비교적 오랫동안 유지된다고 한다. 리더가 어떻게 구성원을 내/외집단으로 구분하는가 하는 것은 분명하지 않지만, 구성원이 리더와 비슷한 성격과 태도를 지녔다든가, 높은 자신감을 보일 때 내집단으로 택하는 등 구성원의 특징이 내/외집단의 구분에 중요한 것으로 알려지고 있다.[13)]

LMX 이론은 리더가 몇 사람의 구성원과 양질의 관계를 맺기보다 모든 구성원들과 좋은 관계를 맺어서 내집단으로 만드는 것이 좋다는 방향성을 제시

[그림 7-5] 리더-구성원 교환이론의 모델

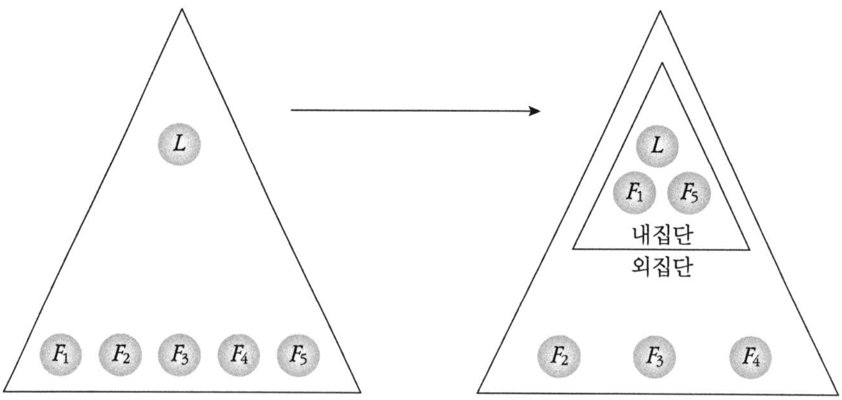

13) G. Graen, & J. Cashman(1975), "A Role Making Model of Leadership in Formal Organizations : A Development Approach," In J. G. Hunt, & L. I. Larson(eds.), Leadership Frontiers, Kent, O. H. : Kent State University Press, pp. 143-165.

하고 있으나, 구체적인 방법을 충분히 제공하고 있지는 못하다.

제 3 절 해운기업 경영전략

해운기업은 일반기업과는 달리 선박의 구매, 운항, 관리, 선원의 확보, 유지, 개발, 화물의 집화 등 해운기업의 주요 활동이 모두 국제해운시장에서 이루어진다. 국제해운시장은 해상하동량의 변화 및 그에 따른 운임의 변화가 심하고, 선박기술의 혁신이 진전되고, 편의치적선과 개발도상국선박의 진출로 인해 경쟁구조가 변화하는 등 해운기업에 영향을 주는 환경요인이 매우 다양하고, 그 변화도 급격하며 불확실한 특징이 있다. 해운경영처럼 외부환경의 변화가 격심한 산업에서는 기업의 수익성이나 성장성은 단지 영업의 증대, 선박관리운영의 효율성만으로 달성되는 것은 아니고, 외부환경을 명확히 이해하고, 자신과 경쟁기업의 강점과 약점을 분석하여 환경변화에 잘 적응하고, 경쟁우위를 창출할 수 있는 효과적인 경영전략을 수립할 때 달성되는 것이다.

1. 경영전략의 개념

1) 경영전략의 정의

경영전략이란 희소한 경영자원을 배분하여 기업에게 경쟁우위를 창출하고 유지시켜 주기 위한 주요한 의사결정이라 정의할 수 있다. 즉 경영전략이란 자원이 희소하다는 전제조건과 경쟁상황이라는 전제조건 속에서 어떻게 자원을 배분하여 경쟁우위를 창출할 것인가에 관한 것이다. 전략이란 무엇을 선택할 것인가와 관련된 것이며, 이는 곧 무엇을 포기할 것인가와 통한다. 경영전략을 성공적으로 수행하려면 먼저 구체적인 목표가 분명히 설정되어 있어야 하며, 그 다음 외부환경에 대한 명확한 이해와 자신과 경쟁자의 강점과 약점에 대한 객관적 평가가 있어야 한다. 그리고 수립된 전략을 효과적으로 수행할 수 있는 능력을 갖추어야 한다.

2) 경영전략의 발전

경영전략의 발전과정을 보면, 먼저 1950년대와 1960대 미국기업에서 장기전략계획을 수립하면서 시작되었다고 할 수 있다. 미국기업이 경제적 호황 속에서 지속적인 성장을 계속하고 규모가 커지면서 기업을 효율적으로 경영하기 위해 중장기적인 목표와 전략이 필요하게 되었다. 또한 생산관리, 마케팅관리, 인사관리, 재무관리 등과 같이 세분화된 기능들을 통합하기 위해 기획조정실을 설립하고, 장기전략계획을 수립하였다. 기획조정실은 경기예측과 시장수요예측을 통해 전체기업의 목표를 설정하고, 그에 따라 각 사업부의 목표를 설정하고 감독하였다.

장기전략계획은 1970년대 후반 들어서 세계경제의 변동이 심해지면서 그 유효성이 떨어지게 되었다. 예측력이 떨어지는 중장기계획에 따라 관리하기보다는 시시각각으로 변하는 상황에 신속하게 반응하는 능력이 필요하게 되었고, 이를 위해서는 계획의 수립보다는 상황에 따른 전략적 분석과 사고능력이 더 중요하게 되었다. 장기계획수립의 대안으로 나온 것이 경제학의 산업조직론에 바탕한 산업구조분석이다. Porter는 기업의 수익성은 그 기업이 참여하고 있는 산업의 구조적 특성에 의해 결정된다고 하면서 기업이 경쟁우위를 갖기 위해

[표 7-4] 경영전략의 발전

기 간	1950-1970 초	1970 후반-1980 중반	1980 후반-1990 초
주요 주제	장기전략계획	산업구조 및 경쟁분석	경쟁우위의 창출 및 유지
주요 개념 및 기법	재무적인 투자계획 수립 및 시장예측, 시장점유율분석, SWOT 분석	산업구조분석과 산업 내의 포지셔닝	기업 내의 경쟁우위를 창출하는 요인분석, 동태적 분석기법
조직상의 특 징	재무관리가 주요 기능수행, 기업의 종합기획실설립	수익성이 낮은 사업으로부터 탈퇴 및 전망이 좋은 사업분야로 진입	인적자원관리, 전략적 제휴를 통한 핵심역량배양, 비즈니스 리엔지니어링으로 비용감소 및 서비스향상
대표적 학자	Ansoff Andrews Christensen	Porter	Hamel Prahalad

자료 : 장세진(2001), 경영전략, 박영사.

서는 산업구조분석을 통하여 산업의 특징을 이해하고, 산업 내에서 적절한 위치를 정해야 한다고 하였다.

산업구조분석은 기업의 외부환경을 분석하는 데 도움을 주었지만, 1990년대부터는 기업의 경쟁우위가 기업의 산업 내 위치(positioning)보다는 그 기업이 보유하고 있는 경영자원이나 핵심역량에서 비롯된다는 사고가 확산되기 시작하였다. Hamel과 Prahalad가 그 대표적인 학자이다. [표 7-4]는 경영전략론의 시대적 흐름을 요약한 것이다.[14)]

3) 경영전략의 수준

경영전략은 기업전략과 사업부전략, 그리고 기능별 전략으로 분류할 수 있다. 기업전략(corporate strategy)은 기업수준의 전략으로서 전체기업이 참여할 사업영역을 결정하는 것이다. 다각화, 수직적 통합, 기업인수합병, 해외사업진출 같이 신규사업이나 시장에 지출하거나 탈퇴하는 결정을 의미한다. 사업부전략(business strategy)은 사업부수준의 전략으로서 기업이 각각의 시장에서 경쟁하는 구체적인 방법, 즉 어떻게 경쟁우위를 창출하고 유지할 것인가를 다루는 것이다. 기업전략과 사업부전략의 구분은 기업이 여러 개의 사업부를 갖고 있다는 것을 전제로 한 것이므로 기업이 여러 개의 사업부를 갖고 있지 않고 단일사업부를 갖고 있다면, 기업전략과 사업부전략의 구분은 무의미하다. 기능별 전략은 인사, 재무, 마케팅, 제조와 같은 기능별 분야에서의 세부적인 경쟁전략을 의미한다.

2. 경영전략분석의 기본 틀

1) 기업의 외부환경

기업이 어떤 분야에 새로 진출할 것인가 혹은 탈퇴할 것인가는 그 기업이 속한 산업분야가 유망한가 혹은 사양화산업인가를 평가해야 한다. 또한 기업이 어떻게 경쟁우위를 창출하고, 수익률을 높일 것인가 하는 전략을 수립하기

14) 장세진(2005), 글로벌경쟁시대의 경영전략, 서울: 박영사.

위해서는 그 기업이 속한 산업의 경쟁양식과 산업에서의 성공요인을 파악해야 한다. 이처럼 기업이 속한 산업의 구조는 기업에게 가장 중요한 환경이다. 산업구조분석이란 특정기업에 속한 산업 내의 경쟁자, 공급자, 고객과의 관계를 조직적으로 분석하는 것이다.

Porter는 산업구조분석을 처음으로 경영전략에 도입하기 위한 분석 틀을 제시하였다. Porter의 분석 틀에 의하면 특정산업의 수익률은 다섯 가지의 경쟁세력, 즉 대체재와의 경쟁, 잠재적 진입자와의 경쟁, 기존 사업자와의 경쟁, 공급자 및 구매자의 교섭력에 의해 결정된다고 하였다.[15]

(1) 산업 내의 경쟁

① 산업의 집중도 : 동일산업에 속하는 기업의 수와 그 기업의 규모를 말

[그림 7-6] Porter의 산업구조 분석모형

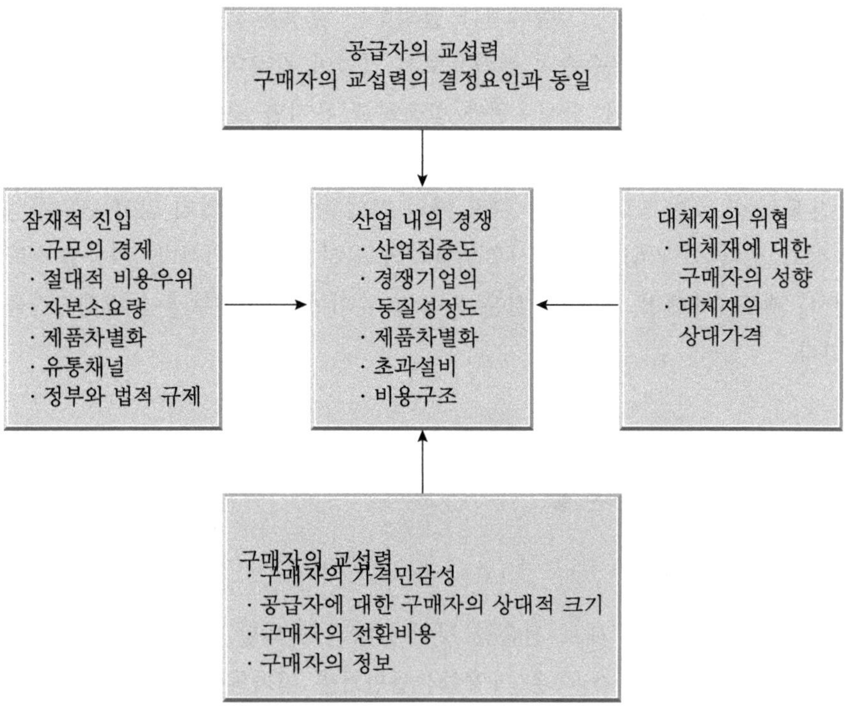

15) M. E. Porter(1980), Competitive Strategy: Techniques for Analyzing Industries and Competitors, New York : Free Press.

한다. 산업의 집중도가 높다는 것은 그 산업에 참여하는 기업의 수가 적다는 것이고, 이는 곧 경쟁이 적다는 것을 의미하며, 참여기업은 결국 수익률이 높아진다는 것을 의미한다.

② 경쟁기업의 동질성정도: 동일산업 내의 기업들이 기업의 목표나 전략 등에 있어서 동질적일수록 암묵적인 담합가능성이 높아져 기업의 수익률이 높아질 가능성이 높다. 경쟁기업들이 이질적이면 경쟁이 높아져 암묵적인 담합의 가능성이 낮아진다.

③ 제품차별화: 산업 내에서 경쟁하는 기업들의 제품의 디자인이나 품질이 동일할수록 소비자들이 특정회사제품을 선호할 이유가 없어지며, 다른 경쟁수단이 없어 가격경쟁이 심화된다. 제품이 차별화된 산업은 수익률이 높다.

④ 초과설비: 산업의 수익률은 경기순환과 초과설비에 따라 민감하게 변한다. 자본집약도가 높아서 거대한 생산설비가 필요한 산업인 경우는 대개 산업으로의 진입과 퇴거가 쉽지 않다.

⑤ 비용구조: 항공회사의 경우, 국제선은 좌석이 얼마나 채워졌는가에 따라 가격이 수시로 달라진다. 이는 운행비용이 좌석이 얼마나 채워졌는가와 상관없이 일정하게 소요되기 때문이다. 비용구조란 고정비용과 가변비용의 비중을 말하는데, 반도체산업, 철강산업같이 고정비용이 대부분을 차지하고 있는 산업은 가격을 인하해서 생산설비의 활용도를 높이고, 고정비용의 비중을 낮추고자 한다. 결국 고정비용의 비중이 큰 산업은 가격경쟁이 심화된다.

(2) 잠재적 진입자와의 경쟁

진입장벽이 낮은 산업은 경쟁이 심해져서 가격이 낮아질 것이다. 진입장벽이란 새로 산업에 진입하려는 기업들이 기존의 기업들에 비해 갖는 불리함을 의미한다. 아래는 진입장벽의 종류이다.

① 자본소요량: 산업에 진입하기 위해 투자해야 할 자본의 소요량이 많다면, 진입장벽이 높은 것이다.

② 규모의 경제: 산출량의 규모가 커질수록 단위당 평균비용이 감소하는 것을 규모의 경제라고 하는데, 자동차산업과 같이 규모의 경제가 큰 산

업은 규모가 커야 경쟁력이 있으므로 대규모의 투자가 필요하며, 따라서 신규기업이 진입하기가 어렵다.

③ 절대적 비용우위: 기업경영의 경험이 누적되면 비용을 절감시킬 수 있는 방법을 알게 된다. 이를 경험효과라고 하는데, 이러한 경험효과로 인해 기존 기업은 비용면에서 경쟁우위가 있다.

④ 제품차별화: 기존 기업의 제품이 차별화되어 브랜드인지도가 있는 경우, 소비자는 잘 알려진 제품을 구매하려 할 것이므로 신규기업은 이를 극복하기 위해 높은 비용을 주고 광고를 해야 한다.

⑤ 유통채널: 기존 기업이 강력한 유통채널을 이미 구축하고 있거나 유통채널에 지배적인 영향력을 행사할 수 있는 경우, 신규기업의 진입장벽은 높다.

⑥ 정부와 법적 규제: 금융, 통신, 방송 사업 등과 같이 정부가 법이나 각종 규제를 통하여 신규기업의 진입을 제한하는 경우도 있다.

(3) 대체재와의 경쟁

산업의 수익률은 산업의 제품이나 서비스를 대체할 만한 대체재가 있는가에 따라 달라진다. 해송운송의 운임이 오르면, 대체재인 육상운송이나 항공운송의 이용이 늘어날 것이다. 또한 정기선과 부정기선의 운송은 상호 대체재의 역할을 할 수 있다.

(4) 구매자의 교섭력

특정기업의 선적물량이 선적회사물량의 70% 이상을 차지하는 경우, 운송료를 낮춰달라는 대규모 구매자의 요구를 무시할 수 없다. 또한 그 기업이 선적회사의 비용구조를 상세히 알고 있다면, 선적회사에 대해 교섭력이 커질 수 있다. 그러나 선적회사가 그 회사에 특화된 서비스를 제공하여 선적회사를 바꾸는 경우 많은 비용이 소요된다면, 그 구매회사의 교섭력은 약화된다. 그러므로 구매자가 공급자보다 더 규모가 크고, 공급자의 매출에 차지하는 비중이 클수록 공급자의 수익률은 낮아진다.

(5) 공급자의 교섭력

제품이나 서비스의 공급자가 제한되어 있고, 제품과 서비스가 차별화되어 있을수록 공급자의 교섭력은 커져서 수익률이 높아진다.

(6) 해운산업의 분석

해운산업은 정기선시장(liner market)과 부정기선시장(tramp ship market)으로 구분된다. 정기선시장과 부정기선시장은 시장구매자와 공급자의 수, 시장에서의 경쟁방법, 시장진입의 어려움 등에 있어서 차이가 있다.

정기선시장은 일정한 시간의 운항스케줄과 운임률표(tariff)를 정하고, 이를 바탕으로 특정항로에서 정기적으로 반복항해하는 정기선의 수송거래가 이루어지는 시장을 말한다. 정기선시장에 참여하기 위해서는 특정항로에서 정기적인 운항을 할 수 있는 충분한 정기선이 확보된 선대(line)을 가져야 한다. 또한 정기적인 운항의 경제성이 유지될 수 있는 지속적이고 고정적인 고객의 확보와 집화체계를 갖추는 것이 필요하다. 정기선시장은 시장참여에 필요한 자본소요량이 높아 진입장벽이 높은 편이며, 참여하는 기업의 수는 비교적 적은 편이다. 따라서 정기선시장은 비교적 기업규모가 큰 소수의 선사에 의해 경영되는 공급과점시장의 형태에 있는 것이 일반적이다.

정기선시장은 시장참여자가 비교적 적으므로 한 기업의 정책은 다른 기업의 정책에 직접적인 영향을 준다. 만약 선복공급면에서 탄력성이 없는 정기선시장에서 운임경쟁이 일어나면 결국 수익성이 악화되어 시장참여자 모두가 공멸할 수 있으므로, 정기선시장의 참여기업들은 해운동맹을 맺어 운임경쟁을 배재하고자 한다.[16)]

해운동맹(shipping ring)은 특정한 항로에 취항하는 두 개 이상의 정기선회사가 무익한 경영경쟁을 방지하고, 상호 이익을 도모할 목적으로 운임이나 기타 영업활동의 일부에 대하여 협정을 체결하는 일종의 기업연합체(cartel)이다. 해운동맹은 독점의 문제를 야기하기도 하지만, 국제적 경쟁산업으로서 해운기업의 성격과 정기선항로의 안정 및 수출입화물수송에 미치는 국민경제적 영향 등을 고려하여 세계각국은 이를 정책적으로 인정하고 있다. 해운동맹에서는 운임협정 외에도 항해수, 기항지, 그리고 운항스케줄 등을 상호 연결하는 배선협정을 맺고, 해운동맹에 가입하지 않은 맹외선주(outsider)의 위협에 공동대처한다. 이러한 해운동맹은 신규시장진입자에게 높은 진입장벽이 된다.

16) 안기명 · 김명재(2005), 현대해운경영론, 다솜출판사.

부정기선시장은 수송서비스의 규칙성이 없고 보다 저렴한 가격의 운임을 찾아 거래가 이루어지므로, 저임금수송이 중요한 서비스요인이며 경쟁요인이다. 따라서 개별 거래단위가 크고, 대량화물운송을 특징으로 한다. 부정기시장에는 지배선단이 1척만 있어도 시장에 참여가 가능하며, 기술적, 제도적으로 시장에 참가가 용이하므로 진입장벽이 낮은 편이다. 부정기선시장에서는 해운동맹이 결성되지 않는데, 그 이유는 부정기선시장은 다수의 소규모 기업이 참여하는 완전경쟁에 가깝고, 항로가 불규칙적이고 경영규모나 영업분야 등에 있어서 이해관계가 일치하지 않기 때문이다.

(7) 포터모형의 문제점

포터모형은 산업의 구조가 그 산업 내 기업들의 경쟁방식을 결정한다는 것인데, 문제는 산업구조가 고정되어 있지 않고 기업의 전략에 따라 변화한다는 것이다. 기업은 제품차별화, 인수합병 등의 방법을 통해 교섭력을 높이고, 진입장벽을 높여서 경쟁의 틀을 바꾸고, 산업의 구조를 변경시킬 수 있다. 즉 경쟁과 산업구조는 동태적으로 변하는 것이다. 또한 포터의 산업구조모형은 기업 상호간의 구체적인 경쟁전략과 그 역동적인 관계를 제시해 주고 있지는 못하다.[17]

2) 기업내부의 경영자원과 핵심역량

기업이 외부환경의 분석, 즉 기업이 속한 산업의 구조를 분석함으로써 산업 내에서 어떻게 경쟁우위를 창출할 수 있는가를 살펴보았다면, 내부환경의 분석, 즉 기업이 지닌 내부자원과 핵심역량을 분석하여 상대적인 경쟁우위를 발견하는 것이 필요하다.

(1) 기업의 경영자원

① 유형자원 : 공장, 기계, 건물, 현금 등 눈에 보이는 자산을 유형자원이라 한다. 기업이 지닌 유형자산은 객관적 가치평가가 가능하지만, 어떤 용도로 사용할 것인가에 따라 주관적 가치평가가 크게 달라질 수도 있다.

② 무형자원 : 기업의 긍정적인 이미지는 눈에 보이지는 않으나, 경쟁기업

---

17) 장세진(2005), 앞의 책, pp. 123-125.

이 모방할 수 없는 중요한 경영자원이다. 제품의 긍정적인 브랜드이미지는 소비자들에게 신뢰감을 주므로 가격프리미엄과 재구매의사를 높인다. 기업이 지닌 독점적인 기술과 특허권도 중요한 무형자원이다.

③ 인적자원 : 사람은 눈에 보이는 유형자원이지만, 사람이 지닌 노하우와 업무처리능력, 의사결정능력, 가치관, 태도 등은 눈에 보이지 않는 무형자원이다. 유형자원과 무형자원을 관리하는 사람은 기업경쟁우위의 가장 중요한 원천이다.

(2) 핵심역량

① 핵심역량의 정의 : Hamel과 Prahalad는 핵심역량을 "고객에게 가치를 높이거나 그 가치가 전달되는 과정을 더 효율적으로 할 수 있는 특정한 방법의 능력"이라고 하였다.[18] 핵심역량은 기업이 단순히 어떤 분야에서 잘하는 능력을 말하는 것이 아니라, 경쟁기업에 비하여 더 잘할 수 있는 상대적인 능력을 말한다. 만약 마케팅능력이 뛰어나더라도 다른 경쟁기업보다 더 뛰어난 수준이 아니라면, 마케팅능력은 핵심역량이 아니다. 핵심역량은 경쟁기업이 흉내내기 어려운 것으로서 기업과 사업부경쟁력의 원천이 된다.

② 핵심역량의 중요성 : 핵심역량은 다양한 시장으로 진출할 수 있는 가능성을 열어 준다. 특정기술에 핵심역량을 지닌 기업은 그 기술을 이용한 관련된 분야에 진출하면 성공가능성이 높다. 디자인에 핵심역량이 있는 기업은 기존의 의류산업뿐 아니라, 시계, 악세서리 산업으로 진출이 용이하다. 핵심역량은 기업경쟁우위의 근원이므로 핵심역량과 관련된 부분을 발휘할 수 없는 분야로 진출하면 성공가능성이 낮으며, 또한 그 부분을 직접 활용하지 않고 아웃소싱을 하면 기업의 경쟁력을 잃게 된다. 다른 기업과 전략적 제휴를 함에 있어서도 각각의 핵심역량을 효과적으로 발휘하도록 제휴를 해야 한다.

18) C. K. Prahalad, & G. Hamel(1990), "The Core Competences of the Corporation," Harvard Business Review, May-June, pp. 79-91.

3. 사업부수준의 전략

1) 경쟁우위와 경영전략

전략의 핵심은 경쟁자에 비해 경쟁우위를 확보하는 것이다. 이를 위해서는 첫째 기업의 외부환경, 즉 기업이 속한 산업의 구조를 이해하는 것이 필요하고, 둘째 기업 내부의 경영자원과 핵심역량을 이해하는 것이 필요하다. 그리고 마지막으로 경쟁사의 경영자원과 핵심역량, 그리고 전략을 이해하는 것이 필요하다.

(1) 경쟁우위의 창출

기업이 경쟁기업에 대해 경쟁우위를 가지려면 경쟁기업이 가지지 못한 기술력이나 브랜드이미지, 유능한 인재 등 희소한 경영자원을 가져야 한다. 또한 그 산업에서의 성공에 필요한 핵심역량을 지니고 있어야 한다. 이러한 경쟁우위는 기업내부의 혁신을 통해 창출되기도 하며, 때로는 외부환경의 변화로부터 발생하기도 한다.

① 내부혁신: Toyota가 린(lean) 생산방식을 통해 품질개선을 이루어 냈듯이 기업내부에서 새로운 업무방식, 기술, 유통망의 구축, 아이디어를 통해 경쟁우위를 창출할 수 있다.

② 외부환경의 변화: 원유가격이나 환율과 같이 외부환경이 변동하면, 기업은 자신이 지닌 경영자원에 따라 서로 다른 충격을 받는다. 또한 기업의 대처능력에 따라 기업은 서로 다른 충격을 받는다. 그러므로 외부환경의 변화에 신속하게 대응할 수 있는 역량을 지닌 회사는 경쟁우위를 지닐 수 있다.

(2) 경쟁우위의 유지

경쟁우위를 창출하는 것도 중요하지만, 유지하는 것도 중요하다. 경쟁자가 쉽게 획득할 수 있거나 모방할 수 있다면 경쟁우위는 쉽게 없어진다. 새로운 방법의 서비스나 금융상품은 쉽게 모방될 수 있지만, 기업문화나 브랜드 이미지 등은 쉽게 모방할 수 없다. 또한 특허권은 일정한 기간 동안 지속되다가 사

[그림 7-7] Porter의 전략유형

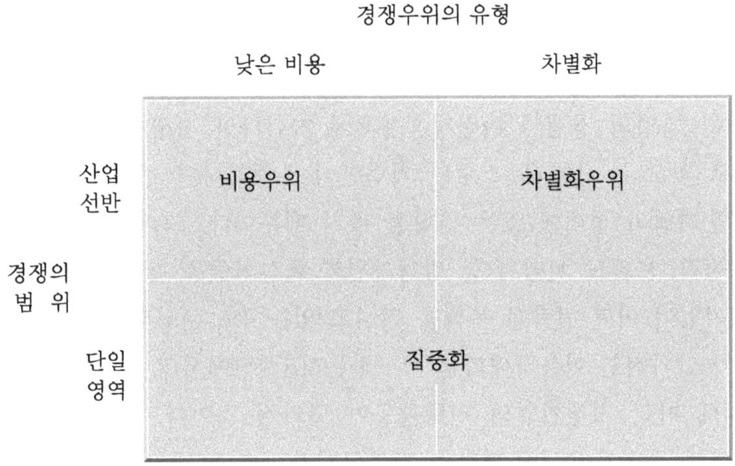

라지지만, 브랜드 이미지는 상당기간 지속될 수 있다.

(3) 경쟁우위의 유형

경쟁우위의 유형은 크게 두 가지 유형으로 분류될 수 있다. 하나는 비용우위(cost advantage), 즉 같은 제품을 낮은 가격으로 제공할 수 있는 능력으로부터 나오는 것이며, 다른 하나는 차별화우위(differentiation advantage), 즉 독특한 제품을 만들 수 있는 능력으로부터 나오는 것이다. 비용우위는 효율적인 규모로 설비투자를 한다든지, 생산이 용이한 제품디자인을 지니고 있다든지, 효율적인 원가통제의 노하우를 지니고 있을 때 가능하다. 차별화우위는 브랜드의 힘, 디자인능력, 독특한 서비스와 품질로부터 나온다.

포터는 위의 두 가지 경쟁우위의 전략, 즉 비용우위와 차별화우위 전략의 선택과 더불어 그 기업제품의 폭이 얼마나 넓은가에 따라 기업의 전략을 비용우위, 차별화, 집중화(focus)의 세 가지로 분류하였다. 집중화는 작은 세부시장(niche market)에 집중하는 전략이다. 집중화는 비용우위를 통해서, 혹은 차별화를 통해서도 가능하다.[19]

19) M. E. Porter(1985), Competitive Advantage, New York : Free Press.

(4) 경쟁기업분석

자기 기업의 경영자원과 핵심역량을 분석하여 경쟁회사와의 상대적 경쟁우위를 창출하는 것과 더불어 경쟁회사의 경영자원과 핵심역량을 분석하는 것이 필요하다. 기업의 경쟁이 완전경쟁형태에 가깝다면 경쟁기업을 분석할 필요성이 별로 없으나, 산업 내 소수의 기업만이 존재한다면 경쟁기업의 행동과 반응은 개별 기업의 성패에 많은 영향을 주기 때문이다. 그러므로 경쟁기업의 자금력, 기술력, 브랜드 이미지 등 경영자원과 핵심역량을 파악하는 것이 필요하며, 경쟁기업이 어떤 전략과 목표를 지니고 있는지도 분석해야 한다. 경쟁기업의 목표가 단기적인 이윤극대화를 추구하는지, 시장에서의 지배적 지위를 고수하려는지에 따라 경쟁기업의 전략행동이 달라질 것이다. 경쟁기업에 대한 분석을 통하여 소비자의 욕구변화나 정부규제가 풀리는 등의 외부환경변화가 있을 때, 경쟁기업이 어떤 행동을 취할지를 예측할 수 있다.

2) 비용우위와 가격경쟁

제품이나 서비스가 차별화가 되어 있지 않은 경우, 기업이 경쟁하는 수단은 비용이다. 제품차별화가 되어 있더라도 비용의 절감은 기업에게 높은 수익을 가져다 준다.

(1) 비용우위의 원천

비용구조에 영향을 미치는 것은 규모의 경제, 경험효과, 투입요소의 비용, 생산설비의 효율적 활용 여부, 관리 및 조직의 효율성, 비용절감을 가능케 하는 제품설계 등이 있다.[20)]

① 규모의 경제 : 규모의 경제란 산출량이 증가할수록 단위당 투입비용이 감소되는 것을 말한다. 규모의 경제가 있는 경우에는 규모를 크게 하여 비용우위를 달성할 수 있다. 따라서 규모의 경제가 있는 산업은 소수의 대규모 기업만이 살아 남는다. 대규모의 R&D 비용이나 광고비용, 설비투자비용이 대량생산으로 인해 분산될 수 있기 때문이다. 반면 규모의 경제가 활용되면 제품의 차별화를 이루기 어렵고, 환경변화에 따라

20) 장세진(2005), 앞의 책, pp. 282-296.

유연하게 대응할 수 있는 능력이 떨어지며, 조직의 규모가 커짐에 따른 조직관리의 비효율성이 나타나기 쉽다.

해운기업의 경우 정기선경영은 규모의 경제여지가 크고, 부정기선경영은 규모의 경제여지가 작다. 규모의 경제는 대량구입에 따른 연료, 선박용품 등의 가격할인과 선박보험료율의 할인, 그리고 일부 일반관리비의 절감효과에서 나타난다.

② 경험효과 : 경험에 따라 학습효과에 의해 효율이 증대됨으로써 각 활동의 원가가 감소된다. 예를 들어 일정계획의 개선, 작업효율성향상, 공정개선, 제품설계의 변경 등을 통해 이루어진다.

③ 투입요소비용 : 생산에 필요한 원자재를 저렴한 비용으로 구입한다든지, 임금이 낮은 인력을 고용한다든지 등을 통해 이루어진다.

④ 생산시설의 활용도 : 설비투자가 많은 기업은 생산시설규모를 단기적으로는 조절할 수 없으므로, 생산시설을 놀리지 않고 효율적으로 활용함으로써 비용우위를 달성한다.

⑤ 기　　타 : 비용절감이 가능하도록 생산공정을 합리화하고, 부품을 공유하며, 제품디자인을 개선할 수 있다. 또한 조직관리를 효율적으로 하여 비용을 절감할 수도 있다.

(2) 가격경쟁전략

비용우위가 있는 기업에게는 가격경쟁이 성공적인 전략이다. 적극적인 가격전략은 특히 가격에 따라 수요가 민감하게 변동하는 재화에서 사용된다. 또한 기업이 초과설비를 보유하고 있다면 생산량을 높여 가격인하를 하고자 하며, 규모가 작은 기업은 가격인하의 영향력이 시장에 크지 않으므로 비교적 부담 없이 가격전략을 사용할 수 있다. 한편 가격인하전략은 산업에 신규기업이 진입하지 못하도록 하기 위해서도 사용하기도 한다.

(3) 해운기업의 가격경쟁전략

정기선시장은 운임경쟁을 감소시킬 목적으로 해운동맹을 결성하는 것이 보통이므로, 정기선시장에서는 가격경쟁보다 화물적취경쟁이 일반적이다. 해운의 수익성은 운임가격, 수송량, 그리고 선박운항비용에 따라 결정된다. 이 중

운항비용은 대부분 연료비와 항비로서 대개 불변비성격이 강하고, 운임가격 역시 해운동맹의 운임협정에 의해 결정되면 결국 수송량이 수익성을 결정하는 주요 요인이 된다. 그러므로 수송량을 계속적으로 확보하기 위한 비가격경쟁이 정기선시장의 주요 경쟁전략이 된다. 비가격경쟁이란 운항서비스의 질을 높여 경쟁하는 것으로 뒤에 설명할 차별화우위전략을 말한다.

부정기선시장은 완전자유경쟁의 특징을 가지며, 운임시황은 선복의 수급상태에 따라 크게 변한다. 부정기선시장에서는 저운임가격이 중요한 서비스요인이며 경쟁요인이지만, 현실적으로 가격경쟁전략을 사용하기가 쉽지 않다. 시장가격보다 낮은 운임을 제공할 수 있을 때 경쟁우위를 달성할 수 있으나, 이는 곧 다른 경쟁사의 가격인하를 초래하여 가격정책으로 인한 경쟁우위는 일시적이다.

3) 차별화우위와 차별화경쟁

기업경쟁이 심화되면서 비용우위로부터 나오는 가격경쟁력이 상실되면, 품질의 차별화를 통해 경쟁할 수밖에 없다. 차별화우위란 소비자에게 독특한 가치를 제공하여 줌으로써 차별화에 소용된 비용 이상으로 높은 가격프리미엄을 얻는 것을 말한다.[21)]

(1) 차별화가능성

차별화는 매우 다양한 차원에서 가능하다. 눈으로 확인할 수 있는 제품의 모양이나 색상, 디자인뿐만 아니라, 제품의 성능이나 속도, 안정성면에서도 차별화가 가능하다. 또한 눈으로 확인할 수 없는 제품이나 기업의 이미지, 브랜드인지도 등 소비자가 느끼는 심리적 차원에서도 차별화가 가능하다. 제품차별화의 기회는 근본적으로 그 제품이 지닌 특성에 의해 좌우된다. 제품이 휘발유나 반도체 같은 일상재라면 차별화의 여지가 적으나, 핸드폰이나 자동차와 같은 복잡한 제품이나 서비스산업은 차별화의 가능성이 높다. 해상서비스에서의 차별화가능성은 운항빈도와 항해속력을 높이거나, 선창설비를 비롯한 기타 서비스를 향상시키거나, 육상서비스면에서 경제적인 일관수송시스템을 편성하거나, 하주에 대해 화물포장이나 컨테이너적재에 대한 지도서비스를 제공하거

21) 장세진(2005), 앞의 책, pp. 330-352.

나, 화물운송에 관한 관련정보를 제공해 주는 등을 생각할 수 있다.

차별화는 세분화와 구분되는데, 차별화가 제품이나 서비스의 특성면에서 경쟁기업과 어떻게 차별화하여 경쟁할 것인가의 전략을 말한다면, 세분화(segmentation)는 시장을 어떻게 세분화하여 어떤 시장에서 경쟁할 것인가 하는 시장의 특성을 의미한다.

(2) 차별화전략

① 제품기획: 얼마나 다양한 제품이나 서비스를 만들고, 그 품질의 차이를 얼마나 다르게 할 것인가는 제품기획과 관련된 것이다. 차별화에는 비용이 들어간다. 브랜드차별화에는 많은 광고비가 투입되어야 하며, 제품 품질의 차별화에는 연구개발비나 투입비용이 많이 소요되며, 제품특성의 차별화는 소규모 생산에 따른 단위당 생산비용이 증가한다. 따라서 제품기획을 통한 차별화를 하는 경우에는 비용의 절감을 위한 노력이 함께 이루어져야 한다. 또한 앞에서 언급한 시장의 세분화를 고려하여 특정세부시장에 집중화된 차별화를 할 것인가, 아니면 전체시장을 대상으로 차별화할 것인가를 정해야 한다. 세부시장에 집중화된 차별화를 니치전략(niche strategy)이라고 한다.

② 광고전략: 제품이나 서비스의 특성이나 품질에 대한 정보를 제공해 주기 위해 광고가 필요하지만, 광고 자체가 제품을 차별화하는 측면도 있다. 광고를 잘하는 능력도 경쟁우위의 원천이 되며, 기업은 가격경쟁이 아닌 광고경쟁을 통해 차별화를 달성하기도 한다.

③ 유통전략: 강력한 유통망은 차별화우위의 원천이 되기도 한다. 차별화된 유통망을 직접 구축하고 있거나, 유통업체에게 지배적인 영향력을 행사하거나, 호의적인 관계를 형성하는 등의 방법을 통해서 소비자가 제품을 쉽게 접하게 된다면, 유통으로 인한 차별화우위를 달성하는 것이다.

4. 기업수준의 전략

기업은 수익성이 높을 것으로 예상되는 산업으로 새롭게 진출하거나, 사양

산업으로부터 철수할 수 있다. 이를 다각화전략이라고 한다. 또한 기업은 개별 산업단위의 가치 사슬 중에서 어느 부분까지 자신이 수행하고, 어느 부분을 외주에 의존할 것인가를 결정한다. 이를 수직적 통합전략이라고 한다. 기업은 또한 어떤 형태로 해외시장에 진출할 것인가의 해외시장 진출전략을 결정한다. 이러한 모든 기업수준의 전략은 독자적으로 새롭게 시작할 수도 있으며, 기존의 기업을 인수, 합병 혹은 전략적 제휴를 통하여 수행할 수도 있다.

1) 다각화전략

(1) 다각화개념

다각화(diversification)란 한 기업이 여러 산업에 참여하는 것을 말한다. 다각화에는 제품이나 판매지역에서 관련된 산업에 집중하여 다각화하는 관련다각화와 소위 문어발식 확장이라고 부르는, 즉 제품이나 시장면에서 별로 관련이 없는 분야로 진출하는 비관련다각화가 있다. 관련다각화와 비관련다각화를 구분하는 기준은 기존 사업과 새로 진출하는 사업 간에 시너지효과가 나타나는가 하는 것이다. 관련다각화는 규모의 경제로 인한 효과를 얻을 수 있고 전문성의 강점이 있으나, 비관련다각화는 위험분산의 장점이 있다.

(2) 다각화동기

① 지속적 성장의 추구: 기업의 지속적 성장을 목적으로 다각화를 할 수 있다. 기존의 산업이 사양산업이거나 기존 제품의 수익성이 떨어지는 경우, 생존을 위하여 새로운 산업에 진출할 수 있다.

② 위험의 분산: 기업은 사업의 다각화를 통해 위험을 분산하고자 한다. 기업이 한 사업에만 집중하면, 경기순환에 의해 혹은 환경변화에 의해 그 사업의 경기가 하락할 경우 치명적이므로, 그 위험을 분산하기 위해 다른 사업으로 다각화를 시도한다.

③ 범위의 경제: 범위의 경제(economy of scope)란 한 기업이 두 개의 제품을 생산할 때 소요되는 비용이 두 개의 기업이 각각의 제품을 생산할 때 소요되는 비용의 합보다 훨씬 작을 때 달성된다. 기업이 기존 산업에서 사용하던 유통망, 광고활동 등으로 구축된 기업의 이미지와 명성, R&D 활동으로 축적된 기술적 노하우 기타 조직관리능력 등은 다른 산

업에 진출할 때 유용하게 활용될 수 있다.

④ 시장지배력의 강화: 기업은 다각화를 통해 시장지배력을 강화하려고 한다. 다각화된 기업은 한 사업분야에서 발생한 수익으로 다른 사업분야에서 가격경쟁을 하거나, 다각화된 기업들이 서로 경쟁하지 않고 상호구매를 해줌으로써 시장지배력을 행사하여 경쟁우위를 가질 수 있다.

(3) 다각화의 성과

범위의 경제성으로부터 발생하는 시너지효과로 인해 관련다각화는 비관련다각화보다 높은 기업성과를 가져온다는 것이 일반적 견해이다. Rumelt(1974)는 기존 사업과 밀접한 관련이 있는 사업으로 다각화한 경우가 비관련사업으로 다각한 경우보다 수익성이 높다는 것을 밝혔으며, 그 후의 여러 연구들도 유사한 결론을 제시하고 있다. 그러나 일부의 연구에서는 비관련다각화가 오히려 높은 성과를 나타내는 것으로 보고하고 있는데, 이는 관련사업에서 활용할 경영자원이 없는 기업에게는 관련사업으로의 다각화보다 오히려 비관련사업분야의 진출이 새로운 기회가 될 수 있기 때문이다.

포터는 다각화전략을 다섯 가지 유형, 즉 포트폴리오관리, 리스트럭쳐링, 기술과 핵심역량의 이전, 경영자원과 생산활동의 공유전략으로 구분하였다. 포트폴리오관리란 콩글로머리트에 의해 이루어지는 다각화이며, 사업의 관련성을 가리지 않고 저평가된 기업을 인수하는 전략이다. 리스트럭쳐링은 비효율적인 기업을 인수하여 회생시키거나 비관련사업을 매각하여 사업영역을 재조정하는 전략이다. 기술과 핵심역량을 이전하는 전략은 기존 사업에서의 기술과 핵심역량을 타사업분야에서 활용하는 전략이며, 경영자원과 생산활동의 공유전략은 그 기업이 여러 사업부 간에 경영자원을 공유함으로써 비용절감과 차별화를 이루는 전략으로서 가장 높은 가치를 창출할 수 있는 전략이다.[22)]

(4) 사업포트폴리오의 관리(Product Portfolio Management)

가장 널리 알려진 포트폴리오 관리기법은 BCG(Boston Consulting Group) 매트릭스기법이다. 어떤 사업을 시장점유율과 성장률을 두 기준으로 하여 산업 내에서 그 기업의 경쟁적인 위치를 확인하고, 다른 사업단위와 비교할 수 있는

---

22) M. E. Porter(1987), "From Competitive Advantage to Corporate Strategy," Harvard Busienss Review, May-June, pp. 43-59.

[그림 7-8] BCG 포트폴리오 매트릭스

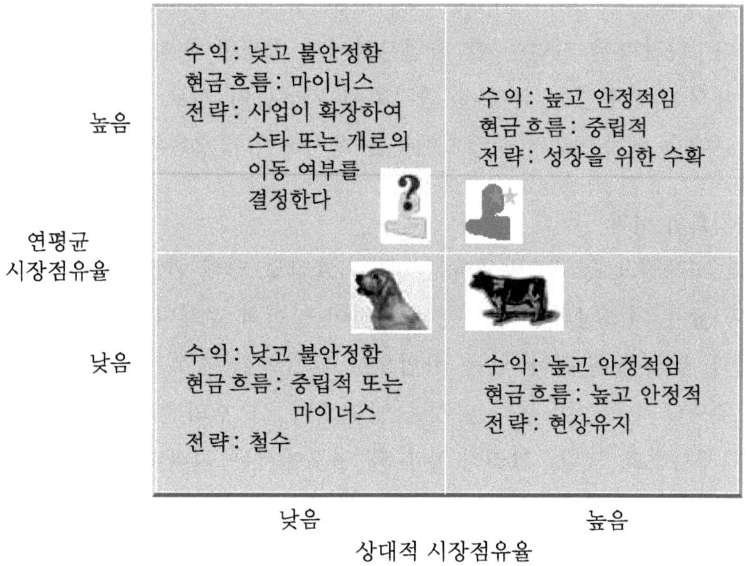

방법이다. 어떤 사업의 시장점유율이 높다는 것은 그 기업의 상대적인 경쟁우위가 있다는 것을 의미하며, 그 사업의 성장률이 높다는 것은 앞으로 높은 이윤의 창출기회가 많다는 것을 의미한다. BCG 매트릭스가 시사하는 바는 시장점유율도 낮고 성장률도 낮은 사업, 즉 "개"(dog)라고 불리는 사업에서는 빨리 탈퇴하여야 하고, 시장점유율이 높으나 성장률이 낮은 사업인 "자금젖소"(cash cow)의 사업으로부터 많은 자금을 뽑아서 시장점유율은 낮지만 성장률이 높은 "물음표"(?) 사업에 투자하여 가능한 많은 "별"(star)의 사업을 소유해야 한다는 것이다.

사업포트폴리오 관리는 다각화된 기업이 사업부별로 경영자원을 효율적으로 배분할 수 있도록 하는 데 유용하다. 그러나 앞에서 설명한 포트폴리오관리는 현재의 제품이 경쟁의 중심이 되고, 제품을 생산하는 각 사업부는 기업 내에서 독립적으로 운영되고, 자원을 배타적으로 보유하는 경향이 있기 때문에 경쟁우위의 근원인 핵심역량을 어떻게 축적하고 공유할 것인가에 대해서는 다루고 있지 않다. 각 사업부는 오히려 다른 사업부와 경쟁을 하면서 핵심역량을 공유하기를 꺼리는 경향이 있다. Hamel과 Prahalad는 사업부제와 포트폴리오관리기법에만 의존할 것이 아니라, 성공적인 다각화전략의 핵심인 핵심역량에 입각한 경영을 할 것을 주장하였다.[23] 핵심역량적인 관점에서 보면 경쟁의 토대는 제품이 아니라 핵심역량이며, 각 사업부는 완전히 독립된 조직이 아니라 핵심역량을 일시적으로 저장하고 있는 곳이다. 포트폴리오 관리기법에서는 사업부별 자본의 배분에만 관심을 갖지만, 핵심역량적 관점에서는 자본과 더불어 핵심역량의 배분을 강조하며, 사업부간 핵심역량을 공유하는 문제와 새로운 핵심역량을 공동으로 창출하는 것에 관심을 갖는다.

(5) 해운기업의 다각화

해운기업은 선박운항사업 외에 관련사업인 항만운송이나 운송주선업 등에 진출하거나, 비관련사업인 금융업, 무역업, 건설업 등에 진출하여 다각화를 할 수 있다. 한국 해운기업에서는 1987년 들어서 선박대리점업과 해상화물운송주선업 면허가 개방되면서 여러 해운기업이 다각화를 전개하기 시작하였다.

해운기업이 여러 가지 복수사업을 경영하는 경우, 단위사업을 어떻게 정의하는가에 따라 다각화전략인지 혹은 다음에 설명할 수직적 통합인지가 구분된다. 한국표준산업분류의 소분류기준으로 분류하면 육상운송업, 해상운송업 및 해운관련사업을 각각 하나의 단위사업으로 볼 수 있으므로 이들 사업으로 진출하는 것은 다각화전략으로 볼 수 있으나, 개개의 물류 흐름의 연계로 보면 개개의 사업은 수직적으로 관련을 맺고 있다. 즉 육상운송업, 해상운송업, 창고업은 동일한 산업의 범위 내에서 각각 다른 서비스를 제공한다는 점에서 관련 다각화라고 할 수 있지만, 유통과정에서는 수직적인 물류관계에 놓이므로 수직적 통합으로도 볼 수 있다. 또한 해운업이 제조업에 진출하는 경우에는 비관련 다각화로 볼 수 있지만, 제조업이 해운업에 진출하는 것은 수직적 통합으로 분류할 수 있다.[24]

2) 수직적 통합과 아웃소싱전략

한 기업이 여러 산업에 참여하는 것을 다각화라고 한다면, 수직적 통합(vertical integration)이란 수직적으로 연결된 기업의 사업영역(예: 부품생산에서 유통

23) C. K. Prahalad, & G. Hamel(1990), 앞의 논문, pp. 79-91.
24) 오세영(1998), 현대 해운경영의 이해: 환경전략실무, 범한.

까지) 중에서 어디까지 기업의 내부활동범위로 포함시킬 것인가에 관한 것이다. 수직적 통합은 통합의 방향에 따라 후방통합과 전방통합으로 분류되는데, 후방통합(backward integration)이란 부품과 원료에 대한 소유권과 통제력을 갖는 것이고, 전방통합(forward integration)이란 유통부문에 대한 소유권과 통제력을 갖는 것을 말한다.

(1) 거래비용이론과 기업의 범위

기업의 모든 활동은 기업내부활동이 아닌 시장에서의 거래를 통해 수행할 수도 있다. 생산과 판매, 인사관리 등 모든 기업활동은 다른 기업과 계약을 통해 대신 수행하도록 할 수 있다. 그런데 시장에서 다른 기업과의 거래를 통해 기업활동을 수행한다면, 많은 비용이 발생한다. 원하는 시기에 안정된 품질의 제품과 서비스를 제공받을 수 없는 문제, 필요 이상의 가격을 지불하는 문제, 계약대로 제대로 업무를 수행하는지를 감독해야 하는 문제 등으로 인해 많은 비용이 발생하는데, 이를 거래비용이라 한다. 기업의 입장에서 이러한 거래비용을 줄이기 위해서는 이러한 활동을 기업내부에서 수행하는 것이 유리하다. 그러나 모든 활동을 기업의 내부활동으로 수행하면, 많은 조직의 비효율성과 관리비용이 발생한다. 그러므로 수직적 통합은 관리비용과 거래비용을 비교하여 더 유리한 방향으로 결정하게 된다. 20세기에 들어 경영관리방법의 발전에 따라 관리비용이 줄어들면서 수직적 통합이 증가하고 거대기업이 많이 발생하였지만, 최근에는 인터넷과 정보기술의 발전으로 인해 거래배용이 줄어들면서 기업의 내부화를 줄이고 시장의 거래로 대체하는 경향이 생기게 되었다.

(2) 수직적 통합의 비용과 이익

수직적 통합은 시장에서의 거래비용을 줄일 수 있는 반면에, 내부화에 따른 관리비용이 발생한다고 하였다. 따라서 수직적 통합의 정도는 거래비용과 관리비용을 비교하여 더 유리한 방향으로 결정하게 된다.

① 시장에서의 거래비용 : 만약 부품공급시장에 소수의 기업만이 참여하고 있다면, 그들이 독점력을 행사함으로써 시장을 통한 거래는 매우 불안정하고 비효율적이 된다. 그러므로 그런 경우에는 기업이 부품제조활동을 내부화하는 수직적 통합이 더 유리할 수 있다. 또한 기업에서 요

구하는 어떤 부품이 그 기업에게만 필요하고 다른 기업에서는 사용되지 않는 부품인 경우, 상대기업이 구매취소나 가격인하를 요구하면 부품제조업체는 위험에 빠지게 되며, 반대로 부품제조업체가 납품거절이나 가격인상을 요구하면 상대기업도 위험에 빠지게 된다. 이처럼 시장에서 소수의 거래관계가 있거나 특정고객을 위한 거래관계가 있고, 거래당사자간 기회주의적인 행동이 발생하는 경우는 수직적 통합을 통한 내부화가 더 효율적이다.

② 내부화의 관리비용: 수직적으로 연결된 활동을 기업내부의 활동으로 내부화하면 경영관리비용이 발생한다. 가장 큰 문제는 한 기업이 여러개의 서로 다른 핵심역량을 보유하기 어렵다는 데 있다. 예를 들어 생산과 유통을 모두 내부화하면 생산에 필요한 기술력과 생산능력뿐 아니라, 유통에 필요한 고객대처능력, 구매교섭력, 가격경쟁력 등이 필요한데, 한 기업이 이러한 능력을 모두 소유하기란 쉽지 않다. 또한 한 기업이 여러 활동을 내부화하면 유연성이 떨어진다. 예를 들어 경기가 나빠져서 생산량을 줄이고자 하여 부품을 적게 필요로 하는 경우에도 부품제조를 수직적으로 통합한 경우에는 이미 투자된 설비와 근무인력으로 인해 유연하게 대처하기 어렵다. 또한 수직적 통합으로 인한 내부적 거래는 부품생산량을 모두 내부에서 소화시켜 주므로 신제품개발이나 기술혁신의 인센티브가 없어서 부품을 전문으로 생산하는 외부기업에 비해 경쟁력이 떨어진다.

(3) 수직적 통합의 형태

수직적 거래관계에서 어느 정도 통제력을 가질 수 있는가와 어느 정도 유연성을 확보할 수 있는가는 수직적 통합의 형태에 따라 다르다. 가장 강력한 통제를 할 수 있는 것은 100% 소유권을 가진 수직적 통합이나, 이 경우 유연성은 매우 낮다. 합작투자는 대개 50 대 50으로 지분을 갖는 것을 말한다. 합작투자보다 낮은 통제력을 갖는 것으로 상호 주식을 보유하거나 생산자가 부품업자의 주식을 보유하는 계열화방법이 있다. 계열화는 장기공급계약을 체결하면서 상호 주식보유를 통해 어느 정도 통제력을 유지하면서 보다 유연성을 확보할 수 있는 수직적 거래관계이다.

(4) 해운기업의 수직적 통합

선진해운기업은 흔히 수직적 통합전략을 채택한다. 즉 해상운송과정에 관련된 사업인 주선업, 하역업, 보관업 내지는 육상운송 등을 통합하여 해운기업의 경영체계 내에 포함시키는 전략을 취한다. 최근에는 고객에게 최고의 서비스를 제공하기 위하여 종합물류사업으로의 진출이 두드러지게 나타나고 있다. 이는 해·육·공을 결합시켜 다양한 고객(하주)의 수요에 종합적으로 부응하는 것이다. 즉 해운기업은 해상수송만 담당하는 것이 아니라, 하나의 수송계약을 바탕으로 출발지에서 도착지까지 두 개 이상의 수송수단을 활용하여 문전에서 문전까지(door to door) 책임지고 수송하는 것이다.

(5) 전략적 아웃소싱

내부적으로 수행하던 활동 중에서 핵심분야가 아닌 활동의 경우, 이를 효율적으로 수행할 수 있는 외부기업에게 용역을 주는 것을 아웃소싱(outsourcing, 외주)이라 한다.

부품생산을 아웃소싱하기도 하며, 총무부기능, 교육훈련기능 등을 따로 떼어 독립된 회사로 분사화(spin-off)하여 기능을 위탁수행하기도 한다. 이는 기업이 자신의 핵심역량을 유지하면서 핵심역량이 없는 부문을 하청을 줌으로써 자신의 핵심역량에 더욱 더 집중하며, 비용을 절감하고, 유연성을 확보하고자 하는 것이다. 그러므로 아웃소싱을 함에 있어서 핵심역량을 상실하지 않고 유지하는 것은 매우 중요하다. 또한 여러 활동을 아웃소싱하는 경우는 내부조직에 있을 때의 정보공유로 인한 조정, 통합력이 상실되므로, 각 활동 간에 긴밀한 협력관계가 유지되도록 시스템을 잘 갖추어야 한다. 또한 아웃소싱에 의하여 유연성은 확보되지만, 통제력이 줄어든 만큼 한 회사에 의존하기보다는 복수의 회사를 이용하여 상호 경쟁을 시킴으로써 통제력을 확보하는 것이 필요하다.

3) 해외시장 진출전략

해외시장 진출전략은 기업의 활동의 범위를 국제적으로 다각화하는 글로벌전략이라 할 수 있다. 글로벌전략의 수립을 위해서는 두 가지 문제를 결정해야 한다.

첫째는 기업활동 중 어떤 활동을 어떤 국가에 배치할 것인가의 문제이다. 예를 들어 생산원가가 낮은 국가에서 생산활동을 하고, 시장의 규모가 큰 국가에서 판매활동을 하고, 연구개발인력이 우수한 국가에서 연구개발을 하면 경쟁우위를 얻을 수 있다.

둘째는 각국으로 나뉘어져서 수행되는 생산, 판매, 연구개발 등의 활동을 어떻게 통합하고 조정할 것인가의 문제이다.

(1) 글로벌전략의 유형

포터는 위의 두 가지 측면, 즉 기업활동의 범세계적 배치와 기업의 범세계적 활동의 조정을 기준으로 글로벌전략의 유형을 구분하였다.[25]

단순한 글로벌전략은 기업활동이 지역적으로 집중되어 있고, 각 국가에서의 활동을 본사가 강력하게 통제하는 전략이다. 국가별 전략이란 여러 국가에 자회사를 설치한 후 자회사운영은 전적으로 자회사에 맡기고, 자회사간의 협조관계가 약한 전략이다. 고도의 글로벌전략은 여러 국가에 자회사를 설치하고, 이들을 강력하게 통제하여 하나의 기업처럼 운영하는 것이다. 수출위주의 마케팅전략은 자신의 브랜드가 없이 주문자상표방식으로 수출하는 경우처럼 해외의 특정지역을 대상으로 주로 마케팅활동을 하는 경우이다.

[그림 7-9] 글로벌전략의 유형

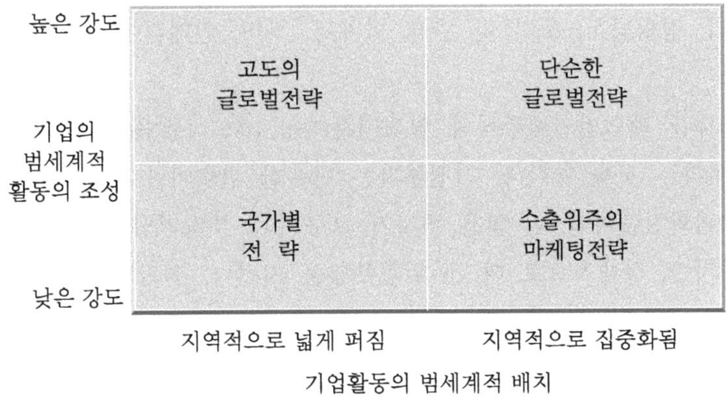

자료 : Porter, Competition in Global Industries, Harvard Business School Press, 1985.

25) M. E. Porter(1985), Competition in Global Industries, Harvard Business School Press.

만약 국가마다 산업에 대한 특성과 규제가 다르다면 국가별 전략이 유리하지만, 산업에 대한 특성과 규제가 국가별로 다르지 않고 동일한 수준의 제품과 서비스를 제공하는 것이 유리하다면, 고도의 글로벌전략이 필요하다. 예를 들어 자동차용 휘발유는 국가마다 합성비율과 첨가된 혼합물이 다르고 유통경로도 다르기 때문에 국가별 전략이 적합하지만, 선박용 휘발유는 세계 어느 곳에 정박하든 같은 윤활유를 사용할 수 있어야 하므로 글로벌전략이 적합하다. 결국 어떤 전략이 더 적합한가 하는 것은 기업이 속한 산업의 특성에 따라 다르다.

(2) 해외시장 진출방법

기업의 해외진출방식에는 크게 수출, 계약, 직접투자의 세 가지 유형으로 나눌 수 있다. 수출의 방법에는 간접수출과 직접수출이 있다. 간접수출은 기업이 직접 수출업무를 수행하지 않고 종합무역상사나 수출대행업자를 통해 하는 것이다. 직접수출은 수출전담부서나 해외지사를 통해 직접 수출업무를 수행하는 것이다.

계약에 의한 해외진출은 라이센스, 프랜차이즈, 생산계약 등의 방법이 있다. 라이센스와 프랜차이즈는 진출예정국이 수출이나 직접투자에 대한 규제와 무역장벽이 있거나, 수출이나 직접투자로 인한 비용이 오히려 많이 발생하거나 투자국이 정치적으로 위험하거나 등의 장애가 있는 경우에 진출하기 위한 방법으로 사용된다. 라이센스는 기술이나 브랜드만을 일정기간 제공하지만, 프랜차이즈는 라이센스보다 훨씬 강한 통제력을 갖는 것으로서 프랜차이즈업체에게 품질관리, 경영방식, 조직 및 운영, 마케팅, 장비, 인테리어 등을 지원하고 통제한다.

직접투자란 해외법인체주식의 일정지분(통상 20% 이상)을 소유하며, 직접 경영에 관여하는 것을 말한다. 직접투자는 단순한 수출이나 계약보다 장기적인 관점의 해외진출이며, 더 많은 투자가 요구되고, 투자기업을 더 강력히 통제할 수 있지만, 상대적으로 더 큰 위험부담을 지닌다. 직접투자는 합작투자, 신설투자, 인수합병의 방법이 있다.

(3) 다국적기업(multinational enterprise)

해외직접투자를 통해 둘 이상의 국가에 현지법인을 갖고 있는 기업을 다국적기업이라고 한다. 다국적기업은 투자국가특유의 경쟁우위를 활용할 수 있고, 국적과 상관없이 유능한 인재를 활용할 수 있는 장점이 있다. 해운경영은 원래 국제적 경제활동이므로 다국적기업의 발전과 깊은 관계를 지니고 있다. 특히 선박경영에 있어서 인건비의 비중이 매우 크고, 선원의 확보가 어려워짐에 따라 전세계노동시장을 대상으로 값싸고 풍부한 노동력을 구하기 위해서, 그리고 세제상의 혜택이나 선박운항상의 융통성을 얻기 위해 선진해운기업들은 다국적기업의 전략을 추구하고 있다. 해운기업에 있어서 다국적기업의 전형적인 예로 便宜置籍船 경영을 들 수 있는데, 이는 선박을 외국에 등록(치적)하고 외국선원을 고용하여 운항하는 것이다.

4) 전략적 제휴와 인수합병

기업수준의 전략으로 논의한 기업의 다각화, 수직적 통합, 해외진출은 기업이 단독으로 추진할 수도 있지만, 다른 기업과 전략적 제휴나 인수합병의 방법으로 시행할 수 있다. 전략적 제휴와 인수합병은 대부분 기업수준에서 일어나지만, 일부 사업부수준에서도 발생할 수 있다. 전략적 제휴는 자신에게 부족한 역량을 제휴파트너로부터 획득하거나, 자신의 역량과 파트너의 역량을 결합하여 시장에서 경쟁우위를 갖기 위해 활용한다. 제휴의 정도가 심해져서 아예 두 기업이 합해지는 것을 인수합병이라 한다.

CHAPTER

8

해운마케팅

제 1 절 마케팅의 의의와 특징

1. 마케팅의 의의

"마케팅"에 대해서는 다양한 정의가 있다. 다양한 표현으로부터 우리들은 마케팅이 단순히 비즈니스영역의 상품 또는 판매메카니즘(Mechanism)의 개념에 한정되지 않고, 비즈니스영역을 넘어 보다 넓은 경제적 영역, 나아가서는 사회적 영역의 조정메카니즘(Mechanism)으로서 인식되는 대단히 폭넓은 개념인 것을 알 수 있다.

1985년 마국마케팅학회(American Marketing Association)는 마케팅을 "개인과 조직의 목적을 충족시키는 교환을 창조하기 위해서 아이디어, 재화 그리고 서비스의 개발, 가격결정, 판매촉진, 유통을 계획하고 수행하는 과정"이라고 정의하였다.[1] [그림 8-1]은 기업이 마케팅을 수행하는 데 있어 고객만족을 통하여 기업도 이윤을 추구한다는 마케팅의 기본개념과 상생관계를 나타내고 있다.

제조기업들의 마케팅활동과 같이 해운기업의 경영활동과 관련하여 마케팅이라고 할 경우, 그것은 "기업목적을 보다 효과적으로 완수하기 위하여 현재

1) American Marketing Association, "AMA Board Approves New Marketing Definition," Marketing News, March 1, 1985, p. 1.

[그림 8-1] 마케팅의 상호 작용개념

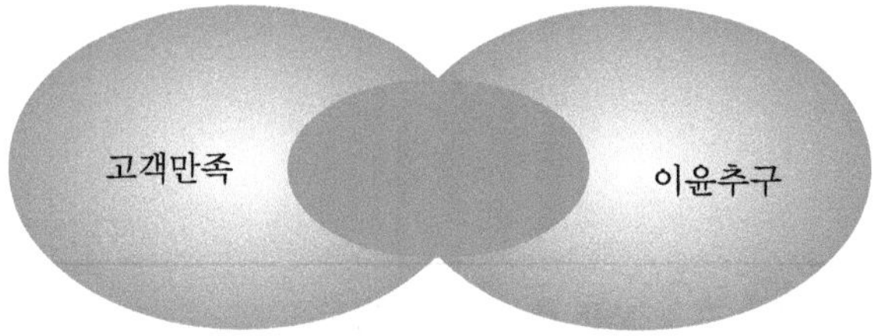

및 장래의 하주(荷主)들의 욕구 및 니즈(Needs)를 만족시킬 수 있도록 서비스를 전략적으로 계획하고, 해운시장에서 작동되도록 조직적이며 통제적으로 경영활동을 전개하는 것"이라고 말할 수 있다.

오늘날 마케팅의 기본개념은 일반적으로 알려진 판매활동 그 자체만을 가리키는 것이 아니고, 또 그 후 경영활동에 있어 확대된 개념, 즉 기업이 생산하고 공급하는 상품 또는 서비스를 시장의 니즈 및 고객의 욕구에 맞춘다는 수동적인 경영자세도 아니다. 경제의 발전 및 생산기술의 진보에 따라 기업경영은 "만들어진 것을 판다"고 하는 생산중심지향으로부터 "팔릴 수 있는 것을 만든다"고 하는 판매중심지향의 마케팅이념으로 변화했지만, 오늘날에는 "고객을 대립적인 개념에서 보는 것이 아니라 고객의 욕구 및 니즈(Needs)를 만족시킬 수 있도록 상품 또는 서비스를 적극적으로 개발하고, 고객에게 이익을 가져다 줌으로써 기업도 이윤을 획득하며 성장 · 발전을 도모한다"는 고객중심지향의 마케팅이념으로 변하고 있다. [그림 8-2]는 판매개념과 마케팅개념을 상호 비교한 것이다. 판매개념이 매출증대를 통한 이윤창출을 목표로 하는 데 반하여, 마케팅개념은 고객에 초점을 맞추고 고객만족을 통한 이윤창출을 목표로 하고 있다는 점에서 가장 뚜렷한 차이점을 보이고 있다.

한편 2004년 8월 미국마케팅학회는 1985년 이후 마케팅의 공식적인 정의로 통용되어 오던 전통적 마케팅개념에서 탈피하여 통합의 아이디어를 강조하는 새로운 마케팅개념을 정의하고 발표하였다. 즉 고객만족과 고객가치 그리고 고객과의 장기적이고 좋은 관계관리를 핵심개념으로 하고, 마케팅목표를 달성하기 위하여 여러 가지 마케팅활동들을 통합하여 네트워크(Network)화하며, 이들을 관리하자는 것이 주된 내용이다.

[그림 8-2] 판매개념과 마케팅개념의 비교

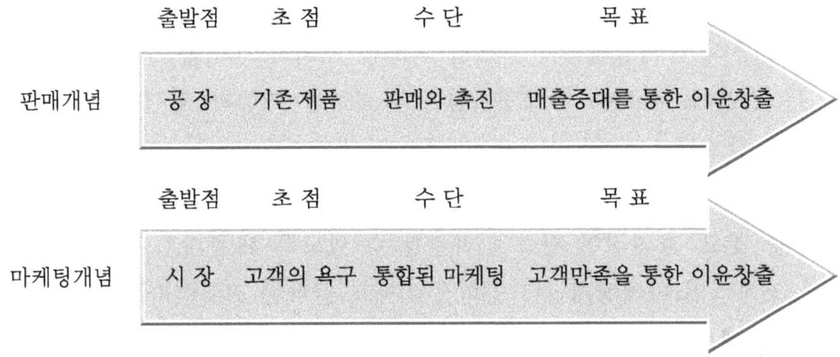

마케팅에 대한 새로운 개념정의이기는 하지만 거의 20년 만의 변화이고, 이는 그 동안 마케팅영역이 다양화되고 신경제와 정보기술 등의 발달로 인하여 생겨난 변화들을 마케팅이 수용할 수밖에 없음을 반증하는 것으로 보여진다. 실제로 기업에서는 이러한 변화를 반영하여 고객관계관리(CRM), 관계마케팅(RM)과 인터넷 마케팅(Internet Marketing)을 적극 활용하고 있는 실정이다.

오늘날 마케팅은 영리조직 및 비영리조직을 망라한 모든 조직체의 경영에 있어 가장 중요한 활동분야이자 기능요소로서, 조직체의 최고경영층은 물론 모든 구성원들이 그 중요성을 인지하고 실천해 나가야 할 수단으로 인식되고 있다. 그 동안 마케팅개념과 철학은 시대상황의 변화에 따라 그 영역과 역할이 점차 확대되어 왔다. 마케팅관리를 기업의 입장에서 볼 것인가, 또는 고객과 시장지향적인 관점으로 볼 것인가로 나누어 볼 수 있을 것이다.

기업중심의 마케팅철학은 첫째 대량생산과 대량유통을 강조하는 생산중심의 사고(思考), 둘째 제품의 기능과 품질을 강조하는 제품중심의 사고(思考), 셋째 촉진과 판매를 강조하는 판매중심의 사고(思考) 등이 해당되고, 고객과 시장지향적인 관점의 마케팅철학은 첫째 마케팅중심의 사고(思考), 둘째 고객중심의 사고(思考), 셋째 사회지향적 마케팅중심의 사고(思考)로 나타나고 있다.

이러한 변화를 반영한 2004년 미국마케팅학회의 새로운 정의에서 나타난 주요 특징들은 다음과 같이 요약된다.

첫째, 그 동안 전통적 마케팅개념에서 강조하던 제품, 서비스, 아이디어로부터 고객을 강조하고 있다. 고객의 평생가치에 대한 기업의 인식증대와 고객만족 및 고객감동을 통하여 기업의 이윤을 증대시키고자 하는 마케팅철학을 반영하고 있다.

둘째, 전통적 마케팅개념이 마케팅 믹스를 계획하고 이를 실행하는 데에 중점을 둔 반면에, 새로운 마케팅개념은 조직적인 기능과 일련의 프로세스(process)들을 강조하고 있다. 이들을 통합하고 네트워크(Network)화함으로써 시너지효과(Synergy Effect)를 얻을 수 있다는 것이다. 그러므로 기업이 보다 적극적인 전술을 찾고, 효과적인 전략을 마련할 수 있도록 해 준다.

셋째, 전통적인 마케팅개념이 일회적 거래로 끝나는 교환이라는 관점을 강조한 반면에, 새로운 마케팅개념은 고객과의 장기관계를 강조함으로써 관계마케팅을 중요시하고 있다. 특히 마케팅이 가치전달자라는 측면에서 볼 때, 고객의 평생가치를 고려하여 기업이 이를 지속적으로 관리해 나갈 때 기업의 장기수익이 확보된다는 점에서 그 중요성은 더욱더 부각되고 있다.

실제로 마케팅은 하나의 프로세스이고, 모든 이해관계자와의 의사소통을 중시하며, 가치전달자로서의 기능을 지니고 있다. 그러므로 기업의 마케팅목표를 달성하기 위해서는 여러 가지의 마케팅활동들이 목표와의 일관성을 유지해야 하고, 마케팅활동들 상호간에는 상호 보완성이 있어야 할 것이다. 이러한 측면에서 2004년 미국마케팅학회의 통합을 중시하는 새로운 마케팅개념은 기업이 어떠한 방향으로 마케팅전략을 수립하고 실행해야 하는가를 보여 주는 좋은 지표가 되며, 앞으로의 기업경영에 큰 영향을 미치고 확산되어 나갈 것으로 보여진다.

2. 마케팅의 본질

현대 마케팅의 본질은 크게 세 가지로 나누어 볼 수 있다. 즉 시장지향적 기업경영과 사회지향적 기업경영 및 유기체개념 등을 들 수 있다. 먼저 시장지향적 기업경영은 고객중심의 경영방침 또는 철학을 나타내며, 이는 현대 기업경영의 가장 중요한 특징이기도 하다. 코틀러(Kotler) 교수는 시장지향적 경영을 다음과 같이 정의하고 있다.[2)] "시장지향적 경영이란 조직의 가장 중요한 임무

---

2) Philip Kotler, Marketing Management : Analysis, Planning and Control, Prentice-Hall, 1980, p. 31.

는 목표고객의 욕구를 찾고, 이 욕구를 충족시키기 위한 수단을 경쟁자보다 효과적이며 효율적으로 배달할 수 있도록 조직을 적응시키는 것이라는 믿음을 고수하는 경영방법상의 한 경향이다." 그러므로 시장지향적 경영은 생산지향적 경영과는 대조되는 개념이다.

한편 사회지향적 기업경영은 기업환경요소인 사회에 대한 기업의 의존적인 관계를 이해하며, 따라서 사회의 중요성을 인식한 데서 연유한 기업경영방식이다. 이것은 시장지향적 경영보다 더 넓은 개념으로서 환경보존 등과 같은 기업의 사회적 책임까지도 고려하는 광의(廣義)의 개념이다. 그러나 이 양자는 상호 보완적인 특징을 갖고 기업경영에서 활용되고 있다.

마지막으로 마케팅의 본질을 구성하는 제 3 의 특징은 유기체적 경영방법이다. 원래 유기체는 통합된 전체를 구성하고 있는 일단의 상호 교류적 및 상호 의존적 개체들이다. 현대 경영학은 기업 자체를 유기체로 보고 운영하고 있다. 즉 기업이 수행하는 여러 가지 기능이 상호 의존적이고 밀접한 관계를 갖고 추진될 때, 기업경영이 능률적이고 효과적으로 달성된다. 마케팅의 경우에도 기업경영에서와 같이 유기체로서의 특징을 갖는다. 마케팅기능을 수행하기 위해서는 마케팅의 몇 가지 하부기능이 집행되어야 하며, 이들은 상호 협조되고 보완성이 있어야 한다. 여기에서 말하는 마케팅의 하부기능은 기업내부에서 행하여지는 제품관리, 가격관리, 유통관리 그리고 촉진관리의 제반 기능들

[그림 8-3] 기업의 마케팅관리과정

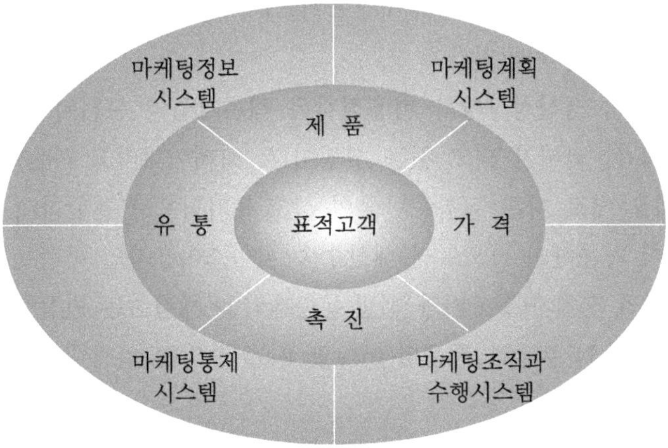

을 포함하며, 기업의 마케팅환경과도 상호 밀접한 관계를 지니면서 작용하고 있다. 한편 기업의 마케팅관리과정은 [그림 8-3]과 같이 나타난다. 표적고객을 중심으로 마케팅 믹스변수들인 4P와 이를 실행하기 위한 각종 시스템들로 구성된다. 마케팅정보시스템을 통하여 획득한 표적고객의 정보를 바탕으로 마케팅 계획을 수립하며, 계획을 실행하고, 마지막으로 마케팅통제시스템을 통하여 성과를 통제하게 된다.

3. 해운마케팅의 의의

해운기업이 계속 생존하고 발전하기 위해서는 목표매출액을 달성하고 필요한 이익을 확보하지 않으면 안 된다. 따라서 해운기업은 해운시장을 구성하는 개별 하주에 대하여 판매촉진을 포함한 여러 가지 활동들을 해야 한다. 해운기업은 단순히 시장환경뿐만 아니라 정책적 환경과 기술적 환경 등 외부환경으로부터 여러 가지 영향을 받지만, 동시에 이러한 외부환경에 대하여 여러 가지 상호 작용을 하고 있다. 기업이 이러한 외부환경에 대하여 반응하는 활동의 중심에 마케팅이 있다.

해운기업의 경영활동과 관련하여 해운마케팅이라고 할 경우, 그것은 기업목적을 보다 효과적으로 완수하기 위하여 현재와 잠재하주들의 일차적 욕구(Needs) 및 이차적 욕구(Wants)를 만족시켜 줄 수 있도록 서비스를 전략적으로 계획하고, 조직하고, 통제하여 해운시장에서 그 기능을 다 할 수 있도록 경영활동을 전개하는 것을 가리킨다.[3)]

즉 해상수송의 생산성향상과 비용절감은 해운기업의 문제일 뿐만 아니라 하주에게도 중요한 과제가 되고 있는 실정이다. 컨테이너라고 하는 단순한 수송용기를 매체로 서로 다른 교통수단들이 상호 유기적으로 결합하여 능률적인 복합일관수송이 가능하게 됨으로써 해상수송 서비스이용자인 하주는 전통적으로 각 물류단계의 전업자(全業者)와 개별 운송계약을 체결하는 번잡함을 회피할 목적으로 일관책임의 부담과 통운임(Through Rate)에 의한 일관수송서비스를 찾게 되었다.

3) Oda Masao, "The Structural Changes in Shipping Market and Marketing," Kaiun, 1984, p. 60.

수요측의 욕구(Needs)에 부응하기 위하여 정기선시장에 등장한 국제복합수송서비스는 ① 일관수송책임(Single Liability)의 인수, ② 통운임(Through Rate)의 제시, ③ 복합운송증권(C/T, B/L)의 발행이라고 하는 세 가지 기본요건에 의하여 특징지워지며, 재래 정기선수송방식에 비하여 ① 수송수배의 편리성, ② 클레임(Claim) 처리의 편리성, ③ 수송시간 및 운임의 자유선택, ④ 화물추적, 통관 등의 서비스질 향상 등과 같은 장점을 창출하게 되었다. 이러한 현상은 피어슨(Pearson)[4]이 연구한 영국 하주들의 서비스인식에 관한 연구에서 지적하고 있는 "하주들의 수송수요에 대한 판단기준과 중점이 비용인식적인 관점에서 서비스질(質)을 중시하는 서비스지향적으로 옮겨 가고 있다"는 결과와 잘 일치하고 있음을 보여 주고 있다.

그러므로 해운마케팅, 특히 정기선사의 마케팅전략은 자연히 하주의 욕구를 충족시켜 줄 수 있는 양질의 해운서비스를 창출하는 것이다. 그리고 해운기업의 입장에서 볼 때, 하주들이 서비스를 적시에 저렴한 가격으로 이용할 수 있도록 마케팅전략을 수립해 나가는 것이 시급한 과제가 되고 있다. 이러한 현상은 국제복합수송의 한 형태인 무선박운송인(NVOCC)의 출현으로 더욱더 중요시되고 있는 실정이다.

제 2 절 해운업의 마케팅

1. 해운마케팅철학의 변화

해운마케팅에서의 마케팅개념 형성배경을 마틴 벨(M. L. Bell)의 발전단계에 의거하여 세 단계로 구분하면, 해운마케팅에서의 단계별 마케팅개념의 특징은 다음과 같이 나타낼 수 있다.

4) Roy Pearson, "Containerline Performance and Service Quality," Univ. of Liverpool, Marine Transport Center, 1980, p. 22.

1) 생산중심 지향개념

산업혁명으로 대량생산이 가능하게 되어 생산은 자급자족목적에서 교환의 목적으로 전환하게 되었다. 그러나 상품의 공급이 수요에 비해 상대적으로 적은 경우에는 상품판매는 그다지 큰 문제가 아니었고, 마케팅문제도 즉각적으로 나타나지는 않았다. 이 경우 소비자들이 공급자에게 접근해야 하는 소위 판매자시장이 형성되며, 이를 대량유통의 단계라고 한다.

1960년대 이후의 세계경제는 고도성장과 놀라운 기술혁신의 진전에 힘입어 대량생산 및 대량소비의 시장구조가 두드러져 이에 따라 해운은 주요 물류수단으로써 그 중요성이 커지면서 동시에 양적, 질적 향상을 추구해 나갔다. 사실상 1970년대 초기까지 해운시장에서는 기술혁신의 도입을 축으로 운항선대를 경쟁적으로 확대하는 것이 개별 기업의 가장 중요한 과제가 되었으며, 해운기업을 확대, 성장시켜 나가는 가장 유력한 수단이었다. 따라서 이 시대에는 이윤획득 및 확대성장이라고 하는 기업의 본질적 목적을 추구하면서 선복(船腹) 확대와 비용효율을 향상시키는 것이 무엇보다도 효과적인 수단이 되었다. 즉 해운기업의 경영확대와 선박의 대형화, 전용선화, 자동화 등의 여러 가지 현상이 빠른 속도로 진전되어 이것이 전후의 해운사를 특징지웠던 것은 그 시대상황을 잘 나타내 주고 있다.

즉 해운기업은 운항선복의 확대와 운항비의 합리화, 서비스를 개선하는 데 있어 평균적인 노력으로 비교적 쉽게 기업목적을 완수할 수 있었다. 그리고 생산물의 판매, 즉 집화 자체에 큰 규모의 경영자원을 투입한다거나 또는 그에 따른 많은 노력을 필요로 하지 않았다. 무엇보다도 시장에 대한 기업의 이러한 인식과 자세에 기초한 마케팅을 일반적으로 생산중심의 마케팅으로 부를 수 있지만, 1973년 제1차 오일쇼크 이전의 해운업에서 관찰된 마케팅은 이러한 단계에 있었고, 결국 해운업에 있어서 마케팅은 하드웨어(Hardware)가 선행하고 취득한 선박에 하주를 유인하기 위한 기업일방적인 특성을 지닌 판매지향적인 개념이 강하게 나타났다.

2) 판매중심지향의 마케팅

대량생산이 계속되고 대량유통시스템에 재고가 축적됨에 따라 기업들은 대량유통이 근본적인 문제를 해결해 주지 못한다는 것을 점차적으로 인식하게 되었다. 따라서 판매가 중요하다는 인식이 나타났으며, 이 문제를 해결하기 위하여 강력한 판매수단과 공격적인 광고가 나타나기 시작하였다. 이를 공격적 판매의 단계라고 하며, 이 시기의 마케팅개념은 생산된 제품을 판매함으로써 이익을 얻는다는 것이었다.

운항선복의 확대, 선박의 대형화, 전용선화, 자동화, 고속화 그리고 항만기능의 개선 등과 같은 생산중심의 경영노력은 해운업의 생산성을 향상시킴과 동시에 해운서비스의 생산, 공급을 비약적으로 증대시켰다. 이러한 선복, 공급분야의 일대혁신은 1970년대를 맞아 최고조에 달했으며, 동시에 진행된 조선기술의 진보와 조선설비능력의 확대가 여기에 상승작용을 하였다. 이 때문에 해운시장의 잠재적 공급과잉 압력이 이 시기에 강하게 나타났다. 또한 1973년 제 1 차 오일쇼크가 세계경제의 저성장을 유발하여 해상무역량이 감소되었으며, 그 결과 시장의 불확실성을 정착시켜 1979년의 제 2 차 오일쇼크까지 이어졌다.

결국 에너지위기는 세계경제와 해상무역을 구조적으로 변화시켜 일거에 과잉선복과 이에 따른 저운임(低運賃) 시황이 만성화되는 결과를 가져왔다. 시장구조의 변화에 의한 과당경쟁력이 항시 존재함으로써 싫든 좋든 해운기업들은 수익성을 확보하기 위하여 마케팅의 중요성을 인식하게 되었다. 또 기술혁신의 진전이 선복운항비용에서 차지하는 고정비부분을 증대시킴으로써 이 점으로부터도 마케팅의 중요성이 현저히 높아졌다. 특히 탱커시장을 중심으로 선박수요가 급변하고 연료비급등으로 인하여 대형선의 장점이 현저히 감소함으로써 비용효율과 선복확대를 주안점으로 혁신투자를 기반으로 하는 종래의 전통적인 생산주도형 마케팅에 변화가 생겼다. 즉, 비용효율을 경쟁우위요소로 대형화, 전용선화에 의해 기업목적을 달성하고자 하는 종전의 사고(思考)로부터 탈피하고, 구조변화의 와중에서도 보다 안정적이며 수익성을 유지할 수 있는 시장영역을 탐색하고, 여기에 적합한 선박유형을 모색하는 판매와 수익성을 우선하는 판매주도형의 마케팅으로 이행하는 것이 두드러지게 나타났다.

그 결과 해운기업의 마케팅이념은 기업의 확대성장지향으로부터 수익성을 우선하는 개념으로 대체되고 선박투자결정, 비경제선의 처분 기타 경영자본의 이용 등이 훨씬 큰 비중을 차지하게 되었다. 그것은 "만든 것을 판다"는 일방통행적 마케팅지향이 아니고, "팔릴 수 있는 것을 만든다"는 판매중심지향으로

향하고 있음을 가리킨다. 그러나 환경의 변화에 따라서 이러한 개념도 퇴색하기 시작하였고, 마침내 새로운 마케팅개념이 등장하기 시작하였다.

3) 고객중심지향의 개념

기업은 잘못된 제품을 만들어 대량판매함으로써 나타나는 불리한 상황을 회피하여야 했고, 대인판매는 구매자나 공급자의 실수를 조정해 주는 기능을 더 이상 할 수가 없었다. 왜냐하면 소비자의 소득증가, 경쟁의 심화 등으로 구매자의 선택범위와 자유재량이 증가하였기 때문이다. 기본적인 시장욕구는 선택에 대한 욕망이며, 또한 소비자의 욕망은 충족되지 않을 때에는 잠재적일지 모르지만, 풍요로운 상황, 선택범위가 넓은 마케팅 시스템 아래에서는 명백하게 드러나게 된다. 그러므로 판매중심의 사고방식에서 소비자의 욕구를 충족시킬 수 있는 제품을 만들어야 한다는 마케팅중심의 사고가 형성되었고, 기업은 소비자의 욕구를 발견하고 충족시키려는 노력을 경주하기 시작하였으며, 이를 위해 광고, 판매촉진, 시장조사 등 종래에는 분산되어 관리하던 활동들을 마케팅 중심으로 통합하기 시작하였다. 이러한 시기를 마케팅개념의 단계라 한다.

마찬가지로 해운에 있어서도 생산자중심의 판매지향에 기초한 서비스수준은 하주가 바라는 서비스수준과 괴리되기 쉽고, 그만큼 하주에게 불만족을 가져다 주게 된다. 이 때문에 해운기업은 하주의 신뢰를 충분히 얻을 수 없고, 하주와 긴밀한 결합관계를 확보하는 것이 어렵게 된다. 특정하주와 결합관계가 약할 경우, 그 기업은 경쟁시장에서 불리한 입장에 서게 되고, 과당경쟁으로부터 더 큰 영향을 받게 된다. 그러므로 해운업의 경영 및 마케팅의 기본개념은 하주의 입장에서 그들의 현재 및 미래의 욕구에 적합한 서비스를 생산, 공급하고, 하주에게 이익을 가져다 주며, 그들을 진정으로 만족시키는 것이다. 해운기업은 가능한 한 능동적인 움직임에 의하여 선복수요를 끌어들이고, 이윤획득 및 확대성장과 같은 기업목적을 달성한다고 하는 "고객만족을 통한 기업의 이윤창출"이라는 마케팅의 높은 이념에 기초하지 않으면 안 된다.

고객중심지향의 마케팅은 "해운서비스의 수요산업이 어떠한 경쟁관계에 있는가? 그리고 그들이 경쟁을 하는 데 있어 해운이 어떠한 역할을 기대받고 있는가? 라는 하주소속 산업의 경쟁사정과 하주의 경쟁지위, 즉 경쟁시장에서 살아남고 성장해 가기 위해서는 하주가 무엇을 모색하고 있는가?"라는 하주의 욕구와 시장의 욕구를 찾아 내는 것을 본질로 한다. 특히 1980년대 이후 현재에 이르기까지 해운경영의 특징은 서비스제품의 차별화를 통한 기업의 비교우위확보가 무엇보다도 강조되고 있다. 종래의 항구간(Port to Port) 수송서비스제공으로부터 국제복합운송이라는 고부가가치 서비스를 생산함으로써 고객의 욕구에 더 한층 가까이 가고자 노력하고 있다는 사실에서도 잘 나타나고 있다.

이처럼 하주와 긴밀한 고객관계를 확립해 나감으로써 해운기업은 경쟁시장에서 유리한 고지를 차지할 수 있다. 왜냐하면 비가격경쟁(非價格競爭) 부분에서 해운기업이 가지는 유리한 기반은 가격경쟁의 열세를 보완하고, 경쟁사로부터 가객경쟁에 의한 침략을 저지하는 힘이 우세하기 때문이다. 바꾸어 말하면 그만큼 가격경쟁으로부터 받는 영향을 줄일 수 있다는 것이다. 이것은 부정기선 및 탱커경영에도 해당되며, 특히 동맹의 운임협정에 의해 가격경쟁이 억제되고 있는 정기선경영 등과 같이 비가격경쟁력을 중시하는 시장에서는 대단히 중요한 경쟁요인이 된다.[5)]

결국 해운기업들은 모든 기업활동이 고객을 출발점으로 하여 고객에서 끝나는 것으로 인식하게 되었다. 이러한 측면에서 마케팅활동은 시장이 어디에 위치하든 간에 지역적 또는 정치적인 경계를 뛰어넘어 고객에게 만족을 가져다 주는 고객중심의 개념형성이 가장 중요한 것이 되었고, 더욱이 기업의 국제화와 더불어 더더욱 이러한 방향으로 발전되어 가고 있는 것이다.

2. 정기선해운의 마케팅

역사적으로 볼 때, 외항해운이 국제무역 화물운송의 대부분을 독점하여 온 것도 해운기업경영이 고객중심지향의 마케팅으로 신속히 나아가지 못한 하나의 배경이다. 전후 철도수송 및 도로수송과 더불어 항공화물수송이 발전하였지만, 국제무역 화물수송에서 차지하는 부분이 미미한 수준에 머물렀기 때문에 보다 차원높은 마케팅을 필요로 하지 않고 시장환경에서 유래하는 해운기업중심의 마케팅지향단계에 머물러 왔다.

5) Oda Masao, *op. cit.*, pp. 62-63.

그러나 컨테이너화(化)를 계기로 철도가 랜드 브리지(Land-Bridge) 수송의 주역이 되었고, 또한 항공분야의 컨테이너화가 대형 기종의 도입과 신속성에 의해 이러한 이종(異種) 교통기관의 국제무역 화물수송능력을 대폭 증대시켰다. 그리고 철도와 항공기가 부정기선에 대한 유력한 대체수송기관이 되고, 전통적으로 해상잡화수송을 독점하여 온 정기선해운의 강력한 경쟁자가 되었다.

컨테이너화(化)를 계기로 문전수송(Door to Door)의 전체수송과정을 자신의 통운임(通運賃)과 일관책임의 인수로 국제복합운송을 주재하는 "국제복합운송인"으로서 정기선해운기업 이외의 운송주체인 무선박운송인(無船舶運送人; NVOCC)이 나타났다. 정기선사에게는 또 하나의 새로운 유형의 경쟁자가 등장한 것이다. 컨테이너선사가 무선박운송인이 편성하는 복합수송시스템의 일부분으로 들어가고 실제 운송인으로서 역할을 하는 경우, 그것은 송하인과 직접 운송계약을 맺는 전통적인 거래형태는 아닌 것이다. 그리고 무선박운송인이 편성하는 복합운송시스템이 주로 맹외선과 결합하여 착실히 발전해 온 사실은 정기선동맹의 지반침하를 말해 주는 것으로 주목된다.

맹외선으로부터의 경쟁은 컨테이너화(化) 초기 많은 사람들의 예상과는 달리 오히려 컨테이너화의 영향을 강하게 받고, 주요 컨테이너항로의 동맹은 맹외선으로부터 격심한 저운임공세를 받아 동맹질서붕괴의 위기에 직면하고 있다. 오늘날의 맹외선사는 발전도상국의 국영선사와 강력한 재정기반을 지닌 대형 독립선주, 여기에 강력한 국가권력에 의하여 뒷받침되는 사회주의국가의 국영선사로서 구성되고, 그 힘은 점차 커지고 있다. 즉 다방면으로부터 격심한 경쟁구조의 시대를 맞고 있다.

컨테이너선사의 경쟁영역이 최근까지 항만간 운송(port to port)의 범위에 머무르고, 문전수송(door to door)의 일관수송체제로 확대되는 것이 지체되어 컨테이너선사가 제공하는 컨테이너 수송서비스의 질(質)이 주로 선박 및 터미널의 기술적 특성으로 규정되었기 때문에 수송서비스 질(質)은 쉽게 평준화 되어 왔다. 이 때문에 각 선사의 개성이 충분히 나타나지 못하고, 필연적으로 하주가 서비스를 선택하는 데 있어 운임수준이 중요한 부분을 차지하여 과당경쟁압력이 운임부문에서 강하게 작용하고 있는 실정이다. 경쟁압력이 가격부문에 미치는 영향을 최소화하기 위해서는 무엇보다도 시장의 니즈(Needs) 및 고객의 욕구를 잘 만족시키는 서비스를 제공하고, 다른 경쟁사보다도 독특하고도 우수한 기업의 개성을 발휘할 필요가 있다.

이 점에서 문전수송(door to door)의 수송체인을 구성하는 내륙수송부문은 충분히 개척되지 않은 분야이기 때문에 독자적이며 우수한 내륙수송시스템을 개발할 수 있는 여지를 다분히 지니고 있다. 이처럼 이종(異種) 교통기관과의 능률적, 경제적 조합에 의해 형성된 토탈수송시스템(Total transportation system)의 질적 내용은 선박, 터미널 등의 하드웨어(Hardware)로 정해지는 해상부문의 서비스내용과는 달리, 다른 경쟁회사에 의해 쉽게 추격되지 않기 때문에 비교적 안정적으로 시장에서 우수한 경쟁지위를 유지하는 데 중요한 요인이 된다.

오늘날 컨테이너항로에서 관찰되는 격심한 경쟁환경 하에서 해운기업이 복합일관 수송시스템을 갖추고자 노력하는 것은 시장의 주요 경쟁부문이 되기 때문이다. 이것은 공급측의 선복과잉에서 유래하는 과당경쟁뿐만 아니라 수요측인 하주산업계의 격심한 경쟁환경과도 관련이 있다는 것을 보여 준다.

한편 선진공업국의 인플레에 의한 수출경쟁력의 감퇴와 일부 발전도상국의 공업화에 의해 발전도상국에서 수출되는 제품, 반제품의 비중이 점점 높아지고, 정기항로의 무역구조가 변화함에 따라 개발도상국 해운기업들이 정기항로에 활발하게 진출하게 되었다.

세계경제의 저성장, 무역마찰에 의한 수출신장세 둔화, 생산성향상의 둔화, 중진공업국의 대두 등 격심한 무역환경이 구조화하는 가운데 최근 들어 물류합리화에 대한 요구가 점점 높아짐으로써 정기선해운에 거는 하주의 기대가 커지며, 수송서비스의 질적 내용과 운임의 양면에 대한 하주의 관심도 한층 높아졌다.

여기에 컨테이너선사간의 과당경쟁압력이 작용하기 때문에 컨테이너운영자는 복합수송시스템이 지닌 경제효과를 최대한 구체화하며, 탄력적이고 능률적인 체제를 만들어야 한다. 또한 수요측면과 공급측면에서도 정기선해운을 둘러싼 내·외적 환경조건이 크게 변화하고 있는 사실을 인식하지 않으면 안 된다. 오늘날 정기선해운은 다극화하고 있는 경쟁관계와 일상화되는 과잉선복압력 때문에 불안정한 시장환경 하에 있고, 이 때문에 동맹조직력에 따른 종래의 선사중심의 마케팅지향개념 하에서는 하주를 동맹선에 묶어 두는 것이 어려운 상황으로 바뀌고 있다.

그러므로 경쟁적인 시장환경에서 해운기업은 서비스에 대한 수요측의 니즈(Needs)의 변화와 개별 하주의 욕구에 적절하면서도 탄력적으로 반응하지 않으면 고객을 쉽게 맹외선 또는 동맹 타 선사에 빼앗기게 된다. 따라서 해운기업이 컨테이너운송시장에서 생존, 발전하기 위해서는 하주의 개별적 욕구에 최적으로 적합한 수송로를 구성하고, 이것을 통제할 수 있도록 내륙수송체제를 정비하며, 항공수송과의 결합을 포함한 다양한 수송시스템을 준비하지 않으면 안 될 것이다.

해운기업은 복합운송인으로서 자기 컨테이너선(船) 운항을 축으로 우수한 복합일관 수송시스템을 개발할 것인가, 또는 실제 운송인으로서 무선박운송인이 편성하는 우수한 일관수송로에 들어갈 것인가를 고려해야 한다. 즉 자신의 마케팅전략을 하주의 물류전략에 맞추어 하주가 물류전략을 효과적으로 수행하는 것을 돕는다는 고객중심지향의 개념을 말한다. 이것은 무선박운송인에게도 그대로 적용되는 것이다. 오히려 그들의 경우는 자기선박을 소유, 운항하지 않기 때문에 해운기업처럼 운항선박에 구속되는 것도 아니고, 보다 자유롭고 폭넓은 영역에서 수송루트(route)를 탄력적으로 선택할 수 있는 입장에 있다.

무선박운송인이 컨테이너시장에서 성장해 가기 위해서는 이러한 입장을 적극적으로 활용하여 고객의 개별적 수송니즈(Needs)를 무엇보다도 만족시키는 수송시스템을 자신의 책임 하에 유연하게 편성하지 않으면 안 된다. 즉 하주의 판매전략인 시장확대전략의 한 부분을 담당하고, 종합상사나 제조업자 등의 운수부문업무 중 일부를 수행한다고 하는 마케팅철학(이념)이 필요하다. 이것이 고객의 이익과 만족을 기점으로 하는 고객중심지향의 마케팅이다. 즉 하주를 대립적 개념으로 취급해 온 종래의 동맹관행 내지 해운서비스공급자 위주의 경영의식을 불식시키고, 고객을 우선시하는 고객중심의 마케팅전략을 전개해야 할 것이다.

3. 벌크수송부문의 마케팅

1) 전통적인 경영전략기반의 붕괴

역사적으로 볼 때, 부정기선 및 탱커시장도 많은 구조변화를 겪어 왔다. 용선에 대한 수요로서 해운시장에 나타나는 하주의 수송수요는 주로 세계경제와 여기에서 파생되는 국제무역거래량에 의해 정해지지만, 이러한 상호 관계는 장기적으로 볼 때 항상 일정한 것은 아니었다. 세계경제에 대한 해상무역량의 비중, 즉 석유, 철광석 및 석탄을 필두로 하는 원자재와 연료자원이 선진공업국 GNP에 대하여 차지하는 비중이 2번의 오일쇼크에 의해 현저히 낮아졌다.

1980년대의 세계경제는 성장률이 반감되고 있을 뿐만 아니라, 석유무역을 확대시키는 힘을 거의 상실하고 있다. 또 석유와 더불어 중요 해상화물인 주요 살화물(撒貨物)에 대해서도 세계경제는 성장률을 크게 상회하였던 무역량을 확대시킬 수 있는 힘은 없고, GNP 정도의 신장률에 머물 정도로 쇠퇴하고 있다. 따라서 오늘날의 세계경제는 성장률을 상회하는 해상물동량의 확대를 가져다 주는 힘을 잃고 있다. 그것도 해상무역의 평균수송거리가 단축되고 있기 때문에 톤-마일(ton-mile)의 선복수요는 그 신장률이 보다 낮게 나타난다.

"경제성장률"과 "해상물동량의 신장률," "선복수요의 신장률"의 상호 관계가 오일쇼크를 계기로 구조적으로 변하였던 것이다. 그 결과 세계경제 자체가 저성장을 하게 되는 구조적인 변화를 경험하고 있다. 오히려 세계경제가 과거와 같이 대폭적인 해상물동량확대와 이것을 상회하는 선복수요의 성장을 가져다 주는 해운시장환경이 아니라는 것을 인식할 필요가 있다. 또한 세계경제의 성장에 의한 과잉선복의 흡수력이 과거보다도 약하고, 이 때문에 해운 시장이 불황에서 호황으로 회복하는 데에도 이전보다 더 많은 시간을 요한다는 것을 인식하지 않으면 안 된다.

물론 세계경제의 구조변동은 단순히 선복수요의 감소 내지는 저성장뿐만이 아니고 무역거래단위의 소량화, 즉 살화물(撒貨物)의 수입단위를 축소시키는 것과 연료비의 상승에 의해 선박대형화의 경향을 완화시켰던 것도 중요한 변화이다. 근년의 조선발주가 보다 소형의 선형영역에 집중하고 있는 것과 코스트(cost) 효율의 개선분야로서 선원비의 삭감에 노력을 집중하고, 그 수단으로서 승선정원의 삭감, 외국선원의 배승, 편의치적선 등으로 나타나는 여러 가지 현상들도 이러한 배경에 기인하고 있다.

오늘날의 글로벌경영환경 하에서 해운기업이 생존을 해 나가기 위해서는 포괄적인 비용절감노력과 더불어 이를 보완하는 마케팅전략이 필요하다. 무엇보다도 먼저 "오는 호황을 기다리고 불황에는 인내한다"는 일반적이고도 전통적인 방어를 중시하는 경영자세를 버리고, 불황에도 수익성을 유지함으로써 성장 발전의 기회를 잡는다는 적극적인 경영의식과 행동전환이 요구되고 있다.

2) 종합적인 비용합리화와 적극적인 경영전략

해운기업은 전통적인 경영자세에 머무르지 않고, 종합적인 비용합리화를 지향하는 동시에 현재 시장구조와 저조한 시황을 기반으로 한 경영을 할 수 있다는 것이다. 비용합리화에 관해서는 운항비용에서 큰 비중을 차지하고, 합리화효과가 큰 연료비 및 자본비 등의 삭감에 관심과 노력을 기울이고 선체 및 기관의 설계구조, 자금의 조달방법 그리고 신조선발주 및 중고선구입의 기민성 등에 대하여 연구하고 그 효과를 높이는 것은 중요한 과제이다.

예를 들어 선박의 취득시기는 단기적으로는 수익을 높이는 데 대단히 중요한 것이지만, 동시에 이 취득선가는 자본비용수준을 결정하고, 시장경쟁력과 장기수익성에 큰 영향을 미치게 된다. 선박투자기회를 선택하는 데 있어서는 시황의 동향을 주요한 판단기준으로 하는 판매전략과 더불어 자본비용수준에서 중요한 연관을 갖는 취득선가의 동향도 중요하게 고려해야 한다. 이 점에서 수익성 있는 용선수요를 확보하는 것이 어렵게 되지만, 선가(船價)가 내려가는 저운임시황시에 선박을 취득하는 것은 처음에는 높은 위험을 지니지만 장기적으로 볼 때, 이것을 상쇄할 여유가 있는 수익성 있는 투자전략이 될 것인가를 충분히 고려해야 할 것이다.

또한 "외부로부터 주식자본을 도입해야 할 것인가," "차입금을 이용해야 할 것인가" 등의 자본조달방법에 따른 자본비용의 차이에 대해서도 이자율의 움직임, 시황동향에 의한 재무레버러지(leverage) 등의 상관관계를 고려하고, 적당한 자금조달방법을 탄력적으로 채용하는 것도 중요하다. 해운은 자본집약적 산업이기 때문에 이러한 부문에 있어 자본비용 감소효과는 전체운항비용을 감소시키는 데 큰 영향을 미친다. 그러므로 이러한 자본비용의 합리화는 향후 우리나라 해운의 가격경쟁력부문에 있어서 불리한 점을 흡수할 수 있는 잠재적 영역이기 때문에 이를 적극적으로 고려할 필요가 있다.

그리고 마케팅전략에 관해서는 살화물(撒貨物)의 수송수요가 품목, 수량, 수송항로 및 시기 등이 개별적일 뿐만 아니라, 서비스의 선택에 있어서 용선자의 주된 판단기준과 항만의 시설능력 등도 다양하기 때문에 해운서비스에 대한 수요는 비동질적(非同質的)이고 다면적이다. 그 외에 해운기업이 시장니즈(Needs)에 응하여 하주의 욕구를 충분히 만족시키기 위해서는 한정된 특정의 시장분야를 선택하고, 이 표적시장에 가장 적합한 서비스를 생산, 공급하지 않으면 안 된다. 따라서 선택의 여지는 넓다고 볼 수 있다. 수요측도 서비스를 선택하는 입장이기 때문에 시장의 니즈(Needs)와 하주의 욕구에 호소하고, 독자적이면서도 우수한 서비스를 개발하여 가격경쟁 또는 비가격경쟁 부문에서 다른 경쟁사보다도 우위를 차지함으로써 수익성 있는 용선수요를 획득할 수 있다.

해운기업은 면밀히 연구된 비용합리화전략과 마케팅전략에 의해 이윤을 획득하고, 기업이 성장, 발전할 수 있는 무한한 가능성을 해운시장에서 구할 수 있다는 점을 명확히 인식하여야 한다. 해운기업이 수익성을 유지할 수 있고, 성장, 발전의 계기를 만들기 위해서는 호황기뿐만 아니라 저조한 시황에도 그 가능성이 있다는 점을 고려해야 한다. 오히려 이 가능성을 개발하는 적극적 자세가 현재의 해운기업경영에서 요구되는 것이다.

3) 시장변화의 적극적인 활용

해운시장은 구조적으로 큰 시황변화를 나타낼 뿐만 아니라 수요구조의 변화를 보여 주고 있다. 해운기업은 그러한 시황과 시장구조의 변화를 적극적으로 활용해야 한다. 변동은 불확실 및 위험과 동의어이지만, 동시에 기회를 만들어 내는 계기이기도 하다. 기업이 계속기업(going-concern)으로서 존속, 성장하기 위해서는 기업을 둘러싼 환경변화에 적응해야 할 뿐만 아니라, 환경변화가 만들어 내는 이윤획득의 계기를 적극적으로 찾아야만 할 것이다. 그러므로 해운기업은 시장환경의 변화동향을 신속히 파악하고, 다른 경쟁사보다 먼저 여기에 대응함으로써 시장변화의 파도를 효과적인 시장기회로 전환시킬 수 있다.

해운기업이 이러한 시장변화를 활용하는 데에는 어느 정도의 투기성이 존재하지만, 장기적 전망에 기초하여 면밀히 계획을 세운다면 그것이 위험한 것이라 하더라도 경영전략으로서는 우선적으로 선택할 가치가 있다. 왜냐하면 위험도가 높은 프로젝트는 높은 수익을 얻을 수 있는 기회를 그만큼 높게 지니고 있기 때문이다.

예를 들면 개별 기업의 설비투자행동의 합으로 나타나는 해운기업 전체의 조선발주통계를 보더라도 선박투자는 운임시황에 가장 민감하게 반응하고, 시황의 상승 및 피크(peak)시에 조선발주가 크게 증가하며, 해운시황의 하강 및 불황시에는 급격히 감소하는 모습을 나타낸다. 마찬가지로 중고선가격은 운임시황과 밀접한 관계가 있고 해상운임의 움직임과 똑같은 방향으로 변동하는 것이지만, 중고선시장에서는 운임시황에 연동하여 선박매매량이 역방향으로 증감하기 때문에 극단적인 수급불균형상태가 되고, 그 결과 선가(船價)는 현저히 변동하게 된다.

시장성장률이 둔화되고 이러한 경향이 구조화되며, 선복과잉압력에 의한 과당경쟁이 만성화하는 가운데 해운기업이 투자기회를 만들고 안정적인 이윤획득의 가능성이 있는 시장영역을 개발하는 것은 쉬운 일이 아닐 것이다. 주어진 환경 하에서 잠재하주가 지닌 용선수요를 실질적으로 자사의 해운서비스에 유인하기 위해서는 하주를 충분히 만족시키지 않으면 안 된다. 공급측의 발상에 기초한 "팔릴 수 있는 서비스를 생산, 공급한다"고 하는 종래의 판매중심지향의 마케팅철학 하에서는 시장의 니즈(Needs) 및 하주의 욕구에 가까이 가는 것이 가능하더라도 하주를 진실로 만족시키는 서비스수준에 도달하기가 어렵고, 거리가 생기기 쉽기 때문에 그만큼 고객을 유인하는 힘이 모자라게 된다.

그러므로 선사중심의 판매지향을 넘어 서비스의 생산, 공급 활동의 기준 내지는 출발점을 특정시장영역의 하주에게서 구하고, 그들의 현재 및 장래의 욕구와 니즈(Needs)에 공급서비스를 맞춘다고 하는 고객중심지향의 마케팅이 필요하게 된다.

제 3 절 해운서비스 품질관리

1. 해운서비스의 성격

"판매를 위해 제공되거나 또는 제품판매에 수반되어 제공되는 행위, 효용 그리고 만족"이라고 미국마케팅학회에서 정의한 바 있는 "서비스"는 고전파

경제학자들로부터 현재에 이르기까지 관심의 대상이다.

서비스에는 최종소비자에게 직접 제공되는 것과 생산과 서비스의 공급을 위해 투입되는 중간서비스가 존재하는데, 어떤 재화의 생산을 위해서는 자원이나 원재료의 운송이 필요하며, 그 때문에 운송서비스가 필요하다. 따라서 재화의 국제간 운송에 이용되는 해상운송은 재화의 운송에 수반되는 서비스다.

교통서비스를 인간 또는 화물의 공간적 위치이동이라는 서비스를 만들어내는 인간의 활동으로 사람, 상품의 장소적 이동(운송)과 의사, 정보의 공간적 이동(통신)을 행하는 경제적 행위라고 할 때, 해운서비스는 물적 설비인 선박과 인간노동력이 결합하여 일정수량의 객체를 일정한 거리에 걸쳐 이동시키는 것으로 해운의 경제활동을 통해 화물의 운송이라는 서비스상품을 생산한다고 볼 수 있다. 즉 해운서비스는 운송서비스를 중핵으로 한 운송시스템으로서의 복합서비스이다.

한편 마케팅관점에서 해운서비스를 고찰하면, 서비스 마케팅에서 언급하고 있는 서비스특성인 ① 무형성, ② 비분리성, ③ 이질성, ④ 소멸성 등을 지니고 있다. 이를 더 세분화하여 해운서비스의 특성을 살펴보면 다음과 같다.[6)]

① 동시성

어떠한 일은 작용이 미치는 순간에만 만들어지는데, 해운서비스도 화물에 대하여 어떠한 작용이 이루어지고 있는 사이에 생산되고 소비된다. 이것은 생산에 필요한 시간과 소비에 필요한 시간이 동일하지 않으면 안 된다는 것을 의미한다. 그리고 여기에서 가리키는 일이나 용역은 축적이 불가능하고, 또한 전매 및 투기의 대상으로 하는 것도 불가능하다.

② 성수기서비스와 비성수기서비스

해운서비스는 축적이 되지 않고, 또한 대체성이 없는 무형재이기 때문에 이것을 생산하는 장비는 성수기의 필요량과 일치되지 않으면 안 된다. 이 때문에 비성수기에는 필연적으로 유휴장비가 생기거나 혹은 불완전한 가동을 피할 수 없게 된다. 해운산업에서 높은 불이용능력(不利用能力)이 존재하는 것은 수요의 시간적 불균등차이 또는 장소적 불규칙성 때문이다. 육상이나 항공운송

6) 신한원, "해운서비스 질의 결정요인에 관한 연구," 한국항해학회지, 한국항해학회, 1991, p. 51.

서비스의 경우, 성수기수요가 어느 정도 예측이 가능하므로 수요를 분산시키는 방안을 마케팅전략으로 수립할 수 있다. 그러나 해운은 수요예측의 어려움으로 유휴장비나 불완전가동을 피할 수 없으며, 이것이 해운기업의 경영채산의 압박요인으로 작용한다.

③ 능력비용(Capacity cost)

해운서비스의 생산은 생산장비가 언제라도 가동할 상태에 있고, 운송을 수요로 하는 화물의 존재를 전제로 하여 행하여진다. 즉 해운서비스 생산에는 먼저 장비를 전제로 해야 하기 때문에 그 생산물은 생산에 의하여 생긴다고 말하기보다는 그 장비에 필요한 금액으로써 발생한다고 보아야 한다. 그리고 생산비는 생산량과는 직접적으로 관계가 없는 비용부분에 의하여 큰 영향을 받게 된다. 즉 이것은 해운서비스를 해상화물의 공간적 이전(移轉)이라고 한다면, 생산량이 만재시나 공선시를 불문하고 비용에는 거의 차이가 없다는 것을 의미한다.

④ 부대서비스

해운서비스의 주 내용은 해상화물의 공간적 이전이지만, 화물의 해상운송수요면에서 볼 때 이것만으로는 충분하지 않다. 즉 화물의 적·양화 혹은 일시적인 보관 및 그 외 일련의 부대서비스가 수반되지 않으면 안 된다. 이러한 부대서비스도 해운서비스와 똑같은 여러 가지 성질을 가지고 있기 때문에 이것을 완전히 포함한 것을 해운서비스라고 부르는 것도 큰 차이는 없지만, 생산비에 관하여 한정할 때는 부대서비스부분과 본래의 해운서비스부분과는 명확한 구분이 필요하다.

⑤ 생산소요시간

해운서비스는 해상화물의 공간적 이전과 항만에 있어서 부대적인 작업서비스의 두 가지 부분으로 구분되며, 더구나 서비스이기 때문에 생산에는 시간을 필요로 한다. 즉 생산소요시간은 서비스특성 가운데 하나로서 화물이 이러한 서비스를 소비하는 시간과 일치해야 하기 때문에 생산소요시간은 소비소요시간이기도 하다.

한편 해운기업이 마케팅전략을 수립하기 위해서는 해운서비스의 특성을 규명할 필요가 있는데, 러브락(Lovelock)의 2차원적 분류방법[7]에 따라 해운서비스의 특성을 규명하면 다음과 같은 특징이 있다.

① 서비스행위 특성

서비스를 행위나 성과로 보았을 때[8] 해운서비스는 서비스수혜대상이 상품과 기타의 물리적 소유에 대한 서비스로서 여객이나 화물의 목적지까지 운송을 완성하는 유형적인 서비스라고 할 수 있다. 즉 유형적인 행동이면서 사물에 대한 서비스의 일종이다. 그러나 서비스는 무형이므로 하주에게 무엇을 행하는지 확실치가 않다. 일반적으로 서비스는 생산과정에서 고객이 직접 참여하므로 서비스를 제공할 동안 물리적인 출석이 요구되어 고객은 서비스제공장소에서 서비스가 수행될 동안 시간을 소비하게 된다. 이 경우 위치문의와 편리한 일정은 매우 중요한 요소가 될 수 있다.

그러나 해운은 서비스조직과 고객이 거리를 두고 있으므로 고객이 서비스시설, 즉 선박을 볼 수 없고 서비스요원인 해운선사의 직원이나 본선의 승무원들과 대면할 필요도 없다. 이와 같은 경우에서는 서비스행위로 인한 결과가 매우 중요하게 되고, 서비스제공과정은 덜 중요하게 된다. 또한 오늘날 새로운 전자유통채널은 EDI(Electronic Data Interchange; 전자자료교환)를 통해 선적의뢰의 중간단계를 생략시키고, 운송관련서류를 컴퓨터로 즉시 전송할 수 있으므로 구태여 고객을 서비스제공장소에 출석시키지 않고도 지속적인 서비스의 제공이 가능하게 되는 것이다.

② 주문성과 판단범위

해상화물운송의 경우에는 서비스제공과정에서 하주의 참여가 거의 없는 장비기준특성을 가진 서비스이기 때문에 제공되는 서비스의 형태에는 변화가 크지 않다. 특히 정기선해운은 항로가 결정되어 있고, 운항스케줄도 사전에 확

7) 러브락(Lovelock)은 그의 2차원적 분류체계에서 다음과 같은 의문점, 즉 ① 서비스행위의 특성은 무엇인가, ② 서비스조직과 기업 간의 관계유형은 어떠한가, ③ 서비스제공자의 재량이나 고객의 욕구대응의 기회는 어떠한가, ④ 서비스수요의 특성은 어떠한가, ⑤ 서비스가 어떻게 제공되는가, ⑥ 서비스의 속성은 어떠한가에 해결책을 제시할 수 있을 정도를 기준으로 서비스속성에 대해 분류를 시도하였다. Christopher H. Lovelock, Service Marketing, 2nd. ed., New Jersey: Prentice-Hall International, 1991, pp. 24-38.

8) Valarie A. Zeithaml, A. Parasuraman, and Leonard L. Berry, "Problems and Strategies in Services Marketing," Journal of Marketing, Vol. 49, Spring 1985, p. 33.

정되어 있으므로 제공되는 서비스의 형태가 어느 정도 동일하다. 이 경우 개별 하주에 대한 해운기업 실무종사자의 역할은 직접적인 질문에 응답하는 것을 제외하고는 제공되는 해운서비스의 특성을 바꾸는 데 크게 참여하지 못하여 판단범위가 낮은 반면, 해운서비스 전달과정에 직접 관여하지 않는 관리층이 서비스제공에 대한 재량권을 가진다.

그러나 부정기선해운은 벌크화물을 소유한 하주가 독점적으로 사용하기 위해 용선계약에 의하여 선박을 용선하므로 주문성이 높다. 즉 하주(용선자)는 자신에게 가장 적합한 선박을 용선하게 된다. 이 때 해운기업의 실무종사자는 서비스특성에 관한 판단과 개별 하주에게 어떻게 제공될 것인가에 대한 판단을 하여야 한다. 이들 실무자는 해운서비스생산의 한 부분이 되면서 또한 해운서비스를 어떻게 제공하여야 할지를 결정하는 경우가 많다.

③ 서비스전달방법

정기선해운은 판매자시장인 반면, 부정기선해운은 구매자시장이라 할 수 있다. 즉 정기선해운은 하주가 서비스조직 (선박)을 찾아가므로 해운서비스를 제공받는 편익이 낮다. 이 때문에 해운기업은 하주가 편리하게 출입할 수 있는 여러 지점망을 확보해야 한다. 그러나 서비스 제공 장소가 늘어날수록 품질관리나 일관된 서비스 (동일한 서비스)의 생산이 어렵게 된다. 반대로 부정기선해운은 하주가 자신에게 가장 적합한 선박을 선택하고, 서비스조직이 하주(지정장소)를 찾아가므로 하주의 편익이 높다. 그러나 해운기업과 하주가 반드시 직접 접촉할 필요는 없다. 그 대신 우편, 전화 등으로 거리를 두고 거래가 이루어지는 것이 보통이다. 즉 고객은 직접 해운기업과 접촉할 수 있으나 중개인을 통해 거래를 할 수도 있다. 따라서 해운기업과 하주사이의 의사소통은 해운거래에 매우 중요한 요소가 된다.

2. 해운서비스품질

경제가 글로벌화되면서 운송형태와 영업형태가 함께 변화되어 이제 하주들은 운송을 이익의 핵심적인 요인으로 인식하고 있고, 기업이 무역(process)에서 생존할 수 있는지 여부는 운송(function)에 달려 있다고 보고 있다. 해운기업 간의 집화경쟁이 치열해질 경우 선박의 기술적인 부분은 차이가 없으므로 가격부문과 비가격부문이 주된 경쟁적 요인이 되고, 이 중 비가격부문의 요인으로 한정할 경우, 서비스제공자인 해운기업의 서비스품질지각은 제공되는 서비스의 설계와 제공에 가장 직접적인 영향을 미치며, 고객인 하주는 서비스품질의 지각에 따라 해운기업을 선택할 것이다. 따라서 해운기업과 하주가 지각하는 서비스품질을 조사하는 것은 매우 의미가 크다.[9)]

해운시장을 정기선, 부정기선 및 탱커시장으로 나누어 보았을 때, 부정기선이나 탱커의 경우는 가격정책이 유리한 경쟁수단이 되는 반면, 정기선의 경우는 제품정책이 효과적인 경쟁수단이 될 것이다.[10)] 특히 정기운송의 경우 부정기운송과 달리 항로가 고정되어 복항(復航 : outbound)과 왕항(往航 : inbound) 간의 수요가 불균형을 이룰 경우 선복과잉에 대처하기 힘들며, 컨테이너 이용으로 인하여 이질적인 화물들이 동질화되어 차별화가 곤란하다. 따라서 정기운송인들 간의 경쟁이 한층 심화되고 있고, 상대적으로 하주의 협상력은 강화되게 되었다. 더구나 단위화물을 제공하는 하주들의 욕구는 세분화되어 있고, 서비스를 제공하는 최종시장도 매우 다양하다.[11)] 하주는 여러 운송수단을 선택할 수 있는 경우 서비스품질을 측정하여 우선순위를 정한 후 의사결정을 하게 되고, 실제 의사결정이 보수적이므로 서비스품질을 중시하는 경향이 있다.

한편 파라슈라먼, 자이타멀 그리고 베리(Parasuraman, Zeithaml, and Berry, 1988)[12)]는 지각된 서비스품질의 개념을 "서비스의 우수성과 관련한 전반적인 판단이나 태도"로 정의하고 있는데, 이러한 서비스품질의 다양한 측면에 대한 고객만족을 측정하기 위한 측정모형으로 개발된 모형인 SERVQUAL의 서비스품질의 평가기준을 해운서비스에 적용하면 다음 [표 8-1]과 같다.

해운서비스의 경우 무형적인 요소 외에도 많은 유형적인 운송결과로 구성

---

9) Stephen W. Brown and Teresa A. Swartz, "A Gap Analysis of Professional Service Quality," Journal of Marketing, April 1989, p. 93.

10) Perry A. Trunick, "Air Cargo Delivers on Commitments," Transportation & Distribution, October 1993, pp. 40-41.

11) Mary R. Brooks, "An A1tentative Theoretical Approach to the Evaluation of Liner Shipping : Part 1. Choice Criteria," Maritime Policy & Management, Vol. 11, No. 1, 1984, p. 38.

12) A. Parasuraman, Valarie A. Zeithaml, and Leonard L. Berry, "SERVQUAL : A Multiple-item Scale for Measuring Consumer Perceptions of Service Quality," Journal of Retailing, Vol. 64, Spring 1988, p. 23.

[표 8-1] SERVQUAL의 서비스품질의 평가기준과 해운서비스에의 적용

차 원	정 의	해운서비스에의 적용
신용도(Credibility)	서비스제공자의 진실성, 정직성	영업사원의 태도, 對하주관계
안전성(Security)	위험, 의심으로부터의 자유	화물파손 여부, 보험, 비상상황(Emergency)
접근가능성Access)	접근가능성과 쉬운 접촉	지역제휴(Local partnership)
의사소통	고객과의 커뮤니케이션	정보제공능력
고객에 대한 이해	고객의 욕구를 알려는 노력	하주요구에 대한 이해
유형성(Tangibilities)	시설, 장비, 의사소통도구 등의 외형	선박, 터미널, 컨테이너장비 등
신뢰성(Reliability)	약속된 서비스를 정확히 수행하는 능력	정시인도(On time delivery)
응답성(Response)	고객의 요구에 즉각적 반응	문제에 대한 반응시간
능 력(Competence)	서비스를 수행하는 데 필요한 지식과 기술소유	기술적 지원, 전문성
예의바름(Courtesy)	고객과 접촉하는 종업원의 예절	영업사원의 태도

되어 있기 때문에 서비스 마케팅의 일반적인 연구의 모델로 구축한 서비스품질 측정도구나 측정대상들이 해운서비스품질을 규명하기에는 적절하지 못하다는 한계가 있다.

즉 홉킨스 등(Hopkins, Strasser, Hopkins, and Foster, 1993)은 SERVQUAL을 이용하여 미국지역 하주와 운송기업의 지각에 대한 검정을 시도한 결과, 파라슈라먼, 자이타멀 그리고 베리(Parasuraman, Zeithaml, and Berry, 1988) 등이 밝힌 5가지 갭(Gap)에서 현격한 지각차이가 있음을 발견하였다. 이것은 SERVQUAL이 업종에 관계 없이 일반화된 서비스를 측정하기 위한 측정도구이므로 운송서비스, 특히 해운서비스의 품질을 일반적인 서비스와 동일시하여 파악하기에는 한계가 있다는 것을 뜻한다.

결국 운송서비스의 품질은 운송수요의 내용이나 목적 등에 따라서 다를 때도 있고, 운송인의 기술적 한계와 경제적 능력에 따라 달라지기도 한다. 여기에다 운송인의 서비스는 하주가 지각한 것과 실제 운송과 차이가 나기도 한다. 운송수단간에 현격한 기술적 차이가 있는 운송산업 전체를 대상으로 운송서비스

품질요인을 규명해 내기란 쉽지 않으며, 더구나 그와 같은 포괄적 서비스 품질요인이 밝혀졌다 하더라도 이를 해운서비스에 바로 적용시키는 데는 무리가 따를 수 있기 때문에 해운서비스의 특수성을 잘 파악해야 할 필요성이 있다.

3. 해운서비스의 특성

최근 서비스산업에 보편적으로 적용시킬 수 있는 구성차원들이 소개되고 있으나 서비스품질은 다항속성들로 구성되어 있고, 해운기업은 서비스의 생산과정에서 고객과의 접촉기회가 적고 인적 의존도가 적은 장비기준의 서비스기

[표 8-2] 서비스업의 노동집약비율

<table>
<tr><th>집약도</th><th colspan="2">서비스업(업종)</th><th>자본/노동비율</th></tr>
<tr><td rowspan="10">낮은 노동집약적 서비스</td><td colspan="2">전력업, 가스업, 공중위생시설업</td><td>14.21%</td></tr>
<tr><td colspan="2">커뮤니케이션업</td><td>5.31%</td></tr>
<tr><td colspan="2">오락, 레크레이션업</td><td>2.49%</td></tr>
<tr><td colspan="2">대학부속병원</td><td>1.59%</td></tr>
<tr><td rowspan="2">병원업</td><td>개인병원(사설종합병원)</td><td>1.63%</td></tr>
<tr><td>국립, 시립병원 및 기타 의료서비스업</td><td>1.75%</td></tr>
<tr><td colspan="2">자동차수리업</td><td>1.60%</td></tr>
<tr><td colspan="2">교통운송업</td><td>1.27%</td></tr>
<tr><td colspan="2">은행업</td><td>1.20%</td></tr>
<tr><td colspan="2">숙박, 호텔업</td><td>1.01%</td></tr>
<tr><td rowspan="6">높은 노동집약적 서비스</td><td colspan="2">보증, 담보 중개인</td><td>0.15%</td></tr>
<tr><td colspan="2">보험대리당 업무</td><td>0.18%</td></tr>
<tr><td colspan="2">사업적 서비스업(광고, 통계, 건물관리, 컴퓨터자료업, 경영진단)</td><td>0.42%</td></tr>
<tr><td colspan="2">개인적 서비스업(세탁, 사진, 이, 미용업, 장의업)</td><td>0.42%</td></tr>
<tr><td colspan="2">도매무역업</td><td>0.54%</td></tr>
<tr><td colspan="2">소매점업</td><td>0.62%</td></tr>
</table>

자료: R. W. Schmenner, "How Can Service Business Survive and Prosper?," Sloan Management Review, Spring 1986, p. 22.

업이므로 일반서비스 품질기준들을 해운산업에 바로 적용시킬 수는 없고, 해운기업에 적합한 독특한 품질결정요인들을 파악하기 위하여 해운서비스의 특성을 파악해야 한다.

서비스를 사람 기준(people based)과 장비기준(equipment based) 서비스로 구분하였을 때[13] [표 8-2]에서 보는 바와 같이 교통운송업은 노동집약도가 낮은 서비스산업이며, 특히 해운서비스는 사람 기준 속성범위는 낮으나 장비기준 속성범위는 매우 높은데, 해운서비스와 같이 장비기준서비스는 고객과 서비스조직간의 상호 관계 정도가 높으면 높을수록 장비, 시설 등은 서비스생산에 중요한 부분을 이루게 된다.

또한 서비스를 순수상품, 서비스부가의 상품, 상품부가의 서비스 및 순수서비스의 4가지로 분류했을 때, 해운은 소수의 상품을 수반하는 주된 서비스 범주에 속한다. 사세르(Sasser, Oslen, and Wyckoff, 1990)[14] 등은 재화와 서비스가 동반관계에 있으며, 일반적으로 재화의 특성이 많은 것은 재화라 부르고, 서비스의 특성이 많은 것은 서비스로 부르고 있다. 재화와 서비스를 구분하는 관계를 보여 주는 [그림 8-4]를 살펴보면, 해운서비스는 재화의 특성도 많이 가지고 있는 서비스이다.

그러나 서비스분류상으로 볼 때 해운서비스는 상품의 부가성 여부에 따라서는 자체가 독자적으로 제공되는 순수서비스에 속하고, 한편으로는 영리적 서비스 중에서도 유통적 서비스에 해당한다. 하지만 해운서비스가 본질적으로 광범위한 용도를 가진 재산인 데다 본래 서비스에 대해 다양한 요구를 가지는 해운수요를 넓게 망라하여야 한다. 따라서 서비스의 내용은 필연적으로 이들 다양한 수요에 공통되는 필요를 충족시키는 정도에 불과하게 되어 개개의 하주에게는 불충분하고 부적당한 서비스가 되기 쉽다.

또한 하주는 해운서비스를 구매하고 상품은 하주의 비용으로 어떤 유형적인 것 없이 목적지에 도달하지만, 화물손상과 같은 유형적인 형태를 포함하는 경우도 있다. 한편 해운서비스는 선박의 확보와 실현을 위해 자본집약적인 상

---

13) Dan R. E. Thomas, "Strategy is Different in Service Business," Harvard Business Review, July-August 1978, p. 161.

14) W. E. Sasser, R. P. Oslen, and D. D. Wyckoff, Management of Service Operations, 1978, pp. 178-180, In R. G. Murdick, B. Render, and R. S. Russet, Service Operations Management, Allyn and Bacon, 1990, p. 230.

[그림 8-4] 재화와 서비스의 비교

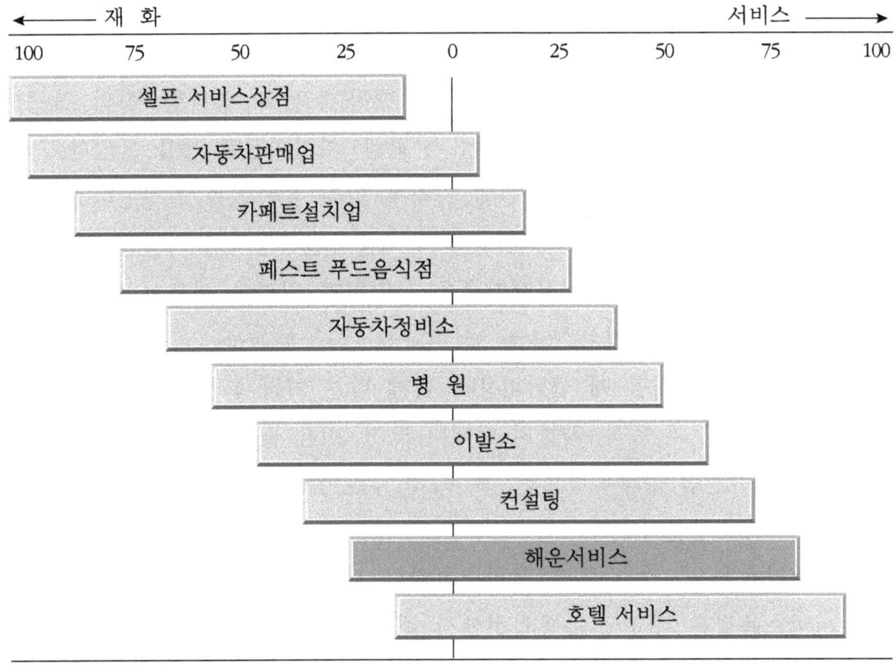

자료 : 김길수, "선박의 안전품질제고를 위한 선박관리시스템의 도입에 관한 연구," 한국항해학회 춘계학술발표회 논문집, 1994, p. 8.

품을 요구하지만, 근본적으로 해운은 서비스이다.

4. 해운서비스 품질요인

최초로 해운서비스의 서비스품질에 관한 중요성은 피어슨(Pearson, 1980)이 강조하였는데, 1970년 영국의 로치데일위원회(Rochdale Committee) 보고서[15]는 해운산업의 효율성과 경쟁력에 영향을 미치는 운영 및 기타 요소를 분석한 결과 물류비용이 결정요인이 된다고 하여 하주에 대한 서비스요구에 주목하지 않았으나, 피어슨(Pearson)은 영국의 하주는 가격지향적이라기보다는 서비스지향적이라는 결론을 내렸다.[16] 즉 하주가 운송인을 선정하는 것을 제품판매에 따른

15) Rochdale Committee, Report of the Committee of Inquiry into Shipping, London : HMSO, 1970, p. 15.
16) 영국 하주는 전통적으로 동맹(Conference)에 가입한 정기선사는 비동맹(Non-Conference) 해운선

거래의 과정(Process of Transaction)으로 분석하여 하주의 관심이 동질적이라는 전제 하에서 저렴한 물류비용이 결정요인으로 간주되어 왔으나, 그는 운송수단간 경쟁의 컨테이너선 선정에 있어서 물류비용 이외에 물류서비스에 주목하였는데, 하주들이 해운서비스를 선정하는 기준에 대하여 선적, 양하항, 항의 접근성, 항비, 출입항 날짜, 환적시간, 정규성, 신뢰성, 기항일정표 등을 들었다.[17]

그 후 고객인 하주는 서비스품질의 지각에 따라 운송인을 결정한다고 분석하고, 지금까지 해운산업에서는 어느 정도 제품차별화정책이 가능한 정기선 해운을 중심으로 하주의 운송인선택기준을 규명하기 위하여 해운서비스의 품질을 파악하고 있는데, 바워삭스(Bowersox, Calabro, and Wagenheim, 1981)[18] 등은 하주가 운송수단을 선택할 때 선적비용과 함께 다른 여러 특성들도 고려하며, 비교요소들로서 하주의 목적, 화물의 형태나 크기, 비용 및 성과특성을 들었다. 이들은 해운과 관련한 성과특성요인으로 속력, 의존성, 운송빈도, 운송설비, 비용 및 완비성으로 구분하였다.

한편 브라운(Brown, 1990)[19]은 서비스품질과 해운기업의 경제성분석연구에서 운송서비스품질은 대규모 유통과정에서 해운기업과 하주 양쪽의 자원소모에 큰 영향을 미치므로 경제적으로 영향이 크며, 특히 품질변수는 해운기업의 비용과 하주의 비용 모두에 영향을 미치는 관측가능한 서비스의 특성이라고 하였다. 그는 운송서비스품질의 종류를 평균운송시간, 통과시간, 멸실 및 손상, 선적 크기 및 이용가능한 운송장비를 들었다. 이러한 변수들은 해운기업의 운영변수인 속력이나 빈도와는 구별을 하였는데, 왜냐하면 이들은 통상 하주들이 관찰할 수 없기 때문이다. 한편 운임률은 품질변수로 삼지 않았는데, 운송서비스는 운임률이 가격인 제품이지 품질의 측정은 아니기 때문이다.

카슨(Carsson, 1986)[20]은 해운서비스의 품질을 생산품질(production quality)과 거래품질(transaction quality)로 나누고, 그 결정요인으로 생산품질은 화물손상의

사에 비해서 우월한 해상운송서비스를 제공한다고 한다. 따라서 서비스지향적 하주는 동맹선사를 이용하는 경향이 있다.

17) Roy Pearson, Containerline Performance and Service Quality, University of Liverpool, Marine Transport Center, 1980. pp. 17-26.

18) Donald J. Bowersox, Pat J. Calabro, and George D. Wagenheim, Introduction to Transport, New York : Macmillan Publishing, 1981, pp. 55-58.

19) David G. Brown, "Freight Service Quality and Carrier Economics," Transportation Research Forum, 1990, p. 217.

20) Mark Carsson, "The Quality of Shipping Service," Discussion Paper, University of Reading, 1986, p. 15.

발생빈도, 선복능력, 환적의 지체, 서비스의 빈도 및 불확실성으로 들고, 거래품질로는 서비스형태의 명료성, 공급자의 접근가능성, 협상의 용역성, 보험부보상태 및 계약이행의 신뢰성을 지적하였다.

한편 서비스품질을 ISO(국제표준화기구)의 정의로 해석한 노력도 보이고 있는데, 스미스(Smith, 1992)[21]는 해운서비스품질을 ISO 표준인 8402의 품질용어정의에 따라 "주어진 요구를 만족시키기 위해 주어진 제품이나 서비스의 능력"으로 간략히 정의하고, 이를 구체적으로 안전성, 신뢰성, 보안성, 통합성, 정시성 및 효율성으로 구분하였다.

하주가 운송수단을 평가하는 기준으로 품질을 연구한 트베이(Tebay, 1993)[22]는 서비스품질, 영업의 편리성, 유연성과 의존성, 서비스증진에 대한 공언 및 전반적 이미지로 구분하였고, 이 중 서비스품질속성으로는 정시신뢰성, 신속한 서류처리 및 화물손상방지를 들었다.

미국 국내정기선에 초점을 맞추어 하주들은 어떤 속성을 가장 중요시하고 하주집단이 다를 경우 중요성이 어떻게 변하는지를 확인하고자 한 콜리손(Co11ison, 1984)[23]은 정기선서비스는 속력, 신뢰성, 경쟁적인 운임수준 및 고객에 대한 완전한 서비스와 같은 여러 서비스특성을 가지고 있으나, 모든 고객들이 어떤 특정속성들에 대해 같은 중요성을 주는 것은 아니라고 하였다. 그는 해운서비스를 크게 서비스의 적시성, 시설과 장비, 통항서비스, 비용과 운임 및 마케팅 서비스의 5가지 요인들로 구분하고, 각각의 요인별로 구체적인 품질항목 25가지를 제시하였다.

또한 프랑켈(Frankel, 1993)은 정기선해운기업에 대해 하주가 공통으로 관심을 가지는 품질기준으로 서비스의 신뢰성, 운송시간 및 인도시간 준수, 공약 또는 공표된 운송능력의 이용가능성, 화물의 안전성, 화물이동관리 및 추적, 서류 및 정보유통의 유효성, 비용통제 및 관리와 청산업무, 서비스상태 및 향후계획, 복합운송관리의 9가지를 지적하였고, 해운기업은 이에 따라 전략적 차원에서 서비스품질의 개선과 새로운 서비스의 개발을 통해 서비스를 차별화시켜

---

21) D. W. Smith, "The Quality Framework of the ISO 9000 Series and the Audit Function," Shipping Industry Quality System, April 1992, p. 17.

22) Michael Tebay, *Merce Management Consulting*, Transportation, In Sandra Worthington, "A Much Maligned Industry," Intermodal Asia, October 1993, pp. 7-13.

23) Frederick M. Collison, "Market Segments for Marine Liner Service," Transportation Journal, Winter 1984, pp. 44-54.

나가야 한다고 주장하였다.[24)]

그러므로 해상운송 서비스품질을 대표할 수 있는 요인들을 7개의 차원으로 묶어 정리해 보면 [표 8-3]과 같이 요약할 수 있다.

[표 8-3] 해운서비스 품질요인의 비교

	Pearson (1980)	Bowersox (1981)	Carsson (1986)	Brown (1990)	Smith (1991)	Collison (1993)	Frankel (1993)	Tebay (1993)
정시성	정규성, 환적시간	속력, 의존성, 빈도	환적지 체빈도	평균운송시간, 통과시간	정시성	적시성	정시성	정시 신뢰성
적합성		운송 설비	명료성, 보험 부보	선적크기, 운송장비	보안성, 통합성, 효률성	마케팅서비스, 통항서비스, 시설과 장비	운송능력, 서비스상태, 복합운송관리	
의사소통	기항일정, 출입항날짜		협상 용이				정보 유효성	신속한 서류처리
안전성			화물 손상	멸실 및 손상	안전성		안전성	화물손상 방지
운임 및 비용	항 비	비 용				비용과 운임	비용관리 청산업무	
서비스 제공지역	선적양하항, 항의 접근성	완비성	접근 가능성					
신뢰성			계약 이행		신뢰성		신뢰성	
분류기준	하주선택 기준	교통서비스의 성과 특성기준	생산품질과 거래품질로 구분	교통일반의 품질구성차원 기준	ISO 품질보증 기준	미국 국내 정기선서비스 기준	정기선 품질 기준	정기선 서비스 품질기준

24) Ernst G. Frankel, "Total Quality Management in Liner Shipping," Marine Policy, January 1993, pp. 58-63.

5. 해운서비스 품질모형

서비스품질은 단지 서비스의 결과뿐만 아니라 서비스가 제공되는 과정까지도 고려되는 개념인데, 파라슈라먼(Parasuraman, Zeithaml, and Berry, 1985)[25] 등은 서비스품질은 기대와 수행의 비교이며, 서비스품질의 평가는 결과뿐만 아니라 서비스제공과정의 평가에서 이루어지며, 특히 서비스제공자와 고객 간의 상호 작용이 품질평가에 있어서 중요시되어야 한다고 했다. 또한 그로노스 (Grönroos, 1982)[26]에 의하면 서비스품질은 '기술적 품질(technical quality)'과 '과정적 품질(functional quality)'의 합이며, 서비스제공활동에 있어서는 후자가 특히 중요하다고 한다.

따라서 고객이 지각하는 품질도 이러한 상호 작용과정을 고려하여 생산과

[그림 8-5] 해운서비스의 구매형태

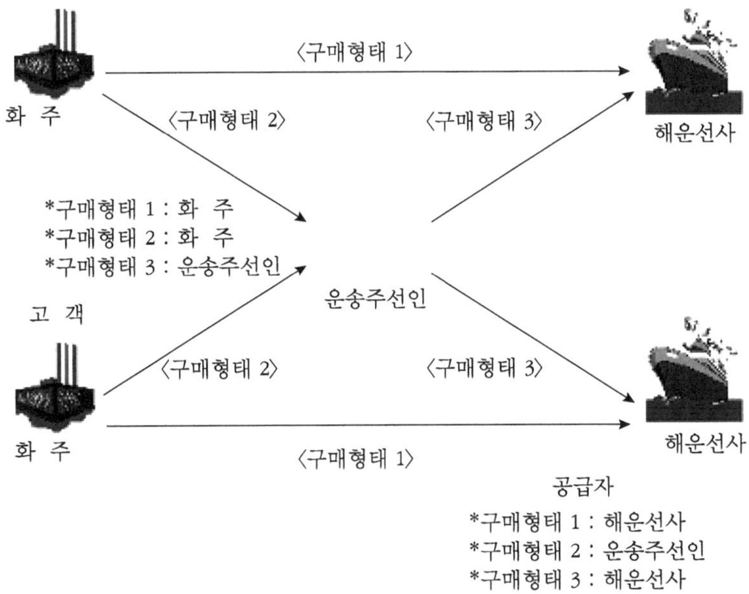

25) A. Parasuraman, Valarie Zeithaml, and Leonard Berry, "A Conceptual Model of Service Quaiity and Its Implications for Future Research," Journal of Marketing, Vol. 49, Fa11 1985, pp. 41-50.

26) Christian Grönroos, "A Service Quality Model and its Marketing Implication," European Journal of Marketing, Vol. 18. No. 4. 1982.

정의 결과로서 기술적 품질(outcome quality)과 서비스가 제공되는 과정 자체에서 지각하는 과정적 품질(process quality)의 두 가지 차원으로 나눌 수 있는데, 기술적 품질은 고객이 서비스생산과정에서 얻는 것(what)을 나타내며, 과정적 품질은 서비스제공과정에서 고객이 서비스를 얻는 방법(how)을 의미한다.

이 경우 해운서비스에 있어서 서비스제공자와 고객 간의 관계를 살펴볼 필요성이 있는데, 일반적으로 해운서비스의 구매형태는 다음 [그림 8-5]와 같이 나타낼 수 있다.

즉 하주는 해운선사의 해운서비스를 직접 구매하는 형태(구매형태 1)와 운송주선인을 통하여 운송을 맡기는 형태를 취하는데, 이 과정에서 하주는 운송인의 선정에 서비스품질을 고려하게 된다. 또한 하주로부터 선정된 운송주선인은 해운선사를 선정하여 해운서비스를 구매(구매형태 3)하게 되는데, 이 경우에도 서비스품질을 고려하게 된다.

이 때 운송주선인의 역할이 하주이냐 아니면 운송인이냐 하는 문제가 있을 수 있으나, 하주의 입장에서 보면 해운선사와 운송주선인은 해운선사로서 같이 평가되고, 해운선사의 입장에서 보면 하주와 운송주선인 역시 하주의 입장으로 해석될 수 있다.

따라서 운송인을 선택하는 방식이 과거에는 해운선사만을 고려하였으나, 최근 복합운송의 증가로 운송주선인 역시 해운서비스를 제공하므로 각각의 기관에서 해운서비스품질을 인식하는 것이 다를 수 있다.

해운서비스품질의 인식을 실증분석하기 위한 모형은 [그림 8-6]과 같으며, 이것은 파라슈라먼, 자이스멀 그리고 베리(Parasuraman, Zeithmal, and Berry, 1985)[27]가 소비자들이 서비스품질을 평가할 때 서비스유형에 상관없이 기본적으로 유사한 기준을 이용하고 있음을 밝혀 내고, "서비스품질 결정요인"으로 규정할 때 사용한 모형인 SERVQUAL 모형을 해운서비스품질의 기본모형으로 사용하였다.

해운서비스 품질연구의 대부분이 '구매형태 1'에 관심을 두어 하주가 인식하고 있는 정기선사의 해운서비스품질을 규명하고자 많은 노력을 보였다. 그러나 서비스제공자인 해운선사의 서비스품질의 인식과 복합운송업에 있어서의 연결고리인 운송주선업자가 인식하고 있는 해운서비스의 품질은 연구가 많은

27) A. Parasuraman, Valarie A. Zeithml, Leonard L. Berry, op. cit.

[그림 8-6] 해운서비스품질의 모형

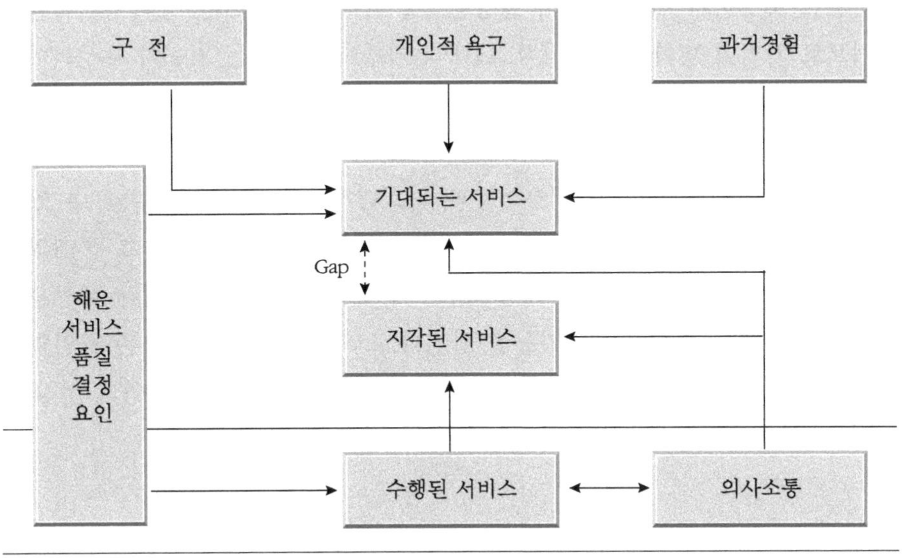

편은 아니다.

거래관계에 따른 종합적인 해운서비스품질을 규명하기 위해서는 다음과 같은 3가지 영역을 구분하여 파악할 필요가 있다.

우선 해운서비스를 제공하는 해운선사가 인식하는 해운서비스의 품질과 다음으로 '구매형태 2'의 분석으로서 하주가 인식하고 있는 운송주선인의 해운서비스품질이 해당된다. 마지막으로 '구매형태 3'의 거래형태로 운송주선인이 인식하고 있는 해운선사의 해운서비스품질을 규명할 필요가 있다.

제 4 절 해운서비스 마케팅전략

1. 마케팅전략의 개념

마케팅전략이란 마케팅계획의 기초가 되는 것으로서 설정된 마케팅목표를 달성하기 위해 수단을 활용하는 기술과 과학을 포함하는 것이다. 따라서 마케팅전략이란 일정시점에서 다음 시점까지, 즉 모든 시간적 차원에 대응하여 마케팅활동을 조정하기 위한 하나의 결정원칙을 나타내는 것이다. 마케팅전략은 근본적으로 기업이 변화하는 대외적, 대내적 환경에 적응하는 기능이 우선되어야 한다. 그리고 기업 전체로서 시스템적인 기능과 의사결정에 대해 방향을 결정하는 결정원칙으로서 기능을 발휘하게 된다.

따라서 마케팅전략이 환경적응기능과 시스템기능을 충분히 발휘할 수 있더라도 결정원칙으로서의 기능이 결여된다면, 마케팅전략은 아직도 그 본래의 기능을 다한다고 할 수 없다. 마케팅전략은 구체적으로 의사결정이나 행동을 제시하고 현실적으로 설명하는 기능을 가진다. 그러므로 마케팅전략은 끊임없이 변화하고 예측하기 힘든 경쟁적 환경 하에서 고객을 확대하고 기업의 성장, 발전을 꾀하는 종합적이고도 장기적인 경영방안이다.

2. 마케팅전략의 수립방법

마케팅전략의 수립절차는 크게 보아 환경분석, 목표수립, 표적시장선정, 마케팅 믹스전략구축 및 조직과 시스템구축을 통한 실시로 나누어진다. 이를 좀더 구체적으로 살펴보면, 외부환경분석과 내부환경분석을 통하여 기업의 강점, 약점 및 시장기회와 위협을 파악한다. 그리고 시장세분화를 통하여 표적시장을 선정한 다음 그 시장에서 고객으로부터 경쟁우위적이고 차별적인 이미지를 확보코자 하는 포지셔닝(Positioning)을 한다.

[그림 8-7]은 제품수준에서의 마케팅계획 수립과정을 나타내고 있다. 기업 전체차원의 마케팅전략과 상호 보완적이면서도 일관성을 유지할 수 있는 하위체계의 마케팅계획 수립과정을 보여 주고 있다.

그러므로 마케팅전략은 그 구성요소인 목표시장의 설정, 마케팅 믹스의 창출 그리고 마케팅조직의 편성으로 구성된다. 즉 기업의 전체적인 목표가 설정되면 기업목표에 따라 기업 전체의 경영전략이 수립된다. 기업의 전반적인 정책에 따라서 다른 여러 부문, 예를 들어 생산관리부문, 인사관리부문, 재무관리부문 등의 목표, 정책과 동일한 수준에서 마케팅전략이 짜여진다. 마케팅전략에 따라서 마케팅관리가 이루어지고, 그것에 의해 다시 마케팅감사가 이루어진

[그림 8-7] 제품수준에서의 마케팅계획 수립과정

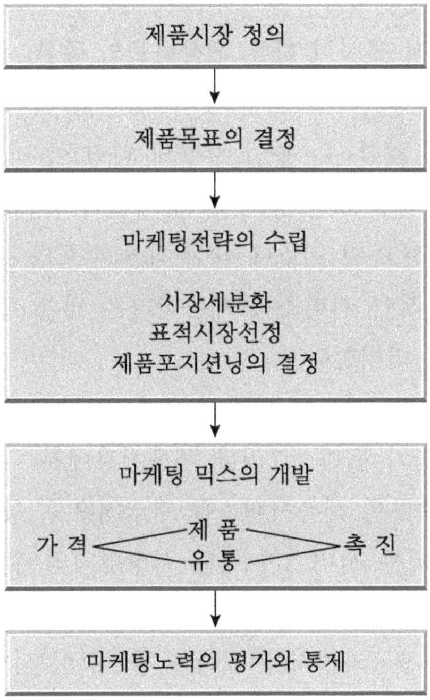

다. 마케팅감사의 결과는 다시 수정된 마케팅전략을 수립하는 데 도움을 주기 위해 피드백(Feed-back)된다.

3. 해운서비스 마케팅전략수립

1) 시장 및 고객에 대한 인식

(1) 표적시장의 설정

경영대상인 시장분야를 특별히 정하지 않고, 성공적인 마케팅활동 및 투자효과를 기대하는 것에는 어려움이 따를 수 있다. 왜냐하면 실제로 해운시장은 공급서비스뿐만 아니라 서비스수요도 다양하기 때문이다. 정기선, 부정기선 및 탱커의 각 시장부문은 시장이라는 범주 내에서는 동질적이라고 말할 수 있다 하더라도 어디까지나 이것은 기본적인 시장의 특성을 가리키는 것이고, 각각의 시장 내에 존재하는 서비스에 대한 개별 수요의 요구내용은 대단히 독특하고 개별적이면서도 아주 다양하다.

이러한 현상은 물리적 특성이 다른 해상화물의 종류, 원자재 및 연료 여부, 제품의 종류에 따라 각기 다른 수·출입의 목적, 수입 측의 공장생산계획 또는 비축능력 혹은 상거래에 의한 수·출입 수량의 다량화, 적·양지(積·揚地) 항만 시설능력의 제약, 그 외 각종 요인 등에 의해 차별화되기 때문이다. 이처럼 시장의 수요구조가 다양화하고, 서비스에 대한 개별 수요의 요구내용이 독특하기 때문에 획일적이고 평균적인 서비스를 제공한다는 것은 결국 모든 수요를 만족시키지 못한다는 것을 의미한다.

그러므로 해운서비스는 개별 하주를 충분히 만족시키지 못하고, 불충분하며 부적당한 서비스가 되기 쉽다. 그러나 해운시장에서 나타나는 개별 수요는 독특할 뿐만 아니라 하주들은 해운서비스를 자극적으로 선택하는 의사를 가지고 있다. 그러므로 공급되는 서비스가 어떤 시장영역의 수요구조에 비하여 적정하지 않다면, 해당 시장영역의 고객층욕구와 개별 하주의 욕구를 충분히 만족시킬 수 없다. 따라서 공급과잉시에 고객을 끌어들이는 힘이 약화되고, 선복이용률이 낮아지며, 단위당 판매비용이 높아지고, 이로 인해 시장점유율하락과 수익성하락이라는 일련의 어려운 상황이 발생한다.

해운서비스의 수요가 이질적이고 다양하다면, 해운의 마케팅활동은 탱커, 부정기선 및 정기선의 각 시장부문을 하나의 동질적인 시장으로 볼 수 없고, 수요의 특성에 기초하여 각 시장부문을 세분화하고, 세분화된 특정의 시장영역을 표적으로 한 "제품차별화"를 하지 않으면 안 된다. 결국 스스로 판단하여 시장분야를 정하고, 고객들에게 최적의 서비스(선종, 선형, 운항방식 및 용선계약방법 등)를 중점적으로 생산, 공급하지 않으면 안 된다.

이러한 시장세분화를 통하여 특정의 시장영역에 존재하는 고객들에게 보다 적합한 서비스를 개발하는 것이 가능하게 되며, 전용선이 그 좋은 예가 될 것이다. 이 경우 하주에게는 대단히 만족스러운 수송서비스가 되므로 시장세분화의 관점에서 볼 때 상대적으로 열위에 있는 다른 경쟁회사의 서비스에 대하여 우위성과 배타성을 가지는 것이 가능하다. 그리고 수요측의 니즈 및 하주의 욕구가 충분히 최적으로 만족되지 않는 시장영역을 찾고, 여기에 가장 적합한 서비스를 개발하며, 제품차별화의 우위를 확보할 수 있다면 해당 시장을 공략하여 자신의 시장으로 하는 것이 가능하다.

시장세분화와 여기에 기초한 제품차별화는 기업경영체질을 강화하는 유력한 수단이 될 수 있다. 그러나 과도한 제품차별화정책은 다른 시장분야의 수요에 대한 공급서비스의 적응능력을 낮추고, 다른 시장에서의 경쟁력을 약화시키는 결과가 되기 때문에 과도한 시장세분화는 활동범위를 좁혀 수익성을 저해하는 위험이 있다.

실제로 독특한 선박유형인 전용선과 초대형선 등은 우수한 경쟁력을 지니지만, 반면에 전용선들은 자신의 활동범위를 좁혀서 경영상의 위험이 커지게 된 것은 오일쇼크(Oil shock) 후의 탱커시장에서 잘 나타나고 있다. 따라서 시장세분화정책은 어떠한 시장을 표적시장으로 할 것인가에 관한 과제로서, 선택하는 시장분야를 어느 정도 범위로 한정하고 제품차별화를 위한 서비스의 기술적 특성을 어느 정도까지 특화할 것인가를 결정해야 한다.

(2) 마케팅전략과 시장조사

표적시장을 선정하기 위해서는 주요 해상화물의 항로 또는 지역별 화물량의 움직임과 여기에 상응하는 공급선복량을 장기적인 베이스(base)로 세밀히 파악하지 않으면 안 된다. 해운기업의 경영에서 해상화물의 이동로를 파악하고 선복량을 분석하는 것은 마케팅에서 가장 먼저 이루어지는 프로세스인 시장조사이다. 그러나 빈번하고 큰 변동을 특징으로 하는 해운시장환경의 특성을 고려해 볼 때, 장기예측은 불확실성을 증폭시키기도 한다. 그러므로 이 불확실성을 줄이기 위해 “정보수집”이 필요하다. 장기예측을 위한 정보는 본래 부분적 무지 및 불확정요소들을 다수 포함하는 불완전한 것이기 때문에 이러한 정보분석에 있어서는 여러 가지 통계학적인 공식뿐만이 아니고 여러 가지 환경조건에서 유도되는 변동들의 특성을 경험하고 충분히 이해하며, 필요한 정보와 데이터분석에 경험과 통찰력을 같이 활용하여 의사결정을 하는 것이 중요하다. 그러므로 장기예측에는 기업의 정보수집체제, 정보분석능력 그리고 의사결정시스템 및 의사결정자의 능력 등이 중요하다.

시장조사에서는 각 시장부문 전반의 장기적 동향을 파악하고, 최초의 표적시장을 합리적으로 분석하는 것이 가능하다. 효율적인 마케팅을 전개하기 위해서는 해운기업이 제공하는 해운서비스가 수요동향에 질·양적으로 적합하지 않으면 안 된다. 바꾸어 말하면 표적시장의 선복수요 및 공급, 시황 그리고 경쟁관계 등 여러 변수들의 움직이는 방향에 의해 해운기업이 선택해야 할 마케팅의 수단과 내용이 달라져야 한다는 것이다.

이러한 요소들은 해운기업이 통제할 수 없는 환경조건일 뿐만 아니라 상당히 가변적인 것이기도 하다. 수요측의 변화와 공급측의 불규칙성에 의해 유동적으로 변화한다. 해운기업이 이러한 변동을 무시한다면 시장의 니즈(Needs)인 하주의 욕구와 공급서비스내용 간의 격차가 크게 벌어져 기업의 경쟁력을 저하시키고, 이 결과 시장점유율의 하락 혹은 수익성저하라고 하는 제재를 시장으로부터 받게 된다.

만약 해운기업이 환경조건의 변화에 대하여 적절히 대응할 수 있다면, 수익성을 향상시키거나 확대성장의 계기를 만드는 것도 가능하다. 이러한 의미에서 해운시장의 환경변화는 해운기업의 생존과 발전을 위협하는 제약요소라 하더라도 다른 측면에서는 기업의 수익성을 향상시키고 성장, 발전을 가져다 주는 모체이기도 하다.

그러므로 해운기업경영에 있어서 시장환경의 단기적 동향을 정확히 파악해야 할 필요가 있다. 해운기업의 시장조사는 표적시장영역을 선택하기 위한 장기적 동향을 파악하는 데에 국한되지 말고 단기예측을 면밀히 하는 것도 포함해야 한다. 왜냐하면 단기예측은 장기예측과 달리 비교적 높은 정도(精度)로 행하여지므로 선박유형이나 항로, 운항방식 등에 관한 마케팅전략수단을 선택하는 데 있어 기준이 되는 질적, 양적 수준이 구체화될 수 있기 때문이다.

(3) 해운기업역량의 인식

해운기업은 시장조사를 통하여 시장환경조건의 동향을 장·단기적으로 파악함으로써 표적시장과 마케팅 믹스변수들을 결정하지만, 결정변수로서 기업의 역량과 주체적 조건을 고려해야 한다. 결국 기업의 경영자원과 그 능력에 대하여 평가함으로써 현실적으로 달성가능한 마케팅실천목표와 실천수단을 결정할 수 있고, 시장조사를 통하여 파악된 시장동향을 고려함으로써 이를 실행할 수 있다. "유효한 마케팅활동," 즉 시장을 효과적이고 효율적으로 창조하기 위해서는 해운기업의 역량을 정확히 이해하여야 한다. 기업차원 전체에 대하여 통일적으로 파악하는 것이 마케팅의 다음 프로세스이다.

자기 역량을 파악한다는 것은 ① 보유 및 운항선대의 질적, 양적 내용과 그 외의 설비영역, ② 시장점유율, 경쟁력(집하력), ③ 운항관리영역과 그 외 노우-하우(Know-how), ④ 재무구조와 자금조달능력, ⑤ 사회적 명성, 경영관리임원의 경험 및 시황통찰력 등을 포함하는 유·무형의 경영자원을 가리킨다. "기업은 자기 능력을 정확히 파악하고 차별적 우위성을 발휘하는 능력과 충분히 활용되지 않은 기업의 잉여자원을 찾는 것이 중요하다. 그리고 기업목표를 달성하기 위해서는 어떠한 능력, 자원이 부족하며, 어떠한 자원을 보강할 것인지를 알아야 한다." 그러므로 해운기업은 자기의 역량에 맞는 무리하지 않고 합리적인 마케팅실행계획을 세우는 것이 중요하다.

제 5 절 해운서비스 마케팅 믹스관리

1. 해운서비스 상품관리

1) 해운서비스상품

해운서비스상품은 실무적으로 분류하면 크게 개품운송계약과 용선계약으로 나눌 수 있으며, 개품운송계약은 정기선의 경우에 그리고 용선계약은 부정기선의 경우에 이용되고 있다. 개품운송계약은 개개의 일반화물(General Cargo: 잡화)을 정기선을 이용하여 수송하는 방식의 계약이며, 이 방법에 의한 수송을 개품운송서비스라고 한다. 선사는 본선에 목적화물을 선적하고 난 후 선적화물의 수취증 및 운송계약서로서 선하증권(Bill of Lading: B/L)을 발행한다.

부정기선선사는 하주의 화물량, 선적시기, 선적지, 양하지 등을 주요 제한조건으로 하여 운임을 정하고, 통상은 1척의 선박단위로 선복(船腹)을 빌리는 방법으로 해상수송서비스를 판매한다. 이와 같은 서비스의 판매는 용선으로 수송되며, 대부분은 항해용선계약을 통해 이루어진다.

부정기선의 용선계약에는 하주가 선사와 체결한 항해용선계약 이외에도 선박운항자(operator)와 선주(owner) 사이에 맺어진 정기용선계약이 있다. 항해용선계약을 하주용선(荷主傭船)이라고 하며, 후자의 용선계약은 운송인용선(運送人

傭船)이라고도 한다.

이상의 서비스는 해운서비스의 대표적인 기본상품이라고 할 수 있으며, 이것을 기준으로 이산적 거래상품과 관계적 거래상품으로 분류하면 다음과 같다.

(1) 이산적 거래(Discrete transaction) 서비스 상품

해운서비스 공급자와 수요자가 처음으로 만족도를 시험할 수 있는 단계의 상품이며, 만족한 고객은 관계지속자로 불만족한 고객은 관계이탈자로 구분되어질 수 있다.

① 단독항해 용선계약(Single Voyage Charter): 부정기선시장의 대표상품인 단독항해용선은 하주가 선적지와 양하지 사이의 화물수송을 위하여 단일회의 항해용선서비스를 단순구매하는 것으로 대부분의 거래의 시작 형태이며, 시장형 관계로 기회주의 배제가 어렵다.

② 일회성 개품운송계약: 정기선시장의 대표상품으로 단 일회의 운송서비스를 단순구매한 후에 거래관계가 종료되는 상품으로 대체로 시장형 계약으로 기회주의적 선택을 하게 된다.

(2) 관계적 거래(Relational transaction) 서비스상품

처음 서비스에 만족한 수요자가 관계지속의 의지를 갖고 일정기간 또는 일정물량의 지속을 약정하는 상품들로 신뢰와 몰입의 단계로 들어선 경우이다.

① 일회성상품의 반복거래서비스: 일회성상품을 발생할 경우마다 지속적으로 반복거래하는 것이다. 기간적, 물량적 약정은 없지만, 동일공급자와 반복적으로 빈번하게 거래하는 경우이다.

② 연속항해 용선계약서비스: 하나의 특정항로를 반복하여 연속적으로 항해하는 것으로 연속항해 용선서비스의 반복구매를 약정하는 경우이다.

③ 장기운송 계약성서비스: 기간과 물량 등을 보증하는 것을 제한으로 하여 별도의 운임으로 판매하는 서비스로 정기선시장의 우대운송계약(Service Contract), 대량화물 특혜(Time/Volume Rate) 계약, 부정기선시장의 장기화물 운송계약(COA) 등이 있다. 장기적 관계의 전형이며, 거래의 신뢰를 바탕으로 한 관계몰입의 단계라고 할 수 있다.

④ 정기용선(Time Charter) 서비스: 운송인과 운송인 사이에 판매되는 서비

스로 하주와 용선계약하는 선사(operator, 운송인)가 자기가 소유한 선박이 부족한 경우, 또는 전략적 판단에 의하여 다른 선주(owner)의 해운서비스 생산요소 중 노동력과 수송수단을 일정기간(통상 1년 또는 수년) 임차하는 서비스이다.

2) 선박조달

표적시장의 장·단기적 동향을 파악하고 해운기업 자신의 능력을 인식함으로써 해운기업은 마케팅전략의 구체적 내용을 합리적으로 설정할 수 있다. 그 전략내용은 선박의 기술적 특성, 운항방식 및 용선계약방법, 운임 또는 용선료 등으로 나타나지만, 마케팅 믹스 각 구성요소들의 상대적 중요성은 자유경쟁형태를 띄는 부정기선 내지 탱커시장 또는 카르텔에 의해 가격이 관리되는 정기선시장인가에 따라 달라진다.

그러나 선박의 기술적 특성은 해운서비스라고 하는 상품의 질적 내용을 규정하는 주요 요소이므로 마케팅 믹스 가운데서 가장 중요하다. 이 점에서 선박조달(용선 및 선박투자)은 마케팅 믹스의 중요 부분인 제품계획으로서 중시되고 있다. 결국 해운기업의 용선과 선박투자는 마케팅전략의 일환으로서 행하여지고, 마케팅요소의 하나로서 그 타당성이 평가되며, 마케팅전략에서 유리된 기업의 용선행동과 선박의 투자행동은 존재할 수 없다.

해운서비스의 시장성을 확보하고 효과적인 마케팅활동을 전개하기 위해서는 부정기선, 탱커경영에서는 경쟁가격을 제시해야 하며, 경쟁화물의 종류, 화물수량단위 및 항로 등에 가장 적합하며, 능률적이고 경제적인 선종과 선형의 선박이 필요하다. 또한 가격경쟁이 억제되고 있는 정기선경영에서는 우리 기업의 선박의 기술적 특성이 경쟁회사의 선박보다도 우수함으로써 하주를 끌어들일 수 있고, 유리하게 집하활동을 전개할 수 있다.

부정기선 및 탱커시장에서는 각 시장분야의 일반적인 거래수량단위와 잠재적 취항항로의 항만시설능력에 적합한 범위 내에서 단위당 생산비용을 가장 낮출 수 있는 선형 및 속력을 지닌 선박유형이 될 것이다.

이것이 정기선시장에서는 표적취항항로 내의 정기선화물의 물동량 및 품목구성, 컨테이너화 가능화물의 물동량 및 왕·복항의 균형, 항만시설능력(내륙수송기능의 발달 정도) 등에 의해 재래 정기선, 컨테이너선 내지는 RORO선이 비가격경쟁요인도 고려하여 최적선형과 속력을 지닌 선박으로 설계되는 것이다.

해운에서는 가장 경쟁력 있는 신조선이 시장에 투입되어 보다 현대적이고 자동화된 신조선이 등장함으로써 기존 선박은 다른 항로로 퇴출되어 나가고, 시장으로부터 소멸되기까지 선박의 수명주기는 결코 길지 않은 편이다. 그러므로 해운기업은 비교적 짧은 선박수명주기 사이에 거액의 투하자본을 회수하지 않으면 안 된다. 현실적으로 볼 때 선박이 수익을 얻을 수 있는 잠재적 기간은 본래 선박의 수명주기보다 짧아진다. 그것도 이 기간 동안 심각한 해운불황을 만날지도 모르기 때문에 선박투자의 수익성확보는 쉬운 것이 아니다. 이 때문에 해운기업은 수익성높은 수요를 획득할 수 있는 서비스체제를 유지하는 것이 중요하다.

해운기업은 제품계획을 수립하는 데 있어 시장의 니즈(Needs)인 하주의 욕구에 최대한 적합할 것과 경쟁적인 가격을 제시할 수 있어야 한다. 그러므로 표적시장에 존재하는 하주의 욕구를 충분히 만족시키는 기술적 특성을 지닌 서비스를 개발하는 것이 중요하다. 이런 점에서 제품계획의 전부를 차지하는 선박조달은 마케팅전략성과의 대부분을 결정하고, 기업의 업적을 좌우하는 중요한 열쇠가 된다.

한편 선박특성에 기초한 제품차별화정책은 기업이 특정분야에서 경쟁상 유리한 지위를 차지할 수 있다는 근거에 기초하고 있지만, 해운에 관한 한 다른 경쟁선사에 의해 비교적 쉽게 추격당하고, 그 결과 표적시장에서 공급되는 서비스의 질적 내용을 보면 기업간에 그다지 큰 격차는 생기지 않는다. 이처럼 제품차별화라고 하는 비가격경쟁부문에서 기업간의 개성을 발휘할 수 있는 여지가 별로 없는 시장에서는 필연적으로 가격이 강력한 경쟁수단이 된다. 자유경쟁형태를 취하는 탱커 및 부정기선시장은 물론이고, 운임협정에 의해 가격경쟁이 억제되고 있는 정기선동맹항로에서 맹외선이 운임절하를 무기로 비교적 쉽게 진출하고, 또 동맹 내에서 잘못된 관행이 행하여지기 쉬운 것도 이러한 측면이 있기 때문이다.

해운기업이 경쟁시장에서 우위성 및 배타성을 안정적으로 유지하기 위해서는 선박의 기술적 특성뿐만 아니라 독특한 노우하우(Know-How) 및 경영자원을 활용한 해운서비스 내지 수송시스템을 개발해야 한다. 만약 비가격부문에서 우위성을 개발할 수 없다면, 당연히 가격정책이 다음의 중요한 마케팅수단이 된다. 왜냐하면 비가격경쟁부문에서 기업간에 그다지 격차가 없는 시장에서는 가격인하가 판매촉진의 가장 효과적인 수단이 되기 때문이다.

3) 해운서비스 가격관리

가격이란 판매한 제품 또는 서비스의 대가로서 사는 사람이 파는 사람에게 지불하는 금전적인 가치이다. 가격정책은 마케팅 믹스의 주요 수단이지만, 실제 해운경영에서는 이 수단을 사용할 여지가 의외로 적다. 자유경쟁형태를 취하는 부정기선 및 탱커시장에서는 서비스구매자인 하주가 운임수준에 의해 영향을 크게 받고, 또한 제품전략에서의 차별화가 어렵기 때문에 얼핏 보아서는 해운기업의 서비스가격정책은 대단히 효과가 있는 것처럼 생각된다. 그렇지만 현실적으로는 특정기업이 이러한 시장에서 주도적 지위를 차지하는 것이 어렵기 때문에 운임은 수급균형에 의해 타율적으로 결정되고, 기업의 가격정책이 존재할 기반이 그만큼 낮아지는 것이다.

부정기선 및 탱커시장에서 판매가격인 운임수준에 직접 영향을 주는 것은 운항비용도, 하주의 운임지불능력도, 서비스 질도, 그 이용효과도 아니다. 가장 큰 영향을 미치는 것은 바로 시장에서의 공급선복량과 수송수요의 균형이다. 최고운임과 최저운임의 결정에 운임부담력과 운항비용이 작용하는 정도이다. 예외적으로 원가가산법(Cost Plus Method)이 적용되는 장기계약의 경우에만 운항비용이 판매가격에 직접 영향을 미치는 것에 지나지 않는다.

자유경쟁시장에서 해운기업이 가격정책을 효과적으로 도입하는 경우는 그것이 시장가격보다 낮은 경우이다. 바꾸어 말하면 보다 경쟁적인 운임을 도입하는 기업만이 시장선도자가 되어 자신의 가격정책을 시장운임에 효과적으로 반영할 수 있다. 이것이 선복수요를 쉽게 유인하여 자사의 시장점유율을 유지, 확대하는 데 즉각적인 효과를 나타낸다. 부정기선 및 탱커의 양 시장에서 비용경쟁력이 중시되는 것은 이것과 관련이 있다.

정기선시장에서는 동맹조직 내에서 항로를 경영하는 한 가격카르텔인 운임협정에 의해 가격경쟁이 배제되기 때문에 판촉수단으로서 개별적 가격정책이 작동할 여지가 없다. 이러한 가격정책은 가맹선사 전체의 “집단적 가격정책"으로서 가맹선사가 시장을 집단적으로 지배할 목적에서 판매가격을 동일하게 하는 의무를 상호에게 부과하고, 각종 기준에 기초하여 차별운임체계를 택하는 운임협정으로 나타난다.

2. 해운서비스 경로관리

유통경로는 상품과 서비스가 생산자로부터 소비자 및 최종소비자에게 이전되는 과정에 참여하는 모든 개인 및 회사를 말한다. 제품 또는 서비스의 형태와 관계 없이 모든 생산물은 제공자로부터 고객에게 전달됨으로써 이익을 창출할 수 있다. 제품 또는 서비스제공자가 생산에서 고객에게 제공하기 위한 전과정을 계획, 투자, 통제하는 것이 상황에 따라서 효율적일 수도 있지만 항상 그러한 것은 아니다. 따라서 중간채널(Channel)을 활용하여 제한된 자원으로 생산성 또는 수익성을 극대화하는 방안을 강구할 필요가 있다.

해운서비스의 경로관리방안으로서는 서비스범위를 확대하는 것과 틈새 시장을 공략하는 전략을 들 수 있다. 먼저 정기선사의 경우 서비스범위를 확대하는 전략은 유통경로전략의 일부분이다. 즉 정기선사의 글로벌화는 EDI와 같은 정보시스템을 바탕으로 세계경제의 글로벌화에 따른 하주의 욕구를 충족시키기 위하여 광범위한 서비스 망을 구축하는 것이 기본적인 목표이다. 그러나 해운선사의 틈새 시장 공략전략에는 한계가 있기 마련이다. 즉 일반상품의 경우에는 여러 계층의 고객에게 다양한 상품을 여러 경로를 통하여 판매할 수 있기 때문에 경쟁기업과의 차별화가 가능하나, 정기선서비스의 경우에는 컨테이너를 매개로 하는 해상수송서비스라는 점에서 수송시간단축과 서비스빈도향상 그리고 부가가치 서비스제공이라는 점 이외에는 차별화의 정도가 그리 크지 않다.

그러나 정기선사의 서비스범위가 해상수송서비스 이외에 내륙수송, 창고, 수송거점, 통관, 포워딩(Forwarding) 등 부가가치서비스로 크게 확대되어 고객만족을 위한 서비스를 제공하는 데 서비스차별화가 충분히 가능하기 때문에, 글로벌선사를 지향하는 정기선사는 서비스 질을 향상하거나 부가가치가 높은 서비스를 제공하는 것과 같은 서비스차별화전략을 필수적으로 수립하고 실행하여야 한다.

3. 해운서비스 촉진관리

촉진이란 기업이 소비자, 중간구매자 또는 기타 이해관계가 있는 대중에게 시장제공물(제품, 서비스) 또는 기업에 관해서 정보를 전달하는 기능을 가리킨다. 기업이 마케팅전략실행에 활용할 수 있는 촉진의 하위믹스요소로서는 광고, 판매촉진, 인적 판매, 공공관계 및 홍보 등을 들 수 있다.

해운서비스는 고도의 전문성을 요하는 전문서비스이다. 고객입장에서는 적정한 가격으로 양질의 서비스를 제공받기 위해서 상당한 수준의 전문지식을 습득해야 할 필요가 있으며, 서비스제공자의 입장에서는 시장점유율향상 및 경쟁력제고를 위하여 제공하고자 하는 특정해운서비스뿐만 아니라 일반적인 시장정보 및 해운서비스에 관한 전반적인 지식 등 상당한 정보 및 지식을 갖추어야 한다. 이러한 전문적인 지식 및 정보를 고객에게 효과적으로 전달하여 고객의 사전지식 또는 정보를 충분하게 하여 정보처리 동기 및 능력을 강화하고, 정보화가능성을 높이는 촉진전략을 구사하여야 한다.

즉 고객관리의 강화, 서비스의 차별화 내지 특화를 동시에 이루는 것이 시장점유율확대 및 경쟁력제고를 위한 바람직한 고객지향적인 마케팅전략이다. 해운서비스 촉진관리의 구체적인 방안으로서는 유형적인 요소를 적극 활용하여 자사의 강력한 서비스 이미지를 구축하는 것과 하주와의 협력체제구축을 통한 안정적인 수송수요를 확보하며, 전략적 제휴를 하는 것 등을 들 수 있다.

CHAPTER

9

해운기업경영과 회계정보

제 1 절 경영활동과 회계의 본질

1. 해운기업의 활동과 경영관리

해운기업은 선박을 이용하여 해상운송서비스를 제공하는 기업이다. 우리나라 경제는 수출의존도가 높다. 이로 인해 해운업은 국가경제에 중추적인 역할을 수행하는 기간산업으로서의 특징을 갖는다. 일반서비스기업과 해운기업이 구별되는 가장 큰 특징 중 하나는 영업활동이 일어나는 장소이다. 해운기업의 영업활동은 해외 각지에서 수행되므로, 영업수익의 창출과 영업비용의 지출은 주로 미국달러 혹은 미국달러기준으로 환산된 현지통화로 이루어진다. 해운기업의 또 다른 특징은 영업활동주체가 선박이라는 점이다. 해외 각지를 운항하는 선박이 현지에서 영업활동을 수행하기 때문이다. 따라서 해운기업의 경영관리 또한 이러한 산업특성을 고려하여 이루어지는 것이 바람직하다.

경영관리는 경영과 관리를 합성한 용어이다. 경영관리에서 경영이란 의미는 기업활동에 관한 모든 의사결정(decision making)을 말한다. 따라서 해운기업의 경영활동은 조직관리, 인적자원관리, 새로운 선박의 구매 및 용선계약, 선박서비스의 개발, 시장개척 등 기업의 장기적 성장, 발전 및 수익창출을 위한 모든 활동을 포괄한다. 이러한 경영활동이 기업의 목적이라 할 수 있는 영리추구에 도움이 되도록 각종 지표를 만들어 검토하고, 잘못된 의사결정행위를 바로잡게 하는 행위를 관리라 한다. 즉 경영관리에서 관리란 경영진이 행한 의사결정행위가 기업의 목적에 부합하는가를 검토(feed-back)하고, 보다 더 효율적인 의사결정이 이루어질 수 있도록 각종 정보를 생산하여 제공하는 행위라 할 수 있다. 이처럼 해운기업 경영관리란 해운경영활동과 관련된 일련의 의사결정 및 의사결정의 결과를 검토하고 보조하기 위한 각종 정보를 생산하여 제공하는 활동이다.

1) 경영의 순환과정

해운기업의 조직은 크게 사업본부(정기선 및 부정기선 사업부), 해상업무지원본부, 그리고 기획 및 관리 본부로 구분된다. 사업본부는 수익창출을 위한 각종 업무를 집행(do)하는 기능을 수행하며, 해상업무 지원본부는 수익창출활동이 안전하고 안정적으로 이루어질 수 있도록 각종 업무수행을 지원하는 기능을 담당한다. 기획본부는 기업을 지속적으로 성장, 발전시키기 위한 장·단기 발전계획을 수립하여 집행하도록 하는 부서이다. 장·단기 발전계획을 수립하기 위하여 기획본부는 해운기업의 경영환경변화를 예측하여 기회요인과 위협요인이 무엇인지를 분석하고, 나아가 환경변화에 적응할 수 있는 기업의 강점과 약점과 같은 내부역량을 파악하고 대응방안을 만드는 역할을 수행한다. 이렇게 파악된 강점, 약점, 기회요인 및 위협요인(Strength, Weakness, Opportunity and Threat : SWOT)을 바탕으로 장·단기 발전계획이 수립된다. 장·단기 발전계획의 핵심에는 경영목표를 달성하기 위하여 해운기업이 필요로 하는 재원의 효율적 조달 및 투자를 포함하는 장·단기 예산수립(budgeting) 과정이 포함된다. 마지막으로 관리본부는 구매, 총무, 정보, 재무, 법률자문, 인사조직 및 회계 등 기업의 경영관리활동을 총괄하게 된다. 특히 관리본부의 주된 역할은 사업본부나 사업지원본부의 활동이 원활히 이루어지고, 그 결과로서 기획본부에서 제시된 경영목표가 효율적으로 달성되었는가를 평가(see)하고, 잘못된 의사결정행위를 바로잡을 수 있는 경영정보를 제공하는 것이다. 특히 회계부서는 기업이 필요로 하는 각종 재무정보를 생산하여 제공함으로써 핵심적인 관리기능을 수행하게 된

[그림 9-1] 경영의 순환과정

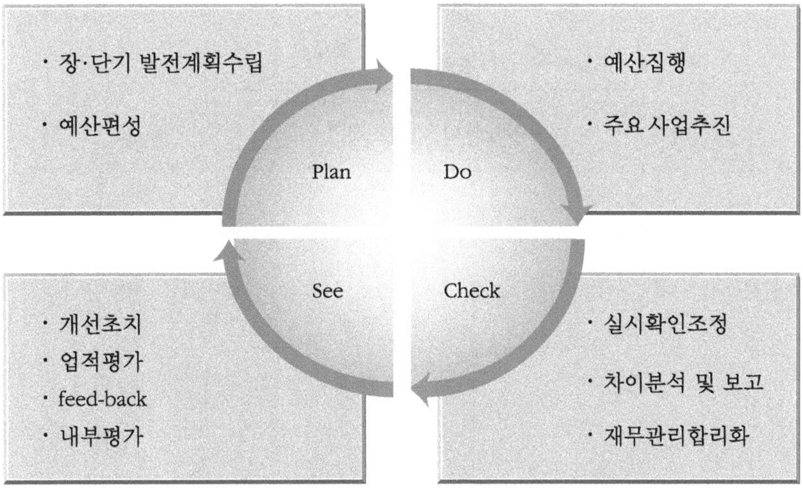

다. [그림 9-1]은 계획(plan), 집행(do), 그리고 평가(see)라는 경영활동을 반복적으로 수행하면서 기업의 장·단기 목표를 달성해 나가는 경영의 순환과정을 도식화한 것이다.

경영의 순환과정에 제시된 첫번째 단계는 계획의 수립이다. 계획단계(plan)에는 경영목표를 설정하고, 목표를 달성하기 위한 예산편성과정이 포함된다. 실행단계(do)에서는 각 사업부서의 예산집행 및 주요 사업의 추진이 이루어진다. 평가단계(see)는 실행단계에서 시행한 사업의 성과들을 평가하고, 예산사용의 차이분석을 통하여 사업기간중에 이루어진 경영행위에 대하여 지속적으로 확인하고 점검한다. 또한 평가단계에서는 개선조치에 대한 사업실적평가와 개인에 대한 업적평가를 수행한다. 또한 각종 재무보고에 대한 피드백과 내부평가시스템을 통한 성과평가가 반복적으로 이루어진다.

2) 경영관리와 회계정보

경영관리의 목표는 기업의 경영성과를 높이는 것이다. 그리고 기업의 경영성과는 회계수치로 표현된다. 경영관리는 해운경영활동과 관련된 일련의 의사결정 및 의사결정의 결과를 검토하고 보조하기 위한 각종 정보를 생산하여 제공하는 행위이며, 회계정보는 경영관리에 필요한 가장 핵심적인 정보이다. 즉

[그림 9-2] 회계정보와 경영관리

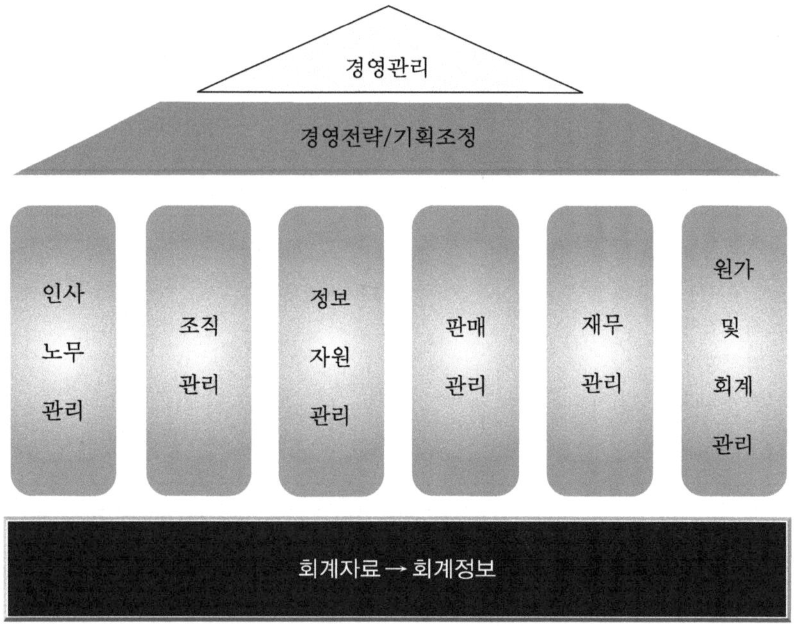

경영관리는 회계정보를 생산하여 제공하는 행위를 포함하지만, 이렇게 생산하여 제공된 회계정보를 이용하여 경영관리가 이루어진다. 이처럼 경영관리는 회계정보의 산출에서부터 출발한다.

최근 해운기업들은 경영관리의 핵심기법으로 계수경영을 표방하고 있다. 계수경영은 기업이 달성하고자 하는 다양한 목표들을 정량화하고, 그 달성 여부를 확인하는 경영기법이다. 정량화된 목표는 대부분 목표수익 및 매출액, 부채비율 등 회계수치로 표현된다. 이처럼 경영관리는 회계정보를 생산, 제공하는 것에서부터 출발한다. 해운기업의 경영관리영역을 좀더 세분화하면 인사노무관리, 조직관리, 정보자원관리, 판매관리, 재무관리, 원가 및 회계 관리 등으로 세분화할 수 있다. 그리고 이러한 관리의 핵심활동에는 대부분 회계정보가 활용된다. 예로서 인사노무관리의 목표는 종업원들이 창출한 부가가치를 높이는 것이며, 이는 노동생산성으로 표현되어 임금인상 등 각종 경영관리지표로 활용된다. 판매관리의 목표는 성장성과 수익성을 높이는 것이다. 이는 매출액과 매출총이익 등 다양한 이익수치로 표현된다.

2. 회계의 본질

1) 회계의 정의

지속적인 경제성장으로 인하여 우리나라의 해운산업은 물론 모든 산업이 괄목할 만큼 성장하였다. 그 결과 더 이상 사람의 기억에 의존해 해운기업의 경제규모를 측정하고 계산하는 것이 불가능하게 되었다. 따라서 각종 거래에 대한 기록의 필요성이 대두되었다. 즉 현재와 같이 복잡한 사회에서는 가계, 기업, 정부 등의 경제주체가 그 운영을 위하여 경제활동의 결과를 계산하고 측정할 수 있어야 한다. 회계는 바로 해운기업과 같은 경제주체가 행한 경제활동의 결과에 대한 정보를 산출하고, 분석하고, 제공해 주는 역할을 수행하기 위하여 등장하였다.

학문의 한 분야로서, 그리고 회계정보를 산출하여 어디에 어떠한 방식으로 유용하게 사용하는지를 파악하기 위해서는 회계에 대한 명확한 정의가 필요하다. 물론 회계가 무엇인가에 대한 정의는 다양하다. 이러한 회계에 대한 정의는 많은 회계관련단체에서 제시한 정의를 살펴보면 그 내용을 쉽게 파악할 수 있다.

첫째, 미국공인회계사회(American Institute of Certified Public Accountants: AICPA)가 발표한 회계의 정의이다. 1953년 미국공인회계사회(AICPA)는 "회계는 적어도 부분적으로 재무적 성격을 가진 거래나 사건을 화폐단위를 이용하여 기

[그림 9-3] 회계정보의 역할

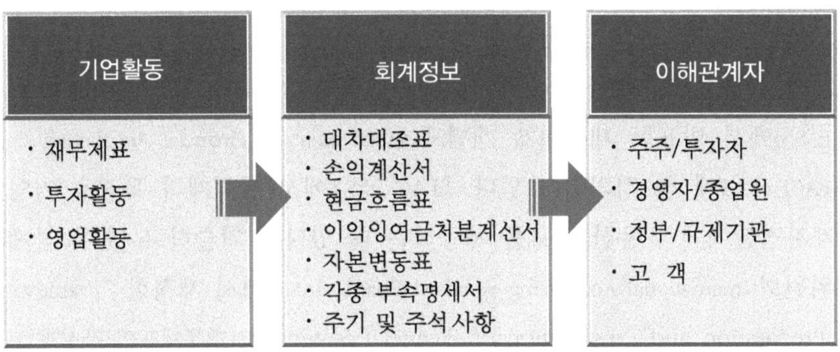

록, 분류, 요약하여 그 결과를 해석하는 기술이다"라고 정의하고 있다.

둘째, 미국회계학회(American Accounting Association : AAA)가 1966년에 발표한 기초적 회계이론에 관한 보고서(A Statement of Basic Accounting Theory : ASOBAT)에서는 "회계는 정보이용자가 합리적 판단이나 경제적 의사결정을 하는 데 필요한 경제적 정보를 식별, 측정 및 전달해 주는 과정이다"라고 정의하고 있다.

셋째, 1970년에 발표된 미국회계학회 회계원칙심의회(Statement on Accounting Principle Board : APB) 보고서 제 4 호에서는 회계를 "정보이용자가 경제적 의사결정을 하는 데 유용하도록 경제적 실체에 대한 재무적이고 양적인 정보를 제공하는 것이다"라고 정의하고 있다.

이처럼 회계의 정의를 살펴보면 시대가 변함에 따라 그 정의도 조금씩 변화하는 것을 확인할 수 있다. 1950년대에 회계는 경제적 사건에 대한 정보를 처리하는 과정(식별, 측정 및 전달)으로 파악한 반면, 1960년대에는 회계를 단순히 경제적 사건에 대하여 기록하고 유지하는 것뿐만 아니라 계획과 문제해결, 통제와 업적평가 등의 의사결정에 도움이 되는 정보를 제공해 주는 것으로 변화하였다. 1970년대에 와서는 회계를 하나의 정보시스템(information system)으로 정의하고 있다. 위에서 기술한 바와 같이 회계를 경영관리를 위한 하나의 정보시스템으로 보는 것이다. 회계를 정보시스템으로 간주할 경우, 회계정보시스템(Accounting Information System : AIS)은 정보이용자들의 의사결정에 유용한 정보를 제공하는 것이다. 이러한 정보를 제공하기 위하여 회계정보시스템은 해운기업의 경제적 사건을 식별하고, 측정하여 그 결과를 기업의 다양한 이해관계자집단에게 제공하는 기능을 수행하는 것이다.

2) 회계의 목적

회계의 목적은 1978년 미국 재무회계기준위원회(Financial Accounting Standard Board : FASB)에서 발표한 재무회계 개념체계(Statement of Financial Accounting Concepts : SFAC) No.1에 잘 정의되어 있다. SFAC No.1에서는 회계의 목적을 기업의 이해관계자집단에게 유용한 정보를 제공하는 데 있다고 기술하고 있다. 국제회계기준위원회(International Accounting Standard Board : IASB)에서 제정한 "Framework for the Preparation and Presentation of Financial Statements(재무제표의 작성과 표시

를 위한 개념체계)"에서 회계의 목적을 "광범위한 범위의 정보이용자에게 경제적 의사결정에 유용한 기업의 재무상태, 경영성과와 재무상태변동에 관한 정보를 제공하는 것"으로 정의하고 있다. 우리나라 회계기준원(Korea Accounting Standards Board : KASB)도 국제회계기준위원회가 제정한 개념체계인 "재무제표의 작성과 표시를 위한 개념체계"를 그대로 채택하고 있다. 이처럼 우리나라를 포함한 대부분의 국가에서는 회계의 목적을 기업의 이해관계자집단에 유용한 정보를 제공하는 것으로 정의하고 있다.

우리나라가 채택한 「재무제표의 작성과 표시를 위한 개념체계」에서는 회계의 목적을 개념체계의 최상위개념으로 다루고 있으며, 그 목적을 "유용한 정보제공"이라고 밝히고 있다. 또한 기업회계기준서 제21호 "재무제표의 작성과 표시 Ⅰ"의 문단 6에서도 "재무보고는 현재 및 잠재 투자자와 채권자가 합리적인 의사결정을 하는 데 유용한 정보를 제공하는 것을 목적으로 하며, 재무제표는 재무보고의 핵심적인 수단이다"라고 언급하고 있다. 그러나 이 정의는 너무 포괄적이고 애매하여 이를 보다 정확히 이해하기 위해서는 유용한 정보를 ① 누구에게 제공하며, ② 어떠한 정보가 유용한 정보이며, ③ 어떠한 방법으로 제공하는지에 대한 이해가 필요하다. 「재무제표의 작성과 표시를 위한 개념체계」에서는 이러한 3가지 질문에 답할 구체적인 내용을 담고 있다.

첫째, 유용한 정보를 누구에게 제공하는지에 대한 답은 재무정보이용자로 규정하고 있다. 재무정보이용자는 투자자, 경영자를 포함하는 종업원, 금융기관과 같은 대여자, 공급자와 그 밖의 거래채권자, 고객, 정부와 유관기관, 일반대중, 정보중개인(예 : 재무분석가, 신용평가기관, 신용분석가 등)을 의미한다. 즉 회계의 목적은 투자자, 채권자 및 경영자 등 정보이용자에게 유용한 정보를 제공하는 것이다. 그렇다면 이들 재무정보이용자에게 유용한 정보란 "어떠한 정보를 의미하는가"가 두 번째 질문이다. 유용한 정보란 정보이용자들에게 합리적 의사결정을 할 수 있도록 해주는 정보라 할 수 있으며, 특정한 정보의 유용성은 이용자들의 업무특성에 따라 다를 수 있다. 즉 해운기업에서 일반화물을 운송하는 데 절대적으로 필요한 컨테이너 박스가 원유와 같은 액체화물을 운송하는 데 별 소용이 없는 경우와 마찬가지이다. 따라서 유용한 정보란 정보이용자가 행하는 일을 합리적으로 수행하기 위하여 필요한 정보가 유용한 정보라 정의할 수 있다. 그렇다면 주요 정보이용자인 경영자, 투자자 및 채권자들이 하는 일은 무엇이며, 어떠한 정보가 그들에게 유용한 정보인가를 파악할 필요가 있다.

해운기업경영자의 주된 업무는 조직의 목적을 달성하기 위한 의사결정, 특히 투자의사결정에 관한 업무가 주를 이룬다. 이러한 투자의사결정에 가장 중요한 정보는 투자대안에 대한 수익성 및 유동성에 관한 정보일 것이다. 투자자의 경우도 마찬가지이다. 투자자는 대부분 주식투자자를 의미하며, 주식투자는 주가의 상승에 의하여 수익성이 보장되며, 따라서 주가를 결정하는 요인인 수익성이나 미래의 현금흐름이 유용한 정보가 된다. 금융기관과 같은 채권자는 대부분 신용의사결정을 한다. 신용의사결정에 필요한 핵심적인 정보는 원리금회수능력일 것이고, 원리금회수능력을 판단하는 가장 중요한 정보는 미래 현금흐름과 이를 결정하는 미래의 수익성에 관한 정보이다. 이러한 맥락에서 「재무제표의 작성과 표시를 위한 개념체계」에서도 투자 및 신용의사결정에 유용한 정보, 미래 현금흐름예측에 유용한 정보,[1] 경영자의 수탁책임평가에 유용한 지표는 재무상태, 경영성과, 현금흐름 및 자본변동에 관한 정보로 정의하고 있다.

「재무제표의 작성과 표시를 위한 개념체계」는 이러한 유용한 정보를 외부정보이용자에게 전달하는 핵심적인 수단으로 재무제표를 들고 있다. 즉 기업의 수익성을 나타내는 경영성과는 손익계산서를 이용하도록 하고 있다. 경영의 결과로 얻은 이익을 어떻게 사용 혹은 처분하였는가를 보여 주기 위하여 자본변동표와 이익잉여금처분계산서(혹은 결손금처리계산서)를 작성하도록 하였다. 또한 기업의 재무상태를 표현하기 위하여 대차대조표를 작성하며, 그 중에서도 특히 현금흐름에 관한 정보를 제공하기 위하여 현금계정에 대한 구체적인 내용을 담은 현금흐름표를 작성하도록 하였다. 이 밖에 재무제표이용자에게 충분한 회계정보를 제공하기 위하여 기업의 중요한 회계정책이나 방침 등 필요한 사항에 대하여는 주기 및 주석을 달게 되어 있다. 이처럼 기업이 정보이용자에게 회계정보를 전달하는 핵심수단으로 재무제표(대차대조표, 손익계산서, 자본변동표, 이익잉여금처분계산서, 현금흐름표 및 주석사항)를 이용하고 있다.

---

1) 미래 현금흐름예측에 관한 정보는 투자 및 신용 의사결정에 관한 보다 구체적인 정보로서 투자나 여신 등의 의사결정에 현금흐름정보가 중요함을 강조하고 있다. 최근 재무관리 교과서나 재무제표분석 교과서에서 기업가치평가나 채무상환 능력평가에 현금흐름분석을 중심으로 이론이나 기법이 설명되어 있는 점에 비추어 볼 때 당연한 것이다.

3. 해운기업의 이해관계자와 회계정보

1) 해운기업의 이해관계자

해운기업은 앞서 기술한 것처럼 선박을 이용하여 해상운송서비스를 제공하는 산업이다. 이러한 해운기업은 다시 해상운송 여객사업, 해상화물 운송사업, 해운대리점, 컨테이너선사, 해운중개업, 선박관리업, 국제복합운송업을 영위하는 기업으로 세분화할 수 있다. 이러한 형태의 모든 기업들은 공통적으로 내부 이해관계자집단과 외부 이해관계자집단으로 구분된다. 내부 이해관계자집단의 대표적인 그룹은 종업원과 기업에 투자를 한 투자자들이다. 회사에 따라 다양한 형태의 종업원들이 존재하겠지만, 대부분 사무직원, 선원, 항해사, 기관사 및 경영진들이다. 이들 중 일부는 노동조합에 가입한 노조원일 것이다. 외부 이해관계자집단의 대표적인 그룹은 기업에 자금을 공급하는 금융기관과 같은 채권자가 있다. 또한 선주 혹은 선박제조사와 같은 거래처, 그리고 기업에 다양한 물품을 공급하는 공급업체, 경쟁업체 및 정부 등 각종 규제기관도 외부 이해관계자집단으로 분류된다.

기업은 이러한 내부 이해관계자집단의 정보욕구를 충족시킬 회계정보를 생산함은 물론 외부 이해관계자집단의 정보욕구를 충족시킬 회계정보를 생산하여 제공하여야 한다. 내부 이해관계자집단에게는 일정기간 동안의 경영성과 및 기업의 재무상태(유동성)에 관한 정보뿐만 아니라, 선박구매 혹은 용선, 인력확충, 사업확장 및 신규투자 등 기업경영과 관련된 각종 투자의사결정을 지원할 정보를 생산하여 제공하여야 한다. 그리고 기업의 외부 이해관계자집단을 위해서는 주로 경영성과 및 재무상태, 특히 기업의 현금흐름에 관한 정보를 제공하여야 한다.

2) 이해관계자집단과 회계정보

회계정보는 해운기업과 같은 하나의 경제적 실체(economic entity)에 관한 재무정보이다. 따라서 회계정보가 활용되는 사례를 파악하기 위해서는 우선 회계정보의 이용자집단을 분석하는 일이 선행되어야 할 것이다. [그림 9-4]에 제

[그림 9-4] 회계정보이용자인 기업의 이해관계자

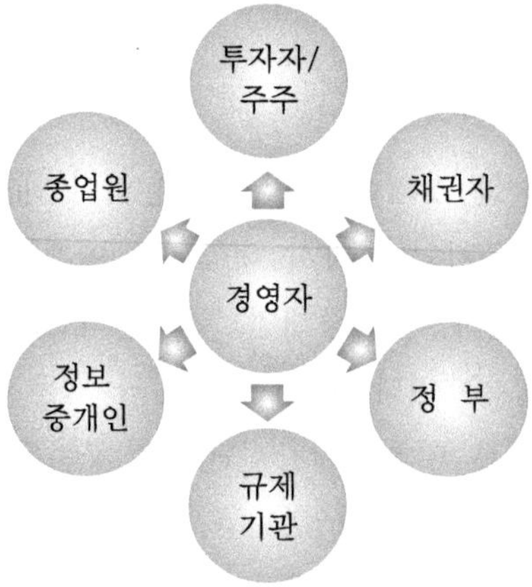

시된 바와 같이 회계정보를 이용하는 사람을 기업의 이해관계자라 하며, 해운기업의 이해관계자는 크게 경영자, 투자자(주주), 채권자(금융기관이나 물품공급자 등 납품업자), 정부, 그리고 정보중개인(재무분석가, 신용분석가 등)을 들 수 있다.

경영자는 해운기업과 관련된 경제적 의사결정 및 기업목적을 달성하기 위하여 효과적, 효율적인 경영계획의 수립과 경영통제를 수행하기 위하여 회계정보를 이용한다. 예를 들면 경영의사결정, 특히 상품별 수익성, 지역별, 계절별 수익성파악이나 투자수익성분석 등을 통해 합리적인 의사결정을 하기 위하여 회계정보를 이용한다. 또한 부서별 성과평가나 기간별 성과평가 등을 위하여 회계정보를 이용한다. 종업원들로 구성된 노동조합은 자신들의 인센티브를 높이기 위한 수단으로 기업의 수익성이나 부가가치 등을 계산하고, 자신들의 급여를 높이기 위한 수단으로 이러한 회계정보를 사용할 수 있다. 따라서 기업은 경영진을 포함한 모든 종업원들의 합리적인 의사결정을 수행할 수 있도록 기업의 경영성과나 재무상태(유동성)에 관한 정보를 생산하여 제공하여야 한다. 반면 외부이용자그룹인 투자자, 채권자 및 정부기관은 회계정보의 사용목적이 내부이해관계자와는 다를 것이다.

투자자들은 회계정보를 이용하여 기업가치를 평가하고, 평가된 기업가치 정보를 이용하여 해당 기업의 주식에 투자할 것인가의 여부를 결정한다. 즉 투자자들은 평가된 기업가치를 이용하여 향후에 기업의 주가가 상승할 것인지,

아니면 하락할 것인지를 예측한다. 기업가치는 기업이 창출할 미래의 현금흐름의 현재가치로 평가한다. 미래 현금흐름은 기업의 경영성과(수익성)에 달려있기 때문에 현재의 경영성과 및 미래의 경영성과가 증대될 것으로 기대되면 주가는 상승할 것이고, 따라서 현재의 주가가 저평가된 경우에는 추가적인 투자를 하게 된다. 반대로 현재의 기업가치가 미래에 벌어들일 수익보다 과대하게 평가되어 있다면, 장기적으로 그 기업의 주가는 하락할 것이기 때문에 현재의 시점에서 매도를 하는 것이 유리하다. 이처럼 증권시장에 상장된 해운기업(예: 현대상선, 한진해운, STX 등)들은 투자자들을 위하여 기업의 경영성과 및 재무상태 등 현금흐름액을 예측할 수 있는 재무정보를 생산하여 제공하여야 한다.

채권자들은 자신들의 신용의사결정과 관련하여 회계정보를 이용한다. 특히 채권자들은 자신들이 제공한 채권에 대한 원금과 이자에 대한 상환이 안전하게 이루어질 수 있는가가 주된 관심사이고, 이러한 원리금상환능력을 파악할 회계정보를 필요로 한다. 원리금상환능력을 파악하기 위해서는 기업이 창출할 미래의 현금흐름에 관한 정보가 필요하다. 미래의 현금흐름의 양을 예측을 하기 위해서는 기업이 창출한 현재의 현금흐름에 관한 정보 및 수익성이나 유동성에 관한 정보가 필요하다. 따라서 해운기업에 자금이나 각종 원자재 등 물품을 공급하는 채권자들은 기업의 유동성이나 수익성 등 기업의 상환능력을 파악할 수 있는 회계정보를 필요로 한다. 따라서 해운기업은 기업활동에 필요한 다양한 자금을 공급받기 위해서 해당 기업의 유동성에 관한 회계정보를 생산, 제공하여야 한다.

중앙정부 및 규제기관과 같은 정부는 해운기업과 관련된 경제정책수립, 해운서비스에 대한 가격결정과 규제, 덤핑과 과당경쟁규제, 재벌그룹에 대한 경제력집중방지, 불공정거래행위 제한, 임금인상률규제, 특별소비세부과, 법인세와 같은 각종 세금부과 등 기업경영에 많은 영향을 끼친다. 정부의 이러한 다양한 의사결정 및 정책수행은 기업이 제공한 각종 회계정보에 그 근거를 두고 있다. 예를 들면 기업의 수익성에 관한 정보를 기초자료로 활용하여 법인세 등 각종 세금을 결정하며, 해운서비스에 대한 원가정보를 이용하여 톤당 수송비 등을 결정한다. 따라서 해운기업들은 정부의 각종 정책이나 규제로부터 자사의 이익을 보호하기 위하여 정확한 회계정보를 생산, 제공하여야 한다.

기업이해관계자에게 제공되는 회계정보는 적어도 부분적으로 재무적 성격을 가진 거래나 사건을 화폐단위를 이용하여 기록, 분류, 요약하여 그 결과를 해석한 정보이다. 또한 기업은 정보이용자가 경제적 의사결정을 하는 데 유용하도록 경제적 실체에 대한 재무적이고 양적인 정보(즉 회계정보)를 생산, 제공한다. 이렇게 생산하여 제공된 회계정보는 내부적으로 경영관리의 수단으로 활용되고, 외부적으로는 기업이 필요로 하는 자금조달에 필요한 정보원으로서의 역할을 한다.

기업의 내·외부 이해관계자집단인 투자자, 채권자, 경영자, 정부 및 기타 정보이용자가 사용하는 회계정보는 기본적으로 재무제표(Financial Statements)라는 매체를 통하여 전달된다. 재무제표는 회계정보의 최종산물이다. 재무제표의 종류와 각 재무제표에는 어떠한 정보가 제공되고, 이들을 통하여 기업의 이해관계자집단이 어떠한 정보를 얻을 수 있는가에 대하여는 다음 절에서 상세히 기술하였다.

제 2 절 해운기업의 회계정보시스템

1. 회계정보시스템의 의의

회계정보시스템은 일반적으로 인정된 회계원칙(Generally Accepted Accounting Principles: GAAP)과 이를 처리하기 위한 다양한 거래와 관련한 데이터를 정보화 기술을 활용하여 처리하는 정보시스템의 한 분야로 볼 수 있다. 특히 회계업무 수행이 갖는 기업 내에서의 역할 및 중요성 때문에 그 비중이 점차 증가하고 있다. 특히 2000년 이후 본격적으로 도입되기 시작한 대기업중심의 전사적 자원관리 시스템(Enterprise Resource Planning: ERP)은 재화와 용역의 발주, 구매, 제조, 판매, 회계처리를 포함하는 사후관리까지 회사업무의 전분야가 상호 연계되어 있다. 또한 이러한 회계정보시스템을 통하여 생산, 제공되는 재무정보를 통해 성과평가는 물론 업무분석이 이루어지면서 회계업무 전반에 걸친 사항은 회계부서뿐만 아니라, 조직내부의 모든 종업원들이 알아야 하는 필수적인 분야로 발전되고 있다.

[그림 9-5] 회계정보시스템의 개요

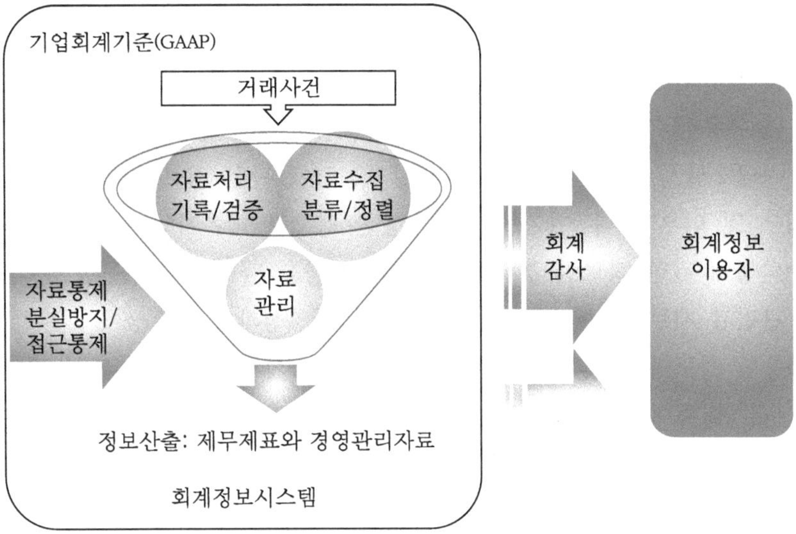

위의 [그림 9-5]에서 보여 주는 바와 같이 회계정보시스템은 해운기업 내·외부의 다양한 이해관계자들의 합리적 의사결정에 필요한 정보를 제공한다. 이러한 정보를 제공하기 위하여 기업은 일반적으로 인정된 회계원칙(GAAP)에 따라 회계데이터를 기록, 처리, 분석하고, 이러한 일련의 과정에서 산출된 회계정보를 전달하는 데 필요한 것이 회계정보시스템이다. 회계정보시스템을 통하여 생산되는 재무정보는 재무제표의 형태로 제공되며, 재무제표는 손익계산서, 이익잉여금처분계산서(혹은 결손금처리계산서), 자본변동표, 대차대조표 및 현금흐름표로 구성되어 있다. 이러한 재무제표는 경제적 사건인 거래자료를 기록, 요약, 정리하는 과정인 데이터처리과정(data processing)을 거쳐 생성되는데, 이때 유용한 정보를 생산, 제공하기 위하여 회계의 개념체계 및 이를 기초로 하여 만들어진 기업회계기준에 따라 작성되어진다. 따라서 회계정보시스템을 이용하여 생산되는 재무제표를 잘 이해하고 활용하기 위해서는 「재무제표 작성과 표시를 위한 개념체계」에서 정한 유용한 회계정보를 생산하기 위한 질적기준 등 다양한 개념체계를 이해할 필요가 있다.

2. 회계정보의 산출기준 및 개념체계

앞 절에서 회계의 기능은 유용한 정보를 제공하는 것이라고 하였다. 이렇게 제공된 유용한 정보는 내부적으로는 경영관리의 수단으로 활용되고, 외부적으로는 자금조달시 필요한 해운기업의 상환능력에 관한 정보로 활용된다. 기업의 내부 및 외부 이해관계자들에게 유용한 정보란 해운기업 경영활동과 관련된 수익성에 관한 정보인 경영성과와 지급능력을 나타내는 유동성 및 현금흐름에 관련된 재무상태에 관한 정보이다. 즉 경영성과와 재무상태에 관한 정보가 유용한 정보라 하였다. 또한 이러한 경영성과와 재무상태에 관한 정보는 손익계산서, 대차대조표 및 자본변동표와 같은 재무제표를 통하여 제공된다. 그러나 재무제표를 통하여 제공된 경영성과 및 재무상태에 관한 정보가 유용성을 갖추기 위해서는 질적 기준(질적 특성이라고도 칭함)과 양적 기준을 갖추어야 한다. 이러한 질적 기준과 양적 기준을 회계정보의 기준이라 하며, 특히 재무제표작성시에는 질적 기준을 중시한다.

1) 회계정보의 질적 기준

우리나라가 채택한 국제회계기준인 「재무제표의 작성과 표시를 위한 개념체계」에서 제시한 회계정보가 유용하기 위하여 갖추어야 할 질적 기준(질적 특성)은 이해가능성, 목적적합성, 신뢰성, 비교가능성을 제시하고 있다. 이를 차례로 설명하면 아래와 같다.

(1) 이해가능성

이해가능성이란 재무제표를 통하여 제공하는 정보는 이용자들이 쉽게 이해할 수 있어야 한다는 기준이다. 이는 정보이용자들이 이해할 수 없는 정보가 유용하게 쓰일 수 없기 때문이다. 그러나 재무제표를 통하여 제공되는 모든 정보가 정보이용자들에게 이해가능할 수는 없다. 따라서 재무제표를 통하여 경영성과나 재무상태에 관한 정보를 제공할 때는 계정과목을 유동성배열법(현금화가 빠른 순서로 배열하는 법)에 따라 나열하여야 하며, 추가적인 설명이 필요한 경우 주기나 주석, 그리고 부속명세서를 첨부하여 좀더 이해하기 쉽게 작성해야 한다는 기준이다.

(2) 목적적합성

해운기업의 경영성과 및 재무상태에 관한 정보가 기업의 이해관계자집단에 유용하기 위해서는 그 정보가 해운기업과 관련된 의사결정목적에 부합하여야 할 것이다. 회계정보가 의사결정목적에 부합하기 위해서는 해운기업의 과거, 현재, 그리고 미래 사건의 결과에 대한 예측을 하는 데 도움이 되어야 한다. 좀더 구체적으로 회계정보가 목적적합하기 위해서는 피드백(feed-back) 가치와 예측가치를 가져야 한다. 피드백가치란 제공된 경영성과, 재무상태 및 현금흐름에 관한 정보가 당초에 예측치를 확인 또는 수정하게 함으로써 경영의사결정에 영향을 미치게 해야 한다는 것이다. 예측가치란 해운기업이 제공한 회계정보가 그 기업의 미래 경영성과, 재무상태 및 현금흐름 등을 예측하는 데에 활용될 수 있어야 함을 의미한다.

재무정보가 목적적합하기 위해서는 중요성에 의하여 영향을 받는다. 어떠한 정보의 누락이나 왜곡표시가 의사결정내용에 영향을 미친다면 이는 중요한 정보이며, 이러한 중요한 정보가 누락 또는 왜곡표시 되었다면 이러한 재무정보는 목적적합하다고 할 수 없다. 또한 특정정보가 정보이용자의 의사결정 목적에 부합한다면, 아래에서 설명하는 신뢰성이 다소 떨어지는 정보라 하더라도 인식과 측정에 따르는 오류위험의 정도를 함께 표시해서라도 함께 제공되어야 한다. 따라서 해운기업이 제공하는 재무정보는 기업실체에 관한 과거의 예측치를 확인하는 특성을 지녀야 함은 물론 미래를 예측하는 특성, 그리고 중요성을 함께 지녀야 한다.

(3) 신뢰성

해운기업의 경영성과, 재무상태 및 현금흐름에 관한 정보가 유용하기 위해서는 그 정보를 믿을 수 있어야 할 것이다. 이처럼 신뢰성 있는 회계정보는 5가지 요건인 표현의 충실성, 법률형식보다는 경제적 실질의 우선, 중립성, 신중성, 그리고 완전성이라는 특성을 갖추어야 한다. 표현의 충실성이란 재무제표에 보고되는 회계정보는 그 대상을 충실히 표현하여야 한다는 것을 의미한다. 지나치게 보수적이거나 지나치게 진보적으로 측정하여 보고하는 경우 표현의 충실성을 해칠 염려가 있다. 또한 충실한 표현을 위해서는 동일한 회계거래에 대하여 동일한 측정방법을 적용할 경우, 다수의 회계담당자가 유사한 결론(즉 유사한 금액)에 도달할 수 있어야 함을 의미한다. 예로서 해운기업이 어떤 선주로부터 선박을 취득하는 데 지불할 금액인 취득원가는 검증가능성이 높고, 충실한 표현이라 할 수 있다.

재무정보가 특정거래나 그 밖의 사건에 대해 나타내고자 하는 바를 충실하게 표현하기 위해서는 법률형식보다는 경제적 실질우선의 원칙을 적용해야 한다. 예로서 선주로부터 선박의 내용연수 동안 용선계약을 체결하고 이를 사용하는 경우, 이의 경제적 실질은 선박의 구입(매수)과 다를 바 없기 때문에 재무제표에 용선과 관련된 자산과 부채를 모두 계상하여야 경제적 실질이 반영되는 것이다. 이처럼 특정거래의 경제적 실질이 법률 또는 외관상의 형식과 일치하지 않는 경우, 법률형식보다는 경제적 실질을 우선적으로 적용하여 재무정보를 산출해야 표현의 충실성이 유지된다.

중립성이란 이해관계자집단 중 어느 특정집단에 편향되는 회계정보를 생산, 제공하여서는 안 된다는 것을 의미한다. 특히 기업의 이해관계자들 중 투자자는 수익성을 더 높게 평가하는 회계처리에 더 관심이 있고, 채권자는 수익성보다는 보수주의에 의한 회계처리에 의하여 건전한 재무구조를 표현하기를 더 희망할 수 있다. 그러나 해운기업의 이해관계자에게 제공되는 회계정보는 투자자나 채권자 모두에게 중립적인 회계정보를 생산하여 제공해야 유용성이 높아진다는 것을 의미한다. 신중성은 일종의 보수주의개념에 해당한다. 불확실한 상황에서 특정거래에 대한 회계처리시 자산이나 수익은 과대평가하지 말고 부채나 비용은 과소평가하지 않도록 상당한 주의를 기울여야 한다는 것을 의미한다. 그러나 신중성을 너무 고려한다면 자산이나 수익이 지나치게 낮게 계상되고, 부채나 비용이 과대평가되어 중립성이 훼손될 수 있다. 회계정보가 신뢰성을 갖기 위해서는 중요성과 정보생산의 비용효율성을 고려한 범위 내에서 충분히 공개되어야 하는데, 이를 완전성이라 한다.

(4) 비교가능성

그렇다면 이해가능하고, 신뢰할 수 있으며, 또한 목적적합한 재무정보는 모두 항시 유용한 정보인가이다. 예로서 H상선의 20×8년도 당기순이익(경영성과)이 1,800억 원이라는 수익성정보가 투자 및 원리금상환능력을 결정하는 데 정말로 유용한 정보인가이다. H상선의 당기순이익이 많은지 아니면 적은지를 판단할 근거기준이 없다면, 수익성에 관한 정보는 유용하지 않을 것이다. 그러나 H상선의 20×7년도 당기순이익이 1,200억 원이라면, 수익성에 관한 정보가 훨씬 유용하게 사용될 수 있을 것이다. 즉 전년도에 비하여 당기순이익이 500억 원 가량 증가했기 때문에 수익성이 개선되었다는 사실 하나만 가지고도 유용한 정보임을 알 수 있다. 추가적으로 경쟁업체인 A해운기업의 경우 20×7년 당기순이익이 4,300억 원에서 20×8년 1,400억 원으로 감소하였다는 정보를 입수하였다면, H상선의 경영성과에 관한 정보는 더욱 더 유용하게 사용될 수 있다. 이처럼 회계정보가 유용하게 사용되려면 기간간 비교가능성은 물론이고, 동종산업 내의 경쟁기업간 비교가 가능해야 할 것이다.

2) 회계정보생산의 제약요인

우리나라가 채택한 국제회계기준인 「재무제표의 작성과 표시를 위한 개념체계」에서는 목적적합하고 신뢰성 있는 정보에 대한 제약요인으로 적시성, 효익과 비용 간의 균형, 질적 특성간의 균형을 들고 있다. 적시성(timeliness)이란 의사결정자의 의사결정에 영향을 미칠 수 있는 시점에 정보가 제공되어야 함을 강조하는 것이다. 정보는 그것이 필요한 때에 제공되지 않거나 사건발생 후 너무 늦게 제공되어서는 이용자에게 별 가치가 없다. 적시성이 있다는 사실만으로 어떤 정보가 목적적합하게 되지는 않으나, 적시성이 결여될 때에는 정보의 목적적합성이 감소 또는 소멸되는 요인이 된다.

효익과 비용 간의 균형이란 정보생산의 비용효율성(cost efficiency)을 의미한다. 이는 회계정보를 생산하는 데 쓰는 비용보다 생산된 정보에서 얻는 혜택(benefit)이 더 큰 경우에만 해당 정보를 생산할 가치가 있다는 의미이다. 또한 여러 가지 회계처리방법 중에서 어느 하나를 선택할 때 회계정보의 생산에 드는 비용과 생산된 정보에서 이용자들이 얻을 혜택을 비교분석하여 가장 적은 비용으로 가장 높은 혜택을 얻는 방법을 택해야 함을 의미한다. 따라서 비용효율성은 지속적으로 높아지는 정보이용자들의 공시요구와 관련하여 어느 정도까지 공시할 것인가를 결정하는 중요한 지침이 된다.

재무제표의 목적인 유용한 정보를 제공하기 위해서는 목적적합성과 신뢰성 간의 균형 또는 상충관계를 고려해서 질적 특성간의 균형을 유지해야 한다. 예컨대 어떤 경우에는 목적적합성을 위해 신뢰성을 다소 희생할 수 있고, 또 다른 경우에는 신뢰성을 위해 목적적합성을 다소 희생할 수 있을 것이다. 이 경우 어떠한 것이 더 중요한 것이냐를 결정하는 데는 전문가의 판단이 작용하지만, 전체적으로는 유용한 정보제공을 위해서는 이들 특성간의 균형을 유지해야 한다.

이처럼 회계보고의 목적인 유용한 정보를 생산, 제공하기 위해서는 질적기준을 충족시켜야 함은 물론 회계정보를 생산하는 데 따르는 여러 가지 제약요인을 함께 고려해야 한다. 특히 목적적합하고 신뢰할 수 있는 정보를 생산, 제공하여 회계정보의 유용성을 높이고자 할 때, 이들 특성간의 균형을 유지하여야 한다. 또한 비용효율성을 고려하여 정보를 생산하고 적시에 제공될 수 있어야 유용한 정보가 될 것이다.

3) 재무제표(F/S) 작성원칙 : 기본요소의 인식 및 측정기준

재무제표의 기본요소란 자산, 부채, 자본, 수익 및 비용항목을 의미한다. 이러한 기본요소에 대한 인식 및 측정이란 용어는 일반적으로 인식시점과 측정금액이란 표현으로 사용된다. 이러한 측면에서 인식이란 경제적 사건을 자산, 부채, 자본의 경우 대차대조표에, 그리고 수익 및 비용의 경우 손익계산서에 기록하는 시점을 언제로 잡느냐의 문제와 관련이 있다. 반면 측정이란 이들 자산, 부채, 자본, 수익, 비용의 금액을 어떠한 방법으로 결정하느냐의 문제와 관련이 있다. 따라서 인식 및 측정이란 자산, 부채, 자본, 수익, 비용을 어느 시점에 얼마의 금액으로 대차대조표 혹은 손익계산서에 계상하는가를 결정하는 중요한 개념이 된다. 기업회계기준서의 주요 내용은 모두 특정계정들에 대한 인식 및 측정방법을 어떻게 해서 재무제표를 작성해야 하는가라는 문제를 다룬다. 즉 회계처리와 관련한 인식 및 측정기준은 바로 재무제표에 대한 작성원칙을 의미한다.

인식(recognition) 기준이란 재무제표에 표기될 거래를 기록하는 시점을 결정하는 기준이다. 재무제표의 기본요소로 인식되기 위해서는 다음의 3가지 요건을 충족시켜야 한다.

첫째, 해당 항목이 재무제표 기본요소의 정의를 충족시켜야 한다.

둘째, 해당 항목과 관련된 미래의 경제적 효익이 기업실체에 유입 혹은 유출될 가능성이 매우 높아야(high probable) 한다.

셋째, 각 항목의 측정기준이 존재하고, 기준에 근거하여 금액을 신뢰성 있게 측정할 수 있어야 한다. 즉 어떤 경제적 사건이 재무제표의 형태로 인식되기 위해서는 자산, 부채, 자본, 수익, 비용과 같은 각 항목의 정의에 부합하고, 미래 경제적 효익의 발생(또는 희생) 가능성이 높고, 그 가치를 측정함에 있어 신뢰성이 있어야만 한다는 것이다.

측정(measurement)이란 재무제표 기본요소에 대한 금액을 결정하는 과정이다. 재무제표 기본요소의 측정에는 다음의 5가지 대체적인 측정속성(measurement attributes)이 사용된다. ① 취득원가와 역사적 현금수취액(historical cost), ② 공정가액(fair value), ③ 현재가치(present value) 혹은 기업특유가치(firm specific value), ④ 순실현가능가치(net realizable value) 혹은 이행가액(settlement value), 그리고 ⑤ 상각후가액(amortized value)이다.

대차대조표작성의 기본원칙은 발생주의와 역사적 원가주의이다. 이는 자산과 부채를 계상함에 있어 자산과 부채를 취득할 때 대가로 지급하거나 얻은 금액으로 계상하라는 원칙이다. 역사적 원가와 대칭되는 개념은 현행원가이다. 자산의 현행원가는 대차대조표 작성시점의 시가를 의미한다. 현금, 예금, 매출채권, 대여금, 차입금, 매입채무와 같은 화폐성항목의 경우에는 역사적 원가가 항상 기말의 현행원가와 일치한다. 그러나 선박, 기계, 건물 등의 실물자산이나 고정가격 공급조건의 선수금 등의 실물부채는 물가변동이 있는 경우, 역사적 원가와 현행원가가 늘 일치하지는 않는다.

손익계산서를 작성하기 위해서는 발생주의, 실현주의, 수익 · 비용의 대응, 개산과 판단의 원칙이 적용된다. 회계기간별로 경영성과를 평가하기 위해서는 어떤 방법으로든 수익과 비용을 특정기간에 귀속시켜 파악할 필요가 있다. 수익은 기업의 가치창조활동이며, 비용은 이러한 가치창조활동에서 희생된 가치이다. 발생주의(accrual basis)는 현금수수와는 관계 없이 가치창조활동이 있었는가를 기준으로 수익을 인식하고, 가치창조과정에 희생된 가치가 있었는가를 기준으로 하여 비용을 인식하려는 입장이다. 선박과 같은 유형자산의 감가상각,

용역에 대한 선급비용의 이연처리, 사용된 용역에 대한 미지급비용의 비용계상 처리 등은 기간손익계산을 위하여 비용에 엄격히 발생주의를 적용하는 예이다. 이와는 대조적으로 가치창조활동의 결과로 받는 현금이나, 가치창조를 위하여 희생되는 자산이나, 서비스의 대가로 지급한 현금을 기준으로 하여 현금의 수취 또는 지급 시점에서 수익과 비용으로 인식하려는 입장도 있다. 이를 현금주의(cash basis)라고 한다.

앞서 설명한 바와 같이 수익·비용의 기간귀속원칙인 인식기준은 발생주의이다. 그러나 현실에 있어서는 발생주의를 엄밀히 그대로 적용할 수 없는 경우가 일반적이다. 수익측정에서 발생주의를 그대로 적용하기 어려운 사유가 많이 존재하기 때문이다. 수익은 기업의 계속적인 경영활동을 통하여 가치가 조금씩 부가되며 창출된다. 따라서 수익의 인식을 위해 발생주의를 그대로 적용하지 못하고, 이를 약간 수정하여 하나의 편법으로 실현주의를 만들어 냈다. 실현이란 수익을 그 창출과정마다 일일이 추적하면서 매 단계별로 인식하려는 것이 아니고, 기간손익계산에 큰 차이가 없는 범위 내에서 객관적으로 볼 때 수익창출이 구체화된 특정시점에서 그 수익이 모두 일시에 발생한 것처럼 보려는 것이다. 다시 말해서 실현주의는 발생주의를 수익의 인식에 쉽게 적용하기 위하여 수정한 편법이다. 실현주의를 통하여 수익을 인식하는 시점으로는 일반적으로 판매시점이 채택된다.

수익인식에 실현의 편법을 쓰고 비용에는 그대로 발생주의를 쓴다면, 수익을 창출하기 위하여 소요된 비용이 수익과는 다른 회계기간에 인식될 가능성이 많다. 예컨대 생산활동이 진행되는 동안 원재료, 노동력, 기계 등이 투입되는데, 투입시점에 비용을 발생주의에 따라 인식하고 수익은 추후 판매시점에 인식한다면 수익이 비용보다 늦게 인식되어 수익과 비용이 다른 회계기간에 인식될 가능성이 커지며, 따라서 기간별로 노력과 희생을 비교할 수 없게 된다.

이런 문제점을 해결하기 위해 기간별로 수익창조활동과 이에 수반된 가치희생을 정확히 비교할 목적으로 비용의 인식에 수익·비용 대응의 원칙을 생각해 냈다. 다시 말해 수익·비용 대응원칙은 기간별로 기업의 수익창출노력과 이에 따른 희생을 대응시켜 비교하기 쉽도록 비용의 인식에 발생주의의 엄격한 적용을 완화한 편법이다. 이에 따라 비용은 그와 관련된 수익이 실현되는 회계연도까지 인식을 보류하다가 관련수익이 인식되는 때에 이에 대응시켜 함

[표 9-1] 재무제표 기본요소의 인식 및 측정기준

□ F/S 기본요소의 측정기준(금액결정기준)
- 역사적 원가(역사적 현금수취액)
- 공정가액(현행시장가치, 현행원가)
- 순실현가능가치 혹은 이행가치
- 현재가치
- 상각후가액

□ F/S 기본요소의 인식기준(시점결정기준)
- 재무제표 기본요소의 인식: 발생주의, 실현주의, 수익·비용 대응의 원칙
- 수익인식의 실현주의 적용기준
  - 중요한 수익창출활동의 완료 혹은 수익창출활동 수행의 측정가능성
  - 금액측정의 신뢰성

께 인식한다. 해운업의 경우 산업특성으로 수익비용을 인식함에 있어 시간과 공간의 제약을 받는다. 따라서 보다 다양한 수익비용 인식방법을 적용할 수 있는데, 이에 대하여는 제10장에서 보다 자세히 설명한다. 이상에서 설명한 재무제표 기본요소의 인식 및 측정에 관한 내용을 [표 9-1]로 정리하였다.

3. 해운기업의 회계순환과정

본 항에서는 앞의 제 2 절에서 설명한 회계정보의 기준 및 개념체계 하에서 회계정보는 어떠한 과정을 통하여 생산되는지를 살펴보고자 한다. 회계정보가 생산되어 보고되는 그 과정을 회계의 순환과정이라 한다. 해운기업은 일반제조기업과는 달리 화물을 운송해 주는 서비스업에 속한다. 그러나 다른 일반서비스업과는 달리 선(船)별로 모든 수익과 비용을 별도로 계산하는 원가계산을 실시하기 때문에 재무회계뿐만 아니라 원가회계도 함께 활용되는 산업에 속한다. 따라서 해운기업의 회계순환과정을 이해하기 위해서는 단순한 재무회계 순환과정뿐만 아니라 원가계산과정까지도 포함된 회계순환과정을 공부할 필요가 있다. 또한 최근 대부분의 기업들은 재무제표를 작성하기 위하여 수작업시스템보다는 정보화시스템을 이용하기 때문에 정보화된 환경 하에서의 회

계순환과정을 이해할 필요가 있다.

1) 회계처리의 순환과정

회계정보이용자에게 유용한 정보를 제공하기 위해서는 재무제표를 작성해야 한다. 재무제표를 작성하기 위해서는 기업에서 발생한 각종 경제적 사건, 즉 거래를 일반적으로 인정된 기업회계원칙에 따라 회계정보시스템을 활용하여 회계처리한 후 재무제표를 만들어 보고해야 하는데, 이러한 일련의 회계처리과정을 회계순환과정(accounting cycle)이라 한다. 해운기업의 경우 앞서 설명한 바와 같이 단순한 재무회계뿐만 아니라, 원가계산과정도 존재하기 때문에 이들 재무회계 및 원가회계를 포함하는 회계순환과정을 함께 설명하고자 한다.

해운기업의 회계보고과정은 ① 거래와 경제적 사건을 식별 : 회계상의 거래인지 아닌지를 판단, ② 분 개 : 거래를 차변과 대변으로 분류하여 기록, ③ 총계정원장에 전기 : 분개한 내용을 각 계정별(자산, 부채, 자본, 비용, 수익 계정)로 분류하여 정리, ④ 수정전시산표 작성 : 총계정원장에 제시된 각 계정의 차변 및 대변 합계액과 잔액을 일목요연하게 요약, ⑤ 결산수정분개 : 수익과 비용이 발생하였으나 현금수입이나 지출을 수반하지 않는 거래를 결산시점에서 발생주의 원칙에 따라 장부상에 계상하는 절차, ⑥ 결산수정분개 전기 : 결산수정분개 내용을 각 계정별로 분류하여 정리, ⑦ 수정후시산표 및 정산표 작성 : 결산수정분개한 내용을 포함한 각 계정의 합계 및 잔액을 요약, ⑧ 재무제표작성(장부마감 및 이월시산표 작성), ⑨ 회계감사, ⑩ 재무제표 및 감사보고서 공시(상장법인의 경우 증권감독원 전자공시시스템에 공시)로 이어진다. 이렇게 하여 공시된 정보를 정보이용자들은 자신의 의사결정목적에 따라 회계정보를 활용하게 된다. 이러한 회계처리의 순환과정을 도식으로 제시하면 [그림 9-6]과 같다.

(1) 거래와 경제적 사건의 식별

모든 회계처리의 시작은 거래와 경제적 사건의 식별(identification)로부터 시작된다. 거래 및 경제적 사건은 해당 항목이 현재 또는 미래에 기업의 자산, 부채, 자본, 수익, 비용의 형태로 유입 또는 유출될 가능성이 존재하고, 그 해당 사항을 금액으로 측정할 수 있는 신뢰성 있는 기준이 명확하다면 이를 재무제

[그림 9-6] 회계의 순환과정

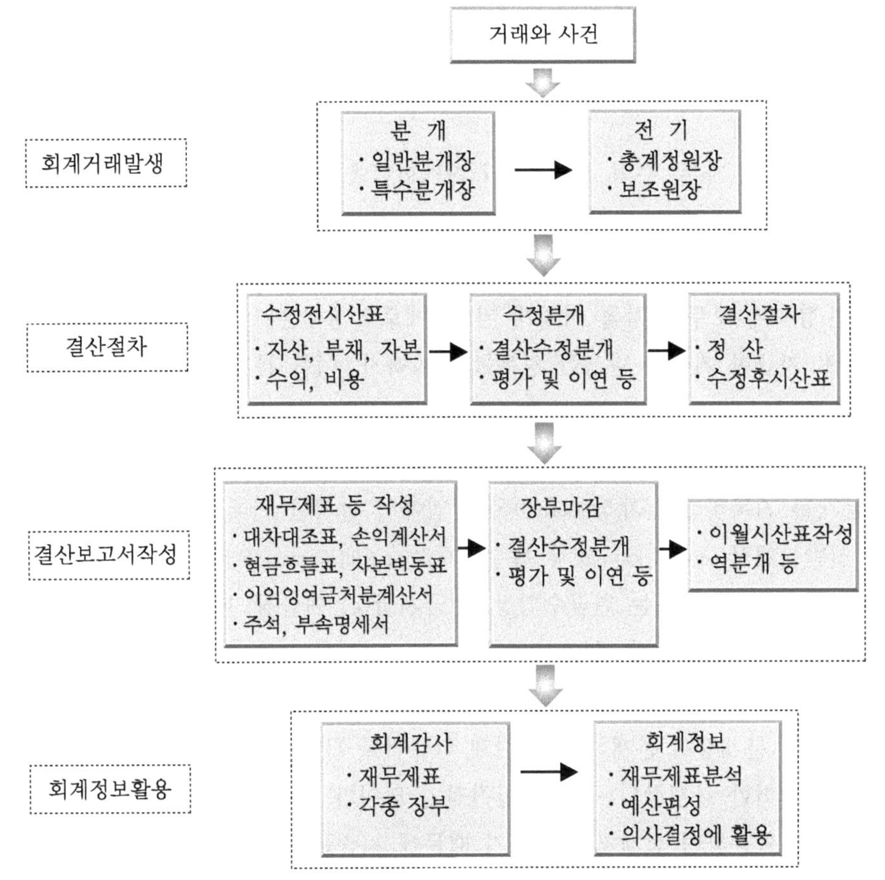

표에 보고하여야 한다는 것이다. 그래서 경제적 사건(events)은 많으나, 이러한 사건들이 회계적으로 거래(transaction)로 분류되기 위해서는 위에 설명한 바와 같이 기업의 자산, 부채, 자본, 수익 및 비용항목의 변동을 유발하고, 이를 신뢰성 있게 측정할 수 있어야 한다.

경제적 사건은 내부적 사건과 외부적 사건으로 구분할 수 있다. 내부적 사건은 설비, 선박 등을 사용하거나 화물운송서비스를 제공 또는 사용하는 것을 말하며, 외부적 사건은 기업의 외부환경으로 인해 발생한 것으로 천재지변, 기술개발의 변화 등을 말한다. 거래(transactions)는 다른 기업실체와의 교환거래를 일컫는 것으로 거래쌍방 간에 가치 있는 재화와 용역을 서로 교환하고, 이로 인해 권리와 의무가 발생하게 되는 것을 말한다. 이러한 쌍방 간의 교환은 선박의 매매, 자금의 차입, 이익의 배당, 세금지급, 용역서비스의 구입 또는 판매 등에서 나타난다.

(2) 분　개

자산, 부채, 자본, 수익, 비용 등의 거래항목을 체계적으로 분류한 것을 계정(accounts)이라고 한다. 그리고 이러한 계정을 집합하여 놓은 것이 총계정원장(general ledger)이다. 회계거래는 거래의 이중성 때문에 거래 하나가 항상 차변과 대변 항목에 모두 영향을 미치게 된다. 예로서 A해운기업이 항비 1,000원을 현금으로 지급한 거래가 발생한 경우를 가정하자. 이를 분개하면, 차변에 항비 1,000원 대변에 현금 1,000원으로 기입된다. 이처럼 하나의 거래가 발생되면 같은 금액을 대변과 차변으로 구분하여 기록하는 것을 분개라 한다.

분개를 기록하는 분개장(journal)은 기업에서 발생한 거래를 기록하는 장부로서 일반분개장(general journal)과 특수분개장(special journal)으로 나누어진다. 대표적인 특수분개장으로는 현금수입장, 현금지급장, 매출장, 매입장이 있다. 일반분개장은 특수분개장에 기록되지 않는 모든 거래를 기록하는 장부로서 거래일자, 적요, 원면, 차변, 대변으로 구성되어져 있다. 전통적인 수작업시스템에서는 이러한 분개장이 존재하지만, 현재 컴퓨터를 활용한 회계정보시스템이 일반화되어 이러한 분개장의 구분은 실질적인 의미가 없다. 현재 기업에서는 정보시스템을 활용하여 회계처리를 하기 때문에 지출품의서와 같은 전표를 이용하여 결재를 행하고, 결재된 서류를 이용하여 그 내용을 정보시스템에 입력하는 과정에서 분개가 이루어진다. 따라서 분개장의 형태도 일반분개장이나 특수분개장으로 구분하지 않고 기업내부의 회계처리방법에 따라, 그리고 사용할 용도에 맞게 다양한 형태로 작성하여 사용되고 있다.

(3) 전　기

전기(posting)란 분개장에 기입한 내용을 총계정원장으로 옮겨 기입하는 과정을 의미한다. 분개장의 차변과 대변 항목은 총계정원장 각각의 차변과 대변으로 수시 또는 정기적으로 전기하게 된다. 따라서 분개장과 총계정원장은 상호 조회가 가능하도록 되어져 있다. 예로서 앞에서 항비 1,000원을 현금으로 지급한 분개내용을 총계정원장에 전기하면 다음과 같다.

현 금			항 비	
	3.20 항비 1,000		3.20 현금 1,000	

분개장은 거래를 발생순서대로 정리한 것이므로, 총계정원장으로 전기하면 기업의 재무상태에 미치는 영향을 보다 쉽게 파악할 수 있다.

(4) 시산표작성

시산표(trial balance)는 작성시점에 따라 수정전시산표, 수정후시산표, 이월시산표로 나눌 수 있다. 시산표는 자산, 부채, 자본, 수익, 비용을 모두 기록한 것으로 재무제표를 작성하기 위한 자료이다. 작성목적은 총계정원장에의 차변과 대변의 금액이 일치하는지를 1차적으로 검증하고, 이를 바탕으로 수정분개 및 재무제표를 작성하는 데 사용하게 된다. 이와 같은 시산표는 회계순환과정에서 선택적으로 필요에 의해 임의적으로 실행하는 절차이며, 합계잔액시산표를 요약하여 제시하면 다음과 같다.

[표 9-2] 합계잔액시산표 예시

<u>합계잔액시산표</u>

20×9년 12월 31일 현재 (단위 : 백만 원)

차 변		계정과목	대 변	
잔 액	합 계		잔 액	합 계
7,180	9,300	현금및현금등가물	2,120	
1,532	4,450	매출채권	2,918	
85	85	선급비용	236	
4,120	4,356	장기선급리스자산	250	
49,596	49,846	선박		
		… … … … …		
	3,224	매입채무	3,373	149
	1,213	사채	30,785	29,572
		… … … … …		
		자본금	50,000	50,000
		… … … … …		
3,436	3,436	운항비		
4,784	4,784	선원비		
		… … … … …		
3,567	3,567	선비		
5,421	5,678	판매비와관리비	257	
		… … … … …		
79,721	89,939	총계	89,939	79,721

(5) 수정분개 및 수정후시산표작성

결산수정분개(adjustments)는 회계제도인 현금주의 회계와 발생주의 회계의 차이로 인해 발생하는 문제를 해결하는 과정이다. 우리나라를 포함하여 모든 나라들은 발생주의 회계를 회계처리원칙으로 삼고 있다. 현금주의 회계는 현금의 유입과 유출이 발생한 시점에서 관련 수익과 비용을 인식하는 방식이고, 발생주의는 현금의 유·출입과 관계 없이 수익과 비용의 발생시점에서 즉시 장부상에 인식하는 방식을 의미한다. 그러나 회계실무에서 평소에는 현금주의를 이용하여 회계처리를 시행하고, 결산시점(통상 1년이나 분기별 또는 반기별로 결산)에서 발생주의를 적용한다. 따라서 결산시점인 회계기간 말에 계정과목에 따라 이연(deferral), 발생(accrual), 추정(estimated item) 항목들에 대한 수정분개가 이루어진다.

이를 조금 더 구체적으로 설명하면, 이연항목은 선급비용(선급임차료, 선급보험료), 선수수익(선수용역수익, 선수임대수익, 선수화물수익)이 있으며, 발생항목은 미지급비용(미지급임금, 미지급임차료, 미지급창고료), 미수수익(미수운송수익, 미수임대수익)이 있고, 추정항목은 선박이나 화물운송장비에 대한 감가상각비, 매출채권에 대한 대손상각비 등으로 구성되어 있다. 이러한 항목에 대한 수정분개를 실시한 후 이를 총계정원장에 전기하여 수정후시산표와 정산표를 작성하게 된다. 수정후시산표는 결산수정분개를 반영하기 이전상태에서 작성되는 수정전시산표에 결산수정분개를 반영하여 작성한 시산표를 의미한다.

(6) 재무제표, 회계감사 및 공시

재무제표는 회계정보의 이해관계자인 투자자, 채권자, 정부, 기업 등 관련기관에 제공하는 것으로 기업의 경영성과와 재무상태를 공식적으로 제공하는 주요자료가 된다. 재무제표는 작성순서에 따라 손익계산서, 잉여금처분계산서(결손금처리계산서), 자본변동표, 대차대조표, 현금흐름표, 주석 및 부속명세서로 구성되어 있고, 이와 관련한 세부내용은 다음 장에서 상세하게 설명하고자 한다.

회계감사는 기업이 작성한 재무제표가 일반적으로 인정된 회계원칙인 기업회계기준에 따라 작성되어졌는지를 독립적인 제 3 자(회계법인의 공인회계사)가 확인하는 절차이다. 상장법인의 경우 「주식회사 외부감사에 관한 법률」에 의거하여 회계감사를 받도록 규정되어 있다. 주식회사로부터 독립된 외부감사인인 회계법인이나 감사반은 결산일 이후부터 감사를 실시하여 주주총회개최 1주일 전까지 외부감사인이 감사결과를 회사와 금융감독원에 보고해야 한다. 이러한 재무제표의 감사목적은 재무제표가 기업회계기준에 따라 중요성관점에서 적정하게 작성되었는지의 여부에 대한 의견을 표명하도록 하여 재무제표의 신뢰성을 제고하고자 하는 절차이다. 이러한 회계감사는 1997년 외환위기 이후, 그리고 미국의 대형회계 부정사건 이후 그 중요성이 증대되고 있으며, 회계감사의 공신력향상을 위하여 많은 노력이 이루어지고 있는 현실이다.

재무제표는 감사보고서와 함께 주주총회에 상정되어 최종승인절차를 받게 되며, 모든 상장기업은 주주총회에서 승인된 재무제표와 감사보고서를 일반정보이용자를 위하여 신문에 공고해야 함은 물론 금융감독원의 공시시스템인 DART(Data Analysis, Retrieval and Transfer) System에 공시해야 한다. 재무제표 및 감사보고서에 대한 공시책임은 기업에 있다. 일반정보이용자들은 공시된 재무제표를 이용하여 기업의 경영성과에 기초하여 투자활동이나 추가적인 사업투자 등 다양한 분야에 걸쳐 정보를 이용하게 된다.

회계정보는 투자자의 투자의사결정, 채권자의 신용의사결정, 경영자의 경영계약과 성과평가, 정부기관의 경우 세금결정, 정부조달, 공공요금결정, 주요경제정책수립에 사용된다. 따라서 재무제표를 통해 제공되는 회계정보는 경제주체들의 모든 의사결정활동에 영향을 미치고 있다. 이러한 결과들은 관련법령의 개정 또는 제정으로 이어져 투자자 및 채권자의 보호, 투자정보의 불균형해소, 정부재정의 확보 등에 활용되고 있다. 또한 기업의 자금조달원천인 증권시장의 건전성확보, 노동자들의 정당한 이익분배, 기업의 경영권확보 및 시장지배력강화를 위한 다양한 정책결정의 자료원천으로도 이용되고 있다.

2) 회계순환과정과 정보기술

회계정보를 생산하여 제공하는 회계시스템은 대부분 전산정보시스템을 이용한다. 따라서 정보기술에 대한 이해와 기초지식이 없이는 지속적이며 안정적인 회계정보시스템을 구축, 운영할 수 없다. 회계정보시스템을 구축하기 위해서는 기본적으로 하드웨어, 소프트웨어, 데이터베이스, 네트워크(통신)라는 정보기술이 통합적으로 연계된다.

하드웨어는 중앙처리장치(Central Processing Unit : CPU)와 입력장치, 출력장치, 보조기억장치로 구성된다. 소프트웨어는 컴퓨터시스템을 구동하여 주는 프로그램의 집합체로서 시스템 소프트웨어와 응용소프트웨어로 나누어지고, 시스템 소프트웨어로는 이용자의 편의제공을 위한 것으로 컴퓨터 시스템의 자원들을 효과적으로 운영토록 하며, 세부항목으로는 운영시스템(Operation System : OS), 시스템제어소프트웨어(언어번역기, 편집기, 응용프로그램작성기 등), 시스템개발 소프트웨어 등이 있다. 응용소프트웨어는 데이터 및 정보처리를 위한 것으로 업무용 소프트웨어(회계처리프로그램, 재고관리프로그램), 범용 프로그램(엑셀과 같은 계산프로그램, 워드프로그램, DB 프로그램, 그래픽 프로그램, 재무프로그램), 과학기술용 소프트웨어(공학설계용 프로그램), 의사결정시스템, 인공지능프로그램 등으로 구성되어져 있다. 따라서 회계정보시스템을 효율적으로 구축하여 운영하기 위해서는 이들 정보기술에 대한 기본지식을 연마하는 것이 필요하다. 그러나 본 교재에서는 지면관계상 이러한 정보기술에 대한 구체적인 내용을 기술할 수가 없기에 독자들은 경영정보시스템이나 다른 관련교재를 살펴볼 필요가 있다.

전산환경 하에서의 회계시스템은 회계프로그램으로 설명할 수 있다. 시스템이란 특정목적을 달성하기 위하여 여러 가지 요소를 유기적으로 결합하여 만든 입력-처리-출력 형태를 갖춘 조직체를 의미한다. 따라서 회계시스템이란 회계정보를 생산하기 위하여 여러 가지 요소(정보기술의 구성요소 및 회계자료)를 유기적으로 결합한 조직체로 이해하면 된다. 이러한 회계시스템은 입력자료로서 회계거래를 사용하고, 처리과정에 사용되는 소프트웨어는 회계순환과정을 컴퓨터 프로그램화(programming)한 것이다. 또한 출력과정을 통하여 재무제표를 포함한 각종 회계정보가 산출된다. 이를 그림으로 표현하면 [그림 9-7]과

[그림 9-7] 정보시스템 하에서의 회계순환과정

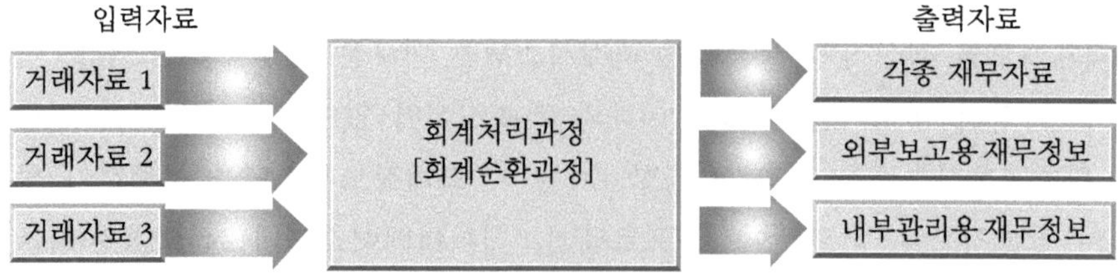

같다.

앞의 그림에서 회계처리과정을 의미하는 것이 회계프로그램이라 생각하면 되고, 회계프로그램은 앞서 설명한 회계순환과정을 프로그램밍화한 것이다. 따라서 회계정보시스템은 거래자료를 입력하면, 회계프로그램에 의하여 분개장, 총계정원장, 시산표, 정산표 및 각종 재무제표가 자동적으로 작성되도록 만들어진 회계시스템이다. 최근에는 이러한 회계정보시스템을 확대하여 구매, 생산, 판매, 유통경영 일반에 관한 모든 자료들을 입력하여 재무제표뿐만 아니라 경영에 필요한 각종 정보를 생산하여 제공하는 전사적 자원관리시스템(Enterprise Resource Planning : ERP)을 구축하여 사용하고 있다. 이러한 회계정보시스템에서 생산, 제공되고 있는 해운기업의 경영성과와 재무상태에 관한 구체적인 내용은 다음 장에서 상세히 설명하고자 한다.

CHAPTER

10

해운기업의 경영성과와 재무상태

기업의 재무상태와 경영성과를 파악하기 위해서는 대차대조표와 손익계산서에 담겨진 구체적인 내용에 대한 이해가 필요하다. 선박을 이용하여 용역서비스를 생산하여 제공하는 해운기업의 경우, 재무상태를 나타내는 대차대조표의 내용은 일반적인 서비스기업과 유사하다. 다만, 일반제조기업과의 근본적인 차이는 제조업에서는 잘 나타나지 않는 유형자산인 "선박"에 관련된 내용과 선박리스에 관한 내용이 많이 등장한다는 것이다. 즉 해운산업의 특성상 대차대조표에는 선박과 관련되어 발생하는 자산 및 부채의 규모가 상대적으로 크다는 특징이 있다.

해운기업의 손익계산서 역시 외형상으로는 일반서비스기업과 큰 차이가 없다. 그러나 매출원가를 구성하는 항목에서 선박운항과 관련된 계정과목인 항비, 선원비, 선비와 같은 해운기업특성을 반영하는 계정들이 많이 나타난다. 또한 판매비와 관리비, 영업외수익과 영업외비용 부문에서도 선박과 관련된 계정과목들이 많이 등장하고, 용역서비스를 제공하는 지역이 전세계를 대상으로 하기 때문에 외화거래와 관련된 외화환산손익의 문제가 자주 등장한다. 따라서 본 장에서는 해운기업의 재무상태를 나타내는 대차대조표와 현금흐름표, 그리고 경영성과를 나타내는 손익계산서에 대한 작성기준 및 구성내용을 설명하고, 선박리스 및 외화환산과 관련된 내용을 좀더 자세히 설명하고자 하였다.

제 1 절 경영성과의 산출 : 손익계산서

해운기업의 손익계산서(Income Statement : I/S)는 일정기간 동안 창출한 수익(revenue)과 지출된 비용(expense)을 대응시켜 얼마만큼의 이익이나 손실이 발생했는지를 나타내는 경영성과에 대한 정보를 제공한다. 수익과 비용은 발생형태별로 매출액, 매출원가, 판매비와 관리비, 영업외수익과 영업외비용 등 다양하게 구분표시함으로써 이익이나 손실지표들이 다양하게 제공된다. 손익계산서는 대차대조표와 달리 일정기간을 기준으로 이익이 어떻게 쌓였는지를 파악할 수 있으므로 동태적(flow)인 측면이 중요시되는 재무제표이다.

손익계산서에 나타나는 수익과 비용을 계상하는 시점은 발생주의(accrual basis)와 실현주의(realization basis), 그리고 수익 · 비용 대응의 원칙을 적용한다. 발생주의는 수익과 비용을 기록하는 시점을 결정하는 기준으로 현금의 유출·입에 따라 수익과 비용을 인식하는 현금주의(cash basis)와 달리 수익과 비용이 발생했을 때 이를 인식하는 원칙이다. 일반적으로 비용은 발생주의를 적용하나 수익의 경우에는 조금 다르다. 용역서비스를 제공하여 수익을 창출하는 행위는 용역서비스수주, 선적, 운송, 하역 및 배송의 과정을 거치는 오랜 기간에 걸쳐 이루어진다. 따라서 어떤 시점에서 수익을 인식하는가는 중요한 선택의 문제이다. 회계학에서는 수익의 인식시점을 수익이 창출되고 측정의 신뢰성이 확보되는 시점, 즉 실현시점을 수익인식의 시점으로 보는데, 이를 실현주의라 한다. 따라서 수익은 실제로 실현되었을 때 인식하고, 비용은 발생하였을 때 인식한다. 그러나 경우에 따라서 수익과 관련된 비용을 차감하여 이익을 계산하기 때문에 수익인식시점에 맞추어 비용을 인식하는 경우가 발생하는데, 이를 수익 · 비용 대응의 원칙(Matching Principle)이라고 한다.

손익계산서를 작성할 때 경상적이고 반복적인 항목만을 계상하는지, 아니면 비경상적이고 비반복적인 항목까지 계상하는지에 따라 당기업적주의(current operating performance concept)와 포괄주의(all inclusive concept) 손익계산서로 구분할 수 있다. 현재 우리나라 기업회계기준서에서는 포괄주의를 채택하여 손익계산서를 작성하도록 하고 있다.

1. 손익계산서의 구성 및 주요 항목

일정기간 동안 기업의 경영성과를 표시하는 손익계산서(I/S)에는 크게 수익, 비용, 이익항목들이 포함되어 있다. I/S는 일정기간에 실현된 수익과 발생한 비용을 대조표시하여 기간이익(혹은 손실)을 표시하는 재무제표이다. "수익"은 기업의 영업활동을 통해 고객에게 제공한 재화나 용역의 대가로 기업이 벌어들인 수입을 의미한다. "비용"은 기업이 영업활동을 통하여 수익을 획득할 목적으로 지출한 항목을 의미한다. 또한 수익에서 비용을 차감한 것을 "이익"이라고 한다. 따라서 수익, 비용, 이익을 살펴보면 기업의 경영실적을 파악할 수 있다. 손익계산서에는 매출총이익, 영업이익, 법인세비용차감 전 계속사업이익, 계속사업이익, 당기순이익 등 여러 가지 유형의 이익항목들이 제시되어 있으며, 각 이익항목들은 각기 다른 정보로 활용된다.

[표 10-1]에 제시된 손익계산서에서와 같이 매출액(수익)에서 매출원가(비용)를 차감하여 "매출총이익"이 산출되는데, 실무에서는 이를 마진(margin, 이익의

[표 10-1] 손익계산서 예시

손익계산서

20×8년 1월 1일 현재～20×8년 12월 31일

회사명 : A해운기업주식회사 (단위 : 원)

매 출 액	×××
매출원가	−×××
매출총손익	×××
판매비와 관리비	−×××
영업이익(영업손실)	×××
영업외수익	×××
영업외비용	−×××
법인세비용차감 전 계속사업손익	×××
계속사업손익 법인세비용	−×××
계속사업이익(계속사업손실)	×××
중단사업손익(법인세효과 : ××원)	×××
당기순이익(당기순손실)	×××
주당손익	×××

폭)이라는 의미로 사용된다. 매출총이익은 기업의 실질적인 수입이라고 할 수 있으며, 대략적인 부가가치로도 간주되는 중요한 이익의 개념이다. 매출총이익에서 판매비와 관리비를 차감하면 "영업이익"이 산출된다. 영업이익은 기업의 영업활동의 성과라 할 수 있다. 영업이익에 영업외수익을 더하고 영업외비용을 뺀 것을 "법인세비용차감 전 이익"이라고 한다. 그 다음 계속사업손익 법인세비용을 차감하면 "계속사업이익"이 되며, 중단사업손익을 가감하면 해당 기간의 최종적인 경영성과라 할 수 있는 "당기순이익"이 산출된다.

2. 손익계산서 작성기준

손익계산서(I/S)는 다음과 같은 5가지 일반적인 원칙에 의거하여 작성된다.

첫째는 총액주의 기준이다. 기업회계기준서는 "수익과 비용은 총액에 의하여 기재함을 원칙으로 하고, 수익항목과 비용항목을 직접 상계함으로써 그 전부 또는 일부를 손익계산서에서 제외하여서는 안 된다"라고 규정하고 있다. 해운기업의 매출액은 수익에 해당하는 운임수입, 대선료, 대선취급수수료 기타 수입 등 모든 해운사업수입을 포함한다. 매출원가는 운항비, 선원비, 용선료와 같은 기타 선비로 구성되어 있다. 이처럼 매출액 및 매출원가를 상계처리하지 않고 각 계정별 총액으로 표시하는 주된 이유는 I/S에 표시되는 금액을 보다 명료하게 표시하고, 나아가 기업의 재무활동내용을 보다 쉽게 이해할 수 있도록 하기 위함이다.

I/S 작성의 두 번째 원칙은 발생주의(accrual basis)이다. 발생주의는 수익과 비용을 기록, 계산하는 시점을 결정하는 기준이다. 수익과 비용은 현금의 결제시기에 관계 없이 그것이 발생한 기간에 계상한다는 원칙이다. 따라서 상품을 거래처에 제공하면 대금수령과 상관없이 매출로 계상할 수 있다. 다만, 실현이 되지 않은 수익은 원칙적으로 당기손익계산에서 제외한다. 기업은 계속기업의 원칙에 의해 지속적으로 경영활동을 수행하나, 회계는 일정기간을 대상으로 구분하여 실적을 파악해야 한다. 따라서 발생주의 원칙은 일정기간 동안에 발생한 경영성과를 발생한 기간별로 정확하게 파악하는 데 매우 중요한 역할을 한다.

I/S 작성의 세 번째 원칙은 실현주의(realization basis)이다. 실현주의 기준은

재화의 판매나 용역의 제공이 있을 때 그 판매액이나 용역제공액으로 수익을 인식하는 기준이다. 일반적으로 수익은 판매시점에서 갑자기 나타나는 것이 아니라, 판매가 이루어질 때까지 서서히 발생한다. 따라서 수익을 인식할 때에는 객관적이고 검증이 가능한 금액으로 수익을 인식할 수 있을 때까지 수익인식을 이연하게 된다. 그러나 일반적으로 판매시점에서는 수익금액을 객관적으로 평가할 수 있기 때문에 이 시점에 수익을 인식하게 된다. 즉 매출액에 대해서는 발생주의 이외의 실현주의를 적용하여 손익계산서에 계상한다. 특히 실현주의를 적용하여 수익을 인식하는 경우, 적송품, 예약판매, 할부판매 등은 판매시점 이외에 다른 적절한 시점을 감안해 매출을 인식해야 한다.

넷째는 수익 · 비용의 대응기준(matching principle)이다. 기업회계기준서에 따르면 "수익과 비용은 그 발생원천에 따라 명확하게 분류하고, 각 수익항목과 이에 관련되는 비용항목을 대응표시하여야 한다"고 규정하고 있다. 따라서 기간의 손익을 계산하기 위해서는 일정기간에 발생한 수익을 실현시키는 데 소요된 비용만을 차감하여 산출한다.

다섯째는 구분계산의 기준이다. 기업회계기준서에 따르면 "손익계산서는 매출액, 매출원가, 매출총손익, 판매비와 관리비, 영업손익, 영업외수익, 영업외비용, 법인세비용차감 전 계속사업손익, 계속사업손익 법인세비용, 계속사업손익, 중단사업손익(법인세효과차감 후), 당기순손익, 주당손익과 같이 구분하여 표시한다. 다만, 제조업, 판매업 및 건설업 외의 업종에 속하는 기업은 매출총손익의 구분표시를 생략할 수 있다"라고 정하고 있다. 이처럼 I/S의 각 항목을 구분하여 표시하는 것은 경영성과를 수익과 비용에 따라 명확히 구분하여 표시할 때 정보이용자에게 보다 유용한 정보를 제공할 수 있기 때문이다.

3. 해운기업의 손익계산서 : A해운기업의 사례

1) 해운수익 및 비용의 인식기준

해운업의 경우 해상기후조건, 항구사정 등 기업 스스로 통제불가능한 요소가 많아 수익금액의 측정 및 실현시기를 획일적인 시점으로 사용하는 데는 여러 가지 어려움이 있다. 이러한 산업특성 때문에 수익인식의 방법도 다양하며,

화물선적기준, 본선출항기준, 항해진행기준 및 항해완료기준 등 4가지 수익 인식기준의 사용이 가능하다. 반면 비용의 경우 발생시점을 인식시기로 결정하는 발생주의를 사용한다. 4가지 수익인식기준에 대한 구체적인 내용을 살펴보면 아래와 같다.

(1) 화물선적기준

화물선적기준이란 선박이 선적항에서 화물의 선적을 완료한 시점을 용역제공시점으로 보고 수익을 계상하는 기준이다. 즉 화물을 선박에 적재완료한 시점에서 수익을 인식하는 방법으로 일종의 화물선적 완료기준이다. 해운수익은 용역을 제공하여 얻는데, 실무적으로는 선하증권(Bill of Loading : B/L)의 발급일을 기준으로 해운수익을 인식한다. 「국제판매법」에 따르면 화물인도(delivery)는 선박이 해당 물품을 적재하는 장소인 선적장소에서 이루어져야 한다고 규정되어 있다. 이러한 규정에 따르면 선적이 실질적인 인도가 이루어진 시점이라고 판단할 수 있고, 따라서 선적시점을 실질적인 매매가 완료된 시점으로 보는 기준이다. 또한 해운업에서는 통상적으로 선적완료일에 운임이 확정되어 화주에 대한 운임청구권이 발생한다. 따라서 운송계약에서 본선이나 화물이 멸실된다 하더라도 운임을 반환하지 않는다는 규정이 있는 경우가 많아 해운업에서 화물선적기준을 수익인식기준으로 사용하는 경우가 많다.

(2) 본선출항기준

본선출항기준이란 선박이 선적항에서 화물의 선적을 완료하고, 항구를 출항하는 시점에서 수익을 인식하는 기준이다. 선적이 완료되면 당일에 출항하는 것이 일반적이다. 본선출항기준은 선박회사의 사정에 의해 출항이 연기될 때 적용할 수 있는 기준이지만, 실제 출항시기는 항만사정과 기후사정에 따라 달라질 수 있으므로 수익인식기준으로 사용하기에는 적합하지 않은 경우가 많다.

(3) 항해진행기준

항해진행기준은 건설형 공사계약에 대한 회계처리시 사용하는 공사진행기준과 유사한 수익 및 비용인식방법이다. 이 방법은 선박이 화물을 선적하여 항해를 진행하는 일수에 따라 비례적으로 수익을 인식하고, 관련비용을 계상하는 기준이다. 선적완료기준이나 항해완료기준을 사용하다가 결산일이 지나서는 항차에 한하여 당해 항차에 대한 수익 및 총운항일수를 합리적으로 추정하여 총운항일수 중 당해 연도에 진행된 항해일수의 비율에 의거하여 수익을 인식하는 기준이다. 따라서 항해진행기준은 항해일수가 장기인 항해에 적용하기 적합한 수익인식기준이다. 또한 수익 · 비용 대응의 정확성이 확보되는 장점이 있으나, 공선항해(ballast voyage) 중에도 운임이 계산되는 불합리한 면이 있으며, 총수익과 총비용을 사전에 정확하게 추정해야 한다는 문제가 있어 수익인식기준으로 사용하는 데는 한계가 있다.

(4) 항해완료기준

항해완료기준은 매우 보수적인 수익인식기준으로 목적지에 선박이 도착하고, 화물의 하역이 완료된 시점에서 수익을 인식하는 기준이다. 이 기준은 실질적으로 용역서비스제공이 완료된 시점에서 운항수익을 인식하고, 이에 대응되는 비용을 계상하는 방법이다. 결산일 현재 운항중인 경우, 이미 수령한 운임은 "미완료운항수입"으로, 경비는 "미완료운항경비"로 처리한 후 항해완료시 수익과 비용으로 대체하는 방법이다. 이 기준은 건설형 공사계약에 관한 회계처리시 사용하는 공사완료기준과 유사한 방법이다.

이상의 네 가지 방법 중 해운수익의 확실성측면에서 보면 항해완료기준, 항해진행기준, 본선출항기준, 화물선적기준 순으로 인식될 수 있다. 실무적으로 정기용선의 수익인식에는 항해완료기준과 항해진행기준을 주로 사용하고, 나용선의 용선료수입을 인식할 때는 항해진행기준을 적용한다.

2) 해운수익의 주요 항목 : 매출액

해운은 선박이라는 운송수단을 이용하여 운송과정에서 가치를 생산하는 산업으로 생산물 자체인 해운용역은 무형재에 속한다. 그러므로 재화의 공급지와 수요지가 다른 무역에 의해 수요가 발생한다. 즉 해운서비스의 수요는 무역화물에 의해 발생하는 파생적인 수요이며, 해운수익이란 해송운송에 대한 용역제공의 대가라 할 수 있다.

(1) 운임수익

운임수익(ocean freight)은 선박으로 여객이나 화물을 운송한 대가로 수취하는 해운수익이다. 즉 운송용역에 대해 고객이 지불하는 대가를 의미한다. 운임수익은 수송기관의 종류, 수송객체, 계산방법, 운임부담력과 비용, 우대조건, 운송완성도, 지역과 거리 등에 따라 다양하게 분류할 수 있다. 운임과 함께 고려해야 할 항목으로는 체선료(demurrage)와 조출료(despatch)가 있다. 체선료란 허용정박기간(laytime) 내에 화물의 선적 내지 양하가 끝나지 않는 경우, 초과하는 일수에 대해 해운회사가 용선자에게 징수하는 수익이다. 체선료는 항만사정이나 초과정박과 같이 운송책임자의 사유가 아닌 이유로 발생하는 경비의 증가나 손실에 대해 해운회사에게 보상하는 것을 말한다. 조출료는 체선료에 대응되는 항목으로 정박기간종료 이전에 선적 또는 하역이 완료된 경우, 그 단축기간에 대해 해운회사가 용선자에게 지급하는 일종의 환급금이다. 이는 하루라도 빨리 선박을 다른 용도로 이용함으로써 그만큼 선박회사에는 이익이 되므로 용선자에게 선적, 하역작업을 빨리 진행시키도록 보상을 해 주는 성격이다. 회계처리시에는 매출과 동시에 발생하는 것이 아니고 운항과정중에 발생하며, 해운회사에 대한 보상의 성격이 있으므로 환급금(운임수익의 차감항목)으로 보는 것이 일반적이다.

(2) 용선수익

용선수익(charter freight)은 타선주의 소유선박을 운용하여 수익을 창출하는 경우를 말하는 것으로 항해용선(voyage charter), 정기용선(time charter), 나용선(bareboat charter)으로 구분된다. 용선수익은 매 항해당 운항수익을 재화중량(deadweight) 및 월간 기준으로 산출한다. 항해용선수익은 선주가 화물을 원하는 목적지까지 운송하기 위해 선박을 임차하고, 운송의 대가로 용선자로부터 받는 운임이다. 정기용선수익은 선주가 기간을 정하여 고용한 선원을 승선시키는 조건 하에 선박을 임대하여 얻는 수익이고, 나용선수익은 선주가 일정기간 동안 용선자에게 선박만 임대하여 발생하는 수익이다. 즉 모두 임대수익의 성격이 있으나, 부담하는 비용의 범위는 [표 10-2]에 제시된 것처럼 용선의 방법에 따라 상이하다. 용선료의 기본이 되는 지표는 차터베이스(Charter Base : C/B)이며, 일반적으로 C/B로 표시하고, 계산하는 방식은 주어진 식[C/B = {(총운임수입－운항비)×30일} / (항차당 운항일수×선박 dwt)]과 같다. C/B에 대한 구체적인 설명은 제 9 장에서 기술하였다.

[표 10-2] 용선수익과 관련비용의 종류

구 분	선주부담비용	용선자부담비용
항해용선	선원급료, 윤활류비, 수선유지비, 보험료, 상각비, 연료비, 항비, 하역비, 제 수수료, 예선료, 도선료	없 음
정기용선	선원급료, 윤활류비, 수선유지비, 보험료, 상각비	연료비, 항비, 하역비, 제 수수료, 예선료, 도선료
나용선	상각비, 보험료	선박상각비 이외의 비용

(3) 기타 해운수익

기타 해운수익에는 항해수탁수수료(voyage relet fee), 선박관리수수료(ship management fee), 해운중개수수료(ship brokerage fee), 해운대리점 수수료(ship agency fee) 기타 수익 등이 포함된다. 항해수탁수수료는 선주(위탁자)가 화주와 운송계약을 맺었지만, 운항은 직접 하지 않고 다른 운항자(수탁자)에게 위탁하여 이에 대한 보수로 받는 수수료를 의미한다. 항해수탁수수료는 당해에 발생한 수수료만 해운수익으로 계상해야 하므로 회계처리시 주의를 기울여야 한다.

3) 해운비용의 주요 항목 : 매출원가

해운비용은 해운기업의 영업활동을 위해 직접적으로 사용 또는 소비된 경제가치의 소모액이다. 해운업은 상품매매업이 아닌 용역을 제공하는 업종이고, 항차별 손익계산제도(voyage accounting system)를 채택하고 있어 해운비용은 수익에 직접 대응되는 매출원가로 간주한다는 특징이 있다. 특히 해운비용은 각 항해마다 항로와 운항기간이 불규칙하여 영업형태의 변화가 많고, 세계 각지의 항구(port)에서 발생하기 때문에 비용의 발생과 인식시기를 결정하는 것이 쉽지 않다. 따라서 해운비용은 해상운송서비스를 제공하는 해운기업의 영업형태에 따라 직접적이고 개별적으로 수익에 대응하여 측정, 인식한다는 특징이 있다.

해운비용은 주로 매출원가로 표시된다. 매출원가는 운항비(navigation cost), 선원비(선원들에게 지급하는 급료인 선원비), 그리고 선비(vessel cost)로 구성된다. 그러나 기업에 따라서는 선원비를 선비에 포함시키는 경우도 많이 있다.

(1) 운항비(navigation cost)

운항비는 선박의 운항과 관련하여 발생하는 비용으로 특정항로에 선박을 운항하여 발생하는 직접 변동비성격의 비용이다. 운항비에는 화물의 선적과 양하 등 본선운항과 별개로 화물과 관련하여 발생하는 비용인 화물비(cargo expenses), 선박의 입·출항과 정박을 위해 항만사용으로 발생하는 항비(port charge), 선박의 항해에 소요되는 연료비용으로 조연제와 급유에 따른 연료비(bunker expense) 및 운항위탁수수료, 중개수수료(brokerage), 대리점료(agency fee) 기타 수수료 등이 있다. 실무적으로 항비는 해외 port 입항시와 국내 port 입항시 회계처리가 약간 상이하다. 해외 port의 경우 선박이 입항하기 전 견적(estimate)에 기초하여 선급금을 지급하고 추후 작업이 완료되면, 항비바우처(voucher)를 작성하여 선급하여 지급한 금액을 제외한 나머지 비용(balance)에 대하여 지급한다. 국내의 경우에는 보통 항만청이 부과하는 공과성항비를 지정하는 납기일 내에 지급하고, 나머지 금액에 대해서는 해외 port와 마찬가지로 항비바우처(voucher)를 작성한 후 나머지 비용(balance)에 대해 정리하는 방식을 취한다. 연료비의 경우 해운비용 중 가장 중요한 항목으로 선박의 종류와 취항항로거리에 따라 소모량이 다르며, 구입 장소와 조건에 따라서도 비용차이가 발생할 수 있다. 실무적으로는 선박연료를 재고자산(저장품)으로 평가하기 때문에 항차별로 유류 소모량을 계산하여 유류사용금액을 각 항차에 배분하여 비용으로 계상한다.

(2) 선 원 비

선원비는 선원들에게 지급하는 급료 또는 임금에 해당하는 비용이다. 이에는 일반기업종업원들에게 지급하는 월급과 동일한 것으로 급료 및 수당, 상여금, 퇴직급여충당금전입액 등으로 구성된다. 그러나 경우에 따라서는 선원비를 아래에 설명하는 선비에 포함시키기도 한다.

(3) 선 비(vessel cost)

선비는 "선박비"라고도 하는데, 항해와 관계 없이 선박의 소유와 유지에 따라 발생하는 고정비이다. 선박을 운영가능한 상태로 유지하기 위해 사용되는 소모품과 비품, 선박관련 법률이나 규정에 따라 구비해야 하는 모든 의장품 등 선용품비(ship supply expense), 기계유(machine oil)와 모든 오일류의 구입대금과 급

[표 10-3] 운항비와 선비의 종류

구 분	주요 내용
Ⅰ. 운 항 비	
1. 선객비(여객비)	여객의 식비, 위안비, 용품비, 통신비, 보험료, 수수료 등
2. 연료비	해운비용 중 금액상 가장 중요한 항목
3. 항 비	선박의 입·출항 및 정박을 위해 발생한 모든 비용
4. 일반화물비	-도선료, 입·출항세, 톤세, 부두사용료
5. 컨테이너화물비	선내하역비, 적화료, 창고료, 집화수수료, 교통세 등
6. 대리점료	하역비, 보관료, 터미널사용료, 소모품비, 리스료 등
7. 중개수수료	대리업무 : 선박 입·출항 허가, 하역작업주선 등
8. 기타 운항비	용선성립(중개행위)의 대가로 지급
	운항위탁수수료, 할증보험료, 항해특별수당, 운항잡비 등
Ⅱ. 선 비	
1. 선원비	급여, 수당, 복리후생비, 여비교통비, 퇴직급여충당금 비용
2. 선용품비	소모품비, 서적구입비
3. 윤활유비	기계유, 실린더오일 등을 구입하는 비용
4. 선박보험료	해상위험에서 입는 손해를 보전하기 위한 비용
5. 기타 비용	선박수선비, 재산세, 감가상각비 등

유비, 선박수리비(ship repair expenses), 선박보험료와 선박구입건조 및 구입가액과 관련된 자본적 지출 등이 있다. 또한 운항준비비용 등을 취득원가로 계상하여 선박의 내용연수에 따라 상각한 감가상각비도 선비에 포함된다.

이상의 선비 이외에도 선박재산세, 선박급수비, 통신비 등이 있다. 선박수리비에는 「선박안전법」에 따라 정기(4년)와 중간(2년) 검사를 위한 입거수리비와 자체수리비도 포함된다. 입거수리비와 같이 자본적 지출은 선가(船價)에 포함해 감가상각해야 하며, 수익적 지출은 비용으로 처리해야 한다. 선비 중에서 가장 큰 비중을 차지하는 부분으로 용선료(charterage or hire)가 있다. 용선료(차선료)는 용선한 선박을 사용하는 대가로 지급하는 비용으로 용선방법에 따라 회계처리방법도 다르다. 이상에서 설명한 매출원가를 크게 운항비와 선비로 구분하여 정리하면 위의 [표 10-3]과 같다.

4) 판매비와 관리비

판매비와 관리비는 선박운항과 직접적인 관련성이 없이 발생하는 비용을 의미한다. 예로서 해운기업의 임원이나 일반관리직원들에게 지급하는 급여, 퇴직급여충당금전입액, 복리후생비, 그리고 사무용품비, 수도광열비, 광고선전비 등이 이에 해당한다. 해운기업의 같은 종업원이라 하더라도 선원과 같이 선박운항과 직접적으로 관련이 있는 종업원들에게 지급하는 인건비성경비는 매출원가의 선원비항목으로 처리하고, 나머지 임원이나 직원들의 인건비는 판매비와 관리비 항목으로 구분하여 회계처리한다. 따라서 판매비와 관리비 항목에 포함되는 모든 비용항목들은 본사 및 사무소 운영과 관련하여 지출되는 비용이라 생각하면 된다.

5) 영업외수익과 영업외비용

영업외수익항목은 기업의 주된 영업활동 이외의 활동에서 발생하는 수익항목을 의미한다. 기업이 여유자금을 은행에 입금한 경우 발생하는 이자수익이나, 타회사 및 관계회사 주식에 투자한 경우 발생하는 배당금이 이에 해당한다. 또한 해운기업의 경우 용역서비스를 제공하는 지역이 전세계를 대상으로 하기 때문에 외화거래와 관련된 외화환산손익의 문제가 자주 등장한다. 이러한 외화환산에 따른 손실과 이익은 영업외비용이나 수익항목으로 분류된다. 영업외비용항목은 해상운송 등 주요 영업활동과 관련성이 낮은 기업활동으로 발생하는 비용을 의미한다. 가장 대표적인 영업외비용항목으로는 이자비용이나 지급수수료 및 기부금 등이 있다.

제 2 절 재무상태의 파악 : 대차대조표

대차대조표(Balance Sheet : B/S)는 특정시점의 재무상태에 대한 정보를 제공하는 재무제표로 재무상태표(statement of financial position)라고 부르기도 한다. 대차대조표가 제공하는 주요 정보인 재무상태(financial condition)란 자산, 부채, 자본의 구성내역을 의미한다. B/S의 왼쪽(차변)에는 자산에 관한 항목들이, 오른쪽(대변)에는 부채와 자본항목들이 나열된다. 이처럼 차변의 자산과 대변의 부채 및 자본 총액을 대조하는 표라는 의미로 대차대조표라 부른다.

기업은 주주나 은행 등으로부터 자금을 조달하여 선박과 같은 자산을 구입하고, 용역서비스를 판매함으로써 매출액과 부가가치를 얻게 된다. 이러한 경영활동에 따라 자금의 흐름을 자산, 부채, 자본으로 구분하여 일정시점의 잔액을 요약, 집계한 것이 대차대조표이다. 따라서 B/S의 차변에는 재산의 보유상황이, 대변에는 자금의 출처가 표시된다. 정보이용자는 B/S를 통해 기업의 자본조달과 운용, 사업에 소요되는 자금의 관리와 경영활동이 어떻게 균형을 이루고 있는가를 확인할 수 있다. 또한 정보이용자인 기업의 이해관계자들은 대차대조표를 통하여 해당 기업의 성장성, 수익성, 유동성, 사회성에 관한 정보를 얻을 수 있다. 성장성은 매출액 또는 부가가치의 확대와 자기자본의 축적정도를 나타낸다. 수익성은 자본의 효과적인 활용과 이익률을 의미하며, 유동성은 자금지불능력과 경영의 안전성을 나타낸다. 그리고 사회성은 기업의 납세, 배당, 사회적 활동과 같은 사회적 책임을 의미한다.

대차대조표(B/S)가 이처럼 기업의 다양한 정보를 제공하는 것은 사실이나 기본적인 가정에 의해 작성되는 것이므로 다음과 같은 몇 가지 한계점도 있다.

첫째, B/S는 기업의 모든 재무상황에 관한 정보를 제공하지는 못한다는 점이다. 예로서 기업의 역사, 해당 산업부문에서의 위치, 경영자 및 종업원들의 능력, 기업의 명성이나 신용등급 등에 관한 정보는 재무상태에 중대한 영향을 미치는 사항임에도 불구하고 이러한 내용들이 B/S에 반영되지는 못한다.

둘째, 대차대조표의 항목은 현행가치(current value)를 반영하지 못한다. 대차대조표의 자산과 부채는 원칙적으로 역사적 원가(historical value)에 의해 평가된다. 예를 들어 회계연도 말에 선박의 실질적인 경제가치나 재고자산의 가치 등을 평가하기 위해서는 많은 시간과 객관적인 자료가 필요하나, 이를 구하는 데는 어려움이 있다. 이러한 이유 때문에 객관성이 확보된 역사적 원가를 사용하여 평가한다. 따라서 대차대조표에 제시된 정보의 절대적인 정확성을 기대하기는 어렵다. 즉 대차대조표에 표시된 가치의 신뢰성은 높으나 목적적합성은 다소 부족한 경우가 있다.

셋째, 대차대조표에는 개인의 판단이 개입된다. 예를 들면 현행 기업회계기준에는 매출채권의 회수가능성, 재고자산의 판매가능성, 자산의 내용연수 등에 대한 규정이 없어 담당자의 추정에 근거할 수밖에 없다.

1. 대차대조표 구성 및 주요 항목

[표 10-4] 대차대조표 예시

대차대조표

회사명 : A해운기업주식회사 20×9년 12월 31일 현재 (단위 : 원)

차 변			대 변	
[자 산]			[부 채]	
Ⅰ. 유동자산		×××	Ⅰ. 유동부채	×××
1. 당좌자산	×××			
2. 재고자산	×××		Ⅱ. 비유동부채	×××
Ⅱ. 비유동자산		×××	부채총계	×××
1. 투자자산	×××			
2. 유형자산	×××			
3. 무형자산	×××			
4. 기타비유동자산	×××			
			[자 본]	
			Ⅰ. 자 본 금	×××
			Ⅱ. 자본잉여금	×××
			Ⅲ. 자본조정	×××
			Ⅳ. 기타 포괄손익누계액	×××
			Ⅴ. 이익잉여금(결손금)	×××
			자본총계	×××
자산총계		×××	부채와 자본총계	×××

대차대조표(B/S)는 [표 10-2]에서 보여 주는 바와 같이 자산, 부채, 자본으로 구성되어진다. 자산(assets)은 차변(왼쪽)에 기록되며, 부채(liabilities)와 자본(capital)은 대변(오른쪽)에 기록하고, 차변과 대변은 각각 금액이 일치하도록 구성되어 있다. 부채와 자본은 기업이 조달한 자금의 원천을 의미한다. 부채는 타인자본이라고도 부르는데, 이는 금융기관이나 다른 채권자들로부터 자금을 조달하였다는 의미이다. 이러한 부채는 일정규모의 이자를 지급하고 조달한 자금으로

유동부채(current liabilities)와 비유동부채(non-current liabilities)로 구분되어진다. 유동부채는 상환기간이 1년 이내로 도래한 부채를 의미하며, 이를 상환하지 못하는 경우에는 소위 유동성문제에 빠지게 되는 것이다. 비유동부채는 상환기한이 1년 이상 남아 있는 부채를 의미한다. 따라서 기업은 유동부채보다는 비유동부채에 의존하여 자금을 조달하여야 단기적인 유동성문제를 해결할 수 있다.

자본항목은 자본금, 자본잉여금, 자본조정 기타 포괄손익누계액, 이익잉여금(결손금)으로 구성된다. 자본은 기업이 주식을 발행하여 조달한 자본금과 사내유보의 방식을 통하여 자금을 조달하는 잉여금으로 구분할 수 있다. 잉여금은 다시 자본잉여금과 이익잉여금으로 분류되는데, 자본잉여금은 주식을 액면가격 이상으로 발행하여 발생하는 금액을 의미하고, 이익잉여금은 기업이 영업활동으로 벌어들인 이익인 당기순이익을 사내에 유보한 자금이라 생각하면 된다.

자산은 기업이 보유하고 있는 경제적 효익이 있는 것으로, 이는 다시 1년을 기준으로 유동자산(current assets)과 비유동자산(non-current assets)으로 구분한다. 유동자산은 1년 이내에 현금화가 가능한 자산으로, 이는 다시 당좌자산, 재고자산으로 다시 나누어진다. 비유동자산은 1년 이후에나 현금화가 가능한 자산으로, 이는 다시 투자자산, 유형자산, 무형자산 기타 비유동자산으로 세분된다. 이러한 자산은 기업이 자본과 부채의 방식을 이용하여 조달한 자금을 어디에 사용하였는가를 보여 주는 내용이다. 따라서 기업이 자금을 조달하여 너무 지나치게 비유동자산을 구입하는 데에 사용한다면 유동자산의 규모가 적어질 것이고, 이럴 경우 단기적인 유동성문제에 봉착할 수 있다. 따라서 기업은 수익성 및 유동성 문제를 동시에 해결하기 위하여 자산 및 부채, 그리고 자본의 구성을 적절히 유지하고 관리해야 한다. 이러한 자금조달과 원천에 대한 구체적인 내용은 제11장에 상세히 기술하였다.

2. 대차대조표 작성기준

대차대조표는 다음과 같은 6가지 일반적인 원칙에 의거하여 작성된다.

첫째는 구분표시의 기준이다. 기업의 이해관계자들에게 기업의 재무상태를 명료하게 보고하기 위해서는 대차대조표의 여러 항목을 적절하게 구분, 분류, 배열해야 한다. 중요한 항목은 대차대조표 본문에 별도항목으로 구분하여 표시하도록 되어 있다. 또한 통합된 계정과목에 대한 세부적인 내용은 주석으로 기재하도록 하였다.

둘째는 1년, 정상영업주기 기준이다. 자산과 부채를 1년이나 정상영업주기를 기준으로 유동자산 또는 비유동자산, 유동부채 또는 비유동부채로 구분한다. 따라서 유동자산은 1년 또는 정상영업주기 이내에 현금화가 가능한 자산이며, 유동부채는 1년 또는 정상영업주기 내에 상환되거나 상환될 가능성을 가진 부채를 말한다. 다만, 정상적인 영업주기 내에 판매되거나 사용되는 재고자산과 회수되는 매출채권 등은 대차대조표일로부터 1년 이내에 실현되지 않더라도 유동자산으로 분류하고, 이 경우 주석으로 상세히 설명하도록 하였다. 반면 장기미수금이나 투자자산에 속하는 매도가능증권 또는 만기보유증권 등의 비유동자산 중 1년 이내에 실현되는 부분은 유동자산으로 분류한다.

셋째는 총액주의 기준이다. 이는 자산, 부채, 자본은 총액으로 기재하는 것을 원칙으로 하며, 자산항목과 부채항목을 상계하여 그 전부 또는 일부를 대차대조표에서 제외해서는 안 된다. 대차대조표에서 매출채권, 미수금, 단기대여금, 장기대여금, 장기성매출채권 등에 대하여 대손충당금 등의 가감항목을 차감 또는 부가하는 형식으로 표시할 경우, 대차대조표가 지나치게 복잡하게 된다. 따라서 이 경우에는 자산이나 부채의 가감항목을 해당 자산이나 부채에 직접 가감하여 표시하도록 하고 있다.

넷째는 유동성배열의 기준이다. 대차대조표 항목은 유동성이 큰 항목부터 배열하여 유동자산에서부터 비유동자산으로, 비유동자산은 투자자산, 유형자산, 무형자산 기타 비유동자산의 순으로 배열한다. 유동자산에 대해서도 현금 및 현금성자산, 단기투자증권, 매출채권, 상품 등 유동성이 큰 항목부터 배열하고, 유형자산에 대해서도 토지, 건물 등의 순으로 배열한다. 부채의 경우도 마찬가지로 단기차입금, 매입채무와 같은 유동부채를 먼저 배열하고, 사채, 장기차입금 등은 나중에 배열한다. 이렇게 유동성배열법을 따르는 것은 이 방법이 기업의 지급능력(solvency)을 측정하는 것에 효과적이기 때문이다.

다섯째는 잉여금구분의 기준이다. 잉여금은 자본거래에서 발생한 자본잉여금과 손익거래에서 발생한 이익잉여금으로 구분하여 표시해야 한다. 이는 유지해야 할 자본과 처분할 수 있는 이익을 구분한 것으로 두 가지가 혼합될 경우

기업의 재무상태와 경영성과를 적절하게 표시하는 데 문제가 발생할 수 있다. 그러므로 정당한 사유 없이는 자본잉여금을 이익잉여금으로 대체할 수 없다.

여섯째는 미결산항목 및 비망계정 계상금지기준이다. 대차대조표의 계정은 명확하게 표시하여야 한다. 회계기간중에 나타난 가지급금과 가수금과 같이 내용이 명확하지 않은 미결산항목은 관련사항을 적정한 계정과목으로 표시하여야 하며, 대조계정과 같은 비망계정은 자산 또는 부채 항목으로 표시할 수 없도록 하고 있다.

3. 리스자산 및 리스부채의 회계처리

해운기업은 선박을 구매하는 데 많은 자금이 소요되기 때문에 리스(lease)를 활용하는 경우가 많이 발생한다. 또한 구입한 선박을 직접 운항하기보다는 다른 기업에게 용선을 해 주는 경우도 발생한다. 이처럼 해운기업은 선박에 대한 리스거래가 빈번하게 발생하며, 이 때 대차대조표에 리스자산과 리스부채를 계상해야 한다. 이에 본 항에서는 해운기업의 리스거래에 대해 좀더 상세히 살펴보고자 하였다.

리스(lease)란 리스제공자가 선박, 기계설비, 공장, 건물 등 자산의 사용권을 일정기간 동안 리스이용자에게 이전하고, 리스이용자는 그 대가로 사용료를 리스제공자에게 지급하는 계약을 말한다. 리스제공자는 리스대상자산을 취득하고, 그 자산에 대한 소유권을 획득하게 된다. 다만, 해당 자산의 실질사용은 리스이용자가 가지게 되는 것으로 리스제공자는 통상적으로 임대인인 동시에 투자은행, 투자펀드 등 대규모 자금동원능력을 갖춘 개인 또는 기관이다. 그리고 리스이용자는 대규모 설비투자가 필요한 해운, 항공 및 물류회사 등이 있고, 1990년대 이후에는 전자제품, 자동차, 각종 생산품이 리스로 활용됨에 따라 기업뿐만 아니라 개인으로까지 다양해지고 있다. 이러한 리스의 일반적인 거래절차를 보면 [그림 10-1]과 같다.

2007년 말 우리나라의 리스회사는 약 40여 개가 있으며, 회사명칭으로 ××리스, ××캐피탈, ××리스금융, ××오토리스 등으로 표기하고, 전국적으로 164개의 영업소에서 리스를 취급했다. 리스자산의 총계는 2007년 말 기준으로

[그림 10-1] 리스거래의 절차

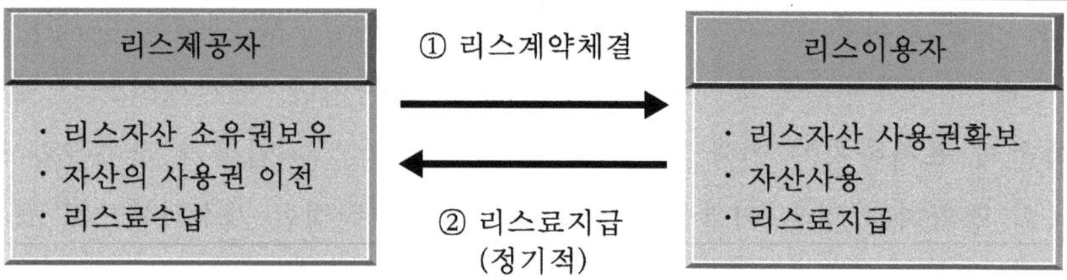

25조8천억 원이며, 주요 구성내용을 보면 운용리스 9조, 금융리스 16조, 선급리스 8천억 원으로 구성되어 있다. 2007년 리스회사의 당기순이익은 3천4백억 원이며, 연체비율은 약 2.2% 수준으로 나타났다. 리스의 활성화는 리스이용자측면에서 볼 때 자금을 차입하여 자산을 구매하는 것과 유사하나, 이후 구매했을 경우보다 다음과 같은 장점이 있다.

첫째는 부외금융(off-the-balance sheet financing)의 가능성이다. 즉 리스를 운용리스로 이용하면 자산구입에 따른 부채를 계상하지 않아도 되기 때문에 부채비율이 좋아지고, 따라서 추가적인 자금조달능력이 발생한다.

둘째는 자산진부화로 인한 위험회피가 가능하다. 기술환경이 급변하는 시점에 설치산업 또는 막대한 자금으로 장비를 구입하는 경우, 내용연수 이전에 사용불능 또는 폐기해야 하는 위험요인이 발생할 수 있다. 이 경우 리스를 이용하면 신속하게 기존 자산을 대체하고, 신규설비를 설치할 수 있다.

셋째는 자산구입에 따른 세금, 보험료 등 각종 경비를 절감할 수 있다. 따라서 설비운용경비 이외의 부대비용이 절감됨으로 인해 상당한 규모의 간접비용부담을 완화할 수 있다.

1) 리스의 종류와 구분

리스회계처리기준에서는 리스종류를 운용리스(operating lease)와 금융리스(financial lease)로 분류한다. 운용리스는 리스자산의 사용권이 리스이용자에게 부여되나, 리스자산의 감가상각과 자산으로의 기록은 리스제공자가 하는 것이다. 따라서 리스이용자는 운용리스료지급에 따른 비용만 계상하면 된다.

금융리스는 리스자산에서 창출되는 경제적 효익과 위험이 리스이용자에게 이전된 리스를 말한다. 이러한 경제적 효익과 위험의 이전에 대한 판단기준으로 5가지 중 어느 하나에 해당하면 금융리스로 분류할 수 있다. 금융리스의 조건은 ① 리스계약 종료시 소유권이전조건, ② 리스이용자에게 염가매수선택권이 있는 조건, ③ 리스기간이 리스자산 내용연수의 75% 이상인 경우, ④ 최소리스료의 현재가치가 리스자산 공정가치의 90% 이상인 경우, ⑤ 리스자산이 범용성이 없는 경우이다. 그 외 「기업회계기준서 제19호 리스」에는 판매 후 리스(sales-leaseback), 부동산리스, 선박리스 등 다양한 형태의 리스가 있다. 운용리스와 금융리스, 판매형 리스에 관한 구분기준을 살펴보면 [그림 10-2]와 같다.

[그림 10-2] 리스의 분류

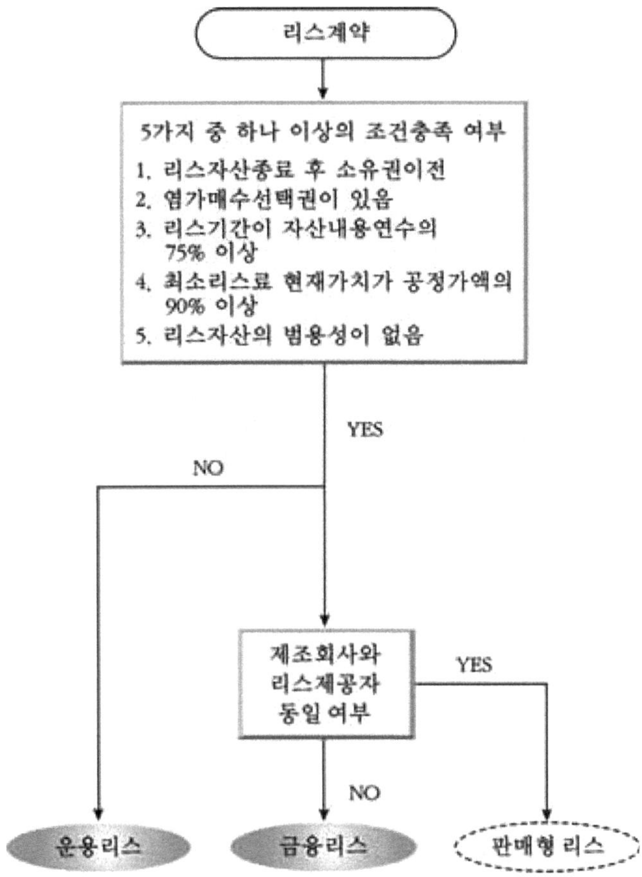

2) 리스의 회계처리

운용리스와 금융리스의 구분에 따라 회계처리는 차이를 나타낸다. 운용리스의 경우 임차거래와 유사하게 처리되는데, 리스실행일, 감가상각비 계상 등의 회계처리는 리스제공자가 하고, 리스이용자는 운용리스비용만을 계상하게 된다. 이와 같이 리스이용자의 경우에는 리스료지급시에 운용리스료라는 비용만을 계상하기 때문에 리스계약에 관련한 자산과 부채를 계상하지 않아도 되어 부외금융이 실현되고, 부채비율이 악화되지 않아 대규모 시설투자에 대한 불리한 평가를 받지 않아도 된다. 또한 리스기간에 리스료비용을 통해 리스자산 취득원가에 대한 세무상 손금인정을 받을 수도 있고, 리스이용자입장에서는 회계처리가 매우 간단하기 때문에 선호되고 있다.

금융리스의 경우, 리스제공자는 리스실행일에 금융리스자산을 계상하고 감가상각비를 계상하지 않는다. 리스이용자의 경우에는 리스실행일에 금융리스자산을 계상하고, 회계연도 말 또는 리스료수수시점에 금융리스부채를 차감하고, 이자비용과 감가상각비를 계상한다. 금융리스의 회계처리는 다음과 같다.

금융리스의 경우 리스이용자는 금융리스자산(부채)을 계상할 때 최소리스료의 현재가치와 공정가치 중에서 낮은 금액으로 기록하게 되므로, 리스제공자의 금융리스채권보다는 낮은 금액으로 금융리스자산(부채)을 계상하는 것이 통상적이다. 리스료수수시에도 리스제공자와 리스이용자의 금융리스채권과 금

[표 10-5] 금융리스의 회계처리

구 분	리스제공자	리스이용자
리스물건구입시	선급리스자산 10,000 현 금 10,000	–
리스실행일	금융리스채권 10,000 선급리스자산 10,000	금융리스자산 9,000 금융리스부채 9,000
회계연도 말 ①리스료수수	현 금 2,000 금융리스채권 1,400 이자수익 600	금융리스부채 1,500 이자비용 500 현 금 2,000
②감가상각비계상	분개 없음	감가상각비 900 감가상각누계액 900

융리스부채의 상각금액이 차이가 생긴다. 리스제공자의 경우 수취하는 리스료 2,000원이 정해져 있다면 이자수익은 10,000원을 기준으로 시작한 채권잔액에 내재이자율(%)을 곱하여 계상하고, 수취리스료에 이자수익을 차감한 금액을 금융리스채권 상각(1,400원)으로 계상하게 된다. 리스이용자의 경우 당초에 지급하기로 한 리스료는 2,000원으로 정해져 있고, 이는 리스제공자가 수취할 리스료와 같다. 이 경우 이자비용은 금융리스자산(9,000원)에 유효이자율을 곱하여 나오기 때문에 리스제공자의 이자수익보다는 낮아지게 된다. 금융리스 부채상각은 정기리스료 2,000원에서 이자비용 500원을 차감하여 계상하는데, 이 경우 리스제공자의 금융리스채권 상각액보다는 다소 높게 나타난다.

제 3 절 해운기업의 현금흐름 : 현금흐름표

기업의 유동성을 나타내는 현금흐름에 관한 정보는 현금흐름표(statement of cash flows)를 이용하여 제공한다. 현금흐름표는 기업의 현금흐름을 나타내는 보고서로서, 현금흐름의 변동내역을 명확하게 보고하기 위하여 당해 회계기간에 속하는 현금유입과 유출 내용을 일정한 형식에 맞추어 표시하는 재무제표이다. 기업의 경영자와 투자자, 채권자 등 이해관계자들은 기업의 자금조달방법과 용역서비스의 생산 및 판매활동을 통해 어느 정도의 현금흐름을 창출하고 있는지, 적정한 수준의 현금을 보유하고 있는지, 또는 고정자산을 매각하거나 차입금의 상환이나 주식 및 사채발행을 통해 조달된 자금은 어느 정도인지를 궁금해 한다. 이러한 정보는 대차대조표와 손익계산서를 분석하는 것만으로는 부족하여 의사결정에 필요한 정보를 제공하는 기본재무제표로 현금흐름표가 필요하다.

현금흐름표는 대차대조표와 손익계산서상의 현금관련활동에 대한 추가적인 정보를 제공한다. 현금흐름표가 다른 재무제표의 보충적인 역할을 수행할 수 있는 이유 중 하나는 현금흐름표가 다른 재무제표와 달리 현금주의기준으로 작성되기 때문이다. 따라서 현금흐름표의 정보는 발생주의를 적용하여 작성된 회계정보보다 현금흐름의 내용을 보다 이해하기가 쉽고, 회계담당자의 주

[표 10-6] 현금흐름표 예시

현금흐름표

회사명 : A해운주식회사 20×9년 1월 1일~20×9년 12월 31일 (단위: 원)

Ⅰ. 영업활동으로 인한 현금흐름	×××
1. 당기순이익(손실)	×××
2. 현금의 유출이 없는 비용 등의 가산	(+) ×××
3. 현금의 유입이 없는 수익 등의 차감	(−) ×××
4. 영업활동으로 인한 자산·부채의 변동	(±) ×××
Ⅱ. 투자활동으로 인한 현금흐름	×××
1. 투자활동으로 인한 현금의 유입액	(+) ×××
2. 투자활동으로 인한 현금의 유출액	(−) ×××
Ⅲ. 재무활동으로 인한 현금흐름	×××
1. 재무활동으로 인한 현금유입액	(+) ×××
2. 재무활동으로 인한 현금유출액	(−) ×××
Ⅳ. 현금의 증가(감소) (Ⅰ+Ⅱ+Ⅲ)	×××
Ⅴ. 기초의 현금	×××
Ⅵ. 기말의 현금	×××

관이 배제된 정보라는 점에서 신뢰성이 높다. 이러한 현금흐름표는 기업의 현금흐름을 영업활동, 투자활동, 재무활동으로 분류하여 현금의 증감을 보여 주며, 그 구성내역은 [표 10-6]에 제시되어 있다. 즉 현금흐름표는 현금유입과 유출, 즉 현금흐름을 영업활동(operating)으로 인한 현금흐름, 투자활동(investing)으로 인한 현금흐름, 재무활동(financing)으로 인한 현금흐름으로 구분하여 표시하고, 이에 기초의 현금을 가산하여 기말의 현금을 산출하는 방식으로 표시한다.

1. 영업활동으로 인한 현금흐름

영업활동으로 인한 현금흐름은 용역서비스제공 등 판매에 따른 매출채권 회수, 이자수익과 배당금수익 기타 투자활동과 재무활동에 속하지 아니하는 거래에서 현금이 유입된다. 반면 영업활동으로 인한 현금유출은 원재료, 상품 등의 구입에 따른 매입채무의 결제와 기타 상품과 용역의 공급자와 종업원에 대한 현금지출, 미지급법인세의 지급, 이자비용 기타 투자활동과 재무활동에 속하지 아니하는 거래에서 발생된 현금유출을 포함한다.

영업활동은 일반적으로 생산과 상품 및 용역의 구매, 판매 활동을 말하며, 투자활동과 재무활동에 속하지 아니하는 거래를 모두 포함한다. 그러므로 현금흐름표는 발생주의를 적용하여 산출된 손익계산서상의 당기순이익과 실제 현금흐름 사이에 차이가 발생한 이유에 대한 답을 제시할 수 있다. 또한 기업의 유동성과 자금조달능력, 영업활동, 투자활동, 재무활동으로 인한 현금흐름의 규모를 확인하여 이익의 질이 어떠한가를 확인할 수 있다. 즉 기업의 당기순이익이 영업활동으로 인해 창출된 것인지, 아니면 외부자금의 유입을 통해 창출된 것인지를 판단할 수 있다. 예를 들어 영업현금흐름과 당기순이익의 차가 적으면 좋은 영업성과로 인해 수익이 발생한 것이므로 이익의 질이 좋은 기업, 다시 말해 건실한 기업으로 판단할 수 있는 것이다. 건실한 기업은 영업활동으로부터의 현금유입이 커야 하며, 이렇게 조달된 자금을 이용하여 후술하는 투자활동에 필요한 자금원으로 사용되는 기업이라 할 수 있다.

2. 투자활동으로 인한 현금흐름

투자활동은 현금의 대여와 회수활동, 유가증권, 투자자산, 유형자산, 무형자산의 취득과 처분활동 등을 말한다. 투자활동으로 인한 현금유입은 대여금의 회수, 단기금융상품, 유가증권, 투자자산, 유형자산 및 무형자산의 처분 등의 활동으로 이루어진다. 투자활동으로 인한 현금유출은 현금의 대여, 단기금융상품, 유가증권, 투자자산, 유형자산 및 무형자산의 취득 등의 활동으로 이루어진다. 따라서 이는 비유동자산의 증감에 관한 활동으로 선박, 토지, 건물, 기계 또는 다른 비유동자산을 취득하는 활동이 주를 이룬다. 즉 비유동자산을 취득하면 현금유출이, 비유동자산을 처분하면 현금유입이 된다. 기업은 미래의 수익성이나 성장성을 확보하기 위해서는 일정규모의 투자활동이 이루어져야 하며, 따라서 투자활동으로 인한 현금은 유입보다는 유출이 발생한다.

3. 재무활동으로 인한 현금흐름

재무활동은 현금의 차입 및 상환 활동, 신주발행이나 배당금의 지급활동 등과 같이 부채 및 자본 계정에 영향을 미치는 거래를 말한다. 이는 고정부채와 자본증감에 관한 활동으로 일반적으로 장기성부채와 자본항목의 변화를 가져오는 거래와 관련되어 있다. 재무활동으로 인한 현금흐름은 단기차입금, 장기차입금의 차입, 어음, 사채의 발행, 주식의 발행 등으로 현금이 유입되고, 배당금의 지급, 유상감자, 자기주식의 취득, 차입금의 상환, 자산의 취득에 따른 부채의 지급 등에 의해 유출된다. 기업은 성장함에 따라 부채의 규모도 증가한다. 따라서 재무활동으로 인한 현금의 유입은 기업의 성장속도만큼씩 증가하는 것이 이상적일 수 있다.

4. 현금흐름표의 유용성

앞서 설명한 바와 같이 현금흐름표는 현금의 조달원천, 사용내용, 증감 등을 나타내며, 다음과 같은 유용성을 갖는다.

첫째, 미래 현금흐름의 창출에 대한 예측정보를 제공한다. 즉 발생주의로 작성한 손익계산서의 당기순이익에 대한 정보와 이와 관련한 현금흐름표에서 추가된 정보의 내역을 이용하여 향후 현금흐름의 기대치나 크기 등을 전망할 수 있다. 즉 현금흐름표에 제시된 추가적인 정보를 이용하는 경우, 미래 현금흐름의 양을 보다 정확히 예측할 수 있다는 장점이 있다.

둘째, 기업의 자금유동성 및 자금조달에 대한 유용한 정보를 제공한다. 기업은 현금을 충분하게 보유하지 못한 경우에는 주주에 대한 배당금지급, 기존부채의 상환, 신규투자를 위한 비유동자산의 구입을 즉시 시행할 수 없고, 이는 주주의 불만증가, 미래 성장동력에 대한 투자지연에 따른 경쟁력상실로 이어지는 결과를 가져올 수 있다. 현금흐름표는 이러한 기업의 자금유동성에 관한 정보를 제공하고, 자금유동성정보는 기업이 적절한 시점에 투자할 자금이 충분한지에 대한 가부를 알 수 있게 해준다.

셋째, 이익과 현금흐름 간의 차이에 따른 정보를 제공한다. 이익의 질(quality of earnings) 측면에서는 당기순이익과 현금흐름이 가장 일치하는 것이 이익의 질, 즉 신뢰도가 높다. 이는 당기순이익은 인위적인 매출증대나 원가배분 방식을 이용하여 조작이 가능하나, 현금흐름에 관한 정보를 조작하기는 불가능하기 때문에 현금흐름정보가 기업의 유동성을 측정하는 보다 신뢰성이 높은 정보이다.

넷째, 현금과 비현금으로 인한 투자와 재무활동에 관한 정보를 제공한다. 즉 현금흐름표는 비유동자산의 구입과 처분, 각종 자금의 차입, 배당금의 지급 등에 관한 자금의 조달과 그 원천에 대한 보다 이해하기 쉬운 정보를 제공한다.

제 4 절 해운기업의 외화환산회계

1. 외화환산회계의 의의 및 필요성

해운기업의 거래는 대부분 외국과의 무역에 필요한 화물을 운송하고, 그 서비스대가를 외국통화로 받는 경우가 많기 때문에 외화환산과 관련된 회계처리에 관한 내용을 숙지할 필요가 있다. 외화환산(foreign currency translation)은 외국통화로 표시된 회계수치를 우리나라의 재무제표에 표시하는 통화인 원화표시로 바꾸는 것을 말한다. 이러한 외화환산은 세계무역과 자본시장의 국제화로 인하여 중요성이 날로 증가하고 있다. 특히 기업들은 해외지사, 해외사무소가 있는 경우에 영업활동, 자금조달, 재무활동과 관련하여 외화환산이 필요하게 된다. 특히 재무제표관점에서 볼 때 타국의 화폐단위로 기록된 수치를 우리나라 본사의 재무제표와 연결토록 하기 위해서는 외화환산이 필연적으로 나타난다. 구체적으로 보면 외환시세의 변동으로 인한 환산손익계산, 국내 본점의 외화표시자산(부채)의 원화환산, 본·지점 합병 (연결) 재무제표작성의 경우에 외화환산회계가 이용된다.

기업이 보유한 외화자산 및 외화부채를 환산하는 데 가장 중요한 역할을 하는 것이 환율이고, 이러한 환율이 변동함으로 인하여 환산 후 원화로 표시되는 자산 및 부채의 금액도 크게 달라진다. 환율은 외국환이 시장에서 매매되는 가격을 나타내며, 우리나라의 경우 변동환율제를 적용함에 따라 매일 환율이 변동하고 있다. 환율에는 현행환율, 역사적 환율, 평균환율의 세 가지로 나눌 수 있다.

현행환율(current exchange rate)이란 결산일환율이라고도 하며, 기업의 대차대조표가 작성되는 날의 환율을 말한다. 기업회계기준서 제68조에 따르면 화폐성 외화자산과 화폐성외화부채는 대차대조표일 현재의 적절한 환율인 현행환율을 적용하도록 되어 있다. 이 경우 환율의 변동으로 발생하는 환산손익을 영업외비용이나 수익으로 표시하여 당기손익으로 처리하도록 되어 있다.

역사적 환율(historical rate)은 취득일시점의 환율로서 거래나 사건이 발생한 날의 환율이다. 기업회계기준서 제68조에 따르면 비화폐성 외화자산과 비화폐성 외화부채인 경우, 당해 자산을 취득하거나 당해 부채를 부담한 당시의 적절한 환율인 역사적 환율을 적용하도록 되어 있다. 이러한 역사적 환율을 적용하는 경우에는 대차대조표 작성일시점에서도 역사적 환율은 변동하지 않기 때문에 환산과 관련된 손익은 발생하지 않는다.

평균환율(average rate)은 회계기간중의 환율을 평균한 환율이다. 거래가 연중 고르게 발생하는 경우 현행환율이나 역사적 환율을 적용할 수 없게 되며, 이 경우 평균환율을 사용하게 된다. 따라서 평균환율은 대차대조표환산보다는 손익계산서에 있는 항목을 환산하는 경우에 많이 사용된다.

2. 외화환산방법

외화환산의 방법에는 어떤 항목에 어떤 환율을 적용하는가가 중요한 이슈이다. 이처럼 어떠한 항목에 어떠한 환율을 적용해야 하는가에 따라 유동성·비유동성법, 화폐성·비화폐성법, 현행환율법, 시제법 혹은 속성법 등 4가지 방법이 있다.

유동성·비유동성법(current vs non-current approach)은 대차대조표의 유동자산과 유동부채는 현행환율로 환산하고, 비유동자산과 비유동부채는 역사적 환율로 환산하는 방법이다. 손익계산서의 비용항목 중 유형자산과 무형자산의 감가상각비는 역사적 환율로 환산하고, 그 밖의 모든 수익항목과 비용항목은 평균환율에 의해 환산한다.

화폐성 · 비화폐성법(monetary vs non-monetary approach)은 화폐성항목은 현행환율로 환산하고, 비화폐성항목은 역사적 환율을 적용하여 환산하는 방법이다. 화폐성항목에는 현금, 예금, 화폐로 회수되는 채권 등 재고자산을 제외한 대부분의 유동자산과 모든 부채가 이에 속한다. 비화폐성항목은 대부분의 비유동자산과 자본항목이 이에 속한다. 손익계산서항목의 경우, 비화폐성과 관련된 자산의 감가상각비를 제외한 모든 수익과 비용은 평균환율을 적용하여 환산하는 방법이다. 우리나라에서는 4가지 방법 중 이 화폐성 · 비화폐성법을 적용하여 외화거래를 환산하는 것을 기본원칙으로 채택하고 있다.

현행환율법(current rate approach)은 대차대조표와 손익계산서 전항목을 현행환율에 의하여 환산하는 방법이다. 이 방법은 본국의 회사입장이 아닌 외국자회사의 입장에서 외화환산을 하는 현지주의에 의한 외화환산방법이다.

시제법(temporal approach)은 속성법이라고도 불리는데, 이 방법은 대차대조표항목 중 현금, 채권, 채무와 같은 화폐성항목은 현행환율로 환산하고, 비화폐성항목은 역사적 환율로 환산하지만, 현재가치로 계산되어 있는 비화폐성자산은 현행환율을 적용하는 것이 화폐성 · 비화폐성법과 다른 점이다.

3. 외화환산 회계처리

외화거래를 환산하는 경우, 현행환율을 적용하면 외환차손익이나 외화환산손익이 발생한다. 이러한 외환차손익과 외화환산손익을 회계처리하는 방법에는 당기손익법, 계속이연법, 그리고 이연후상각법을 사용할 수 있다. 우리나라 기업회계기준에서는 당기손익법을 사용하도록 되어 있어 이 방법을 중심으로 외화환산 회계처리내용을 설명하고자 한다. [표 10-7]은 외화 $1,000을 차입하여 선박을 구입한 사례이다. 외화차입금은 2009년 5월 1일에 지급하도록 되어 있으며, 대금결재가 이루어지기 이전인 2008년 12월 31일에 결산이 이루어진다.

위의 거래에서 대금결재가 완결되지 않은 결산일시점에서 이 거래는 미완결거래라 부른다. 이러한 미완결거래의 경우, 외화환산이익(손실)이 발생하는

[표 10-7] 외화거래의 회계처리

구 분	회계연도 말	대금결재시
2008. 9. 1 선박구매 1,000,000원 ($1=1000원)	(차) 선박 1,000,000 (대) 외화차입금 1,000,000	-
2008. 12. 31 회계연도 말 ($1=900원)	외화차입금 100,000 외화환산이익 100,000	-
2009. 5. 1 대금지급완료 ($1=1200원)	-	외화차입금 900,000 외환차손 300,000 현 금 1,200,000

데, 당초 1,000원에서 900원으로 환율이 하락함에 따라 선박구매에 따른 외화차입금채무가 100,000원만큼 감소됨에 따라 외화환산이익이 100,000원 발생한다. 또한 대금결재가 이루어져 거래가 종결(이를 완결거래라 칭함)되는 시점에서는 환율이 1,200원으로 상승하였다. 따라서 외화차입금으로 지급할 금액이 1,200,000원으로 증가하고, 회계연도 말 계상된 외화차입금 900,000원을 차감하면 외환차손이 300,000원 발생한다. 이러한 외환차손과 외화환산이익은 모두 해당 연도의 영업외비용과 영업외수익 항목으로 분류되어 손익계산서에 계상된다. 이처럼 외화환산의 결과 발생하는 환산손익을 당해 연도의 손익계산서에 반영하는 방법을 당기손익법이라 한다.

4. 해운업의 외화환산회계

외화환산과 관련된 기업회계기준은 과거 여러 차례 변경되었다. 1996년 3월에는 장·단기 구분 없이 화폐성 외화자산과 외화부채에서 발생한 환산손익을 당기손익으로 처리하도록 개정하였으며, 1996년 12월에는 원화가치하락을 고려하여 장기화폐성 외화자산과 부채에서 발생한 환산손익을 자본조정으로 보고하고, 채권회수나 부채상환으로 실현되었을 때 이를 당기손익으로 처리하는 것을 허용하는 선택적인 규정을 마련하였다. 1997년에는 원화가치가 급격히 하락하자, 12월에는 급격한 원화가치하락으로 인한 장기화폐성 외화자산과 외화부채에서 발생한 환산손익을 이연자산 혹은 이연부채로 처리한 후 상각을 통해 차후 부채의 상환기간 동안 당기손익으로 배분하는 것을 허용하였다. 뒤이어 1998년 1월에는 외환위기로 인하여 우리나라 회계기준의 국제정합성을 높이라는 국제기구(예: IMF)의 요청에 따라 1996년 3월에 당기손익법으로 회귀하였다. 즉 장·단기 구분 없이 화폐성 외화자산과 외화부채에서 발생한 환산손익을 모두 당기손익으로 처리하도록 한 것이다. 기존의 이연자산 혹은 이연부채로 처리한 환산손익은 일시 상각처리하여 당기손익으로 환입하도록 한 것이다. 1998년 11월에 개정된 외화환산에 대한 현행 회계기준은 현행 국제회계기준(IAS 21)과의 정합성을 강조한 결과이다.

화폐성 외화자산과 외화부채는 결산일의 현행환율로 환산하고 환산손익은 당기손익으로 보고하나, 비화폐성 외화자산과 외화부채는 취득 혹은 조달 당시의 역사적 환율로 환산한다. 그러나 영업활동이 독립적으로 운영되는 해외지점의 경우 모든 자산과 부채는 결산일의 현행환율을 적용하여 환산하며, 환산손실과 이익은 서로 상계하여 그 차액을 해외사업환산차/대(자본조정)로 처리하며, 해외지점의 처분시 특별손익으로 환입한다. 손익항목은 거래일 당시의 환율 또는 당해 연도의 평균환율을 이용하여 환산한다.

외화환산과 관련된 국제회계기준(IAS 21)은 2004년 12월에 대폭 개정되었다. 이 기준의 주요 내용은 기능통화(functional currency)의 개념을 분명히 명시하고, 이에 입각한 외화환산 회계처리를 규정한 데 있다. 기능통화는 기업 혹은 자회사(subsidiary), 관계회사(associate), 조인트 벤처(joint venture), 부문(branch) 등이 경영활동을 하는 데 사용하는 통화를 의미한다. 반면 보고통화(presentation currency)는 재무제표를 보고하는 데 사용하는 통화이다. 개정된 국제회계기준에서는 기능통화가 무엇인지를 결정한 후 이에 입각하여 다음과 같이 회계처리하도록 하였다.

첫째, 비기능통화(외화통화; nonfunctional currency, foreign currency)를 기능통화로 환산하는 경우, 비화폐성 자산과 부채에 적용하는 방법은 시제법(temporal method)을 적용하도록 하였다. 시제법은 자산과 부채의 환산에 적용하는 환율의 측정시점을 회계원칙에 따른 자산과 부채의 가액을 측정하는 시점과 일치시키는 방법이다. 즉 역사적 원가로 측정한 자산과 부채에는 역사적 환율을, 공정가액으로 측정한 자산과 부채에는 공정가액측정 당시의 환율을 적용하는 방법이다. 시제법에 따르면 발생한 환산손익은 당기손익으로 보고해야 한다.

화폐성 자산과 부채에는 현행환율을 적용하며, 화폐성 자산과 부채에 대한 환산손익도 당기손익으로 처리한다. 이는 기능통화에 의한 측정이 경제적 실질을 반영하며, 비기능통화인 외화자산과 외화부채를 기능통화로 환산하면서 발생한 손익은 본사의 경영성과의 일부로 간주하고, 이를 당기손익으로 보고해야 한다는 입장이다.

둘째, 외화자산과 부채(화폐성과 비화폐성 모두)를 기능통화에서 보고통화로 환산할 경우 현행환율을 적용하며, 이로 인한 환산손익은 손익항목으로 보고하지 않는다. 이 방법은 경제적 실질을 외화인 기능통화로 측정하는 것이 적절하다는 개념 하에 기업의 재무상태나 경영성과가 기능통화로 측정되어야 한다는 것이다. 또한 재무제표작성시 기능통화를 보고통화로 단순히 환산한 결과인 환산손익은 본사의 경영성과로 볼 수 없기 때문에 당기손익으로 보고하지 않는다는 입장이다. 현재 우리나라의 외화환산 회계기준은 기능통화를 원화로 가정한 경우의 국제회계기준과 기본적으로 동일하다고 할 수 있다. 단, 국제회계기준은 추가적으로 공정가액으로 표시된 비화폐성 외화자산과 외화부채에 대해 역사적 환율이 아닌 공정가액평가일의 현행환율로 환산하도록 정하고 있다.

현행 외화환산기준에 따르면 해운기업의 경우 장·단기 구분 없이 화폐성 외화자산·부채에 대한 외화환산손익을 당기손익으로 처리하도록 규정하였다. 이는 외항해운업체의 경제적 실질을 반영하는 데 크게 미흡할 뿐만 아니라, 재무비율과 경영성과를 크게 왜곡시키는 경우가 발생할 수 있기 때문이다. 해운업의 경우 현행 외환환산기준은 환율변동위험에 대한 노출정도가 실제보다 훨씬 크게 보이도록 할 뿐만 아니라, 현행환율의 적용으로 인해 실제와 다르게 부채비율이 급등하는 등 재무비율을 크게 왜곡시켜 손익이 뒤바뀌는 현상을 발생시킬 수 있다.

우리나라의 한국선주협회가 2003년 발표한 자료에 따르면 외화환산회계와 관련하여 다음과 같은 실무의견을 제시하고 있다. 현재 선박 등은 비화폐성이라는 이유로 역사적 환율을 적용하고 있으나, 장기외화부채에 대해서는 현행환율을 적용하고 있다. 이는 전용선계약 등에 기초한 유형자산과 장기외화부채의 대응성을 반영하지 못하고 있을 뿐만 아니라, 장기성 외화자산·부채의 미실현된 환산손익을 당기손익 처리하는 것은 채권회수나 부채상환까지의 환율변동에 따른 환산손익의 일시적 성격을 반영한다. 또한 외화환산기준은 외항해운업계의 재무상태와 경영실적을 왜곡시켜 회계정보의 유용성을 저하시킬 수 있다. 거액의 외화환산손실은 과도한 부채비율산정으로 금융비용을 증가시키는 반면에, 외화환산이익은 경상이익을 과대계상하게 하여 영업실적이 저조하여 유동성이 부족한 상황 하에서 법인세비용을 부담하게 되는 등 유용한 정보제공을 목적으로 하는 회계기준이 오히려 해운업체의 경영투명성을 극도로 저하시킴은 물론, 경영상태까지도 어렵게 하는 요인이 되고 있다.

현행 기업회계기준에 의하면, 연말환율을 기준으로 장기외화부채에 대한 외화환산손실을 당기에 반영하도록 규정하고 있다. 이 같은 규정에 따라 우리나라 외항해운기업들은 실제 발생하지도 않았고, 향후에 발생할지 여부도 불분명한 장기외화부채에 대한 외화환산손익을 재무제표에 반영하고 있다. 외항해운업계는 지난 2000년에 1조2,200억 원의 영업이익을 내고서도 외화환산손실이 9,345억 원에 달해 무더기 적자를 기록했으며, 이어 2001년에도 장기외화부채에 대한 외화환산손실 규모가 4,543억 원으로 2년 연속 큰 폭의 적자를 보았다. 그러나 2002년에는 해운시황이 극도로 침체되었음에도 불구하고 장기외화부채에 대해 8,572억 원의 외화환산이익이 발생, 적자에서 벗어나 1,660억 원의 세후당기순익을 기록하는 등 경영실적이 환율에 따라 결정된 것이다. 따라서 해운기업이 이익을 많이 낼 경우는 외화환산손실 발생으로 법인세가 대폭 줄거나 면제되고, 반대로 이익을 못 내고 적자를 낼 경우는 외화환산이익 발생으로 법인세가 대폭 늘어나는 기현상이 나타났다.

또한 해운기업이 실제로는 흑자를 내고서도 장부상으로는 적자로 나타남으로써 부채비율이 급등, 대외신인도가 크게 실추되는가 하면, 금융이용시 금리상승과 여신규제 등으로 불이익을 받고 있다. 그러므로 상장된 외항해운기업들이 환율등락에 따라 손익이 뒤바뀌는 재무제표를 공표해야 하고, 투자자들은 이 왜곡된 자료를 근거로 투자할 가능성이 발생할 수 있다. 외환환산회계를 통하여 환율변동에 따른 위험도를 반영하는 것은 합리적이다. 그러나 회계정보이용자들에게는 해당 기업의 통제가능한 영역에서의 이익과 손실인지를 구분하여 표시함으로써 중·장기적인 관점에서의 투자결정에 보다 유용한 정보를 제공토록 하여야 할 것이다.

CHAPTER

11

경영과 재무분석

제 1 절 재무관리의 개요

재무관리란 기업이 어떤 사업에 투자를 해야 하고, 필요한 재원을 어떻게 조달하고, 기업성장에 가장 적절한 재무구조를 구축하고 지속적으로 관리하는 기업활동을 말한다. 이러한 재무관리의 대상은 크게 각종 투자의사결정, 자본조달과 관련된 의사결정, 그리고 기업운영에 필요한 자금흐름과 관련된 유동성 관리로 구분할 수 있다.

재무관리의 첫째 대상인 투자의사결정(investment decision making)이란 일반적으로 기업경영에 필요한 인적자원 및 설비자원(물품 및 설비)에 대한 투자와 관련된 의사결정을 의미한다. 그러나 광의의 투자의사결정이란 통상적으로 선박의 건조나 시설확장과 같은 설비투자를 의미하며, 이러한 설비투자의 목표는 최적의 자산구조(optimal asset structure)를 만드는 것이다. 즉 기업은 지속적인 성장과 발전을 위하여 각종 자산(인적자산 및 물적자산)에 대한 투자가 지속적으로 이루어지는데, 이러한 의사결정을 합리적으로 할 수 있도록 지원하는 것이 재무관리의 대상이다. 예를 들어 해운기업이 선박을 구입 하거나 건조하는 행위는 막대한 자본이 소요되는 투자의사결정이다. 따라서 이러한 투자의사결정을 수행함에 있어서 장래 수익성과 재무상태를 고려하여 투자의사결정이 이루어져야 한다. 이러한 투자의사결정을 합리적으로 수행할 수 있는 방안을 마련하는 것이 재무관리의 대상이다.

재무관리의 두 번째 대상은 자본조달에 관한 의사결정(financing decision making)이다. 자본조달 의사결정은 금융권이나 자본시장을 통하여 자본을 조달하는 방법을 다루는 것이며, 궁극적인 목표는 기업이 필요로 하는 자금을 최소의 비용으로 조달하는 방안을 찾는 것이다. 이는 내부의 경영활동으로부터 축적한 자기자본을 활용하거나, 금융기관 등으로부터의 차입, 그리고 자본시장을 통하여 필요자금을 조달하는 방법을 찾는 것이다. 그러나 이러한 자본조달과정에서 향후 해당 기업이 납부해야 할 세금, 이자비용, 유동성위기 등의 위험요소, 금융기관과의 연대 등을 종합적으로 고려한 자금조달 의사결정을 수행하여야 한다.

재무관리의 세 번째 대상은 기업의 유동성(liquidity) 관리라 할 수 있다. 기업은 때로는 좋은 수익성을 유지하면서도 단기적인 자금조달능력이 부족하여 도산하는 흑자도산의 경우가 종종 발생한다. 이러한 흑자도산이나 자금경색을 최소화하는 것이 재무관리의 대상이다. 특히 해운기업의 경우 재무제표상에서는 막대한 수익을 기록하지만, 시간적으로 현금유입과 연계되지 못하여 일시적인 자금경색으로 인해 도산하는 사태가 발생하는 경우도 있다. 따라서 재무관리를 통한 유동부채와 유동자산에 관련된 지속적인 순운전자본(net working capital) 관리는 매우 중요한 과제이다. 특히 유동성관리는 우리 기업들이 1997년 금융위기 이후 가장 중요시하는 위험관리(risk management)의 대상이 되고 있다.

재무관리의 주요 대상인 투자의사결정, 자금조달 의사결정, 그리고 유동성 관리에는 위험성과 수익성이 늘 상존한다. 그러나 이러한 위험성과 수익성은 일정한 상관성을 가진다. 위험성이 낮은 투자대안은 비교적 수익성이 낮은 경우가 많다. 반면 위험성이 높은 투자대안은 성공과 실패에 따라 수익성에 중대한 영향을 미친다. 예를 들어 유전개발, 탐사, 신사업진출의 경우 초기 손실위험은 상당히 높다. 그러나 일단 성공하는 경우에는 해당 기업에게 거대한 수익을 가져다 줄 수 있다. 따라서 기업은 재무의사결정시 위험과 수익률이 기업에 어떠한 경영성과를 가져올 것에 대한 의사결정자의 심리적 또는 정책적 결정이 요구된다. 따라서 투자의사결정에서 가장 기본이 되는 개념은 위험과 수익률에 대한 고려이다. 이러한 의사결정과정에서 정책결정자의 성향에 따라 위험을 보다 적극적으로 수용하는 위험선호형이 있고, 가급적 위험을 회피하는 위험회피형, 그리고 위험에 대한 중립적 태도를 보이는 위험중립형이 있다.

재무관리와 관련된 각종 의사결정과정에서 고려해야 하는 또 다른 주요 요소는 화폐의 시간가치개념이다. 기업은 지속적으로 투자와 자금조달활동이 발생하고, 이러한 활동에는 오랜 기간에 걸친 현금의 유출과 유입이 나타난다. 그러나 현금의 현재가치와 오랜 기간 이후의 현금의 가치인 미래가치(future value)를 단순비교하는 것은 의미가 없다. 따라서 재무관리에서는 미래가치를 현재가치로 환산하여 측정하는데, 그 환산된 가치를 현재가치(present value)라 한다. 이러한 화폐의 시간가치개념을 고려하여 경영자는 투자의사결정, 자본조달, 자산의 대체가격결정 등 다양한 경영의사결정을 행한다.

제 2 절 재무관리와 재무제표

투자의사결정, 자본조달 의사결정 및 유동성관리가 재무관리의 기본대상이며, 이러한 재무관리의 목표는 기업의 가치를 극대화하는 것이다. 기업의 가치는 주식의 시장가치로 평가할 수 있다. 재무관리의 목표를 주식가치극대화에 두는 주된 이유는 주가가 이익의 크기, 시장성 및 위험요소를 모두 반영하기 때문이다. 기업의 자금조달과 운용에 관한 각종 재무의사결정은 기업의 수익성과 위험에 영향을 미치고, 이러한 요소들이 곧 기업의 가치를 결정한다. 기업의 재무의사결정에 필요한 핵심정보는 회계정보이다. 다양한 회계정보를 담고 있는 재무제표는 기업의 재무의사결정 등 다양한 의사결정의 결과라 할 수 있는 재무상태와 경영성과를 요약하여 작성한 보고서이다. 즉 재무제표는 재무활동 등 다양한 의사결정결과에 대한 총괄표이고, 재무제표상의 각 항목들은 또한 재무관리의 대상인 각종 의사결정에 필요한 정보로 활용된다.

[그림 11-1]은 자본의 조달과 운용에 관한 각종 재무의사결정과 재무제표와의 관계를 보여 준다. 기업은 정상적인 영업활동을 위해 운전자금을 필요로 한다. 사업을 확장하거나 신규사업에 진출할 경우에는 평소보다 더 많은 자금이 필요하다. 이 과정에서 자금이 부족해지면 금융기관과 투자자로부터 자금

[그림 11-1] 재무제표와 재무관리

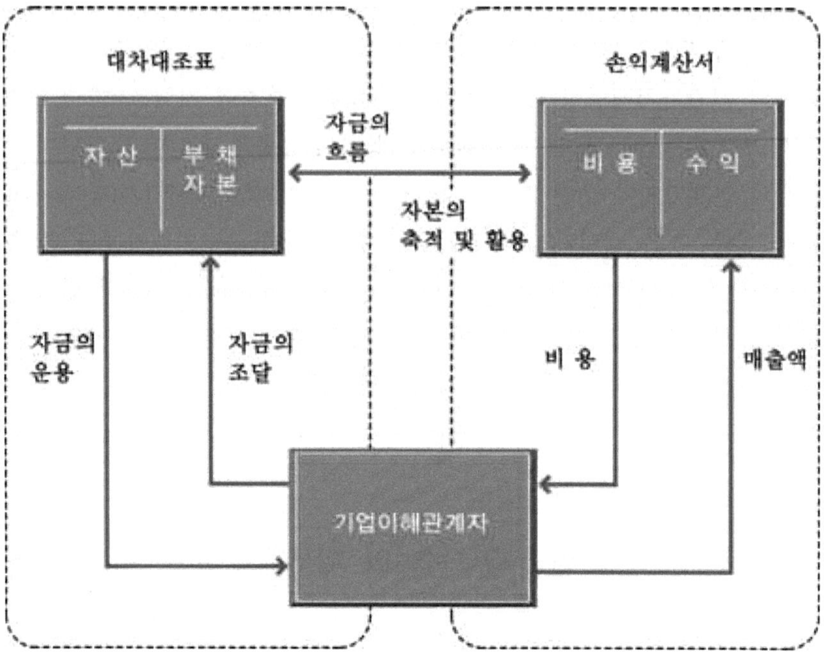

을 빌리기도 하고, 원재료와 상품이나 용역을 외상으로 제공받고 일정기간이 경과한 후 결제하기도 한다. 이러한 활동과 관련된 주체를 이해관계자라 하는데, 이들은 당연히 기업의 원리금상환능력이나 경영성과에 많은 관심이 있다. 따라서 기업은 이해관계자들에게 재무제표를 통해 기업에 대한 재무상태와 경영성과에 관한 정보를 제공하는 것이다. 특히 대차대조표는 기업이 자금을 어디서 조달하여 어떻게 사용하고 있는가를 보여 주며, 손익계산서는 기업이 창출한 수익과 수익창출에 투입된 비용에 관한 정보를 제공한다.

1. 손익계산서와 재무관리

손익계산서(Income Statement: I/S)는 기업이 일정기간 동안 창출한 수익과 지출된 비용에 관한 정보를 제공한다. 손익계산서는 수익에서 비용을 차감하여 이익 또는 손실을 구하고, 경영성과를 활동별로 구분하여 표시하는 경우도 있다. 일반적으로 I/S를 통하여 제공하는 매출액, 매출원가, 판매비와 관리비, 당기순이익정보를 통하여 해당 기업의 경영성과 및 경영성과의 건전성 등을 파악할 수 있다.

[표 11-1]에서 보여 주는 바와 같이 손익계산서는 다양한 이익지표(매출총이익, 영업이익, 법인세차감전순이익, 당기순이익)들을 제공하며, 각 이익지표들은 각기 다른 정보를 제공한다. 먼저 매출에서 매출원가를 차감하면 마진(margin)이라고 불리는 매출총이익이 계산되고, 매출총이익에서 매출활동에 필요한 판매비와 관리비를 차감하면 영업이익이 계산된다. 이 때 매출총이익보다 판매비와 관리비가 많은 경우는 영업손실이 발생한다. 영업이익은 보통 법인세차감전이익(Earning Before Interest and Taxes : EBIT)이라고도 한다. 영업이익(EBIT)에서 이자비용을 차감하면 세전순이익(Earning Before Taxes : EBT)이 되고, 다시 법인세비용을 차감하면 당기순이익(Net Income : NI)이 나온다. 당기순이익에서 배당금을 차감하면 사내유보이익(Retained Earnings)이 산출된다.

해운업과 같은 유통업이나 서비스업의 경우, 손익계산서에 제시된 매출총이익은 대부분 그 기업이 창출한 부가가치를 의미한다. 따라서 매출총이익의 크기는 생산성 크기를 대변할 수 있다. 영업이익은 매출총이익에서 인건비를

[표 11-1] 손익계산서와 재무관리

	항목		
	수익(Revenue)	→	수익위험
(−)	매출원가		
	매출총이익		
(−)	판매비와 관리비		
	· 변동비(VC)		
	· 고정현금비용(FCC)	→	영업레버리지
	· 감가상각비(Depreciation)		
	영업이익(EBIT)	→	경영위험
(−)	이자비용(Interest)	→	재무레버리지
	법인세차감전이익(EBT)		
(−)	법인세비용(Tax)	→	세무전략
	당기순이익(NI)	→	주주의 위험과 수익
(−)	− 배당금(Dividend)	→	배당정책
	사내유보이익(Retained Earnings)		

[그림 11-2] 매출총이익과 영업이익

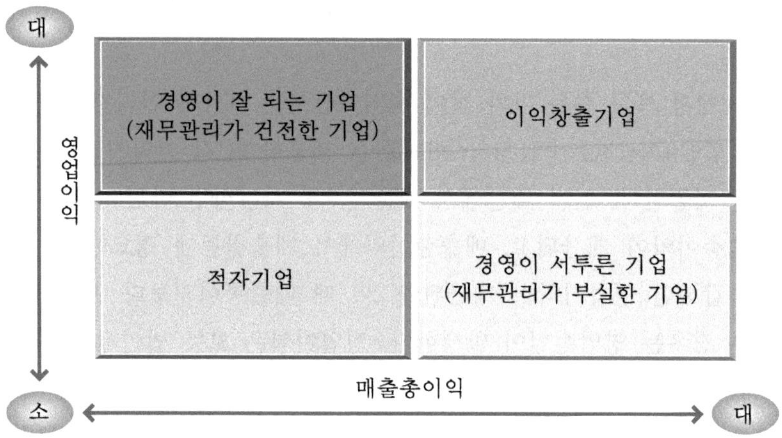

비롯한 판매비와 관리비를 차감한 이익으로 기업의 영업활동성과를 나타낸다. 즉 매출총이익이 크다 하더라도 비용이 증가하면 영업손실이 발생할 수 있다.

[그림 11-2]에 제시한 바와 같이 이익을 창출하는 능력이 큰 기업은 기본적으로 매출총이익과 영업이익 규모가 모두 크다. 반대로 매출총이익과 영업이익이 모두 적은 기업은 손실을 기록하여 만성적인 적자를 나타내는 기업이다. 영업이익은 기업의 영업활동의 성과를 나타낸다. 매출총이익이 많다고 하더라도 이를 초과하는 비용이 발생한다면, 비효율적인 경영으로 인해 손실이 발생한다. 따라서 철저한 내부관리를 통해 비용을 절약한다면, 매출총이익이 상대적으로 적게 발생한 경우라도 영업이익이 발생할 수 있다. 그러므로 경영능력이나 재무관리의 효율성측면에서 가장 이상적인 형태는 매출총이익이 적더라도 영업이익이 많은 형태로 손익구조를 변경하는 것이다. 이 경우가 바로 재무관리가 잘 이루어지는 건전한 기업이라 할 수 있다. 반면 매출총이익이 크고, 영업이익이 적은 기업은 경영능력이 부족한 기업, 나아가 재무관리가 잘 이루어지지 않는 기업이라 할 수 있다. 따라서 재무관리담당자는 이상에서 언급한 비용과 이익을 고려하여 기업의 수익과 위험을 효과적이고 합리적으로 관리해야만 기업의 가치를 향상시킬 수 있다.

[표 11-1]에 오른쪽에서 보여 주는 바와 같이 손익계산서는 재무관리의 대상인 투자의사결정 및 자본조달 의사결정에 필요한 다양한 정보를 제공한다.

예로서 영업이익의 크기에 따라 자금조달의 원천을 달리할 수 있다. 또한 당기순이익의 크기에 따라 다른 재무전략을 사용할 수 있음은 물론 배당정책도 달라진다. 이처럼 손익계산서에 나타난 정보는 투자의사결정 및 자본조달 의사결정시 요구되는 중요한 정보로 활용된다. 나아가 재무의사결정의 결과에 따라 미래 손익계산서의 내용도 달라진다. 예로서 당기순이익의 크기는 경영자의 재무전략에 따라 영향을 받을 수 있으며, 이사회의 결정에 따라 당기순이익이 배당금의 형태로 주주에게 지급되거나 아니면 기업 내에 유보되어 재투자에 활용된다.

해운기업의 경우 손익계산서를 통하여 선박단위별, 항해단위별로 손익계산이 이루어지고, 성과측정이 가능하다. 특히 해운손익은 정기항로와 부정기항로 수익, 컨테이너 · 재래선 수익, 직접운항 · 대선수익 등 다양한 방식으로 계산되어지고 표시되기 때문에 재무분석에 필요한 많은 정보를 손익계산서를 통하여 얻을 수 있다.

1) 영업레버리지(Operating Leverage)

재무관리의 관점에서 손익계산서에 표시된 각종 비용은 고정비성 영업비용과 변동비성 영업비용으로 구분할 수 있다. 고정비는 기업의 매출활동과 상관없이 일정한 규모로 발생하는 비용으로 유형자산의 감가상각비, 임차료 등이 이에 해당한다. 따라서 설비투자를 많이 한 기업일수록 고정비성 영업비용 지출이 많다. 반면 변동비성 영업비용은 재료비나 판매수수료와 같이 매출활동에 따라 변화하는 비용이다.

전체비용 중에서 고정비의 비중이 변동비의 비중에 비하여 높은 기업은 비교적 설비투자를 많이 한 기업이고, 이러한 기업일수록 매출액증가율에 비하여 영업이익증가율이 크게 나타난다. 이는 매출액이 늘어나도 고정비는 증가하지 않고, 다만 적은 비중을 차지하는 영업비용(변동비용)만 비례적으로 증가하기 때문이다. 이러한 현상을 재무관리에서는 영업레버리지(operating leverage)라 부른다. 즉 영업레버리지란 영업이익증가율을 매출액증가율로 나눈 값을 의미하며, 총비용 중에서 고정비용의 비율이 높은 기업은 매출액증가율에 비하여 영업이익증가율이 높고, 따라서 영업레버리지도가 높은 기업으로 분류된다.

따라서 영업레버리지도가 높은 기업일수록 경기가 좋은 경우 더 많은 돈을 벌 수 있는 반면, 경기가 나쁜 시기에는 상대적으로 영업손실의 규모도 커진다. 이처럼 영업이익지표인 EBIT의 변동성은 수익에 대한 위험성(경기상황)과 영업레버리지도(= 영업이익증가율 ÷ 매출액증가율)로 결정된다. 이러한 이유 때문에 EBIT의 변동성정도가 기업의 경영위험(business risk)을 측정하는 지표로 활용되기도 한다.

2) 재무레버리지(Financial Leverage)

앞서 설명한 바와 같이 영업이익(EBIT)에서 이자비용을 차감하면 세전순이익(Earning Before Taxes : EBT)이 되고, 다시 법인세비용을 차감하면 당기순이익(Net Income : NI)이 나온다. 당기순이익을 기업이 발행한 주식수로 나누면 주주들의 몫인 주당 순이익(Earnings Per Share : EPS)이 된다. 이러한 이익의 개념을 자본조달에 관한 의사결정에 응용한 것이 재무레버리지(financial leverage)이다.

재무레버리지란 주당순이익(EPS)의 증가율을 영업이익(EBIT) 증가율로 나눈 값이다. 매출액이 지속적으로 증가하여 영업이익이 지속적으로 증가하는 경우, 주식발행 대신 차입금을 통하여 자본을 조달하면 영업이익증가율에 비하여 주당순이익증가율이 더 커진다. 반대로 경기가 악화되어 매출액이 감소하고 비례적으로 영업이익도 감소하는 경우, 주당순이익의 감소폭은 더욱 더 확대된다. 이러한 현상을 재무레버리지효과라고 하며, 재무레버리지가 큰 기업일수록 이러한 현상이 가속화된다. 따라서 재무레버리지도가 큰 기업의 경우에는 호황일 때 상대적으로 유리한 반면, 불황인 경우에는 주당순이익감소폭이 재무레버리지도가 낮은 기업에 비하여 훨씬 크기 때문에 주당순이익에 미치는 영향의 정도도 매우 커진다.

기업이 투자에 필요한 자본을 조달하기 위하여 재무레버리지개념이 자주 이용되며, 크게 2가지 대안을 생각할 수 있다. 하나는 은행에서 차입을 하는 경우이고, 다른 한 가지는 주식을 발행하여 조달하는 경우이다. 차입을 하는 경우에는 이자비용을 지급하고, 주식을 발행하는 경우에는 배당금을 지급해야 할 것이다. 따라서 은행으로부터의 차입금규모가 클 경우 이자비용이 증가하고, 이자비용은 고정비의 성격을 가진다. 이 경우 영업이익(EBIT)의 증감폭은 일정하다 하여도 이자비용을 차감한 순이익 및 주당순이익의 규모는 다르게 나타난다. 즉 차입금의 규모가 큰 기업일수록 재무레버리지도가 높고 순이익 및 주당순이익 변동폭이 크게 나타나는 반면, 재무레버리지도가 적은 기업일수록 순이익 및 주당순이익 변동폭은 적게 나타난다. 이처럼 고정비성격의 이자비용 지급증가는 영업이익(EBIT)의 변동성에 비해 순이익의 변동성을 크게 만드는데, 이 같은 현상을 재무위험(financial risk)이라고 한다.

앞서 살펴본 것처럼 기업의 위험은 원천별로 경영위험(business risk)과 재무위험(financial risk)으로 구분할 수 있다. 경영위험은 기업의 투자의사결정과 관련하여 발생하는 위험으로 미래매출액의 불확실성과 영업레버리지로 인한 영업이익의 불확실성 정도를 의미한다. 재무위험은 기업의 자본조달 의사결정으로 나타난 자본구조와 관련된 위험으로, 기업이 타인자본을 많이 사용하면 이에 따른 부채에 대한 원리금상환부담이 커져 주주들의 수익률이 불확실해지는 정도를 의미한다.

2. 대차대조표와 재무관리

대차대조표는 일정시점에서 기업의 재무상태를 나타내는 표이다. 정보이용자들은 이러한 대차대조표를 통해 기업의 자원이 어디에 활용되었고(자산), 자원은 어디에서 조달되었는지(부채)에 대한 정보를 파악할 수 있게 된다. 즉 손익계산서상의 매출액, 당기순이익이 발생하더라도 기업이 지속적으로 발전하기 위해서는 선박 등 충분한 시설 및 설비자산, 각종 기술개발특허 등에 지속적인 투자가 필요하다. 만일 기업이 이러한 자산을 보유하지 못한다면, 중·장기적으로는 큰 어려움에 봉착할 수 있기 때문이다.

자금조달측면에서도 기업의 자금조달원천이 지나치게 외부차입에 의존한다면 이자비용상승으로 인하여 재무건전성을 해치게 되며, 경기침체기에는 부채상환압박 등으로 어려움을 겪을 수 있다. 이러한 관점에서 대차대조표는 재무관리의 핵심인 자본조달의 원천과 운용에 관한 정보를 보여 주는 표이다. [표 11-2]는 재무관리와 대차대조표의 관계를 일목요연하게 제시하고 있다.

[표 11-2]에서 보여 주는 바와 같이 대차대조표는 현금관리, 증권분석, 신

[표 11-2] 대차대조표와 재무관리

자 산			부채와 자본		
현 금	→	현금관리	매 입 채 무	→	운전자본관리
유 가 증 권	→	증권분석	미 지 급 금		
매 출 채 권	→	신용관리	비유동부채	→	자본구조
재 고 자 산	→	재고관리	자 본		
비유동자산	→	자본예산편성	자 본 금		
투자자산			자본잉여금		
유형자산			이익잉여금	→	배당정책
무형자산					
자금의 운용			자금의 원천		

용관리, 재고관리에 관한 다양한 정보가 나타난다. 먼저 대차대조표의 자본은 해당 기업의 경영규모와 그 자본이 어디로부터 조달되었는지에 관한 자본조달 원천에 대한 정보를 제시한다. 자본은 크게 자기자본과 타인자본으로 분류할 수 있다. 자기자본이란 기업의 주주들이 납입한 자본으로 상환할 필요가 없고, 이익이 나지 않을 경우에는 배당할 필요가 없기 때문에 매우 안정적인 자금조달 원천이라 할 수 있다. 반면 타인자본은 은행이나 외부에서 조달한 자금으로 일정기간 이후에 상환해야 하고, 경영성과와는 무관하게 약정된 이자를 지급해야 한다. 따라서 자기자본의 비중이 높을수록 안정적이라 할 수 있다. 타인자본인 부채는 기간에 따라 장기와 단기로 구분할 수 있다. 부채라 하더라도 결산시점을 기준으로 만기가 길수록 장기간 사용할 수 있는 자금이므로 타인자본 중에서도 단기부채보다는 장기부채의 비중이 높은 것이 안정적이라 할 수 있다.

재무관리의 관점에서 대차대조표의 유동자산과 비유동자산의 구분은 중요한 요소이다. 대차대조표는 유동성이 높은 순서대로 표시된다. 유동자산은 당좌자산과 재고자산의 순으로 표시되고, 이는 1년 또는 정상적인 영업주기 내에 현금화되는 자산을 나타낸다. 유동부채 역시 1년 또는 정상적인 영업주기 내에 상환해야 하는 매입채무, 미지급금, 미지급비용 등을 나타낸다. 유동자산과 유동부채의 차이를 운전자본(working capital)이라고 하는데, 기업의 재무관리상 운전자본은 매우 중요하다. 왜냐하면 운전자본은 단기간 내에 운용할 수 있는 자금의 규모를 나타내는 지표로서 재무유동성의 정도를 나타낸다.

유동자산은 1년 또는 정상적인 영업주기 내에 현금화가 가능한 영업자산으로 당좌자산과 재고자산으로 분류된다. 유동자산이 부족하면 영업활동에 지장을 초래할 수 있으며, 일정규모 이상으로 단기자금이 많아도 필요한 수익을 올리지 못하기 때문에 적절한 자금관리가 필요한 것이다. 당좌자산은 현금, 예금, 매출채권, 단기대여금 등 기업의 지불능력을 나타내어 실제 사용할 수 있는 자금이 어느 정도인가를 보여 주는 재무지표이다. 따라서 당좌자산금액 자체의 크기도 중요하지만, 전기대비 증감정도와 매출액과 비교할 때 적정수준이 유지되고 있는가를 고려할 필요가 있다.

비유동자산은 투자자산, 유형자산, 무형자산으로 구분된다. 투자자산은 기업이 투자를 목적으로 장기간에 걸쳐 보유하는 자산으로 투자유가증권과 장기대여금 등이 포함된다. 유형자산은 건물, 기계장치, 차량운반구 등의 설비를 말한다. 무형자산은 기업이 보유한 무형의 가치가 있는 자산으로 특허권, 실용신안권, 의장권, 상표권 등의 산업재산권과 영업권 등을 포함한다. 기업환경이 국제화되고 시장경쟁이 치열해짐에 따라 대규모의 투자의사결정을 하게 된다. 특히 설비투자는 감가상각비와 이자비용을 동반하므로 투자시점을 잘못 잡을 경우에는 경영위험에 빠질 수도 있다. 선박, 건물, 기계장치와 같은 유형자산은 기업활동에 필수적인 요소이지만, 설비투자를 위한 자금조달의 규모도 함께 고려해야 경영위험을 줄일 수 있다. 비유동자산은 장기간에 걸쳐 사용되므로 비유동부채 또는 자기자본으로 조달하여 투자할 필요가 있다. 재무관리에서 비유동자산에 관한 의사결정을 자본예산결정(capital budgeting decision)이라고 한다.

대차대조표는 기본적으로 수익성, 성장성, 유동성, 사회성이라는 네 가지 관점으로 분석된다. 수익성은 기업의 자본이 효과적으로 활용되고 있는지, 이익률 또는 이익금액이 어느 정도인가를 판단하는 기준이 된다. 성장성은 매출이나 부가가치증대 및 자기자본의 축적정도를 판단하는 기준이 된다. 성장성이 높은 경우 이를 바탕으로 종업원의 급여인상에 대한 의사결정 또는 기업경쟁력을 측정하는 지표로 활용할 수 있다. 유동성은 기업의 지불능력과 경영안정성을 나타내며, 자금의 운용과 조달이 적절하게 이루어지고 있는가에 대한 정보로 활용된다. 마지막으로 사회성은 기업의 사회적 책임 또는 사회공헌도를 나타낸다. 즉 기업의 납세, 배당, 사회적 활동과 지원수준을 통해 해당 기업의 사회적 책임완수정도를 파악할 수 있다. 또한 대차대조표는 기업의 재무상태에 대한 정보를 제공하고, 나아가 이를 바탕으로 예산수립, 투자계획 등에 대한 기초자료는 물론 기업의 중·장기 사업계획수립시 유용한 정보로 활용된다. 그러므로 경영자는 대차대조표를 해석하고 활용하여 재무관리는 물론 경영관리의 효율성을 증대시킬 수 있는 방안을 모색할 수 있다.

제 3 절 해운기업의 자금운용과 조달

1. 자금의 운용 : 투자의사결정

해운기업의 경우 선박구입, 리스 및 임대차 등 중요한 투자의사결정이 자주 발생한다. 선박과 관련한 투자활동은 위험도가 높은 사업이며, 특히 선박이 건조되면 20년 이상을 사용하게 되기 때문에 전세계 무역침체, 전쟁, 경제공황 등은 지속적인 선박운항에 막대한 영향을 끼치게 된다. 따라서 세계적인 해운기업, 무역회사, 물류회사들은 세계무역항로의 물동량변화와 지역별 경기동향을 자주 분석하여 활용한다. 일반적으로 해운기업이 선박에 투자하는 경우 기업이 보유한 선박의 구성내용, 향후 5년 이상의 현금흐름, 경영능력, 10년 이상의 경기전망 및 이에 따른 대응방안을 적극적으로 고려하는 주된 이유도 자금운용을 효율적으로 하기 위함이다.

1) 신규선박제작과 중고선박구매

해운기업은 선박취득시 신규선박을 제작하는 비용을 부담할 것인지, 아니면 중고선박을 구입할 것인지에 대한 선택을 해야 한다. 이러한 투자의사결정에 영향을 미치는 요소는 다음과 같다.

첫째, 선박구입에 따른 재무여건 및 경제성을 고려하여 투자의사결정을 실행해야 한다. 신규선박의 제작은 기업에게 큰 비용부담을 줄 수 있다. 그러나 선박을 제작하게 되면 다양한 금융혜택, 세금감면 및 면세혜택이 주어진다. 특히 선박제작시 대부분의 제작비용은 은행이 담보를 부담하고, 기업은 매년 발생하는 이자비용만 부담하는 경우도 많다. 그러므로 단순히 선박제작비용만을 고려할 경우에는 신규취득이 불리한 것으로 판단될 수 있지만, 부가혜택을 고려하면 기업에게 이득이 될 수도 있다. 경제성측면에서 신규선박은 기존 선박의 단점을 상당수 개선한 선박을 건조함에 따라 항해상 효율성이 향상될 수 있고, 나아가 수익성을 더 높일 수 있다. 특히 선박적재능력, 연료사용의 효율성 등은 수익성개선에 직접적인 요소로 작용한다.

중고선박의 경우에는 신규선박제작과 같은 금융혜택이 주어지지는 않는다. 즉 정부지원이나 금융권의 특별한 지원은 없다. 다만, 현재시점에서 선박의 긴급한 수요가 있으나 5년 내지 10년 후의 경제전망이 불투명하고, 해운물동량하락이 예상되는 경우에는 중고선박구입이 더 유리한 의사결정이 될 수 있다. 중고선박의 경우에는 신규항로개척시 시험적으로 선박을 투입하거나 계절적 요인에 따른 급격한 수요를 충족시키는 수단으로 이용할 수 있다.

둘째, 선박구입에 걸리는 시간을 고려하여 투자의사결정을 수행해야 한다. 신규선박의 준공까지는 보통 3년 정도의 시간이 소요된다. 따라서 이러한 기간 동안에 전쟁, 유가의 급격한 상승, 경기침체는 선박의 운항률을 하락시킬 수 있다. 중고선박의 경우에는 즉각적으로 수요에 대응할 수 있고, 개조기간도 1년 미만이므로 신속히 수익을 올릴 수 있고, 기업의 경영효율성제고에도 직접적인 영향을 미칠 수 있다.

셋째, 선박의 특성과 해운업의 각종 규제사항을 고려한 의사결정이 필요하다. 신규선박의 경우 대부분이 최신의 장비와 항해유형에 따른 특성을 감안하여 설계, 제작된다. 따라서 운항목적에 적합하고, 장기적인 측면에서도 전체적인 경상경비를 최소화시킬 수 있다. 반면 중고선박의 경우에는 운항특성에 따른 설계변경이 필요할 경우가 발생한다. 또한 국제조항에 의거하여 운항을 위한 설계변경이 요구되며, 이러한 설계변경에 따른 비용추산은 선박구입시 추산하기 어려울 수 있으나 투자의사결정에서는 중요한 요소이다.

2) 신규선박제작시 의사결정

신규선박에 대한 투자의사결정을 위한 중요한 사항으로는 첫째는 어떤 선박을 제작하는가이다. 이는 선박의 종류, 규모, 속도, 운송물의 종류, 수익성, 제작비용과 직결된다. 둘째는 언제 제작하는가이다. 선박의 건조 후 인도시기는 수익성과 직결되는데, 경기호황기, 운임상승기와 연계되는 것이 가장 바람직하다. 셋째는 어디에서 만드는가이다. 선박품질, 인도일자, 신뢰성은 향후 안정적인 선박품질유지에 결정적인 요인으로 작용한다. 이러한 측면에서 기술력과 납기준수, 선박유지 관리기술 등은 우리나라 조선업이 세계적인 수준이다. 넷째는 어떻게 만들 것인가인데, 이는 재무적 측면에서 자금조달방식, 융자 및 대부조건 등과 연계된다.

3) 중고선박구매시 의사결정

중고선박의 경영효율성을 극대화하기 위해서는 무엇보다 구입시기선택이 가장 중요하다. 경기하강시 중고선박구입은 지속적인 운행물량감소로 인해 구입에 따른 수익성악화로 금융비용부담이 상승하게 된다. 그러나 경기상승기에 접어들 경우, 운임상승과 수익성향상으로 인하여 중고선박구입에 따른 상대적인 비용절감을 통해 높은 수익성을 가져올 것이다. 이러한 분석은 비단 선박구매에만 국한되지 않고 대규모 설비투자 의사결정에도 반드시 고려되어야 할 사항이다. 선박구매는 국제선박거래소에서 이루어지는데, 이 때 선박구매 시 구매하고자 하는 선박의 종류와 상태를 객관적으로 분석하고 평가하는 것이 가장 중요하다. 특히 향후 수리비용, 설계변경비용, 구입에 따른 행정절차 등을 유념해야 한다.

2. 자금조달원천

1) 자금조달의 일반적 방식

일반적인 기업의 자금조달은 조달시기에 따라 단기자본조달, 장기자본조달로 나눌 수 있고, 단기자본 조달방식으로는 은행, 제 2 금융권을 통한 자금조달방식이 있다. 단기적인 자금조달의 경우 은행을 통한 자금조달은 어음대출, 당좌대월, 어음할인, 지급보증 등의 방식이 있다. 제 2 금융권을 통해서는 기업어음의 할인, 팩토링대출(유통업), 어음보증 등의 방식이 사용되고 있다. 장기적인 자금조달의 경우에는 주식발행, 회사 내의 이익잉여금의 활용, 사채 등 부채의 조달, 리스를 통한 장기자금 조달방식이 있다.

주식발행을 통한 자금조달방식은 회사가 배당금을 지급하는 신규주식을 발행하고, 신규투자에 필요한 자금을 조달하는 것이다. 이 방식을 이용할 경우 기업의 입장에서는 매월 또는 매년 이자비용의 지급 없이 대규모 자금을 외부로부터 조달하는 것이다. 다만, 해당 기업은 주주들에게 투자금액에 따른 이익창출을 통해 배당금을 지급하거나, 기업의 가치를 상승시켜 해당 주식의 상승을 통하여 주주의 부를 증대시켜야 한다. 사채발행의 경우에는 주식과 마찬가지로 대규모 자금을 외부로부터 조달하는 것은 같지만, 주식과는 달리 매월 또는 매년 사채를 빌려 준 채권자에게 이자비용을 지급하여야 할 의무가 발생한다. 특히 투자원금을 만기일에 반드시 상환하여야 한다. 이러한 측면에서 채권자는 기업이 부실해짐에 따라 투자원금의 손실이 발생할 수 있기 때문에 사채발행기업의 재무위험을 감안하여 이자율이 결정되고, 해당 기업의 신용도를 주기적으로 평가한다.

리스는 1970년대 이후 세계경제의 성장에 따라 대단위기계설비의 설치, 선박의 건조 등으로 막대한 자금동원에 한계가 있는 기업들을 위해 고안된 일종의 재원조달방식이다. 막대한 투자금액이 소요되는 장비들을 리스회사 또는 이와 유사한 기관이 해당 투자금액을 부담하고, 실제 운용하는 업체에게는 리스기간중에 일정금액(리스료)을 징구하는 방식으로 설비를 사용할 수 있도록 하는 제도이다. 선박구입보다 리스를 이용하는 경우, 리스이용기업은 급격한 기술발전에 따른 설비의 진부화, 사용중단시 비용부담을 최소화시킬 수 있는 장점이 있다.

2) 해운기업의 자금조달원천

해운기업의 경우 자금조달은 매우 중요한 재무관리영역이다. 왜냐하면 다수의 선박을 보유하기 위하여 거액의 자금조달은 필수적이기 때문이다. 따라서 해운업의 경우 다른 산업보다 더욱 더 다양하고 발전된 자금조달기법들이 등장하였다.

해운기업의 자금조달원천은 자기자본의 경우 주식발행, 사내에 적립된 이익잉여금, 각종 보조금을 활용하고, 타인자본으로는 사채발행, 리스, 금융기관 융자, 외자도입, 차관 등을 활용하는 것으로 나타났다. 이렇게 조달된 자금은 선박의 건조, 구매, 부두인근의 창고, 사무실설치 등에 사용되거나 각종 선박운항에 필요한 비용으로 사용된다.

3) 해운기업의 외부자금 조달형태

해운기업의 외부자금 조달형태를 구체적으로 살펴보면 다음과 같다.

첫째는 은행대출의 경우, 선박저당권을 은행에 제출하고 자금을 대출받는 것이다. 이러한 방식을 통하여 초기운영시 상대적으로 적은 비용으로 해운사업을 개시할 수 있는 장점이 있다.

둘째는 리스회사 또는 은행을 통한 선박의 임차이다. 선박구입의 특성상 단일기업이 개별 구매시 막대한 자금동원능력의 한계로 인해 보통 10년 이상의 임차기간을 두고, 매년 해당 기관에 리스료(비용)를 납부하고 사용하는 방식이 있다. 또한 선박을 리스회사나 은행에 매각하고, 다시 재임차하여 사용하는 방식을 취하기도 한다. 이를 판매 후 리스라고 부른다.

셋째는 보험회사로부터 장기융자를 받거나 회사채를 발행하는 것이다. 세계적인 다국적 보험회사들은 여유자금을 투자하는 수단으로 해운기업과의 선박건조협약을 체결하여 장기저리의 융자를 시행하고 있다. 이는 일종의 선박건조와 연관된 프로젝트 파이낸싱(project financing) 기법이다.

넷째는 정부의 각종 보조, 융자 등이다. 우리나라도 해운사업은 수출정책과 직결되며, 이는 경제발전, 물류산업의 진흥, 선박건조기술의 발전 등 다양한 산업과의 연관성이 높기 때문에 국가적으로 집중육성하는 산업이다. 따라서 정부는 각종 융자제도 등을 통하여 선박건조를 지원하는 정책을 사용하고 있다.

제 4 절 투자활동과 사업성검토기법

선박건조와 같은 투자대상의 경제적 가치를 분석하기 위해서는 여러 가지

기법이 활용될 수 있다. 화폐의 시간가치를 고려하지 않는 전통적 방법(traditional method)과 시간가치를 고려한 현재가치 할인방법(cash discounted method)으로 크게 나눌 수 있다. 이러한 분석기법을 통하여 투입된 원가 및 비용 대비 산출된 수익과 비교하여 투자안에 대한 신규투자, 사업철수, 기존 사업매각, 존속 등 다양한 의사결정을 내릴 수 있다.

본 절에서는 전통적 방법으로는 회수기간법(payback period method)과 회계적 이익률법(Accounting Rate of Return Method : ARR법), 현재가치 할인방법으로는 수익성지수법(Profitability Index Method : PI법), 순현재가치법(Net Present Value Method : NPV법), 내부수익률법(Internal Return Rate Method : IRR법)을 살펴보고자 한다.

1. 회수기간법

회수기간(Payback Period : PP)법은 투자액을 가장 빠른 기일 내에 회수할 수 있는 사업에 투자하도록 하는 평가방법이다. 회수기간은 최초투자액을 연간현금흐름으로 나눈 값(최초투자액 ÷ 연간현금흐름)으로 결정된다. 이 방법을 이용한 평가는 회수기간과 목표로 정한 목표회수기간을 비교하여 회수기간이 목표회수기간보다 짧으면 투자안을 선택하지만, 반대의 경우에는 거절하는 방법이다. 그러나 이 방법은 회수기간이 종료된 이후의 현금흐름을 고려하지 않기 때문에 전체적인 현금흐름을 평가하지 못하고 있고, 목표회수기간의 합리적 설정이 주관적이라는 단점이 있다.

〈사례 1〉 회수기간법을 이용한 투자대안의 평가

(단위 : 만원)

투자안	0(투자시점)	1	2	3	*PP*
A	− 500	400	100	50	2년
B	− 500	200	300	500	2년

위의 사례에서 투자안 A, B는 모두 초기투자액 500만원을 투자하여 투자원금이 회수기간 2년 만에 회수되는 것으로 나타났다. 따라서 어떠한 안이 더 우수한지를 평가할 수 없다. 겉으로 보기에는 투자안 B의 경우 회수기간 종료시점 이후에 투자안 B보다 높은 수익(A안의 10배)이 발생하므로 투자안 B가 더 높

은 수익을 가져다 주는 대안이라 할 수 있다. 하지만 현금흐름의 시간가치를 고려하지 않았기 때문에 현재시점에서 어떠한 투자안이 더 유리하다고 결론내기는 어려운 실정이며, 이러한 단점 때문에 후술하는 현재가치 할인모형이 자주 이용된다.

2. 회계적 이익률법

회계적 이익률(Accounting Rate of Return : ARR)법은 회계학적 관점에서 투자안의 이익률을 기준으로 투자 여부를 평가하는 방법이다. 이는 추정된 재무제표, 회계자료를 바탕으로 산출된 이익을 투자액으로 나눈 비율(평균이익 ÷ 평균투자액)을 통해 평가하는 방법이다. 투자안의 선택과 거절은 기준수익률보다 높으면 선택하고, 낮으면 거절하는 방식이다. 이 방식은 기업들이 이미 작성해 놓은 재무제표를 활용함에 따라서 계산하기가 간편하다는 장점이 있으나, 화폐의 시간가치 및 현금흐름의 질을 고려하지 않고 회계적 자료만을 사용하여 이익률을 산정한다는 단점이 있다.

〈사례 2〉 회계적 이익률법을 이용한 투자대안의 평가

(단위 : 만원)

투자안	0(투자시점)	1	2	3	*ARR*
A	− 500	70	20	10	20%
B	− 500	10	20	95	25%

위의 〈사례 2〉에서 투자원금 500만원에 대한 연도별 이익은 표에 제시된 바와 같다. A안의 경우 회계이익률은 20%이고, B안의 경우 25%이다. 따라서 이 방법에 의할 경우 투자안 B가 A보다 우수한 안으로 평가된다. 그러나 현금흐름의 시간가치를 고려하면 다른 결과가 나올 수 있다.

3. 순현재가치법

순현재가치(Net Present Value : NPV)법은 투자로 인한 미래 현금흐름의 현재가치에서 투자액의 현재가치를 차감한 순현재가치가 0보다 크면 투자안을 선택하고, 0보다 작으면 거절하는 것이다. 순현재가치가 0보다 크다는 의미는 순현금흐름이 기업내부로 유입되므로 주주의 부가 증가함을 의미한다. 복수투자안의 평가시에는 순현재가치(*NPV*)가 큰 투자안에 우선순위를 부여하게 된다. 순현재가치를 계산하는 공식은 아래와 같다.

$$NPV = \text{미래 현금흐름의 현재가치} - \text{투자액의 현재가치}$$
$$= \sum_{t=1}^{n} \frac{CF_t}{(1+k)^t} - \sum_{t=0}^{n} \frac{I_t}{(1+k)^t}$$

I: 해당 연도의 투자지출액
CF: 해당 연도의 현금흐름
n: 투자기간
k: 할인율

위의 순현재가치(*NPV*) 계산식에서 최초투자 이후 추가투자가 없는 경우에는 투자액에 대한 현재가치가 투자액과 동일하므로 할인율을 적용하지 않는 공식$\left(= \sum_{t=1}^{n} \frac{CF_t}{(1+k)^t} - I_{t_0}\right)$을 사용해야 한다.

할인율 k는 자본비용(capital cost) 또는 요구수익률(required rate of return)로 이 할인율의 크기에 따라 순현재가치는 달라진다. 예로서 할인율이 높을수록 현재가치는 감소하고, 할인율이 낮을수록 현재가치는 높아진다. 이러한 순현재가치법의 주요 장점은 화폐의 시간가치를 고려하기 때문에 투자안별로 기업가치를 실질적으로 증가시키는지의 여부를 평가할 수 있다는 장점이 있다는 것이다. 아래 〈사례 3〉은 현재시점에서 500만원을 투자하면 연도별로 300만원씩의 수익이 3년간 발생하는 경우이며, 기업가치증대를 위해서 투자를 하는 것이 좋은지 아니면 그 반대인지를 결정하는 방안이다. 순현재가치법을 이용하여 현재가치(*NPV*)를 계산한 결과 *NPV*는 245만원으로 0보다 크다. 따라서 500만원을 투자하는 경우, 기업가치는 245만원만큼 증가하므로 투자안을 채택해야 한다.

<u>〈사례 3〉 순현재가치법에 의한 투자안평가</u>

(단위 : 만원)

연 도	0(투자시점)	1	2	3
현금흐름	−500	300	300	300
할인율(K)	−	10%	10%	10%
현재가치	−500	272	248	225

[계산방법]

$$NPV = 300 \times \frac{1}{1.1} + 300 \times \frac{1}{1.2^2} + 300 \times \frac{1}{1.1^3} - 500$$
$$= 272 + 248 + 225 - 500 = 245$$

4. 내부수익률법

내부수익률(Internal Rate of Return : IRR)법은 투자로 인해 발생하는 현금유출액과 현금유입액의 현재가치를 일치시키는 할인율인 내부수익률을 이용하여 투자안을 평가하는 방법이다. 이 방법을 이용하는 경우 내부수익률이 자본비용(k), 즉 요구수익률보다 크면 채택하고 작으면 기각하는 것이다. 따라서 여기에서 사용되는 자본비용은 내부수익률이 넘어야 할 기준으로 장애율(huddle rate)이라고도 한다. 복수투자안의 평가시에는 내부수익률이 높은 순서로 투자안을 선택하게 된다. 내부수익률을 계산하는 공식은 아래와 같다.

미래현금흐름의 현재가치 = 투자액의 현재가치

$$\sum_{t=1}^{n} \frac{CF_t}{(1+IRR)^t} = \sum_{t=0}^{n} \frac{I_t}{(1+IRR)^t}$$

위의 내부수익률(IRR)계산식에서 최초투자 이후 추가 투자가 없는 경우에는 투자액에 대한 현재가치가 투자액과 동일하므로 할인율을 적용하지 않는 공식$\left(\sum_{t=1}^{n} \frac{CF_t}{(1+IRR)^t} = I_{t_0}\right)$을 사용해야 한다.

〈사례 4〉 내부수익률법을 이용한 투자안평가

(단위 : 만원)

연 도	0(투자시점)	1	2	3
현금흐름	−500	300	300	300
자본비용(K)	−	10%	10%	10%

[계산방법]

$$IRR = 300 \times \frac{1}{(1+IRR)} + 300 \times \frac{1}{(1+IRR)^2} + 300 \times \frac{1}{(1+IRR)^3}$$
$$= 500 ≒ 36.35\%$$

위의 〈사례 4〉는 현재시점에서 500만원을 투자하면 연도별로 300만원씩의 수익이 3년간 발생하는 경우이며, 기업가치증대를 위해서 투자를 하는 것이 좋은지, 아니면 그 반대인지를 결정하는 방안이다. IRR법을 이용하여 내부수익률(*IRR*)을 계산한 결과 *IRR*은 약 36%이므로 자본비용 10%보다 높게 나타났다. 따라서 500만원을 투자하는 경우 자본비용 이상으로 수익을 올릴 수 있다는 결론을 얻은 것이며, 결과적으로 투자안을 채택해야 한다. 내부수익률법에 의한 내부수익률(*IRR*)을 구하기 위해서는 엑셀 등 수치계산프로그램을 활용하거나 공학용 계산기를 이용해야 하는 불편함이 있다.

5. 수익성지수법

수익성지수(Profitability Index : PI)법은 투자로부터 발생하는 미래수익금의 현재가치(*NPV*)를 투자액의 현재가치로 나누어서 산출된 수익성지수가 1보다 큰 투자안을 채택하는 방법이다. 복수의 투자안에서 1보다 클 경우에는 수익성지수가 큰 투자안부터 선별적으로 투자하게 된다. 이 방법이 순현재가치(NPV)법과 그 계산방식은 유사하지만 NPV법에 비하여 한 가지 장점이 있다. NPV법은 순현재가치의 절대액을 비교하여 투자대안을 평가하는 반면, 수익성지수법은 투자대비 현금흐름의 현재가치를 분석함에 따라서 투자규모가 상이한 복수투자안의 우열을 가리기가 쉽다는 점이다. 수익성지수(*PI*)를 계산하는 공식은 아래와 같다.

$$PI = \frac{\text{미래수익금의 현재가치}}{\text{투자액의 현재가치}} = \sum_{t=1}^{n} \frac{CF_t}{(1+k)^t} \bigg/ \sum_{t=0}^{n} \frac{I_t}{(1+k)^t}$$

〈사례 5〉 수익성지수법에 의한 투자안평가

(단위 : 만원)

투자안	A	B	C	D
초기투자액	−500	−1,000	−2,000	−3,000
미래수익금액의 *NPV*	650	1,200	2,250	3,300
수익성지수(*PI*)	1.3	1.20	1.125	1.10
투자액을 고려한 *NPV*	150	200	250	300

위의 〈사례 5〉에서 수익성지수를 기초로 하여 투자안을 평가하면 투자안 A가 투자효율측면에서 우선적으로 투자되어야 하고, 그 다음 순서로 투자안 B, C, D 순서로 채택될 것이다. 그러나 순현재가치(NPV)법을 이용하여 투자안을 평가하는 경우에는 순현재가치가 많은 투자안 D, C, B, A 순서로 채택됨을 볼 수 있다.

6. 순현재가치법, 내부수익률법, 수익성지수법의 비교

순현재가치법과 내부수익률법은 모두 화폐의 시간가치를 반영한 투자평가 방법이다. 일반적으로 독립적인 투자대안선정시 두 가지 방법은 동일한 평가 결과를 가져오지만, 상호 배타적인 투자대안선정시 상이한 결과를 가져올 수 있다. 예를 들어 〈사례 6〉은 할인율 10%를 가정하고 NPV법을 이용하면 투자안 B를 선정하고, IRR법을 이용하여 평가하면 투자안 A를 선정하게 된다.

〈사례 6〉 NPV법과 IRR법의 비교

(단위 : 만원)

투자안	0	1	2	3	*NPV*	*IRR*
A	−1,000	800	400	400	358	32.80%
B	−3,000	2,000	1,000	1,000	396	18.52%

위의 사례에서와 같이 투자액의 현저한 차이로 인해 평가결과가 일치하지 않는 경우, 투자금액이 많은 투자안(B)의 현금흐름에서 적은 투자안(A)의 현금흐름을 차감한 차액의 현금흐름액을 평가해 보아야 한다. 여기서는 (B-A)가 되며, 이를 계산해 보면 현금흐름차액에서 *NPV*는 0보다 크고, *IRR*의 경우도 할인율 10%를 상회하는 11.21%이다. 이는 차액만큼 투자할 자금의 여력이 있다면, 추가적인 수익을 올릴 수 있다는 의미이다. 따라서 투자안 B안을 선택해야 기업가치를 더 올릴 수 있다. 이와 같이 *NPV*와 *IRR*의 결과가 상반되는 경우에는 *NPV*를 우선 적용하면 된다.

〈사례 7〉 투자안 A와 B의 차액

(단위 : 만원)

투자안	0	1	2	3	*NPV*	*IRR*
B－A	－2,000	1,200	600	600	38	11.21%

위의 사례와 마찬가지로 순현재가치(NPV)법과 수익성지수(PI)법이 서로 상이한 결과가 나오더라도 NPV법을 사용하여야 한다. 왜냐하면 수익성지수의 경우 지나치게 적은 금액의 현금흐름임에도 불구하고 수익성지수 자체는 높게 나올 수 있다. 그러나 미래 현금흐름의 현재가치가 더 큰 금액이 기업가치를 실질적으로 증가시키는 투자안이 된다. 아래의 〈사례 7〉에서와 같이 투자안 A, B의 경우 할인율 10%를 가정하여 *NPV*와 *PI*를 계산하면, NPV법에 의하면 투자안 B를, PI법에 의하면 투자안 A를 선택해야 한다. 즉 사용하는 방법에 따라 다른 의사결정을 하게 된다.

〈사례 8〉 순현재가치법과 수익성지수법의 비교

(단위 : 만원)

투자안	0	1	2	3	*NPV*	*IRR*
A	－1,000	800	400	400	358	1.36
B	－3,000	2,000	1,000	1,000	396	1.13

위와 같은 경우에 *NPV*와 *IRR*을 비교한 경우와 마찬가지로 투자금액이 많은 투자안(B)의 현금흐름에서 투자금액이 적은 투자안(A)의 현금흐름을 차감한 차액(B-A)에 대한 *NPV*와 *PI*를 계산하여 결정한다. 이러한 방식을 적용하면, 차액에서 *NPV*는 0보다 크고, *PI*도 1.02가 된다. 이는 차액만큼 투자할 수 있다면 추가적인 수익을 올릴 수 있다는 의미이며, 따라서 투자액이 큰 B안을 선택하여야 한다는 의미이다. 이처럼 *NPV*와 *PI*의 결과가 상반되는 경우에도 *NPV*를 우선 적용하여야 한다.

〈사례 9〉 투자안 A와 B의 차액

(단위 : 만원)

투자안	0	1	2	3	*NPV*	*IRR*
B－A	－2,000	1,200	600	600	38	1.02

제 5 절 재무제표분석

재무제표분석은 재무제표계정간의 관계를 분석적 방법으로 검토하여 기업의 경영성과와 재무상태의 건전성을 진단하는 것이다. 기업의 이해관계자들은 특정기업의 재무자료를 시점에 따라 비교하거나, 서로 다른 기업과 비교하기 위해 재무비율을 계산한다. 재무비율은 크게 기업의 위험을 평가하는 비율과 수익성을 평가하는 비율로 구분할 수 있다. 여기서는 기업의 위험을 평가하는 비율인 안정성비율을 먼저 살펴보고, 다음으로 수익성비율과 활동성비율을 살펴본 후 성장성비율을 살펴보고자 한다.

1. 안정성비율

안정성비율은 유동성비율(liquidity ratio)과 레버리지비율(leverage ratio)이 있으며, 이들 비율은 기업의 채무상환능력을 나타내는 지표들이다.

1) 유동비율

유동비율(current ratio)은 단기채무를 충당할 유동자산의 규모를 평가하여 기업의 단기지급능력을 판단하는 지표이다. 따라서 유동비율이 높을수록 단기지급능력이 양호하다고 볼 수 있으나, 과다한 유동자산의 보유는 자산운용효율성을 떨어뜨려 수익성을 저해한다. 유동비율은 유동자산을 유동부채로 나눈 값으로 계산된다.

$$\text{유동비율} = \frac{\text{유동자산}}{\text{유동부채}} \times 100$$

기업이 재무적 곤란을 겪을 경우 매입채무에 대한 지불을 늦추거나 은행으로부터의 차입금을 늘리게 된다. 이처럼 유동부채가 유동자산보다 더 빨리 상승할 경우 유동비율은 하락한다. 따라서 유동비율이 높을수록 단기채무에 대한 지불능력이 양호한 것으로 평가되며, 실무에서는 통상적으로 유동비율이 200% 이상이면 채권자에게 안전한 수준으로 평가된다.

2) 당좌비율

당좌비율(quick ratio)은 유동부채에 대한 당좌자산의 비율이다. 유동자산에서 현금화되는 속도가 늦고 현금화의 불확실성이 높은 재고자산 등을 제외시키면 당좌자산이 계산된다. 이러한 당좌자산을 유동부채에 대응시킨 비율로 초단기채무에 대한 기업의 지급능력을 파악하는 데 사용되는 지표이다.

$$\text{당좌비율} = \frac{\text{유동자산} - \text{재고자산}}{\text{유동부채}} \times 100$$

재고자산은 기업의 유동자산 중 유동성이 가장 낮은 자산이다. 따라서 경기변동에 민감한 재고자산을 보유한 경우에는 유동비율보다 당좌비율이 더 중요한 의미를 갖는다. 당좌비율은 재고자산의 매각에 의존하지 않고 단기부채를 상환할 수 있는 능력을 측정하기 위한 비율로 일반적으로 100% 이상이면 유동성이 양호한 것으로 판단한다. 그러나 해운기업의 경우 재고자산이 없거나 중요하지 않기 때문에 당좌비율 대신 유동비율을 사용하여도 된다.

3) 부채비율

부채비율(debt ratio)은 부채를 자기자본으로 나눈 비율로 채권자들의 위험부담을 나타내는 지표이다. 부채비율은 타인자본과 자기자본 간의 관계를 나타내는 대표적인 안정성지표로, 이 비율이 낮을수록 재무구조가 건전하다는 의미이다.

$$\text{부채비율} = \frac{\text{총부채}}{\text{자기자본}} \times 100$$

부채비율은 대차대조표로부터 계산되었기 때문에 정태적 성격의 비율이라고 할 수 있다. 따라서 지급능력을 보다 정확하게 파악하기 위해서는 동태적인 이자보상비율 등을 활용하는 것이 효과적이다.

4) 이자보상비율

이자보상비율(times interest earned)은 이자비용 및 법인세차감전순이익(*EBIT*)을 이자비용으로 나눈 비율이다. 이 비율은 *EBIT*가 이자비용을 충당하는 데 충분한가를 측정한다.

$$\text{이자보상비율} = \frac{\text{이자비용} + \text{법인세비용차감전순이익}}{\text{이자비용}} \times 100$$

이자보상비율의 크기는 영업활동을 통해 얻어지는 현금흐름이 이자비용을 충당하는 데 몇 배의 여유가 있는지를 나타내는 것으로, 통상 5배 수준 이상이면 적정한 것으로 여겨지는 경향이 있다.

2. 수익성비율

수익성비율(profitability ratio)은 기업이 얼마나 효율적으로 관리되고 있는가를 나타내는 지표로서 매출액이익률, 총자산이익률, 주당순이익, 주가수익률 등이 있다. 즉 특정기업이 수익을 낼 수 있는 능력이 어느 정도 되는가에 대한 정보를 제공한다.

1) 매출액이익률

매출액이익률(Return On Sales : *ROS*)은 매출액으로부터 여러 가지 비용을 차감한 이익항목들을 대응시켜 구하는 비율이다. 매출총이익을 매출액으로 나누면 매출액총이익률, 영업이익을 매출액으로 나누면 매출액영업이익률, 당기순이익을 매출액으로 나누면 매출액순이익률이 된다.

$$\text{매출액총이익률} = \frac{\text{매출총이익}}{\text{매출액}} \times 100$$

$$\text{매출액영업이익률} = \frac{\text{영업이익}}{\text{매출액}} \times 100$$

$$\text{매출액순이익률} = \frac{\text{당기순이익}}{\text{매출액}} \times 100$$

2) 총자산이익률

총자산이익률(Return On Assets : *ROA*)은 여러 가지 이익을 총자산으로 나눈 비율이다. 이는 기업에 조달된 총자산에 대한 투자효율성을 평가하는 비율이다. 총자산이익률에는 총자산영업이익률과 총자산순이익률이 있다.

$$총자산영업이익률 = \frac{영업이익}{총자산} \times 100$$

$$총자산순이익률 = \frac{당기순이익}{총자산} \times 100$$

총자산영업이익률은 총자산에 대하여 기업의 영업활동으로부터 얻어낼 수 있는 능력이 어느 정도인지를 나타낸다. 총자산순이익률은 총자산을 이용하여 기업의 경영성과인 당기순이익을 어느 정도 올렸는가를 측정하는 지표이다. 기업은 매출액순이익률을 증가시키거나 기존 자산의 회전율을 증가시켜 총자산순이익률을 향상시킬 수 있다.

3) 주당순이익

주당순이익(Earnings Per Share : *EPS*)은 당기순이익을 보통주식수로 나눈 값이다. 이는 기업이 발행한 주식 한 주당수익력을 나타내는 지표로 주주가 소유한 주식 한 주에 돌아올 이익의 몫을 나타낸다.

$$주당순이익 = \frac{보통주당기순이익}{보통주식수} \times 100$$

4) 주가수익률

주가수익률(Price-Earning Ratio : *PER*)은 주식의 시가를 주당순이익으로 나눈 지표이다. 주가수익률이 낮은 것은 기업의 주당수익력에 비해 주가가 낮게 형성되어 있음을 의미하고, 주가수익률이 하락하는 경우에는 기업의 성장성에 대해 투자자들의 태도가 부정적이라는 의미다.

3. 활동성비율

활동성비율(activity ratio)은 기업이 보유한 자산이 얼마나 효율적으로 관리되고 있는가를 측정하는 비율로서 재고자산회전율, 매출채권회전율 등이 있다. 활동성비율은 자산의 보유잔액이 현재와 미래의 영업수준에 비해 적절한가를 판단하는 데 이용된다.

1) 재고자산회전율

재고자산회전율(inventory turnover)은 매출원가를 재고자산으로 나누어 계산한 비율로 연간 재고자산이 몇 번 회전하는가를 나타낸다. 재고자산회전율 산출시 분자에 매출액 또는 매출원가를 사용하는 경우가 있다. 그러나 분모의 재고자산이 원가로 측정된 것이므로 일관성을 유지하기 위해 매출원가를 사용하는 것이 더 합리적인 방법이다.

$$\text{재고자산회전율} = \frac{\text{매출원가}}{\text{평균재고자산}} \times 100$$

2) 매출채권회전율

매출채권회전율(receivables turnover)은 매출액을 매출채권으로 나눈 비율이다. 이는 매출채권이 현금화되는 속도 또는 자산투자의 효율성을 측정하는 데 이용된다.

$$\text{매출채권회전율} = \frac{\text{매출액}}{\text{평균매출채권}} \times 100$$

4. 성장성비율

성장성비율은 기업의 자산, 자본 등 경영규모와 기업활동의 성과가 당해 연도중 전년에 비해 얼마나 증가하였는가를 나타내는 지표로 기업의 경쟁력이나 미래의 수익창출능력에 대한 정보를 제공한다.

1) 매출액증가율

매출액증가율은 당기매출액의 증가분을 전기매출액으로 나눈 비율로 기업의 외적 성장세를 나타내는 대표적인 비율이다.

$$매출액증가율=\frac{당기매출액-전기매출액}{전기매출액}\times 100$$

2) 총자산증가율

기업에 투하된 총자산이 얼마나 증가하였는가를 나타내는 비율로 기업 전체적인 성장성을 나타내는 지표이다.

$$총자산증가율=\frac{기말총자산-기초총자산}{기초총자산}\times 100$$

3) 순이익증가율

기업활동의 최종성과인 순이익이 전년도에 비해 당해 연도에 얼마나 증가했는가를 측정하는 지표로 기업의 총괄적인 경영성과의 변화정도를 나타낸다.

$$순이익증가율=\frac{당기순이익-전기순이익}{전기순이익}\times 100$$

5. 재무비율분석의 활용

재무비율분석은 경영진, 금융기관, 재무분석가 등이 다양한 목적으로 사용한다. 재무제표에서 주어진 수치를 여러 가지 방법으로 분석하여 재무제표가 제공하는 정보를 더 잘 이해하는 데 도움을 준다. 일반적으로 기업의 경영성과와 재무상태의 좋고 나쁨을 판단하고, 기업의 경영상태를 진단하는 데 사용되어 "경영분석"이라고 부르기도 한다. 재무비율 분석결과를 해석하기 위해서는 기준비율을 설정해야 하는데, 분석대상이 되는 기업이 속한 산업 또는 업종의 평균비율을 비교기준으로 삼는 것이 일반적이다. 그러나 동일산업 내에서도 규모나 회계처리방법상의 차이가 발생할 수 있으므로, 산업 내 선두기업과 비교하는 것이 합리적인 경우도 있다.

제 6 절 A해운기업의 재무분석 사례

A해운기업은 197×년 3월 해운업 등을 목적으로 설립되어 주로 컨테이너선, LNG선 및 유조선 등에 의한 해운업을 영위하고 있다. 199×년 10월에 이 회사의 주식은 증권거래소에 상장되었다. A해운기업은 일반적으로 인정된 회계원칙에 따라 재무제표를 작성하고 있으며, 20×9 회계연도부터는 20×8 회계연도의 재무제표작성시 채택한 회계정책과 동일한 기준을 이용하고 있다.

1. A해운기업의 대차대조표

일반기업과 달리 해운기업은 재고자산금액이 적다. 해운기업은 일반적으로 용역제공을 주된 영업활동으로 하고 있기 때문이다. 20×9년 A해운기업의 재고자산 119,764백만원은 대차대조표일 현재 A해운기업의 선박에 보유중인 유류를 저장품으로 계상한 금액이다. 또한 비유동자산의 유형자산에는 A해운기업이 보유중인 컨테이너선과 벌크선 등이 "선박" 계정으로 계상되어 있기 때문이다. A해운기업의 대차대조표는 다음과 같다.

2. A해운기업의 손익계산서

A해운기업의 매출액으로 표시된 금액은 해운용역매출을 진행기준으로 인식하고 있으며, 이와 관련된 운항원가도 동일한 기준 하에 인식하였다. 다만, 진행기준을 적용하기 위한 요건을 충족하지 못하는 경우에는 발생원가의 범위내에서 회수가능한 금액을 수익으로 계상하고, 발생원가 전액을 운항원가로 계상했다. 매출액은 총 5,091,884백만원이다. 이 금액은 운임수익 4,019,055백만

요약대차대조표

제×2(당)기 20×9년 12월 31일 현재
제×1(당)기 20×8년 12월 31일 현재

A해운기업주식회사 (단위 : 백만원)

과 목	제×2(당)기	제×1(전)기
자 산		
Ⅰ. 유동자산	1,496,859	1,808,545
1. 당좌자산	1,377,095	1,725,106
2. 재고자산	119,764	83,439
Ⅱ. 비유동자산	4,268,576	3,734,538
1. 투자자산	816,035	462,758
2. 유형자산	3,411,099	3,231,091
3. 무형자산	7,322	7,989
4. 기타비유동자산	34,120	32,700
자 산 총 계	5,765,435	5,543,083
부 채		
Ⅰ. 유동부채	859,049	786,817
Ⅱ. 비유동부채	2,851,486	2,659,574
부 채 총 계	3,710,535	3,446,391
자 본		
Ⅰ. 자본금	765,366	765,366
Ⅱ. 자본잉여금	851,400	851,160
Ⅲ. 자본조정	(96,594)	1,780
Ⅳ. 기타포괄손익누계액	(21,593)	20,840
Ⅴ. 이익잉여금	556,321	457,546
자 본 총 계	2,054,900	2,096,692
부채와 자본총계	5,765,435	5,543,083

자료 : 금융감독원 전자공시사이트(DART).

원, 체선료수익 1,057,646백만원과 기타 수익 15,183백만원이 합산된 금액이며, 매출원가는 연료비, 항비, 일반화물비 등 운항비와 선원비, 선용품비, 선박보험료 등의 선비가 합산된 해운용역 서비스제공에 필요한 비용을 합한 금액이다.

법인세비용은 일반제조업과 달리 조세특례제한법의 해운기업에 대한 법인세과세표준계산 특례규정에 따라 산정했다. 즉 외항운송활동과 관련된 소득인 해운소득에 대하여는 개별 선박표준이익의 합계액을 이용하였으며, 비해운소득에 대하여는 법인세 제13조 또는 제54조의 규정에 의하여 계산한 금액을 과세표준으로 하여 법인세 17,429백만원을 산정하였다. A해운기업의 손익계산서는 다음과 같다.

요약손익계산서

제×2(당)기 20×9년 01월 01월부터 20×9년 12월 31일까지

제×1(당)기 20×8년 01월 01월부터 20×8년 12월 31일까지

A해운기업주식회사 (단위 : 백만원)

과 목	제×2(당)기	제×1(전)기
Ⅰ. 매출액	5,091,884	4,734,159
Ⅱ. 매출원가	4,667,884	4,532,350
Ⅲ. 매출총이익	424,000	201,809
Ⅳ. 판매비와 관리비	109,823	104,486
Ⅴ. 영업이익	314,177	97,323
Ⅵ. 영업외수익	207,776	319,955
Ⅶ. 영업외비용	327,213	283,921
Ⅷ. 법인세비용차감전순이익	194,740	133,357
Ⅸ. 법인세비용	17,429	10,675
Ⅹ. 당기순이익	177,311	122,682
Ⅺ. 주당손익	–	–
주당순이익	1,252원	904원

자료 : 금융감독원 전자공시사이트(DART).

3. A해운기업의 재무비율분석

앞에 제시된 대차대조표와 손익계산서를 바탕으로 주요 항목의 비율분석을 실시하면 다음과 같다.

• 유동비율과 부채비율

$$유동비율 = \frac{유동자산(1,496,859)}{유동부채(859,049)} \times 100 = 1.742 = 174.2\%$$

$$부채비율 = \frac{총부채(3,710,535)}{자기자본(2,054,900)} \times 100\% = 1.806 = 180.6\%$$

20×9년의 유동비율은 174.2%이다. 이는 전기의 유동비율 229.8%에 비해 다소 낮아진 것으로 유동비율은 높을수록 양호하다. 부채비율은 180.6%로 전기 164.4%에 비해 16.2% 증가했다. 유동비율이 감소하고, 부채비율이 증가한 것으로 미루어 A해운기업의 안정성비율은 작년에 비해 다소 악화되었다고 판단 할 수 있다.

• 매출액영업이익률과 총자산순이익률(*ROA*)

$$매출액영업이익률 = \frac{영업이익(314,177)}{매출액(5,091,884)} \times 100\% = 0.062 = 6.2\%$$

$$총자산순이익률 = \frac{당기순이익(177,311)}{총자산(5,765,435)} \times 100\% = 0.031 = 3.1\%$$

20×9년 영업이익률은 6.2%로 전기 2.1%보다 향상되었다. 총자산순이익률(*ROA*)은 3.1%이다. *ROA* 또한 작년보다 0.7% 개선된 수치이다. 이는 A해운기업의 수익성이 전기보다 좋아졌음을 의미한다.

• 매출액증가율과 순이익증가율

$$매출액증가율 = \frac{당기매출액(5,091,884) - 전기매출액(4,734,159)}{전기매출액(4,734,159)} \times 100\% = 0.076 = 7.6\%$$

$$순이익증가율 = \frac{당기순이익(177,311) - 전기순이익(122,682)}{전기순이익(122,682)} \times 100\% = 0.045 = 44.5\%$$

A해운기업의 20×9년 매출액증가율은 7.6%이고, 순이익증가율은 44.5%이다. 같은 방법으로 20×8년의 매출액증가율과 순이익증가율을 계산해 보면 각각 −2.30%와 −68.25%이다. 이는 A해운기업이 20×8년 마이너스성장이었던 상황과는 달리 20×9년 매출액증가와 당기순이익증가에 힘입어 성장세로 돌아섰

음을 확인해 주는 수치이다.

이처럼 재무비율분석시에는 당해 연도의 비율뿐만 아니라 전기 또는 전전기와의 시계열분석을 통해 비율분석의 변화추이를 살펴볼 필요가 있다. 또한 해당 기업이 속한 산업의 평균치와도 비교하여 해당 산업의 환경변화도 분석할 필요가 있다. 비율분석은 재무제표, 즉 과거의 경영성과와 재무상태를 바탕으로 분석을 실시하는 것이므로, 앞으로의 성과예측이나 재무계획을 수립하기 위해서는 보다 정밀하고 다양한 분석이 요구된다.

CHAPTER

12

회계정보의 전략적 활용

제 1 절 성공적인 전략실행을 위한 조건

1. 기업생존과 가치창조전략

21세기를 맞이하여 탈산업사회에서 지식정보화사회로 패러다임이 전환됨에 따라 기업의 가치평가방법에도 대변혁이 이루어지고 있다. 또한 무역장벽의 철폐와 국제화로 인하여 기업간 경쟁이 더욱 치열해지고 있다. 기술의 발전이나 소비자욕구의 변화에 따라 경영의 불확실성이 날로 증대하고 있다. 이러한 현실에서 이제 기업은 종전과는 다른 새로운 경영패러다임을 구축해야만 한다. 기업이 생존하고 발전하기 위해서는 제품의 가치(V)가 가격(P)보다 커야 하고, 가격은 원가(C)보다 커야 하는 생존부등식($V > P > C$)이 유지되어야 한다는 이론이 새로운 경영패러다임의 필요성을 대변하고 있다. 기업의 생존부등식이 유지되지 못하는 현상은 바로 기업경영에 대한 새로운 도전이며, 깨어진 부등호를 다시 원상으로 회복시키고자 하는 기업의 노력이 필요한 시점이다.

소비자는 어떤 제품이나 용역서비스에 대해서 그가 지불하는 가격보다 더 큰 가치(용역서비스의 가치 > 용역서비스 제공가격)를 느낄 때 그 제품을 구입할 것이다. 기업이 아무리 열심히 제품이나 용역서비스를 만들어 공급해도 그 제품에 대해 소비자가 별 가치를 느끼지 못한다면, 기업이 생산한 제품은 팔리지 않을 것이다. 또한 제품이나 용역서비스의 공급자입장에서는 그 서비스의 가격이 공급에 소요된 원가보다 높아야(제품의 판매가격 〉 생산원가) 공급자도 살아갈 수 있다. 그러므로 서비스를 생산하여 소비자에게 공급하는 데 들어가는 원가를 낮추는 일은 기업이 살아남기 위한 필요조건이다. 기업의 비효율에서 오는 원가가 너무 높아 제품의 가격이 높아지면, 그 제품은 소비자로부터 외면당하게 된다. 그러므로 제품이나 서비스제공원가를 낮추는 일이 결국은 조직의 효율성, 나아가 기업의 경쟁력이 된다.

일시적으로 또는 단기적으로 소비자가 속아서 제품이나 서비스를 구입할 수도 있고, 공급자가 손해를 보면서 물건을 팔 수도 있다. 그러나 소비자를 기만하는 일이 오래 지속될 수 없고, 공급자가 손해를 보면서 파는 데도 한계가 있다. 장기적이고 안정적인 관계에서는 생존부등식(서비스의 가치 〉 서비스가격 〉 생산원가)에 제시된 두 부등호가 만족되어야만 기업의 생존이 가능하다.

위의 내용에서 경영이 추구하는 목적이 무엇인가를 유추해 볼 수 있다. 경영의 목적은 바로 효과성과 효율성을 추구하는 것이다. 이는 창의적인 제품을 만들어야 하는 창의성과 저렴한 원가로 만들어야 하는 생산성이라고도 표현할 수 있다. 이 두 가지 중 어느 것이 더 중요한가라는 질문이 있을 수 있다. 이는 기업이 모두 추구해야 할 중요한 두 가지 목적으로 이해하는 것이 바람직하다. 그러나 산업발전과정에서 보면 초기단계에는 생산성을 통한 원가절감이, 그리고 성숙단계에서는 고객만족극대화를 위한 창의성이 더욱 중요시될 것이다. 결론적으로 기업의 나아갈 길은 ① 고객가치-제품가격 〉 0을 달성하기 위해 제품이나 서비스의 가치(V)를 높이고 가격(P)을 낮추는 일과, ② 가격-원가 〉 0을 달성하기 위해 제품이나 서비스의 가격(P)을 높이고, 원가(C)를 낮추는 일이 된다.

2. 가치창조경영의 과정

가치경영은 단순히 기업가치를 평가하는 작업에서 끝나는 것이 아니라 오히려 가치평가를 바탕으로 기업의 사업내용과 업무를 재창조해 나가는 과정이 더 중요하다. 가치창조경영의 출발은 조직의 구성원이 가치지향적인 사고를 갖는 데서 출발한다. 이것은 단순히 손익계산서상의 이익에 관한 수치뿐만 아니라 기업가치에 영향을 미치는 장기적 요소와 자산, 부채의 구성과 같은 대차대조표관리에도 관심을 갖게 된다는 것을 뜻한다. 가치지향적인 사고는 최고경영자뿐만 아니라 조직구성원 모두가 이러한 사고에 입각하여 행동하도록 교육 및 연수 등을 통하여 전파되어야 한다. 가치창조경영은 일반적으로 [그림 12-1]과 같은 과정을 통하여 실현된다.

1) 핵심가치 창출요소의 발견

가치창조경영에 있어 가장 중요한 부분은 기업의 어떠한 부분들이 기업의 가치향상에 기여하는가를 철저히 파악하는 것이다. 이러한 요소들을 핵심가치 창출요소(key value driver)라 부른다. 실제로 기업의 가치에 영향을 주는 요소는 실로 다양하다. 그러나 가치창조경영을 현실적으로 적용하려면 다양한 가치창출요소를 체계적으로 정리함으로써 이 중 어느 요소가 기업가치에 가장 큰 영향을 주는지를 파악하여야 한다. 그리고 그러한 요소들에 입각하여 각 직

[그림 12-1] 가치창조경영의 과정

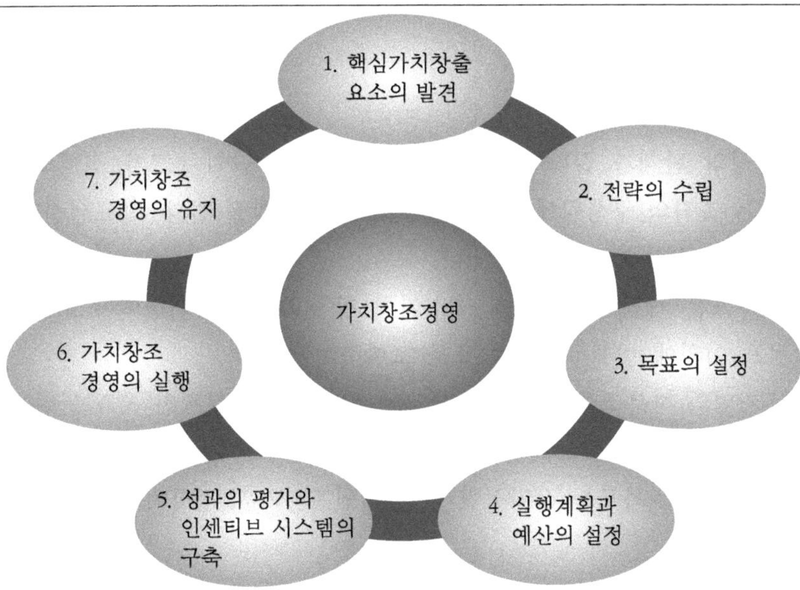

원들이 달성할 의무를 구체적으로 할당하여야 한다. 궁극적으로 핵심가치 창출요소들은 각 일선관리자들이 직접 실행할 수 있는 목표들로 구체화되어야 한다. 핵심가치 창출요소의 발견은 이러한 다양한 가치창출요소 중 기업 혹은 주주가치에 중대한 영향을 주는 요소들을 찾아 내는 것이다. 핵심가치 창출요소의 발굴은 기존 정보에 근거한 기계적인 분석으로는 발굴해 내기 어렵고, 많은 창의적인 사고와 시행착오를 요구하는 창조적인 작업이다. 그리고 가치창출요소는 가격인상이 시장점유율의 하락을 가져오는 것과 같이 상호간에 영향을 줄 수 있으므로 각각의 요소를 독립적으로 파악하기보다는 유기적으로 고려하여야 한다.

2) 전략의 수립

핵심가치 창출요소를 발견한 다음에는 기업가치극대화를 위한 전략을 도출해야 한다. 조직의 각 계층 간에 추구해야 할 전략은 다르다. 전사적인 관점에서 전략은 기업이 어떠한 사업을 행하며, 각 사업단위 간에 시너지효과를 어떻게 창출하고, 각 사업단위 간에 자원을 어떻게 배분할 것인가 하는 문제를 다룬다. 그리고 사업단위차원의 전략은 그 사업단위가 행할 수 있는 여러 가지 대안 중에서 가장 높은 가치를 창출하는 대안을 선택하는 것이다.

3) 목표의 설정

전략설정의 단계가 끝나면 전략실행을 위한 장·단기 목표가 설정되어야 한다. 목표는 조직의 구성원에게 동기를 제공하는 역할을 한다. 목표설정시 다음과 같은 원칙에 유의할 필요가 있다.

첫째, 목표는 해당 사업단위의 핵심가치 창출요소에 근거하여야 하며, 재무적인 목표 이외에 비재무적인 목표를 포함하여야 한다.

둘째, 기업의 하부조직단계에 따라 그에 해당하는 세부적인 목표를 설정하여야 한다.

셋째, 단기적인 목표는 장기적인 목표와 연관시켜 설정하여야 한다.

4) 실행계획과 예산의 설정

실행계획은 한 조직이 목표를 달성하기 위하여 단기간에 걸쳐 조직적으로 취해야 할 특정의 단계를 말한다. 예산은 계획의 실행을 위하여 필요한 자원을 할당하는 과정이다.

5) 성과평가와 보상(인센티브) 시스템의 구축

각 부문의 성과평가와 인센티브 시스템은 기업의 각 구성원의 실적을 점검하는 한편, 목표를 달성하도록 유인제공의 기능을 수행한다. 각 부문에 대한 성과평가는 핵심가치 창출요소에 초점이 맞추어져야 한다. 성과평가를 위한 일반적 원칙은 다음과 같다.

첫째, 성과는 각 사업단위의 특성을 반영하여 다양한 방법으로 평가되어야 한다.

둘째, 성과지표는 기업의 장·단기 목표와 일관성이 있어야 한다.

셋째, 핵심가치 창출요소에 근거하여 재무적 지표와 실무적 지표(operating measure)를 동시에 성과지표로 활용하여야 한다.

마지막으로, 잘못된 경영의사 결정내용을 미리 시정할 수 있도록 조기경보로 활용할 수 있는 지표를 성과지표로 활용하여야 한다.

보상제도를 구축하는 원칙은 기업의 각 하부조직이나 구성원이 가치를 창출하려는 인센티브를 갖도록 설계되어야 한다. 또한 조직상 직급이나 자원의 통제범위에 따라 성과평가의 내용과 인센티브 시스템이 달라진다. 최고경영자는 통상적으로 스톡 옵션(stock option)과 같이 주식가치와 직접 관련이 있는 인센티브제를 택하며, 단위사업의 책임자나 중간경영자는 경제적 부가가치(*EVA*)나 자본의 효율적 이용 등과 관련한 인센티브를 택하고, 일반직원은 담당업무에 따라 개별적인 실무상 가치창출요소를 근거로 인센티브(보상) 제도를 설계하여 시행해야 한다.

6) 가치창조경영의 실행

가치창조경영은 조직구성원의 의식을 바꾸는 과정을 필요로 하므로 상당히 길고 복잡한 단계를 거친다.

첫번째 단계에서 구성원들은 가치창출의 수단 및 도구를 개발하고, 교육이나 연수를 통하여 이를 이용하는 방법을 배우게 된다.

그리고 그 다음 단계에서 기존의 이해를 더욱 확실하게 하며, 가치평가프로그램의 사용에 익숙해지도록 훈련한다. 가치에 근거한 보상제도의 실시는 이러한 수단들이 제대로 작동한다고 확신할 수 있을 때 비로소 실시할 수 있다.

가치창조경영이 성공하기 위해서는 우선 최고경영층의 관심이 무엇보다도 중요하다. 또한 기업의 다양한 하부조직에 걸쳐 조직의 변화를 주도할 집단을 형성하는 것이 성공을 위한 핵심요소이다. 가치창조경영은 가치와 성과중시의 기업문화를 바탕으로 할 뿐만 아니라, 상의하달과 하의상달에 의한 양방향 커뮤니케이션(communication), 적절한 인센티브 프로세스(incentive process)를 전제로 하며, 가급적 낮은 비용으로 달성하여야 한다.

7) 가치창조경영의 유지

가치창조경영이 한번 실행되면 그것이 계속적으로 기업의 의사결정과 관리에 활용될 수 있도록 유지하는 노력이 필요하다. 또 종전에 실시했던 내용을 바탕으로 피드백(feed-back)을 통해 그 방법과 내용을 개선해 나갈 필요가 있다. 이를 위해서 특히 기획부서의 역할이 중요하고, 구성원에 대한 계속적인 교육과 지원이 필요하다.

기업간 경쟁이 국내기업을 넘어서 국제간 기업경쟁으로 확대되고, 경영환경의 불확실성이 증대되는 현실에서 이제 기업경영의 패러다임도 바뀌어야 한다. 이러한 상황에서 종전처럼 수익성을 무시한 외형위주의 경영이나 분식이나 회계조작에 의한 단기적인 회계이익을 추구하는 기업은 더 이상 시장의 평가를 견디기 어렵게 될 것이다. 이에 따라 기업의 경영성과에 대한 평가도 단순한 당기순이익의 개념을 넘어 미래이익의 불확실성정도나 장기적인 수익성을 확보하는 데 필요한 지표인 비재무적인 지표 등을 적극적으로 활용하여야 한다.

제 2 절 해운기업의 원가행태와 선박운항채산성 검토

1. 원가 및 비용의 개념 및 종류

기업에서의 생산성 향상활동은 원가관리와 품질관리로 요약할 수 있다. 제품시장은 종전의 판매자시장(seller's market)에서 구매자시장(buyer's market)으로 시장형태가 변화함에 따라 기업은 소비자욕구에 맞는 제품이나 서비스를 개발하여 판매하지 않으면 안 된다. 이처럼 다양한 소비자의 욕구를 충족시킬 수 있는 용역서비스나 제품을 무엇이든 개발하여 판매하느냐는 기업의 경영성과에 결정적인 영향을 미칠 수 있다. 따라서 기업들은 자신이 제공하는 용역서비스나 제품을 생산하고 품질을 제고하는 데 소요되는 원가의 행태를 파악하고 관리할 필요가 있다. 또한 평상적으로 행하는 판매 또는 용역서비스에서도 마찬가지이다. 모든 판매원들이 원가에 대한 인식이 없이 판매행위를 한다면 경영성과는 악화될 것이다. 예를 들어 경쟁상품이나 서비스의 출현으로 가격인하가 불가피할 때 어느 정도까지 인하해도 이익을 실현할 수 있을 것이며, 또 경쟁에 대처할 수 있을 것인가를 파악하는 데 필요한 정보는 원가에 대한 정보이다.

1) 원가의 개념

원가란 특정용역서비스나 제품을 생산, 제공하기 위하여 소비된 경제가치를 의미한다. 미국의 회계학자인 혼그렌(C. T. Horngren) 교수에 의하면, "원가란 특정의 목표를 달성하기 위하여 희생 혹은 포기된 자원"이라고 정의하고 있다. 한국공인회계사회에서 제정한 원가계산기준에서는 "원가라 함은 경영에 있어서 일정한 산출물(output)과 관련하여 파악된 재화 또는 용역의 소비를 화폐가치로 표현한 것"이라고 정의하고 있다. 또한 "원가는 경영목적 이외의 경제가치의 소비나 비정상적인 상태 하에서의 경제가치감소를 포함하지 않는다"라고 정의하고 있다. 원가의 개념을 정리한 이상의 내용을 종합해 볼 때, 원가란 ① 경제가치의 희생이며, ② 산출물(output)에 관련하여 측정한 경제가치이며, ③

경영목적과 관련시켜 파악해야 하며, ④ 정상적으로 발생한 것이어야 한다.

2) 원가와 비용의 차이

[그림 12-2]에서 보여 주는 바와 같이, 원가(cost)와 비용(expense)과의 관계를 보면, 두 개념 모두 경제가치의 소비(희생)이다. 그러나 원가란 재화 또는 용역서비스 생산 및 판매에 직접적으로 관련하여 발생한 경제가치의 희생인 반면, 비용은 생산 또는 판매와 직접적인 관련성이 적은 경제가치의 희생을 의미한다. 따라서 원가란 일정기간중에 발생한 수익을 얻기 위해서 직·간접적으로 소비된 경제가치의 희생을 의미한다. 그러나 일반적으로 제조기업에서는 제품의 생산활동에 투입된 모든 경제가치의 희생을 원가로 분류하고, 그렇지 않은 것은 판매비와 관리비 등 비용으로 구분한다. 해운기업의 경우에도 마찬가지이다. 해운기업이 용역서비스(화물운송 등)를 제공하기 위하여 투입된 운항비(항비, 화물비, 연료비, 기기비용), 선원비, 그리고 각종 선비는 원가로 분류하고, 그 밖의 모든 비용은 비용항목으로 구분한다.

[그림 12-3]에서 보여 주는 바와 같이 원가는 통상적으로 제조기업의 경우 제조원가로 구분되어 자산계정인 재공품과 제품이라는 계정으로 남아 있다가 판매가 이루어지는 시점에서 매출원가라는 비용항목으로 구분되어 손익계산서에 입력된다. 반면 비용의 경우에는 발생된 시점에서 비용항목으로 분류되어 해당 회계기간의 손익계산서에 판매비와 관리비나 기타 비용으로 입력된다. 해운기업의 경우 운항비, 선원비 및 선비는 원가항목으로 분류되어 자산계정으로 남아 있다가 용역서비스에 대한 매출액을 인식하는 시점에서 매출원가라는 비용 항목으로 전환된다. 따라서 해운기업의 경우에도 일반제조기업과 마찬가지

[그림 12-2] 원가의 유형

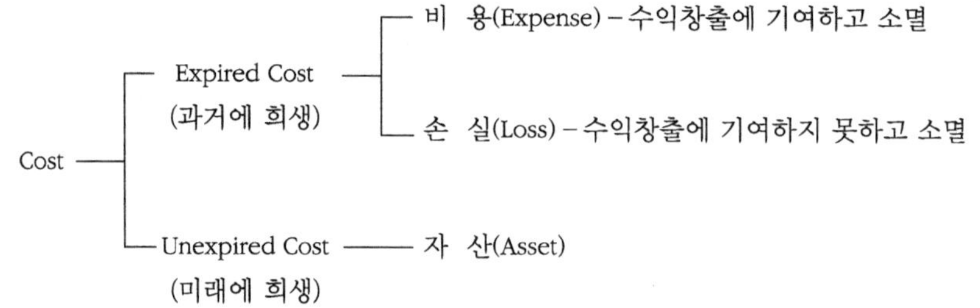

[그림 12-3] 자산, 비용, 손실의 정의

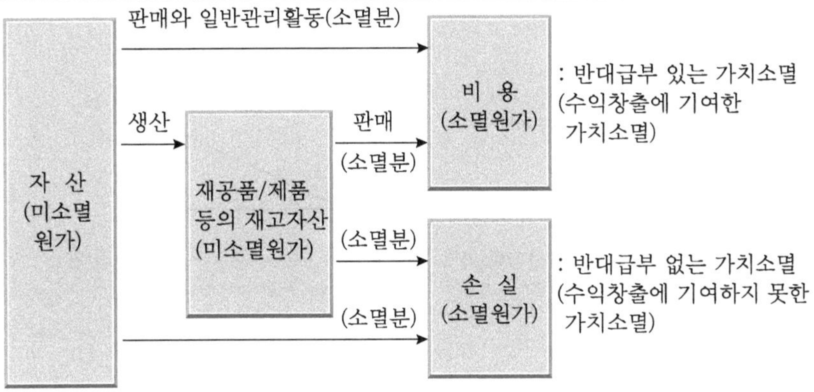

로 매출원가명세서가 작성된다.

3) 원가의 종류

제조업의 경우 [그림 12-4]에 제시된 바와 같이 원가는 재료비, 노무비, 경비라는 원가의 3요소가 있다. 이러한 원가는 특정단위의 제품 또는 용역서비스에 대하여 직접적으로 부과가 가능한 직접비와 그렇지 않은 간접비로 구분할 수 있다. 직접비는 직접원가라고도 하며, 원가의 최종부담자인 제품별로 발생사실을 직접 추적할 수 있는 원가이고, 간접비는 보통 제조간접비라고 부르며, 제품별로 원가의 발생사실이 추적되지 아니하기 때문에 인위적인 배부계산을 통하여 제품별로 계산되는 원가이다.

[그림 12-4] 원가구성도

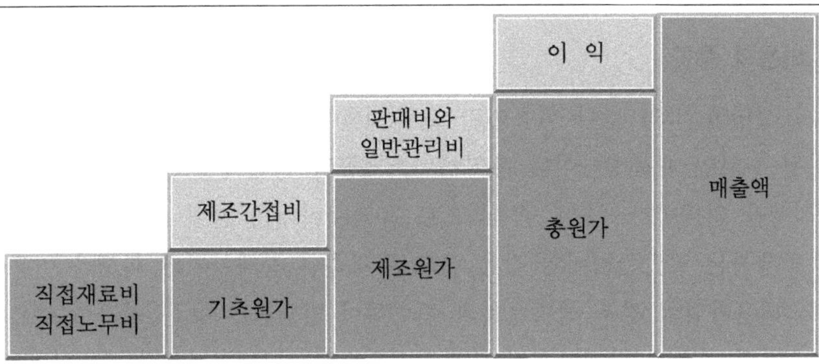

[그림 12-5] 원가의 발생행태에 따른 분류

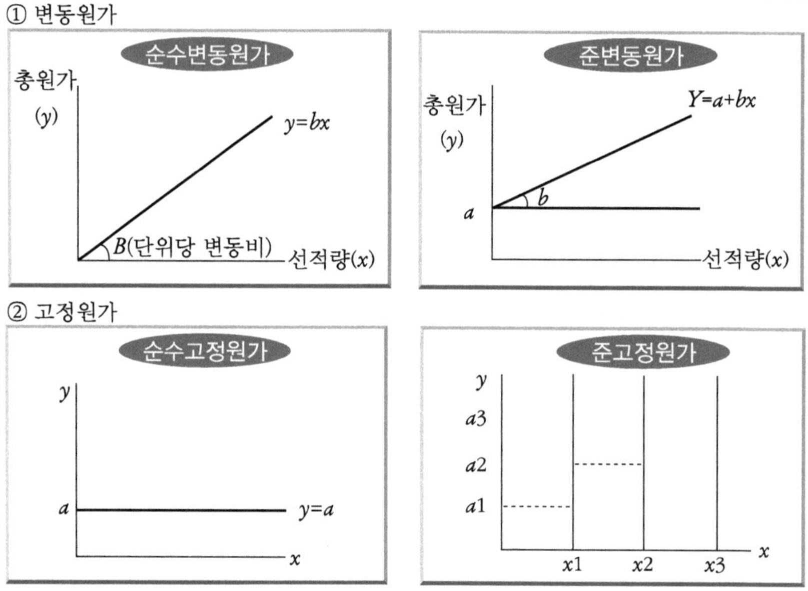

또한 원가는 발생의 행태(cost behavior)에 따라 고정원가와 변동원가로 분류할 수 있다. [그림 12-5]에 제시된 바와 같이 고정원가는 생산량 또는 용역서비스를 제공하는 양에 관계 없이 일정하게 발생하는 원가를 의미하고, 생산량 또는 용역서비스의 양에 비례적으로 발생하는 원가를 변동원가라고 한다. 또한 변동원가의 성격이 강하지만 용역서비스에 정비례적으로 발생하지 않는 준변동원가가 있고, 고정비의 성격이 강하지만 일정한 용역서비스의 양을 초과하면 원가도 상승하는 준고정원가도 있다.

4) 비용의 종류

앞서 설명한 바와 같이 비용이란 소비(희생)된 경제가치이나, 일정기간 동안 실현될 수익인 제품생산이나 용역서비스제공과 직접적인 관련성이 적은 경제가치희생을 의미한다. 좀더 구체적으로 용역서비스의 판매나 기업경영과 관련하여 발생하는 일반관리비와 같은 용도로 지출된 경제가치의 희생을 비용이라 한다. 해운기업의 경우 선박운항과 관련하여 발생한 비용은 원가로 분류하지만, 그 밖의 비용은 판매비용이나 관리비용으로 분류한다.

비용항목은 모두 앞 장에서 설명한 손익계산서항목으로 매출원가, 판매비와 관리비, 영업외비용 등이 있다. 이러한 비용항목은 대부분 직접비보다는 간접비의 성격을 가진다. 즉 비용항목은 대부분 선박운항에 직접적인 관련성을 가지고 발생하기보다는 직원들의 급여나 수도광열비와 같이 일정기간 동안 규칙적으로 발생하는 특성을 가진다. 비용도 원가와 마찬가지로 사용량(혹은 매출액)에 비례하여 발생하는 변동비와 그렇지 않은 고정비로 분류할 수 있다.

2. 해운비용의 개념 및 종류

1) 해운비용의 개념

해운비용의 의미는 두 가지 측면에서 설명할 수 있다. 즉 해운서비스를 제공하는 데 발생되는 비용과 해운서비스를 구매하는 데 발생되는 비용이다. 해운서비스를 제공하는 데 발생하는 비용은 선주나 선박운항회사 입장에서 선박운항비용과 관련이 있다. 이는 엄밀한 의미에서 비용이라기보다는 선박운항원가라 할 수 있다. 해운서비스를 구매하는 데 발생하는 비용은 운송의뢰인의 화물을 목적지까지 운송해 준 대가로 지불하게 되는 비용을 말한다. 즉 화주는 해상운송서비스에 대한 대가로 해운선사에게 해상운임을 지불하며, 이는 화주 입장에서 해운비용으로 간주된다. 본 절에서는 전자의 입장인 해운서비스를 제공하는 해운회사측면에서 해운비용(원가)의 개념, 종류 및 특징에 대해 살펴보고자 한다.

해운원가는 해운서비스를 제공하기 위하여 발생하는 선박운항과 관련된 일체의 비용을 의미한다. 이러한 해운원가는 선박운항원가를 의미하며, 운항비, 선원비 및 선비가 이에 해당한다. 포괄적인 개념에서의 해운비용이라 함은 해운서비스를 제공하기 위하여 발생하는 일체의 비용을 의미하며, 이에는 일반적으로 해운원가가 포함된다. 그러나 회계목적상으로는 해운서비스를 제공하고 받아들이는 해운매출액과 이러한 매출액을 벌어들이기 위하여 직접적으로 지출한 비용을 매출원가로 분류하여 왔다.

그러나 광의의 해운비용이라 함은 매출액과 대비되는 매출원가뿐만 아니라, 해운서비스를 제공하기 위하여 발생하는 간접비형태의 제반 비용을 포괄하는 개념이다. 따라서 해운기업의 경우 선박운항 비용관리는 해운기업의 중요한 경영활동이다. 기업은 이윤을 추구하는 경제적 실체이다. 이윤은 일반적으로 수입을 증가시키거나 비용을 줄임으로써 증대된다. 해상운송에서 선주 및 선박운항회사는 이윤을 획득하기 위해 해운비용 또는 선박운항비용을 효율적으로 관리해야 한다. 경쟁선사나 선박에 비해 선박운항비용이 낮을수록 상대적으로 높은 이익을 창출할 수 있으며, 원가경쟁력을 가지기 때문에 해운서비스시장에서 가격경쟁력을 확보할 수 있다.

2) 해운비용의 종류

앞서 설명한 바와 같이 해운비용(원가)의 종류에는 운항비와 선비가 있으며, 선비는 다시 선원비(인건비)와 선내용품비와 같은 직접선비와 선박보험료, 금융비용과 같은 간접선비로 구성된다. 운항비(또는 항해비)에는 항비, 화물비, 연료비 및 기기비용이 이에 해당한다. 선비는 용선료, 선원의 각종 복리후생비, 용품비, 통신비, 보험료, 수선비, 선박에 대한 감가상각비, 선박리스료 등이 이에 해당한다.

이러한 해운비용은 고정비용과 변동비용으로 구분하여 설명할 수 있다. 고정비는 선박운항 및 서비스규모의 변화에 관계 없이 일정하게 발생되는 비용이며, 변동비는 선박운항 및 해운서비스규모에 따라 변화하는 비용을 말한다. 선박자본비는 고정비의 성격을 가지며, 운항비는 변동비에 포함된다.

선박원가에 포함되는 운항비, 선원비 및 선비 이외의 해운비용으로 일반관리비가 있다. 일반관리비의 대표적인 예로는 해운사의 임원 및 종업원의 급여, 복리후생비, 교통통신비, 공과금, 건물감가상각비, 광고선전비 등이 이에 속한다. 이러한 일반관리비는 해운기업뿐만 아니라 일반기업에서도 발생하는 공통적인 비용으로 생각하면 된다.

해운비용은 매우 가변적이고 유사한 크기 및 유사한 종류의 선박 간에도 비용구조는 상이하다. 이는 선박마다 선박자본비 및 운항비에 차이가 있고, 선박연료비 변동이 항해비용에 영향을 미치기 때문이다. 한편 해운서비스형태에 따라 고정비와 변동비 구분이 달라진다. 즉 부정기선박의 경우 서비스항로에 따라 항해비용이 달라지지만, 정기선 선박의 경우 정해진 항로에 정해진 스케줄에 따라 선박이 운항하기 때문에 항해비용은 대부분 고정비성격을 가진다.

해운비용은 선박용선의 형태와 화물의 적·양하 조건에 따라 비용부담주체가 달라진다. 선박자본비는 용선의 형태에 구분 없이 모두 선주가 부담한다. 나용선의 경우 자본비만 선주가 부담하고, 그 외 모든 비용일체는 용선자가 부담한다. 정기 및 기간용선의 경우 선주가 자본비와 운항비를 부담하며, 용선자가 항해비, 화물 적·양하 비용을 부담한다. FIO(Free In/Out) 하역조건에서는 화주가 화물하역비를 부담한다. GL/FD(Gross Load/Free Discharge) 조건에서 선적비용은 선주가 부담하고, 하역비는 화주(용선자)가 부담한다. 정기선해운에서는 자본비, 운항비, 항해비, 적·양하비 모두 선주가 부담한다. 다시 말해 화주가 부담하는 해상운임에는 이들 비용이 모두 포함되어 있다고 말할 수 있다.

3. 선박운항의 채산성검토방법

부정기해운의 용선시장에서 선주는 자사선박으로 직접 화물을 운송하거나, 다른 선주의 선박을 용선하여 화물을 운송하는 경우도 있다. 또한 선주가 정기용선계약에 의해 용선자에게 일정기간 선박을 대여하기도 하며, 다른 선주로부터 용선한 선박을 재용선하는 경우도 있다. 해운시황 및 기업의 경영여건 등에 의해 앞에서 설명한 것처럼 선주는 여러 가지 환경 속에서 경영의사결정을 수행하며, 용선과 관련된 의사결정을 하게 된다. 용선의사결정시 선주는 선박의 운항원가와 비용, 운임수입 또는 용선료 등을 고려해야 한다. 즉 운항채산을 계산하여 경영의사결정을 수행한다.

부정기선운항의 경우 시황에 따라 변동하는 운임수입과 운송원가에 따라 채산성이 결정된다. 통상 항차단위로 채산성을 분석하고, 이것을 1개월 또는 하루단위로 환산한 수치로 검토한다. 이처럼 부정기선을 운영하는 경우에 선박운항의 채산성을 검토할 때 사용되는 2가지 방법이 있다. 그 첫째는 하이어베이스(Hire Base : H/B)이고, 둘째는 차터베이스(Charter Base : C/B)이다. 이들 개념은 1920년대 일본에서 개발된 채산성검토방식이다. 이 방식을 이용할 경우 각 선박의 기초원가 및 항차별 채산성을 쉽게 산출할 수 있다는 장점이 있다. 유럽이나 미국에서 하이어베이스(H/B)는 time charter equivalent, unit fixed cost, running cost와 동일한 개념으로 사용된다. 반면 차터베이스(C/B)는 minimum required rate 등의 용어로 표현된다. 이들 개념들은 경제학에서 사용하는 한계비용(marginal cost)과 한계수익(marginal revenue)의 개념을 실용화한 것이다. C/B는 한계수익(marginal revenue)이고, H/B는 한계비용(marginal cost)의 개념이라 할 수 있다.

1) 차터베이스(Charter Base : C/B)

C/B란 어떤 선박이 항해를 앞두고 해당 항해(통상적으로 1 항해－one voyage)에서 취득하는 총해운수익인 운임수입에서 그 항해를 위해 소요되는 운항비(연료비, 하역비, 항비)를 공제한 이익을 소요항해일수로 나누어 1개월(30일)당, 1중량톤당(1 dwt)당의 금액으로 산출한 것이다. 이를 수식으로 표현하면 아래와 같다.

C/B＝{(총운임수입－운항비)×30일} / (항차당 운항일수×선박 dwt)

위의 수식에서 보는 바와 같이 C/B는 해운기업에서 1개월당 1 dwt당 순수익단위로 사용되기 때문에 경제학에서 말하는 한계수입에 해당하는 개념이다. 따라서 이 개념을 사용하여 정기용선료와 C/B를 비교하여 손익의 크기를 결정할 수 있게 만들어 주며, 또한 용선자가 다른 선박을 용선하는 경우 용선료의 상한선으로 사용되기도 한다.

2) 하이어베이스(Hire Base : H/B)

H/B는 선박의 1년 동안의 고정비, 즉 선비(감가상각비, 지급이자 등의 자본비와 선원비, 선용품비, 보험료 등 경상비의 합계)를 연간 운항일수로 나누어 1개월(30일)당 1 dwt당의 금액으로 산출한 것이다. 즉 H/B는 항해의 여부에 관계 없이 선박을 항상 운항할 수 있는 상태로 유지하기 위해 필요로 하는 모든 비용을 1개월당 1 dwt당의 금액으로 환산한 일종의 고정비적 성격의 원가를 의미한다. 이를 수식으로 표현하면 아래와 같다.

H/B＝(연간 선비×30일) / (연간 가동일수×선박 dwt)

위의 수식에서 보는 바와 같이 H/B는 선박에 배부된 연간 선비를 그 기간 내에 실제로 가동한 일수에 대하여 1개월간 1중량톤으로 환산한 금액이다. 이러한 측면에서 H/B는 경제학에서 말하는 한계비용(marginal cost)의 개념으로, 용선료책정기준으로 사용된다. 즉 선주는 자신이 지불해야 할 선비를 1개월 1중량톤당 계산한 비용인 H/B를 용선료와 비교하여 용선 여부를 결정하게 된다. 따라서 1개월 1dwt당 용선료가 H/B보다 큰 경우(용선료 〉 H/B)에는 선박을 상시 운항상태로 유지하기 위하여 들어가는 고정비보다 용선료를 더 많이 받는 경우가 된다. 이 경우 선주는 H/B와 용선료차이만큼 경영성과에 긍정적인 영향을 미치는 결과를 가져오기 때문에 용선계약을 체결하게 된다.

이상에서 살펴본 바와 같이 C/B와 H/B는 각각 1개월 1 d/w/t당 표준수익과 표준비용의 개념으로 사용되고, 따라서 이 두 개념을 이용하여 선박운항의 채산성을 검토할 수 있다.

3) C/B와 H/B의 관계

앞에서 살펴본 바와 같이 C/B는 순운임수익에서 운항비를 차감(순운임수익－운항비)하여 이를 1개월당 1 dwt당 순수익단위로 사용하는 개념이다. 또한 H/B는 선비를 1개월(30일)당 1 dwt당으로 산출한 금액이다. 따라서 C/B－H/B는 운항이익이 된다. 이는 회계학에서 이익＝수익－비용으로 산출하는 개념과 동일한 것이다. 즉 수익은 운임에서 대선료 등 수수료를 공제한 순운임수익에 해당하고, 비용은 운항비와 선비로 구성된다. 그런데 순운임수익에서 운항비를 차감(순운임수익－운항비)하여 계산하고, 이를 1개월당 1 dwt당으로 표시한 C/B에서 선비를 1개월당 1 dwt당으로 표시한 H/B를 차감하면 운항이익이 된다. 이를 수식으로 표현하면 다음과 같다.

$$
\begin{aligned}
\text{1개월당 1 dwt당 운항이익} &= \text{수익} - \text{비용} \\
&= \text{순운임수익} - (\text{운항비} + \text{선비}) \\
&= (\text{순운임수익} - \text{운항비}) - \text{선비} \\
&= \text{C/B} - \text{H/B}
\end{aligned}
$$

따라서 C/B가 H/B보다 큰 경우에는 운항이익이 발생함을 의미하고, 반대의 경우에는 운항손실이 발생하게 된다.

4) C/B와 H/B를 이용한 운항채산성검토 사례

해운기업에서는 선박운항에 따른 수익성을 검토하기 위하여 자체 개발프로그램이나 엑셀 프로그램을 이용하여 운항채산을 검토한다. 운항채산을 계산하기 위해서는 ① 운송화물의 양, 선적항, 양하항, 선적/양하 하역률 및 조건, 조출료/체선료 및 운임, ② 선박과 관련된 재화중량톤수, 총톤수, 순톤수, 연료소모량, ③ 항해거리, 운항소요시간, 재항시간, ④ 항해에 따른 연료소모량 및 연료비용, ⑤ 항비(선적 및 양하 하역비, 운항통과료 기타 비용 등), 화물비, ⑥ 일일용선료, 수수료 등의 정보가 필요하다. 이러한 정보를 이용하면 C/B와 H/B를 계산할 수 있다. 이러한 정보 중 일부 정보만을 이용하여 아래의 CA Marine호 사례를 살펴보자.

〈사 례〉 Marine호

철광석 30,000톤을 미국 Seattle에서 한국 Busan으로 수송

연간 가동일수 : 330일, dwt(중량톤수) : 60,000 dwt
연간선비 : US $4,000,000, 철광석 운반 소요일수 : 25일
운항비 : US $400,000, 톤당 운임 : US $30 경우
총운임수입 : 30,000톤×$30 = US $900,000

H/B = (US $4,000,000×30일) / (330일×60,000 dwt) = US $7.06
C/B = {(US $900,000－US $400,000)×30} / (25일×60,000 dwt) = US $10.0

사례에 제시된 정보를 이용하여 CA Marine호 선주는 선박운항과 관련된 다양한 의사결정을 행할 수 있다.

첫째, Marine호를 용선계약할 경우 위의 정보를 이용하여 다음과 같은 의사결정을 할 수 있다. 예를 들면 Marine호의 용선료(hire)는 1개월에 적어도 US $423,600(=US $7.06×60,000dwt), 1일에 US $14,120(=(H/B×dwt) / 30)=(7.06×60,000) / 30) 이상이 되어야 선주로서 용선계약을 실행할 수 있다. 따라서 Marine호 선주는 용선 여부를 결정할 의사결정 기준단가로 하이어 베이스(H/B)를 이용하면 된다. 위에서 설명한 바와 같이 만일 용선료 1일당 $14,120 이상이라면, 고정비적 성격의 운항원가보다 높은 금액이기 때문에 용선을 하는 경우, 경영성과에 보다 긍정적인 영향을 미친다.

둘째, 선주가 Marine호를 이용하여 직접 철광석을 운송할지의 여부를 결정하는 의사결정을 수행할 수 있다. 이 경우 최저총운임액={(H/B×소요일수×dwt) / 30} + 운항비로 결정되게 된다. 앞의 수식을 이용하여 최저총운임액을 결정하면 다음과 같다.

최저총운임액 = {(US $7.06×25×60,000) / 30} + 400,000 = US $753,000

톤당 운임 = US $753,000 / 30,000 ton = US $25.1

즉 Marine호 선주가 철광석을 직접 운송하는 경우 톤당 US $25.1 이상은 받아야 수지를 맞출 수 있고, 따라서 철광석운임으로 1 dwt당 US $25.1 이상을 받는다면 최저총금액보다 많은 금액을 받기 때문에 경영성과에 보다 긍정적일 수 있다.

이상에서 설명한 내용과 사례에 제시된 내용을 종합하여 해운채산성을 검토하기 위한 의사결정규칙을 만들면 아래와 같다. 또한 이러한 계산방식은 최근 들어 부정기선의 경우뿐만 아니라, 정기선이나 컨테이너선의 경우에도 적용된다.

1) 자사선으로 직접 운항하는 경우 : C/B 〉 H/B일 때 채산은 (+)
2) 타사선을 용선하여 운항할 경우 : C/B 〉 용선료일 때 채산은 (+)
3) 선주가 용선 여부(대선)를 결정할 경우 : 용선료 〉 H/B일 때 채산은 (+)

제 3 절 해운기업의 예산편성기법

1. 예산관리 개요

예산이란 기업의 경영계획을 계량적으로 표현한 수치로써 모든 부분의 활동과 사업전개를 요약한 것이다. 기존 설비를 신규설비로 대체하거나 원가절감, 신제품생산을 위한 시설확보, 지속적으로 소요되는 판매비와 관리비 등을 위한 종합적인 계획을 예산이라는 범위로서 규정하는 것이다. 따라서 예산편성 계획과 집행에 따른 평가결과를 통해 보다 효율적인 경영계획이 수립되도록 하는 유인효과가 있으며, 성과평가의 준거기준이 되기도 한다. 또한 예산은 거대규모의 사업조직에서는 부서간 또는 사업부문간의 의사소통과 조정기능을 아울러 수행한다.

예산편성의 방법으로는 사업계획을 담당하는 부서의 임의적인 판단에 따른 배분, 외부전문가 또는 회계법인 등을 통한 컨설팅결과 반영, 모든 부서직원들의 참여를 통하는 방법이 있다. 소규모 사업체의 경우에는 통상적으로 최고경영자나 사내 소수의 핵심인력을 참여시켜 예산을 편성할 수 있다. 이러한 예산편성방식을 통상적으로 상위하달식(top-down) 예산편성기법이라 한다. 반면 글로벌기업의 경우 조직이 방대하고 복잡한 부서간의 이해관계 때문에 전부서가 참여하는 방식으로 예산편성이 이루어진다. 이러한 예산편성방식을 통상적으로 하위상달식(bottom-up) 예산편성기법 또는 참여예산 편성기법이라 한다.

일반적으로 효율적인 예산편성을 위한 접근방식은 다음과 같다. ① 기업의 전사적인 사업목표와의 일체화를 고려한 편성, ② 전체목표에 부합하는 각 부서별 하위목표분할 및 표준원가제도를 통한 집행의 준거기준 마련, ③ 기업목표와 적합한 규모의 예산관리, ④ 부서 및 직원들의 예산집행의 타당성수용정도, ⑤ 예산집행과 결과에 대한 통제가능성이다.

이러한 활동을 통하여 효과적인 예산편성이 이루어지고 있다. 또한 예산편성, 예산의 집행, 그리고 경영성과측정을 통한 예산과 경영성과와의 차이분석, 이러한 분석결과의 활용은 경영의 순환과정과 맥을 같이한다. 즉 예산의 편성(plan), 집행(do) 및 환류(feed-back)과정은 결국 경영의 순환과정인 계획(plan)－집행(do)－평가(see)라는 과정과 유사하다. 이는 예산의 기능이 경영의 순환과정과 동일할 정도로 중요한 기능을 수행함을 의미한다.

1) 경영의 순환과정과 예산관리

경영의 순환과정과 예산편성, 집행 및 환류의 과정을 도식화하면 [그림 12-6]과 같다. 그림에서 보여 주는 바와 같이 예산편성의 기반은 기업의 장·단기 발전계획실행을 위한 첫번째 과정이다. 이처럼 기업의 장·단기 발전계획실행의 시작은 예산편성에서부터 출발한다. 편성된 예산을 효율적으로 집행하는 것이 주요 사업의 추진이며, 특히 신규사업에 진출 혹은 새로운 선박건설과 같은 신규투자 등을 결정하는 중요한 의사결정과정이 편성된 예산을 집행하는

[그림 12-6] 경영의 순환과정과 예산관리

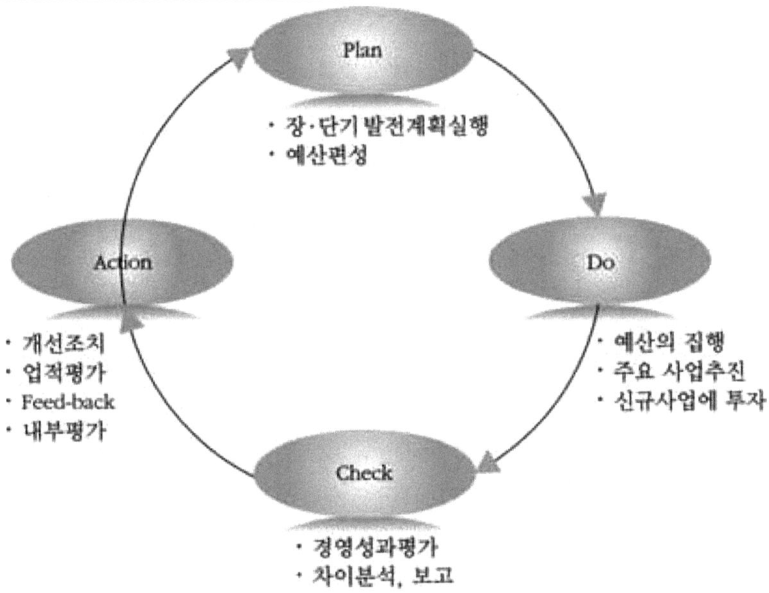

과정이라 생각하면 된다.

경영의 순환과정인 계획, 집행, 확인 및 평가 단계와 예산관리를 연계하여 설명하면 다음과 같다.

첫째, 계획단계에서는 경영 및 사업수행을 위한 예산편성, 예산의 효율적 활용계획을 수립하는 단계라 할 수 있다.

둘째, 집행단계에서는 편성된 예산을 각 사업부서에서 집행하는 과정인 주요 사업의 추진이 이루어진다. 이러한 사업의 결과들은 계획대비 실적에 대한 확인, 예산사용의 차이분석, 합리적인 재무관리가 이루어지고 있는가 등 회계기간 또는 사업기간중에 지속적인 확인과 점검을 받게 된다.

마지막으로, 확인 및 평가 단계에서는 이러한 개선조치에 대한 사업실적평가와 개인에 대한 업적평가로 이어지며, 기존의 각종 재무보고 등을 통한 피드백과 내부평가시스템을 통한 성과평가가 반복적으로 이루어진다.

2) 예산관리의 목적

예산관리는 장·단기 경영계획 수립단계에서 가장 많이 활용되는 회계도구이다. 즉 예산관리의 목적은 경영자가 미래를 위해 제시한 실행계획을 계량적으로 표현할 수 있게 해주고, 각 부서의 업무조율과 수행을 보다 효과적으로 수행할 수 있게 해주는 일종의 의사전달기능을 수행하기 위함이다. 해운기업의 경우, 예산관리는 수송물량의 단위당 예산을 과학적이고 합리적인 방법으로 수립, 결정하여 사업수행결과를 사전에 예측할 수 있게 해준다. 또한 미래에 대한 불확실성이 낮아지고, 기업성과를 보다 정확하게 측정할 수 있도록 한다. 그리고 장래 세계경기활성화 또는 침체가 예상되는 경우, 이에 맞추어 선박의 구입 또는 리스, 해외지점의 개설, 항해인력의 추가확보, 목적지항구의 하역창고 추가확보 여부 등 사업을 보다 효율적으로 수행함은 물론 사전에 문제점을 파악하여 이를 대비시키는 목적으로 예산관리가 이루어진다.

일반적으로 해운기업은 예산을 단기, 중기, 장기의 경영목표에 따라 구분하여 설정하게 된다. 이 때 해당 기업이 이용가능한 재정자원을 검토하게 되는데, 자금부족시 차입 또는 주식발행 등을 통해 자금을 조달하고, 조직 및 인력부족시에는 신규채용 등의 의사결정을 효율적으로 수행할 수 있게 해준다. 이처럼 예산관리를 통하여 기업의 모든 의사결정을 사전에 검토하고, 이러한 검토결과에 따라 경영목표달성을 위한 종합예산을 수립하게 된다. 회계적인 관점에서 예산은 일정기간 동안의 재무적 자원의 사용과 인적자원에 대한 계획을 계량화한 것이다. 이 때 최종예산 혹은 종합예산은 조직의 모든 활동인 구매, 생산, 판매, 재무 활동 등에 대한 활동을 종합한 것으로 경영자로 하여금 미래계획과 그 계획의 달성경로를 쉽게 파악할 수 있도록 한다.

3) 예산의 분류

예산은 다양한 형태로 분류할 수 있다. 사용목적에 따른 분류를 보면 자본예산과 손익예산으로 나눌 수 있다. 자본예산은 연구개발(R&D) 투자, 유형자산 등 대규모 투자가 요구되는 것으로 미래이익의 최대관건으로 경영자의 전략적 의사결정과 직결되고 있다. 따라서 자본예산은 경영자의 전략적 의사결정에 의하여 이루어지기 때문에 연단위로 편성되지만, 결과적으로 사업을 시작해서 종료되는 기간 동안 사용되어지는 예산이다. 손익예산은 매년 편성되는 예산으로 계정과목별로 월별로 예산을 편성하고, 월별로 그 집행실적을 관리하는

[그림 12-7] 해운기업의 예산분류

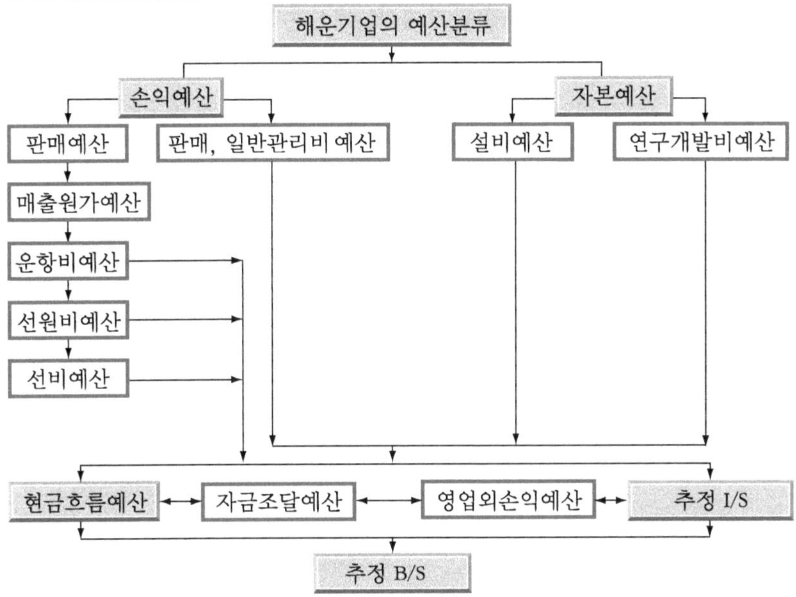

예산이다. 해운기업의 손익예산을 세부적으로 구분하면, 판매예산과 이에 따른 매출원가, 그리고 각종 비용예산인 판매비, 일반관리비 예산이 있다. 매출원가 예산은 또다시 해운용역제공시 발생하는 원가의 3요소라 할 수 있는 운항비, 선원비, 선비 예산으로 구분된다. 또한 통상적으로 손익예산은 조직의 운영과 관련된 경상적인 항목들에 대한 예산인 반면, 자본예산은 설비투자와 같은 비경상적인 예산으로 분류된다. 이러한 해운기업의 종합예산을 그 세부적인 형태로 분류한 내용을 요약하면 [그림 12-7]과 같다.

2. 해운기업의 종합예산 편성기법

1) 예산편성절차

해운물류에서 종합예산은 각 부서 및 사업수행의 목적에 따른 부문별 예산들로 구성된다. 종합예산편성을 위해서는 판매예산을 통해 매출원가예산과 판매비와 관리비 예산을 편성한다. 매출원가예산을 통해서는 운항비예산, 선원비

예산 및 선비예산을 작성하는데, 이는 해운물류기업 입장에서는 물류예산으로 볼 수 있다. 위의 결과를 통해 매출원가예산, 예산손익계산서를 작성하고, 현금수요를 고려한 현금예산 등이 산출된다. 이러한 종합예산 편성절차를 통해 해운기업의 업무흐름을 살펴보면 다음과 같은 단계를 거치게 된다.

① 기존의 물류실태를 조사하고 현재의 재무상태를 확인하는데, 여기서는 기말현금잔액, 수송중인 물류량 등을 점검한다.
② 기존의 화물물류량과 선박운임 등을 주, 월, 분기, 반기, 연별로 추세치를 분석하거나 시장동향자료들을 분석하여 예측하고, 이를 바탕으로 예상매출액을 산정하게 된다.
③ 해운기업의 중·장기적인 경영전략 등에 의거하여 물류환경을 반영한 전략과 정책을 수립한다. 여기에는 미시적 요소보다는 선박건조, 세계경기흐름 등 거시적 요소에 따른 변화를 반영하는 것이 바람직하다.
④ 종합예산 편성방침을 수립하고, 이에 근거하여 매출액, 매출원가, 그리고 판매비와 일반관리비 예산의 근간이 되는 물류예산을 편성하고, 이에 기초하여 각종 자본예산 및 예산손익계산서 등 물류비예산서를 작성한다.
⑤ 각 부서에서 작성하여 취합된 물류비예산안은 별도로 구성된 예산심의위원회의 심의 및 조정을 한다.
⑥ 조정이 완료된 물류비예산은 최고경영진의 결재 후 확정한다.

2) 해운물류 예산편성방법

해운물류기업은 해당 기업의 각 사업연도 예산편성지침에 의거하여 예산을 편성하는데, 앞서 언급한 현업부서의 의견수렴과정을 거쳐 예산을 편성하게 된다. 이러한 예산편성방법은 일반적으로 발생형태별, 물류기능별, 제품별 예산 등으로 나눌 수 있다.

(1) 발생형태별 해운물류예산

해운물류예산을 편성하기 위해서는 첫째로 운송수량(회수)이 사전에 예측되어져야 한다. 둘째는 이를 근거로 해운물류원가예산이 편성되는데, 이 때는 변동물류원가부문과 고정물류원가부문으로 나누어서 편성한다. 변동물류원가는 재료비(운항비 및 선비 일부) 예산과 노무비(선원비 및 선비 일부) 예산으로 구분되어진다. 재료비예산은 해운물류활동과 관련하여 투입되는 재료에 대한 것으로 선박연료비, 자재물품, 각종 소모성비용으로 구성되어지며, 간단한 계산식으로 살펴보면 다음과 같다.

재료비예산＝예상재료(연료) 소요량×예정원가

예상재료(연료) 소요량＝(예상수송량×선박당 표준소비량)＋기말재고량 －기초재고량

노무비예산은 해운물류활동을 수행하기 위해 소요된 인건비에 대한 항목으로 선원 또는 관리직원에 대한 급료, 수당, 각종 복리후생비 등으로 구성되어지며, 계산식으로 살펴보면 다음과 같다.

노무비예산＝예상작업량(작업시간)×예정인건비(율)

고정물류원가는 단위당 발생하는 운항횟수에 따라 발생하지 않고 해운업을 운영하는 경우, 일률적으로 발생하는 금액을 말한다. 따라서 위에서 언급되었던 재료비와 노무비를 제외한 모든 예산에 대한 것으로 판매비와 관리비, 일반경비, 감가상각비, 각종 조세공과, 선원비 및 선비의 일부항목들이 여기에 포함된다. 경비예산의 경우 과거 회계연도의 발생금액을 기초로 물가상승률, 향후 경기전망 등에 따라 일정률을 가감하는 형식으로 예산을 편성하면 된다.

(2) 기능별 해운물류예산

해운물류기업의 경쟁이 날로 치열해지고, 국가간 진입장벽이 낮추어지는 현실 속에서 품질향상, 가격경쟁력제고, 생산효율성향상이 기업의 중요한 경쟁력강화요소로 나타나고 있다. 해운기업의 경우에도 전통적인 변동비와 고정비를 관리함은 물론이고, 이러한 비용의 근본적인 절감대책을 세우고 실행하는 현실이다. 이처럼 비용절감을 위한 목적으로 도입된 제도가 기능별 원가관리제도이며, 예산편성 또한 기능별로 이루어지는데, 이러한 예산편성방법을 기능별 해운물류예산기법이라 한다. 이 예산편성기법은 기존 물류프로세스에서 발생하는 포장, 운송, 보관, 하역 등 각 단계별로 예산을 편성하는 기법이다. 따라서 예산의 편성단위도 포장비, 운송비, 보관비, 하역비, 가공비, 정보비, 관리비

등 물류업을 영위함에 따라 발생하는 비용항목들이라 할 수 있다. 이들 기능별 예산편성은 표준단가에 예상수량을 곱하여 산정하게 된다.

예를 들면 포장비예산의 경우 표준포장비에 예상포장수량(즉 포장비예산=표준포장비×예상포장수량)을 곱하여 산출한다. 운송비, 보관비, 하역비, 가공비 등도 포장비와 유사한 방법으로 예산을 산출한다. 반면 정보비나 관리비 예산의 경우에는 표준단가를 적용하기보다는 전년도 단위당 비용을 표준단가로 사용하여 예산을 편성하면 된다. 이처럼 기능별 해운물류예산제도는 기존의 계정과목별 예산편성제도보다는 보다 세밀하고 단계별로 분석함에 따라서 부문별 혹은 기능별로 비효율적인 요소를 찾아 내고 개선할 수 있는 기회를 제공하는 장점을 가진다.

이러한 예산관리의 주요 내용을 경영의 관점에서 살펴보면 다음과 같다. 해운기업에 있어서 예산관리는 경영의 순환과정상에서 나타나는 모든 경영활동인 계획(plan)－집행(do)－평가(see) 행위를 회계정보를 활용하여 수치로 표현하는 기법이다. 예산관리의 주요 목적은 회계정보를 활용하여 기업의 장·단기 경영계획에 제시된 실행계획들을 회계수치(계량적)로 표현하는 데 있다. 이처럼 예산관리는 경영상에 나타나는 모든 실행계획들을 회계적(계량적)으로 표시하여 기업이 필요로 하는 자금운용 및 조달, 그리고 인력수급 및 관리 등 경영자원을 효율적으로 사용하여 해운기업의 경영성과를 제고하는 기능을 수행한다. 이러한 기능을 수행하는 예산은 손익예산과 자본예산으로 구분되며, 손익예산은 또 다시 매출원가예산, 판매비와 관리비 예산으로 구분된다. 자본예산은 장기투자전략의 일환으로 수행되는 연구개발이나 선박구매 등 설비투자예산을 의미한다. 따라서 손익예산 및 자본예산 실행의 결과를 종합하면 현금흐름예산이 나오고, 1년 동안 경영의 결과로 나타날 추정손익계산서와 추정대차대조표를 만들 수 있게 된다. 이러한 과정을 거쳐 만들어진 예산서는 경영자 자신이 추구하고자 하는 사업들을 전종업원들에게 예고하는 일종의 경영의사소통의 수단으로 활용된다.

제 4 절 손익분기점분석

1. 개 요

1) 손익분기점의 의의

손익분기점(Break Even Point : BEP)이란 총수익과 총비용이 일치하는 분기점을 의미한다. 따라서 손익분기점분석이란 총수익과 총비용이 일치하는 정도의 매출액수준을 결정하는 중요한 도구로 활용된다. 이러한 손익분기점 분석기법을 응용한 경영의사결정기법이 원가-조업도-이익(Cost-Volume-Profit : CVP) 분석기법이다. 즉 해운기업측면에서는 물류서비스제공을 위하여 투입되는 선박, 선복량, 수송물량, 투입비용에 따른 원가, 매출액, 이익의 관계를 분석하는 도구로 활용된다. 또한 이 CVP 분석기법을 응용하여 손익분기가 이루어지는 매출액, 목표이익을 달성하기 위하여 필요로 하는 판매액, 목표판매(수송) 물량, 또한 이익계획을 수립하는 도구로 활용된다.

2) 손익분기점분석을 위한 기본가정

손익분기점분석을 수행하기 위해서는 손익계산서에 나타난 모든 비용[1])을 변동원가와 고정원가로 구분할 수 있어야 한다. 이처럼 해운기업의 원가행태는 수송량에 따라 원가발생의 행태(cost behavior)가 변화하는 변동원가(variable cost)와 변화하지 않는 고정원가(fixed cost)로 구분된다. 물론 수송량과 원가발생의 행태가 직접적으로 비례하는지의 여부에 따라 변동원가 및 고정원가로 분류되고, 직접적으로 비례하기보다는 상관성의 정도에 따라 준변동비와 준고정비로 구분한다. 따라서 해운기업의 원가행태는 개략적으로 4가지 유형인 변동원가, 준변동원가, 준고정원가, 고정원가로 구분한다. 그러나 손익분기점분석을

1) 통상적으로 원가와 비용의 개념은 다르다. 원가는 미래의 경제적 효익을 창출하는 데 사용된 경제적 희생의 가치(예 : 제조활동에 투입된 재료비, 노무비, 각종 경비와 같은 제조간접비)를 의미하는 반면, 비용은 미래의 경제적 효익창출과는 다소 거리가 있는 데 사용된 경제적 가치의 희생을 의미한다. 그러나 본 절에서는 원가와 비용은 사실상 같은 개념으로 사용한다. 또한 실무에서도 손익분기 분석목적을 위해서는 같은 개념으로 사용된다.

위한 목적으로는 해운기업에서 발생하는 모든 원가(비용)는 고정원가와 변동원가로 구분이 가능하다고 가정해야 한다.

고정원가(fixed cost)는 판매(수송)량 또는 제공되는 서비스가 증감하더라도 이와 관계 없이 발생하며, 판매(수송)량이 0인 경우에도 그 원가총액은 변동하지 않는 원가이다. 따라서 단위당 고정원가는 판매(수송)량이 증가하면 상대적으로 감소하게 된다. 이러한 고정원가의 대표적인 예로는 종업원의 급료, 감가상각비, 고정자산세, 보험료, 집세, 광고비 등이 있다. 변동원가(variable cost)는 판매(수송)량 또는 제공되는 서비스에 따라 비례적으로 증가 또는 감소하는 원가를 의미한다. 따라서 단위당 변동비는 판매(수송)량이나 또는 제공되는 서비스의 양에 관계 없이 일정하게 나타난다. 즉 수송량이 0인 경우 변동비는 발생하지 않으며, 수송량이 증가하면 증가하는 양에 비례하여 총변동원가도 동일한 비율로 증가하게 된다.

변동원가의 대표적인 예로는 항해거리에 따라 발생하는 연료비, 하역비 등이 있다. 그러나 해운기업실무에서는 모든 비용(원가)이 정확히 변동비도 고정비도 아닌 경우가 많다. 따라서 손익분기점 분석을 실시하기 위해서는 일정한

[그림 12-8] 변동비와 고정비의 특성

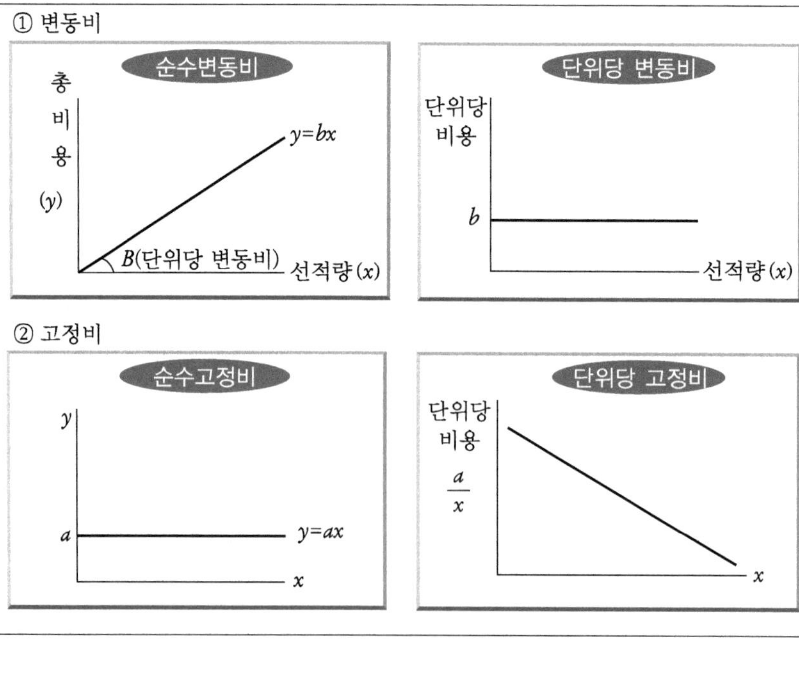

가정을 두고 원가의 행태를 고정원가와 변동원가로 구분할 필요가 있다. 또한 손익분기점 분석을 위해서는 영업활동과 관련이 있는 비용을 대상으로 하는 것이지, 이자비용과 같은 재무적인 활동의 결과로 발생하는 비용은 일단 제외시키고 분석을 실시해야 한다.

2. 변동원가와 고정원가 분류방법

앞서 설명한 바와 같이 해운기업에서 발생하는 원가는 고정비와 변동비로 명확히 구분되어 발생하는 경우가 거의 없다. 다만, 판매량 또는 수송량의 일정범위를 지칭하는 관련범위(relevant range) 내에서만 고정비와 변동비로 구분이 가능하다. 관련범위를 벗어나는 모든 원가(비용) 항목들은 개략적으로 항목에 따라 고정비적 성격이 강한 항목이나 변동비적 성격이 강한 항목으로 구분된다. 이는 특정기간 혹은 특정연도에 발생하는 대부분의 비용은 고정비와 변동비로 명확히 구분되기보다는 준변동비나 준고정비 성격이 강하다는 의미이다. 따라서 해운기업에서 특정화물단위를 수송하는 데 따른 손익분석이나 목표이익을 실현하기 위한 수송량 등에 관한 의사결정을 실행하기 위해서는 모든 비용을 고정비와 변동비로 나누는 과정이 필요하다. 원가의 발생행태를 고정원가와 변동원가로 분류하는 방법에는 크게 회계적 방법 또는 개별 비용법, 공학적 방법, 통계적 방법 등 3가지 방법이 있다.

1) 회계학적 방법

회계학적 방법은 가장 전통적인 원가분류방법이다. 이는 오랜 경험을 가진 회계전문가가 회계장부상의 개별 계정과목(개별 비용항목별)을 상세히 분석하여 자신의 경험과 판단력을 바탕으로 원가의 발생행태를 고정비와 변동비로 구분하는 방법이다. 이와 같이 회계장부상에 계정과목을 회계전문가가 직접 조사하므로, 이 방법을 계정분석법이라고도 한다. 그러나 회계전문가가 원가의 발생행태를 고정비와 변동비로 구분하는 과정에서 개인의 주관적인 판단이 개입되므로, 분석하는 사람에 따라 고정비와 변동비의 분류결과가 다를 수 있다는 단점 때문에 실무에서는 자주 이용되지 않는다.

2) 공학적 접근방법

공학적 접근방법은 신제품이나 새로운 용역서비스를 제공하는 데 소요되는 원가의 발생행태를 공학적 연구를 기초로 하여 고정비와 변동비로 구분하는 방법이다. 이 방법은 공학자가 작업내용(예: 제품제조 혹은 수송물량)을 측정하고, 해당 제품 또는 용역을 생산, 제공하는 데 소요되는 비용(원가)의 발생행태를 과학적으로 분석한 결과를 기초로 하여 고정비와 변동비로 구분하는 방법이다. 이는 과거의 자료를 이용하는 회계적 방법과는 달리 과거의 실적자료를 이용하지 않는 방법이다. 따라서 과거의 실적자료가 이용가능하지 않는 신제품 또는 새로운 용역서비스를 제공할 때 자주 이용되는 방법이다. 그러나 실무에서는 특정제품이나 용역서비스를 제공하는 데 직접적으로 투입되는 원가를 쉽게 측정할 수 있지만, 간접비를 정확히 측정하는 데는 어려움이 많기 때문에 이 방법을 사용하여 원가의 발생행태를 고정비와 변동비로 구분하는 데는 많은 어려움이 있다.

3) 통계적 방법

(1) 고저점법

통계적 방법은 또다시 고저점법과 회귀분석법으로 구분되어진다. 고저점법(high-low point method)이란 최대의 수송량과 최소의 수송량 하에서의 원가의 발생행태에 기초하여 고정비와 변동비를 구분하는 방법이다. 즉 최대수송량과 최저수송량 범위 내에서 발생하는 원가를 산출하고, 그 차액을 수송량의 차이로 나누어서 변동비를 계산하고, 원가발생액에서 변동비를 차감하여 고정비를 산출하는 방법이다. 아래의 예는 특정연도에 A해운기업의 수송량에 따른 원가발생액이다. 이를 바탕으로 고저점법을 사용한 원가의 발생행태를 고정비와

수송량(단위 : 톤)	총원가발생액(원)
15,000	1,420,000
17,000	1,450,000
20,000	1,500,000
18,000	1,480,000
18,000	1,500,000
19,000	1,520,000

변동비로 구분하는 방법은 앞의 표와 같다.

앞의 자료에서 최대수송량은 20,000톤이고, 이 때 발생하는 원가발생총액은 1,500,000원이다. 또한 최소수송량은 15,000톤이고, 발생원가총액은 1,420,000원이다. 이 자료를 기초로 하여 단위당 변동비, 고정비 및 원가발생행태를 이용한 원가함수를 계산하면 다음과 같다.

단위당 변동비 = (1,500,000 − 1,420,000) / (20,000 − 15,000)
= 80,000 / 5,000 = 16원
고정비 = 1,500,000 − (16 × 20,000) = 1,180,000원(최대수송량을 사용한 경우)

혹은

고정비 = 1,420,000 − (16 × 15,000) = 1,180,000원(최소수송량을 사용한 경우)
원가함수(Y) = 고정비 + 단위당 변동비 × 수송량(X)
= 1,180,000 + 16 × X

이상과 같이 원가함수를 산출하고 수송량을 대입하면 총원가발생액을 구할 수 있다. 또한 위의 사례에서 고정비는 1,180,000원이고, 변동비는 단위당 변동비 16원에 수송량을 곱하여 산출하면 된다. 이 방법은 이용가능한 회계자료만 존재하면 비교적 쉽게 고정비와 변동비로 구분할 수 있다는 장점이 있다. 그러나 최대 및 최소 수송량의 관련범위 내에서는 고정비와 변동비의 분류결과가 비교적 타당성이 존재하지만, 관련범위를 벗어나는 수송량에서는 합리적인 결과를 도출하는 데 어려움이 있다. 예를 들면 수송량이 절대적으로 적거나 수송량이 절대적으로 많은 경우에는 총원가발생액이 전혀 다를 수 있으며, 이 때 원가함수는 더 이상 유용하지 않을 수 있기 때문이다.

(2) 회귀분석법

회귀분석법은 주관적인 판단보다는 최소자승의 원리에 따라 원가행태를 추정하는 방법이다. 따라서 이 방법은 최소자승법(least square method)이라고도 한다. 최소자승의 원리란 예측된 값($\hat{Y}$)과 실제 관찰된 값(Y)의 차이의 제곱의 합이 최소가 되도록 회귀선을 구하는 방법이다. 회귀분석을 이용하여 원가행태에 대한 원가함수를 구하면 일반적으로 $y = a + bx$의 형태로 나타난다. 이 식은 기본적으로 고저점법에서 제시한 원가함수와 그 형태는 동일하다. 즉 a=고정비, b=단위당 변동비, x=수송량을 의미한다. 따라서 회귀분석을 실시하여 원가함수를 구하면 절편에 해당하는 값이 고정비(즉 a)가 되고, 회귀선의 기울기인 b는 단위당 변동비가 되며, 기울기에 수송량을 곱하면 변동비총액을 구할 수 있다. 최근 실무에서는 쉽게 이용할 수 있는 통계프로그램이 많이 개발되었고, 이러한 프로그램의 회귀분석기능을 이용하여 해운기업의 원가를 고정비와 변동비로 구분하여 각종 의사결정에 활용하고 있다.

3. 손익분기점분석

1) 손익분기점도출

앞에서 설명한 고정비, 변동비, 그리고 고정비와 변동비를 합한 총비용과 총수익을 그래프로 표현하면 [그림 12-9]와 같다. 아래의 그림에서 총수익과 총비용이 만나는 지점이 손익분기점(Break-Even-Point : BEP)이다. 즉 손익분기점은 총수익과 총비용이 만나는 지점, 즉 손실도 이익도 발생하지 않는 수익과 지출이 일치하는 지점을 의미한다. Y축인 매출액에서 손익분기점은 수익과 지출이 일치하는 손익분기점 매출액[$BEP(S)$]을 의미한다. X축인 매출량(수송량)에 제시된 손익분기점은 수익과 지출이 일치되는 손익분기점 수송량[$BEP(Q)$]을 의미한다.

손익분기점을 표시하는 도표를 이용하면 의사결정에 필요한 다양한 정보

[그림 12-9] 손익분기점도표

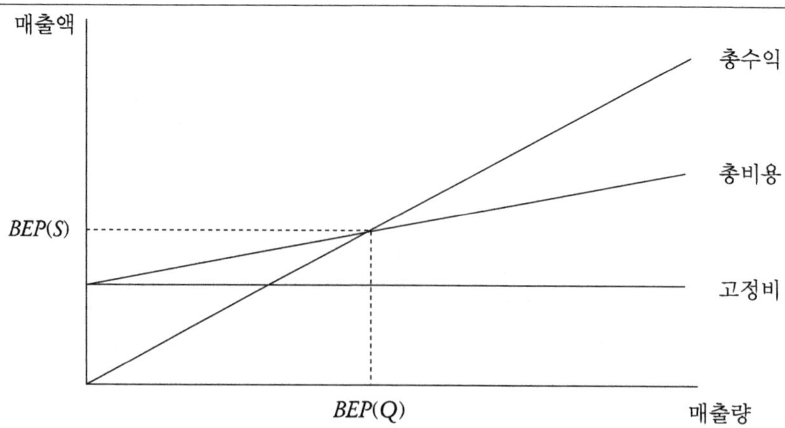

를 도출해 낼 수 있다. 그 첫번째가 공헌이익의 개념이며, 다음과 같은 수식으로 표현할 수 있다. 손익분기점(*BEP*) 지점에서

총수익(Total Revenue : *TR*) − 총비용(Total Cost : *TC*) = 0

총수익(*TR*) = 총비용 = 총변동비(*TVC*) + 총고정비(*TFC*)

공헌이익(Contribution Margin : *CM*) = 총수익 − 총변동비

위의 식에서 보는 바와 같이 공헌이익(Contribution Margin : *CM*)은 매출액에서 변동원가를 차감하여 계산된다. 이 공헌이익의 개념은 해운기업에서 조업도(수송량, 항차 등)와 연동하여 변하는 이익의 개념으로 사용된다. 즉 고정비는 조업도인 수송량 및 항차와 관계 없이 지출되는 비용이기 때문에 수송량이 0인 경우에도 발생한다. 따라서 매출액 중 변동원가를 차감한 공헌이익의 개념은 수송량을 늘리거나 항차를 늘리는 경우, 해운기업에 기여하는 이익의 정도를 의미한다. 따라서 공헌이익의 개념은 한계이익(marginal revneue)의 개념으로 앞서 설명한 차터베이스(C/B)의 개념과 유사한 개념이다.

손익분기점(*BEP*)에서는 공헌이익의 규모가 총고정비의 규모와 동일한 지점을 의미한다. 따라서 손익분기점을 지나면 이익은 수송량단위당 공헌이익의 크기만큼씩 증가하는 것으로 보면 된다. 이를 계산식으로 표현하면 다음과 같다.

손익분기점(*BEP*) 지점에서

총수익($P \cdot Q$) − 총비용($VC \cdot Q + TFC$) = 0

총수익($P \cdot Q$) = 총변동비($VC \cdot Q$) + 총고정비(TFC)

총수익($P \cdot Q$) − 총변동비($VC \cdot Q$) = 총고정비(TFC)

여기에서 "총수익($P \cdot Q$) − 총변동비($VC \cdot Q$) = 공헌이익(CM)"이기 때문에 손익분기점에서는 공헌이익(CM) = 총고정비(TFC)이다.

여기에서 P: 단위당 판매가격, Q: 조업도(판매량, 운송량), VC: 단위당 변동비

따라서 손익분기점을 지나면 이익은 수송량에 비례하여 수송량단위당 공헌이익의 크기만큼씩 증가하게 된다. 즉 수송량단위당 공헌이익은 (판매가격 − 단위당 변동비)이기 때문에 증가되는 수송량의 공헌이익은 아래와 같은 수식을 이용하여 산출하면 된다.

공헌이익 = 수송량 × 단위당 공헌이익 = $Q \times (P - VC)$

이 수식을 응용하여 손익분기점의 수송량(Q^*)을 산출하면,

$$Q^* = \frac{TFC}{P - VC}$$

또한 손익분기점을 수송량 대신 금액기준(매출액)으로 나타내면, 손익분기점에서의 매출액(S^*)은 다음과 같은 식으로 나타낼 수 있다.

$$S^* = \frac{TFC}{1 - VC/P}$$

예를 들어 수송단가(P)가 3,000만 원, 단위당 변동비(VC) 2,000만 원, 총고정원가가 3억 원인 경우, 손익분기점의 수송횟수를 계산하면,

손익분기점 수송횟수(Q^*) = TFC/($P - VC$)

= 300,000,000/(30,000,000 − 20,000,000)

= 30회

$$\text{손익분기점매출액}(S^*) = S^* = \frac{TFC}{1 - VC/P}$$

= 300,000,000 / [1 − (20,000,000/30,000,000)]

= 300,000,000/(1 − 0.667) = 900,900,900원

이와 같이 단위당 매출액, 단위당 변동비, 총고정원가를 통하여 해당 기업의 손익분기점의 조업도(수송횟수), 매출액을 산정할 수 있다.

2) 손익분기점분석의 확장과 한계

(1) 안전한계와 이익계획

해운기업이 손익분기점의 수송량만을 고려하여 지속적인 사업을 추진하는 것은 곤란하며, 해당 기업이 추구하는 예상영업이익이나 목표수송물량이 있을 것이다. 이를 산식으로 나타낼 수 있는데, 이 때 예상수송량과 손익분기점수송량의 차이를 안전한계(margin of safety)라 한다. 즉 안전한계는 손익분기점상의 매출액을 초과하는 실제매출액 또는 예상매출액을 의미한다. 안전한계를 이용하여 기업의 이익구조, 안전성을 분석할 수 있다. 만약 특정연도의 기대수송량 수준에서 해운회사의 안전한계가 크면 매출 또는 수송량이 감소할 경우, 감수

하는 손실위험은 안전한계가 작은 기업보다 적을 것이다. 즉 안전한계비율이 크면 클수록 회사에는 유리한 것이고, 수익성에 대한 안전도도 그만큼 높은 것이다. 이러한 안전한계를 계산하는 수식을 표현하면 아래와 같다.

- 해운기업의 이익=(예상수송량−손익분기점수송량)×단위당 공헌이익
- 안전한계수송량=예상수송량−손익분기점수송량
- 안전한계매출액=(예상수송량−손익분기점수송량)×단위당 매출액

해운기업은 손익분기점분석의 원리를 이용하여 기업이 추구하고자 하는 목표이익을 달성하기 위한 매출액 또는 수송량을 결정할 수 있다. 즉 기업은 손익분기점을 넘어서는 일정수준의 이익을 추구하게 되는데, 이러한 기준을 아래와 같은 수식을 이용하여 설정할 수 있다.

- 목표이익달성을 위한 수송량 및 매출액

$$= \text{목표이익수송량} = \frac{\text{총고정원가} + \text{목표이익}}{\text{단위당 공헌이익}}$$

$$= \text{목표이익매출액} = \frac{\text{총고정원가} + \text{목표이익}}{\text{단위당 공헌이익}} \times \text{단위당 운송운임}$$

(2) 법인세효과 고려시

위의 산식에서는 법인세효과를 고려하지 않은 매출액을 산출하는 방식을 설명하였다. 그러나 기업이 이익을 내는 경우, 이익의 크기에 비례하여 법인세를 납부하여야 한다. 따라서 법인세공제 이후의 목표이익을 달성하기 위한 목표매출액이나 목표수송량을 계산하기 위해서는 위의 수식에 법인세효과를 고려해야 한다. 즉 이익에서 법인세효과를 고려하는 경우에는 해당하는 법인세만큼 이익이 감소하게 됨에 따라 목표이익에서 법인세를 차감한 비율로 나누어서 목표이익을 상향조정하여 목표수송량을 산출하게 된다.

$$\text{목표수송량} = \frac{\text{총고정원가} + \dfrac{\text{목표이익}}{1-t}}{\text{단위당 공헌이익}}$$

여기에서 t: 법인세율

(3) 복합적인 공헌이익 고려시

해운기업의 경우 다양한 선박, 항로, 항차를 가지고 있으므로 선박별, 항로별, 그리고 항차별로 다양한 손익분기점수송량을 나타낼 수 있다. 그러나 기업 전체의 입장에서는 이러한 다양한 선박, 항로, 항차를 종합하는 기업 전체의 손익분기점분석이 필요할 것이다. 이처럼 다양한 선박, 항로, 항차별로 다양한 손익분기점을 보일 때 이를 가중평균한 공헌이익을 산출하고, 이러한 가중평균 공헌이익률을 이용하여 기업 전체의 손익분기점분석이나 목표이익매출액 등을 계산하여 사용하여야 한다. 다음의 예에서 보는 바와 같이 항로별로 운임, 변동비가 각각 다르다고 가정하자.

구 분	수송량(톤)	운 임(만원)	변동비(만원)	공헌이익(만원)
일본항로	10	5	3	2
미국항로	50	3	2	1
총고정원가	50			

위의 사례에서 아래에 제시된 바와 같이 가중평균 공헌이익을 계산하면 1.17만 원이 나온다. 이러한 가중평균 공헌이익을 이용하여 손익분기점수송량을 계산하면 약 43톤이 된다.

$$\text{가중평균 공헌이익} = \frac{(2\times10)+(1\times50)}{10+50} = 1.17(\text{만원})$$

$$\text{손익분기점수송량} = \frac{50}{1.17} \fallingdotseq 43(\text{톤})$$

이와 같이 해운기업실무에서는 다양하고 복합적인 선박구성, 항로 등이 존재하기 때문에 가중평균 공헌이익을 계산한 후 기업 전체의 손익분기점매출액이나 목표이익매출액 등을 계산하여 사용한다.

(4) 손익분기점분석의 한계

손익분기점분석은 간단하면서 유용한 분석도구이지만, 다음과 같은 한계점도 있다.

첫째, 원가, 조업도(매출량, 수송량), 이익의 관계가 선형관계라고 가정하고 있지만, 장기적인 관점에서 볼 때 판매량의 증가에 따라 단위당 판매가격과 변동원가는 변화한다. 그러나 손익분기점분석에서는 판매량의 증가와 관계 없이 판매가격 및 변동원가는 일정하다는 가정에서 출발한다.

둘째, 비용항목을 고정원가와 변동원가로 구분할 수 있다고 가정하고 있지만, 실제로는 명확하게 구분되지 않는 준변동비 또는 준고정비 성격의 비용항목들이 많이 존재한다. 따라서 기업 전체의 원가를 고정비와 변동비로 구분한 결과가 얼마만큼 정확한가에 따라 손익분기점분석의 결과가 정확해진다.

셋째, 다양한 선박, 항로, 항차 또는 서비스가 동시에 제공될 경우, 공통원가의 배분방법에 따라 선박별, 항로별, 항차별, 서비스별 고정비와 변동비의 구성내용이 달라질 수 있다. 따라서 공통비의 배분방법에 따라 단위당 공헌이익이 변경될 수 있으며, 그 결과가 손익분기점분석에도 직접적인 영향을 미친다. 그러나 이러한 한계에도 불구하고 손익분기점분석은 이해하기 쉽고 간단하여 기업의 유용한 의사결정도구로 사용된다.

제 5 절 회계정보를 활용한 경영혁신기법

전통적 생산방식에 따른 소품종 대량생산환경에서의 예산 및 원가계산 방식은 1980년대 이후부터는 공급이 수요를 초과하고, 지속적인 공장자동화, 지속적이고 불안정한 세계경제의 흐름에 따라 크게 변화되고 있다. 특히 제조업체를 중심으로 한 저원가, 고품질, 신속한 신제품 출시를 위한 노력은 생산 및 관리의 통합화, 즉시생산방식(Just In Time : JIT), 경제적 부가가치(Economic Value Added : EVA), 전사적 품질관리(Total Quality Management : TQM), 균형성과표(Balanced Score Card : BSC) 등 다양한 경영관리방식을 도입하는 계기가 되었다. 본 절에서는 원가 및 예산관리와 연관되어 사용되는 다양한 경영혁신기법 및 경영관리시스템의 변화와 관련되어 회계정보가 어떻게 활용되는가에 대하여 살펴보고자 한다.

1. 통합원가관리제도(Integrated Cost Management : ICM)

원가관리는 전통적으로 일본 제조기업에서 발전되어져 왔다. 1970년대 이후 일본은 통합원가 관리시스템을 개념화하고 체계적으로 정리하였다. 즉 기업환경은 현지에서 생산, 판매가 동시에 이루어지고 있고, 정보통신의 발달로 시간과 공간의 중요성이 감소하였다. 고객은 지속적으로 새로운 기능과 제품을 요구함에 따라 원가관리요소를 단순히 직접재료비, 직접노무비, 제조간접비만으로 한정시키지 않고, 외주가공비, 감가상각비, 선박하역료, 연구개발비, 광고선전비 등 하나의 제품이나 용역서비스를 생산해서 고객에게 판매되는 전과정의 비용을 관리하고자 하는 기법이 개발되었는데, 이 기법을 통합원가관리제도라 부른다.

제품(용역서비스)의 기획에서 판매에 이르기까지의 프로세스는 제품의 기획, 설계 및 제조, 출시 및 판매의 단계로 구분되어진다. 통합원가관리제도는 이러한 단계별로 이루어지던 종전의 원가관리기법을 통합하여 운영하는 기법이다. 즉 통합원가 관리기법은 생산과정과 판매과정에서 발생하는 모든 원가를 통합하여 관리하는 기법이다. 원료투입에서 제품이 나오는 생산과정에서는 생산의 능률성향상을 중점으로 원가를 관리하고, 생산된 제품이 고객에게 판매되는 판매과정에서는 수익성, 서비스, 품질보증 등 기업의 경영성과에 얼마나 효과적인가를 집중적으로 고려하여 원가를 관리하는 기법이다. 이렇게 생산에서 판매에 이르기까지 모든 과정을 통합하여 원가를 관리하는 주목적은 기업의 이익이 극대화되도록 하기 위함이다. 이러한 통합원가관리의 목적을 요약하여 제시하면 [그림 12-10]과 같다.

다음의 [그림 12-10]에서 보는 바와 같이 제품기획단계에서는 제품혁신을 위한 원가관리가 이루어지고, 제품설계단계에서는 제품개선과 혁신을 통해 원가관리가 이루어진다. 제품제조단계에서는 목표원가를 유지하는 방향에서 원가관리가 이루어진다. 또한 제조활동중에는 적정재고를 유지하고, 불량률을 최소화함은 물론 납기단축을 통하여 생산효율을 증대하면 목표원가가 달성되게 된다. 판매단계에서는 질높은 서비스를 제공함으로써 판매를 신장하고, 그 결과로 수익성을 높이는 방향에서 모든 의사결정이 이루어지면 결과적으로 기업

[그림 12-10] 통합원가관리의 목적

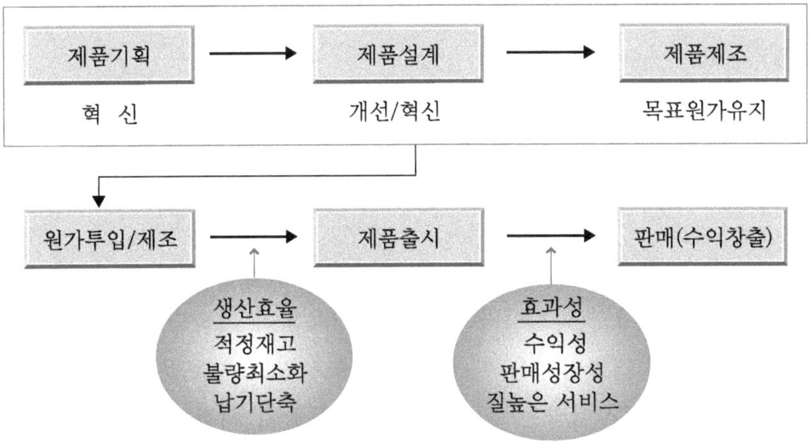

의 경영성과가 증대될 것이다. 따라서 통합원가관리제도는 제품의 기획단계에서부터 판매에 이르기까지 각 단계별로 원가관리를 통합하여 관리하고, 결과적으로 기업의 성장성과 수익성을 증대시키는 전략이다.

2. 즉시생산방식(Just In Time : JIT)

즉시생산방식(JIT)은 기업의 재고수준을 제로(0)화시키는 기법이다. 통상적인 관리프로세스에서 살펴보면, 해당 재료가 제품생산에 사용되어지기 위해서는 주문, 납품인도일, 급격한 수요증대, 파손, 손실 등을 감안하여 적정재고를 관리하는 것이 통상적인 형태이다. 그러나 JIT는 생산이 시장의 수요에 따라 불규칙적일 때 생산계획을 월간이 아닌 일단위로 작성하여 초단기간의 조달시간과 준비시간을 유지하면서 실시간으로 신속하게 수요에 대응하고자 하는 것이다.

이 JIT 시스템은 일본의 도요타공장에서 처음으로 정착되었다. 도요타자동차는 생산에는 차질을 빚지 않고 큰 규모의 원가를 절감하기 위해 이 즉시생산방식을 도입하였다. 이러한 즉시생산시스템의 안정적 유지를 위해서는 생산기업과 부품업체 간의 신뢰관계가 확고하여야 한다. 일본의 도요타공장에서는 하청업체와의 수십 년간에 걸친 업무신뢰를 바탕으로 재고부족으로 인하여 생산에 차질이 빚어지지 않고, 나아가 재고유지를 위한 비용을 절감하여 저가격의 제품을 생산하여 공급할 수 있는 방안을 찾기 위해 이 즉시생산시스템을 도입하였다.

3. 전략적 원가관리

1980년 초 마이클 포터의 경쟁이론이 경영학에 도입된 이래 회계, 생산, 마케팅, 인사 등 전분야에 전략적이라는 용어가 사용되기 시작되었다. 이후 경영학분야에서는 기존의 경영방식을 한 단계 고도화시키고, 새로운 대안을 제시하기 위한 수단으로 전략적이라는 표현을 자주 사용하기 시작하였다. 즉 전략적 사고개념이 도입된 이래 원가관리회계에서도 더 이상 특정부서의 전문적인 수치를 다룰 수 있는 기술이 아닌 경영자의 사업수행을 효과적으로 보조하고 기업의 미래가치향상을 지원하는 방향에서 원가관리가 이루어지기 시작했다. 이러한 목적에서 출발한 원가관리제도가 바로 전략적 원가관리개념이다.

전략적 원가관리제도의 핵심은 다음과 같다.

첫째, 간접부문원가의 투명성을 증대시키고, 투입된 자원에 대한 이용률을 증대시키는 것이다.

둘째, 원가관리자는 지속적으로 성과평가의 관점에서 원가유발요인과 관련정보를 관리하기 위해 기간별 비교, 부문간 비교, 경쟁회사간 비교분석을 실시한다. 이러한 분석을 통해 통제하고자 하는 수준까지 원가관리가 이루어지도록 감독하는 것이다.

셋째, 원가유발요인들을 계량적으로 관리하여 향후 BPR(경영프로세스 재설계)이나 경영리엔지니어링을 통해 보다 효율적인 관리형태가 되도록 하는 것이다. 이를 위해서는 제품이 제조되어 소비자에게 전달되는 일련의 가치창출활동을 분석하는 가치사슬분석, 각 부문별 원가경쟁력을 분석하는 경쟁우위 전략분석, 구조적 또는 관리적으로 유발되는 원가를 최소화시킬 수 있는 원가유발요인분석, 타우수기업의 생산활동을 관찰하고 착안점을 발견하는 벤치마킹 등을 통하여 효과적인 원가관리가 이루어져야 한다.

4. 활동기준원가(Activity Based Cost : ABC) 중심의 경영관리

활동기준회계는 활동개념을 기준으로 하여 원가계산 및 회계관리를 하는 방식이다. 활동이라는 단어를 원가라는 단어와 결부시켜서 누가 최초로 사용했느냐에 대해서는 많은 주장들이 있다. 경영학자들도 활동이라는 말을 1950년대부터 사용하고 있는데, 그 한 예로 Drucker는 그의 저서에서 기능과 활동을 알기 쉽게 구별하기 위해서 원가에 기초한 기능(function)과 활동(activities)이라는 두 단어를 추가하고, 활동분석에서는 형식적인 기능보다 실질적 활동이 중요하다고 역설한 바 있다.

활동기준회계의 탄생에 대한 정설은 없지만 그것과는 별도로 오늘날과 같은 활동기준회계는 1980년대 후반 제조업에서 급증한 제조간접원가를 제품에 정확히 배분하여 정확한 제품원가 계산정보를 제공하기 위하여 탄생되었다고 볼 수 있다. 미국의 회계학자인 Cooper가 제시한 전통적 원가관리방식과 활동기준 회계방식의 차이는 다음과 같다.

전통적인 원가계산방식과는 달리 활동기준회계에서는 첫번째 단계에서 여러 비용들을 "활동(activity)"을 기준으로 활동센터에 원가를 집계(accumulation)한다. 여기서 활동이란 기업목표를 달성하기 위해 기업 내의 여러 전문적인 집단이 수행하는 반복적인 임무(task)로 정의된다. 이렇게 각 활동별로 집계된 간접원가는 각 활동원가와 인과관계가 높은 활동원가 유발요인들 중에서 가장 인

[그림 12-11] 전통적 원가회계의 원가배분과 활동기준회계의 원가할당

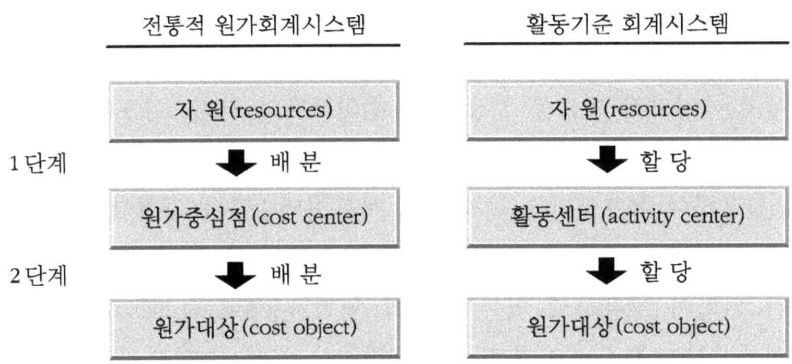

과관계가 높고 현실적으로 사용가능한 것 하나를 할당기준으로 선택하여 원가대상인 제품(용역서비스)이나 고객에게 할당된다.

활동기준회계를 공장부문의 제조원가에 국한시켜 구축할 경우에는 활동기준 회계시스템에서 산출되는 제조간접원가의 총계와 전통적 원가회계시스템에서 산출되는 제조간접원가 총계는 동일하다. 그러나 그 총계가 동일하다 할지라도 활동기준회계는 개별 제품의 제조원가에 대해 보다 정확한 정보를 제공해 줄 수 있다는 것이 기존의 연구들에서 입증되었다.

활동기준회계를 제조원가뿐만 아니라 판매관리영역까지 포괄하여 구축하는 경우에는 전통적 원가회계시스템과 활동기준 회계시스템에서 산출된 제품원가의 개념은 많은 차이가 난다. 왜냐하면 전통적 원가회계시스템에서는 제조원가, 즉 생산프로세스에 투입된 원가에 국한시켜 제품원가를 정의하고 판매관리원가는 당기 비용화하는 데 비해, 활동기준 회계시스템에서는 생산 전 단계와 생산 후 단계, 즉 물류산출, 판매 및 마케팅 프로세스, 판매 후 서비스 프로세스 등에서 발생한 판매관리원가도 제품원가에 포함시켜 관리할 수 있기 때문이다.

일반적으로 활동기준예산(Activity-Based Budgeting : ABB)에서는 원가측면뿐만 아니라 비재무적 측정치를 토대로 프로세스와 활동의 성과를 측정함으로써 기업의 지속적 개선활동에 기여한다. 이러한 활동기준예산제도를 도입하는 경우, 전략과 예산의 연계가 가능할 뿐만 아니라 수익, 서비스규모의 측정, 용역서비스 제공능력분석, 활동예산수립 등이 가능해진다.

예산관리프로세스상에서 전략을 파악하고, 이를 예산관리프로세스와 연계시킴으로써 예산관리활동이 기업의 전략달성에 기여할 수 있도록 하여야만 예산관리의 효과가 발생한다. 이처럼 활동기준예산제도는 활동을 예산과 연계시킴으로써 기업의 전략달성 여부를 보다 세부적으로 파악할 수 있게 해준다.

기업에서는 전략적 목표를 설정한 후 수익목표와 서비스규모에 대한 예측을 결정하게 되는데, 현실을 반영한 예측이 예산수립시보다 중요시되고 있으므로 ABB를 활용하여 목표원가를 설정하고, 목표이익수준을 결정할 수 있다. 또한 ABB를 이용하여 기업은 서비스제공능력에 대한 분석이 가능하다. 서비스제공능력이란 기업이 보유하고 있는 자원의 최적가용도(availability)를 의미한다. 활동기준회계에서는 활동별로 고정비를 유발하는 시설, 그리고 각종 장비의 최적가용도를 측정하여 비용효율화는 물론 활동별로 이용가능한 자원의 가용도를 측정하여 기업이 보유하고 있는 서비스제공능력이 얼마나 되는지를 분석하는 도구로 활용할 수 있다.

전통적 예산관리시스템이 과거의 원가실적을 토대로 미래의 원가를 추정함으로써 조직구성원의 이해가능성과 실행력을 미흡하게 하고 있음을 고려할 때, ABB는 기업의 전략을 달성하기 위하여 필요한 프로세스와 활동을 정의하여 예산을 수립하고 관리함으로써 전통적 예산관리에 비하여 보다 실천적이고 미래지향적이며 조직구성원의 수용가능성을 제고한다.

5. 균형성과표(Balanced Scored Card : BSC)를 통한 원가관리

급속히 진전되는 기술적 변화에 기업의 경영관리시스템에도 새로운 변화를 요구받게 되었다. 앞서 설명한 활동기준회계(ABC)에서 산출된 정교한 회계측정치를 포함한 재무적 측정지표들은 이미 행해진 의사결정결과는 보여 주지만, 장기적 전략개발을 위한 적절한 지침을 보여 주지 못했다. 결국 무형자산측정 및 장기적 관점에서 기업의 성과를 측정하자는 다수의 개념과 도구들이 1980년대 들어 출현하기 시작했으며, 그 대표적인 도구가 균형성과표(BSC)이다.

Robert Kaplan과 David Norton(2001)은 BSC를 혁신적인 관리철학으로서 개인 또는 조직단위의 성과를 성과지표에 따라 측정하고, 이를 기업가치증진에의 공헌도측면에서 평가하고, 평가결과에 따라 금전, 비금전적 보상을 결정하는 일련의 시스템으로 정의하고 있다. 또한 비전, 전략, 관점 및 핵심성과지표들에 의해 효율적으로 기업성과를 관리하는 것이 BSC의 목표가 된다. 전통적인 관리방법과는 달리 BSC의 성과지표들은 재무적, 비재무적 지표들을 모두 관리하는 것으로서 전략적 분석과 운영프로세스에 관련된 틀을 제시하고 있다. 또한 BSC는 지표들 간의 인과관계가 담겨져 있으며, 기업의 전략적 목표들과 지표들이 직접적으로 연관성을 가지고 있기 때문에 달성가능한 방향으로 기업을 이끌 수 있다.

BSC는 흔히 선박항해사에게 제공되는 계기판에 비유된다. 대형선박을 운항하기 위해 선사는 어떤 정보를 필요로 해야 하는가? 항해를 위해 선박운항에 관한 모든 정보가 필요할까? 물론 아니다. 항해상태를 나타내는 남아 있는 연료, 현재의 위치 및 속도 등 항해에 대한 결정적인 의사결정에 가장 필요한 몇 가지의 "균형된(Balanced)" 정보만으로 목표지점까지 안전하게 항해할 수 있다. 즉 기업이라는 거대한 선박을 운항할 때 어떠한 정보가 기업을 운영하는 데 중요한 정보이고 핵심정보인지를 알면, 이 핵심정보를 기반으로 효율적이며 신속한 조직운영을 할 수 있을 것이다. 조직의 의사결정에 핵심적인 요건이 무엇인지를 파악해 내는 것, 그것은 기업의 자원과 역량을 한 곳으로 집중시키며, 더 나아가 기업의 전략달성을 위한 필수요소이다.

BSC에는 기업의 비전 및 전략의 실행과 직접적으로 관련된 핵심성과지표들을 담고 있기 때문에 조직의 운영자는 이 핵심성과지표들을 통해 보다 전략적으로 기업을 운영할 수가 있다. 또한 BSC에서 제공하는 성과지표의 결과값들은 경영자 혹은 실무자로 하여금 전략의 적절성과 타당성에 대한 정보를 제공한다. 이러한 측면에서 BSC의 성과지표로부터 나타나는 수치들은 데이터 이상의 의미를 갖는다. 그것은 수립한 전략이 올바로 수행되었는지의 여부를 알려 주는 지침일 뿐만 아니라 미래의 또 다른 전략적 의사결정을 가능하게 하는 기준을 제공한다. BSC는 무엇보다 성과평가에 대해 "객관적이고 계량화"된 기준을 제시한다. 조직원들이 받아들일 수 있는 객관화된 기준을 설정하기 위해 정성적인 기준들을 최대한 정량적인 기준으로 바꾸는 노력이 BSC를 통해 이루어진다. 다시 말해 BSC란 "재무적 성과지표와 비재무적 성과지표를 통한 균형적인 성과관리도구"이다. 이처럼 BSC는 재무적 성과와 비재무적 성과를 이용한 전략개발 및 경영관리시스템이라는 점에서 강점이 있지만, 핵심적 가치는 서로 분리되어 있던 능력들을 하나로 결합시킬 수 있다는 장점이다.

Kaplan & Norton(2001)은 균형성과표를 통해 얻고자 하는 바는 다음과 같다고 주장한다. 첫째 최신의 정보를 담은 명확한 전략을 수립하는 것이고, 둘째 기업조직 전반에 전략을 전파하고, 셋째 개인차원의 목표와 사업부단위의 전략을 일치시키며, 넷째 장기목표와 매년도 예산에 전략목표를 연결시켜 전략적 활동의 정의를 규명하고 정돈하며, 마지막으로 전략적 학습과 개선을 위해 주기적으로 성과를 검토하는 역할을 하여야 한다. 따라서 BSC를 이용한 경영관리시스템이 성공하기 위해서는 기업의 최고경영자와 임원들의 적극적 참여가 무엇보다 중요하다. 전략달성은 조직의 모든 부분이 변화되어야 가능하며, 최고경영자는 이러한 새로운 조직문화의 조성에 가장 큰 역할을 해야 한다. 이는

BSC를 이용한 경영관리시스템이 제대로 정착되기 위해서는 최고경영자가 권한에 근거한 전통적 조직에서 벗어나 조직구성원 모두에게 왜 변화가 필요한지, 변화를 위해서는 무엇을 어떻게 해야 하는지에 대해 종업원을 이해시켜야 하며, 권한이 이양된 조직문화를 형성해 나가야 할 것이다.

반면 BSC는 기업실무에 적용하는 데 여러 가지 어려움도 존재한다.

첫째, 지나치게 많은 성과지표가 활용된다는 것이다.

둘째, 다양한 관점을 고려하다 보니 지표간에 상충되는 경우도 발생한다.

셋째, 비재무적 지표들은 측정하기가 힘들어서 주주들에게 객관적으로 설명하기가 힘들다는 점이다.

넷째, 대부분의 지표들이 기업의 핵심적인 정보들이기 때문에 때로 외부이해관계들에게 공개하기가 힘들다는 것이다. 심지어 이런 단점으로 인해 BSC에 제시된 비재무적 지표들을 이용하여 경영자보상을 결정하기가 어렵다는 주장도 있다.

이러한 한계점을 극복하고 BSC가 성공적인 경영관리시스템으로 정착되기 위해서는 여러 가지 전략적인 접근법이 필요하다는 주장이다. 그 첫째는 최고경영자의 적극적 참여 및 지원, 둘째는 경영개선프로젝트 중에서 BSC에 우선순위를 부여해야 하고, 셋째는 조직의 특성에 맞는 지표들로 BSC를 구성하고, 넷째는 지표간 균형을 유지함은 물론 지표간 인과관계를 도출하고, 마지막으로 지표별로 장기목표와 단기목표를 설정하고, 객관적인 측정이 가능하도록 설계되어야 한다는 것이다.

이상으로 회계정보를 이용한 경영혁신활동의 사례들을 살펴보았다. 제품이나 용역서비스생산에서부터 판매에 이르는 모든 과정을 통합하여 원가를 관리하는 통합원가관리제도를 이용하여 기업의 이익을 극대화할 수 있으며, 시장에서의 수요가 불규칙적일 때에는 월별 생산계획에 따라 제품이나 용역서비스를 생산하는 것보다 즉시생산방식을 이용하여 원가를 절감할 수 있다. 또한 회사의 성과평가의 관점에서 원가유발요인을 파악하고, 이를 기간간 비교는 물론 기업간 비교를 통하여 전략적으로 통제하고자 하는 수준까지 원가관리를 하는 방안도 살펴보았다. 또한 전통적 원가회계시스템과는 달리 활동센터별로 기업의 자원을 배분하여 보다 정확한 제품별, 서비스별 원가계산은 물론 나아가 활동기준을 기초로 하여 성과평가가 동시에 이루어지는 활동기준회계의 개념에 대해서도 살펴보았다. 마지막으로 재무적 지표와 비재무적 지표를 적절히 사용한 균형성과표를 이용한 경영관리방법에 대해서도 살펴보았다. 이처럼 회계정보가 기업의 다양한 경영전략 계획 및 집행에 집중적으로 활용되고 있으며, 이러한 회계정보를 이용한 경영관리기법도 실무계에서 많이 활용되고 있다.

CHAPTER

13

세금과 회계정보

제 1 절 세금의 의의 및 분류

1. 세금의 의의

사람은 공기가 없으면 살 수 없지만, 공기의 중요성을 크게 인식하지는 못한다. 마찬가지로 나라에서는 국민들이 편리하고 행복하게 살아가는 데 꼭 필요한 많은 일들을 하고 있지만, 국민들은 나라가 하는 일에 대하여 잘 알지 못한다. 예를 들어 국방을 튼튼히 하여 외부의 침략을 막아야 한다. 치안을 강화하여 강도와 도둑 등으로부터 국민의 생명과 재산을 보호하여야 한다. 항만, 공항, 도로 등을 만들고, 공원이나 공연장 등 문화시설을 보다 많이 만들어 국민들이 편하고 행복하게 살 수 있도록 노력해야 한다. 인간생활에 필수적으로 요구되는 수돗물 등을 공급하고, 버스나 지하철 등 많은 사람들이 이용하는 교통수단을 제공하여 국민들의 생활을 편안하게 해 주어야 한다. 이러한 다양한 사업을 추진하는 데는 재원이 필요하다.

세금은 이처럼 나라를 유지하는 데 필요한 국방, 치안, 교육, 도로, 항만 등 대규모 사회간접자본을 건설하는 데 소요되는 돈을 국민 각자가 나누어 내는 것이다. 세금을 내는 납세의 의무는 국방의 의무, 교육의 의무, 근로의 의무와 더불어 국민의 4대 의무라는 것은 대한민국헌법에 명시되어 있다. 세금을 내기 좋아하는 국민은 없을 것이다. 그러나 만일 국민들 모두가 세금을 내지 않는다면, 나라에서 하는 일이 모두 중단되어 국가는 엄청난 혼란에 빠질 것이다. 군대를 유지할 돈이 없어 외국의 침략에 대비하지 못하게 된다. 경찰도 없어지게 되어 결과적으로 강도나 도둑이 많아져 치안부재로 인한 사회혼란이 야기될 것이다. 수돗물이 나오지 않아 마실 물을 찾아 다녀야 하며, 물이 없으면 생필품을 만드는 공장가동이 중단되고 결과적으로 생활을 영위하기가 힘들 것이다. 의약품도 부족하여 병에 걸려도 치료를 받지 못하는 등 우리들은 많은 고통을 느끼게 될 것이다. 이와 같이 사회가 발전할수록 세금이 쓰여야 할 곳도 많아지므로 세금의 중요성은 더욱 강조되고 있다.

나라살림에 필요한 세금을 걷지 못하거나 매우 부족하게 거두게 될 경우 나라가 빚을 내서 필요한 곳에 쓰게 되는데, 이런 경우를 적자재정이라고 한다. 적자재정이 계속되어 나라의 빚이 많아지고, 외국에서 빌린 돈을 갚지 못할 경우가 발생하게 된다. 그러므로 세금을 잘 내는 것은 민주시민이 갖추어야 할 기본자질이라고 볼 수 있다. 위에서 살펴본 바와 같이 나라에서는 중요한 일들을 많이 하고 있는데, 여기에 필요한 재정을 마련하기 위해 국민이 서로 나누어 내는 돈을 "세금"이라고 한다. 즉 세금은 국민 누구나 분담해야 하는 나라의 공통경비인 것이다. 그리고 누가 세금을 얼마만큼 내야 하는지는 국민의 대표기관인 국회에서 만든 법률(세법)에 정해져 있다. 따라서 세금은 우리들이 풍요로운 사회생활을 하기 위해서 지불하는 회비라고 생각하면 될 것이다. 세금은 국민들이 국가에 지불하는 일종의 회비이지만, 세금이란 헌법에서 정한 것처럼 의무적이기 때문에 강제성을 가진다. 즉 세금이란 국가나 지방자치단체가 필요한 재정수입을 확보하기 위하여 과세요건이 충족된 일반인에게 강제적으로 부과하는 것이다. 따라서 세금은 국가나 지방자치단체가 부과하는 것이며, 과세요건이 충족되는 일반인에게 강제적으로 부과되고, 국가의 재정을 확보하기 위하여 조달하는 것이다.

2. 세금의 분류

국민들의 일상생활은 대부분이 세금과 밀접하게 관련되어 있다. 일반국민이 일상생활에서 물건을 산다든지, 연극공연을 관람하든지, 식당, 체육관 및 스키장에 가든지 모든 생활이 세금과 관련되어 있다. 국민들의 일상생활만큼이나 내는 세금의 종류도 다양하다. 세금은 여러 가지 기준에 의하여 분류할 수 있으며, 주요 내용을 살펴보면 다음과 같다.

1) 세금징수주체에 따른 분류

(1) 국세와 지방세

우리가 내는 세금은 크게 국세와 지방세로 분류된다. 국세는 중앙정부가 국민 전체의 안녕과 복지를 위해 필요한 비용을 마련하기 위해서 징수하는 세금이고, 지방세는 특별시, 광역시, 도, 시·군·구 등 지방자치단체가 지역 살림을 위하여 지역주민들로부터 징수하는 세금이다.

(2) 내국세와 관세

국세는 다시 내국세와 관세로 나눌 수 있다. 이것은 국경을 기준으로 하여 분류한 것인데, 내국세는 나라 안에서 이루어지는 거래에 대하여 부과하는 세금이고, 관세는 국경을 넘어 수입되는 물품 등에 대하여 부과되는 세금이다.

2) 세금부담방법에 따른 분류

세금을 누가 부담하느냐에 따라 직접세와 간접세로 분류된다. 직접세는 세금을 납부하는 사람과 부담하는 사람이 일치하는 세금을 말하며, 간접세는 세금을 납부하는 사람과 실제로 부담하는 사람이 다른 것을 말한다. 간접세는 상품이나 서비스의 가격에 이미 포함되어 있기 때문에 최종적으로 상품 등을 소비하는 소비자가 부담하는 것이다.

(1) 직접세의 종류

직접세는 소득세, 법인세, 상속세, 증여세 등이 있다. 소득세는 개인들이 회사에서 월급을 받거나, 장사를 해서 이익이 났을 경우에 그 개인의 소득에 대하여 납부하는 세금을 말한다. 소득세는 우리나라뿐만 아니라 세계적으로 가장 기본이 되는 세금이다. 소득은 회사에 취직을 하거나, 사업을 하거나, 땅이나 건물과 같은 부동산 등을 팔거나 하여 번 돈을 뜻한다. 사람들이 직장생활이나 사업을 하여 돈을 벌게 되면, 벌어들인 돈에서 비용을 뺀 금액(소득)의 크기에 따라 세금을 내게 된다. 물론 연예인이나 운동선수와 같은 직업을 가진 사람도 벌어들인 금액 중에서 일부를 소득세로 납부하여야 한다.

이러한 소득세의 특징을 살펴보면 다음과 같다.

첫째, 소득이 높을수록 높은 세율의 세금을 부담한다. 즉 소득수준에 따라 점증적으로 많이 내는 누진세율이 적용된다.

둘째, 직장생활을 하여 받는 월급에 대하여는 회사가 월급을 줄 때 세금을 미리 떼어 놓았다가 근로자를 대신하여 세무서에 납부한다. 이를 기업의 입장에서는 원천징수제도라 부르며, 개인들은 연말에 최종확정된 세금을 납부하게 된다.

셋째, 사업을 하여 얻은 소득에 대하여는 세법에 정하여진 기한(매년 5월 31일) 내에 세금신고를 하고, 세금을 납부하여야 한다. 이를 신고납세제도라 부른다.

법인세는 대부분의 해운기업과 같은 주식회사 등과 같은 법인기업이 벌어들인 사업소득에 대하여 납부하는 세금이다. 법인은 개인과 달리 법률에 의하여 인격체(사람)로 보는 단체를 말하는데, 우리가 알고 있는 큰 회사들은 대부분 법인이다. 법인의 소득이란 1년간의 총수입에서 종업원의 급료 등 제 비용을 차감한 나머지 금액(사업소득)을 말한다. 이러한 법인이 벌어들인 사업소득에 대하여 일정세율만큼의 세금을 납부하는데, 이를 법인세라 부른다.

상속세는 부모나 배우자 등 가족이 작고(사망)하신 후 물려받은 재산에 대하여 납부하는 세금이다. 상속받은 재산은 사실상 무상취득이며, 무상취득한 그 재산의 공정가치에 해당하는 부분의 일정부분(세율로 정함)을 국가에 세금으로 납부하는데, 이를 상속세라 부른다. 증여세는 부모나 타인으로부터 재산을 무상으로 증여받은 경우에 납부하는 세금이다. 증여세는 상속세와 그 성격이 동일하나, 상속세와 달리 살아 계실 때의 증여행위를 원인으로 한다는 점에서 차이가 있다.

(2) 간접세의 종류

간접세는 부가가치세, 특별소비세, 주세 등이 있다. 부가가치세는 물품이나 서비스의 거래과정에서 부과된다는 점에서 국내에서 이루어지는 거의 모든 거래(상품의 판매나 용역서비스의 제공)에 부과되는 세금이다. 부가가치세를 국가에 납부하는 것은 해운업, 제조업, 도매업, 소매업, 서비스업 등을 하는 사업자이지만, 부가가치세는 상품이나 서비스가격에 포함되어 소비자가 상품의 값을 계산할 때 부담하게 되므로 최종소비자가 부담하는 세금이다. 우리나라는 현재 물건값이나 용역서비스를 제공한 대가의 10%를 부가가치세로 납부한다.

특별소비세는 특정한 물품수입, 특정한 장소에의 입장행위 및 특정장소에서 유흥을 즐기거나 특정장소에서의 음식물소비행위에 대하여 부과하는 세금이다. 특별소비세는 주로 사치성물품이나 특정장소의 입장에 부과되기 때문에 세율이 높은 것이 특징이다.

주세는 국민이 마시는 술에 대하여 부과하는 세금이다. 술은 건강에 해로움을 줄 수 있기 때문에 모든 나라가 전매제도 또는 면허제도를 채택하여 술의 제조, 판매를 제한하고 있는데, 이러한 술을 소비하는 행위에 대해 부과하는 세금이 주세이다.

3) 세금징수목적에 따른 구분

세금을 징수하는 목적에 따른 구분으로 보통세와 목적세가 있다. 보통세는 일반적인 국가경비에 충당하기 위하여 국민이 부담하는 세금이고, 목적세란 특수한 목적에 충당하기 위하여 국민이 부담하는 세금이다. 우리나라 세금은 대부분 보통세이나 국세 중 교육세, 교통 · 에너지 · 환경세, 농어촌특별세, 그리고 지방세 중 공동시설세, 도시계획세, 지역개발세, 지방교육세, 사업소세 등은 목적세로 분류된다.

이렇게 세금은 국세와 지방세로 분류하고, 국세는 다시 내국세와 관세로 분류된다. 또한 내국세는 보통세와 목적세로 분류되며, 세금을 납부하는 사람과 부담하는 사람의 일치정도에 따라 직접세와 간접세로 분류한다. 지방세 역시 보통세와 목적세로 분류된다. [그림 13-1]과 [그림 13-2]는 각각 국세와 지방세에 대한 분류기준을 제시하고 있다.

[그림 13-1] 국세의 종류

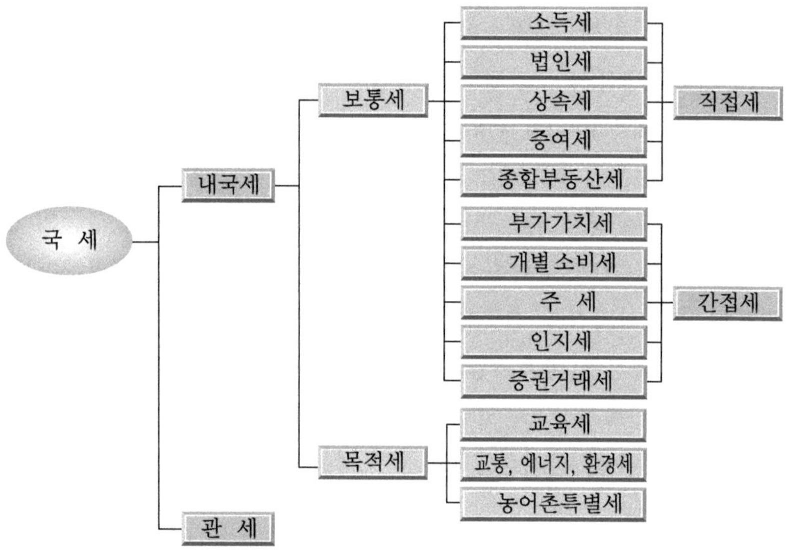

[그림 13-2] 지방세의 종류

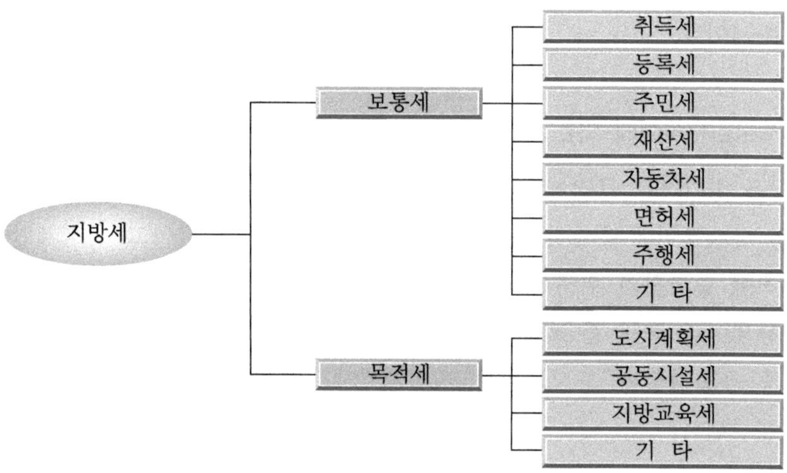

4) 세금과 요금의 차이

위에서 살펴본 세금은 국가나 지방자치단체가 공공경비를 조달할 목적으로 개별적인 반대급부 없이 국민들로부터 강제적으로 징수하는 것이다. 하지만 요금은 개인적인 필요에 따라 특정한 재화나 용역을 사용하고, 그 대가로 내는 것을 의미한다. 예로서 전기나 수돗물 등을 사용하고 내는 대가를 전기세, 수도세라 부르는데, 이는 세금이 아니라 전기요금, 수도요금이라고 해야 정확한 표현이다. 또한 정부가 제공하는 특정의 서비스를 제공받고 납부하는 각종 공과금도 세금이라기보다는 일종의 요금에 해당한다.

5) 세금의 기본원칙

세금과 관련된 법률의 기본토대를 이루고 있는 조세법의 원리 또는 원칙을 세금의 기본원칙이라 부른다. 세금의 기본원칙에 대한 구체적인 내용은 조세법률주의, 조세평등주의, 그리고 실질과세의 원칙 등 3가지로 요약할 수 있다.

조세법률주의란 조세는 반드시 법률에 의해서만 부과되거나 징수되어야 한다는 것이다. 따라서 법률에 의하지 않고 국가는 조세를 부과, 징수할 수 없으며, 국민은 납부할 의무도 갖지 않는다는 원칙이다. 우리나라의 경우 조세를 국가가 징수하기 위해서는 납세의무자, 과세물건, 과세표준, 세율 등의 과세원칙과 부과절차 등을 법률로 정하도록 규정하고 있다. 예를 들어 특정인이 친인척으로부터 4백만 원을 공짜로 받았을 때, 세무서에서 세금을 납부하라고 하면 세금을 납부하여야 되는가? 결론적으로 세금은 내지 않아도 된다. 이는 조세법률주의에 위반되기 때문이다. 즉 증여세는 친족으로부터 증여받은 금액에 대해서는 5백만 원을 초과할 때 과세할 수 있도록 규정하고 있기 때문이다.[1)]

조세평등주의란 세금은 국민이 부담할 의무에 따라서 공평하게 부과되어야 한다는 것이다. 즉 소득이 많은 사람이 더 많은 세금을 부담하여야 한다는 것이고, 또 하나의 조세평등은 소득의 유형에 관계 없이 동일한 소득에 대해서는 동일하게 부담하여야 한다는 것이다. 그래서 조세평등주의는 다른 말로 동일조건, 동일부담의 원칙이라고 불리기도 한다.

실질과세의 원칙이란 세법을 해석하고 적용하는 데 있어서 경제적 실질내용에 따라 해석하고 판단해야 한다는 원칙을 말한다. 즉 형식보다는 실질내용

1) 배우자로부터 증여받은 경우는 6억, 직계존속 및 직계비속으로부터 증여를 받은 경우 3천만 원 공제된다. 다만, 미성년자가 직계존속으로부터 증여를 받은 경우에는 1,500만 원을 공제받을 수 있다.

이 중심이 되어야 한다는 것이다. 따라서 형식적인 소득자와 실질적인 소득자가 다를 경우, 실질적인 소득자에게 세금을 부과하여야 한다는 것이다.

제 2 절 세법의 기본내용

1. 국세기본법

국세기본법이란 각 세법에 대한 신호등역할을 하는 세법이다. 즉 각 세법은 그 제정취지에 따라 규정하기 때문에 각 세법들 간에 상충되는 경우가 있을 수 있다. 이러한 각 세법에 대한 기본적인 사항 및 공통적으로 적용할 사항을 규정하고 있는 법이 국세기본법이다. 이러한 국세기본법의 제정목적은 4가지로 요약할 수 있다.

첫째, 국세에 관한 기본적인 사항 및 공통적인 사항을 규정하기 위하여 제정되었다.

둘째, 부당한 국세처분에 대한 불복절차를 규정함으로써 세금의 기본원칙을 충실히 이행하기 위한 것이다.

셋째, 국세에 관한 법률관계를 명확히 함으로써 각종 세법 간의 상충관계를 해소시키기 위해 제정되었다.

넷째, 국민의 납세의무에 대한 원활한 이행을 촉진시키기 위한 목적에서 제정되었다.

2. 주요 용어

1) 납세자와 납세의무자

납세자란 세금을 실제로 납부하는 자로서 납세의무자와 징수의무자를 총칭하는 개념으로 [그림 13-3]과 같이 분류할 수 있다.

납세의무자란 세법에 의하여 국세를 납부할 의무가 있는 자를 말한다. 연

[그림 13-3] 납세자의 분류

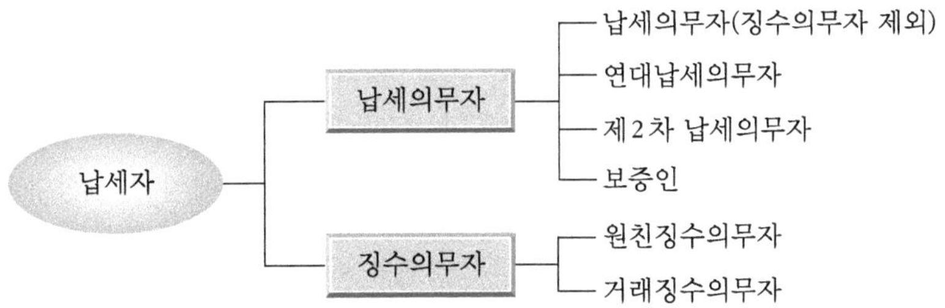

대납세의무자란 하나의 납세의무를 2인 이상이 연대하여 납부할 의무를 지는 것을 의미한다. 이는 여러 명의 채무자가 각각 채무 전부를 이행할 의무가 있고, 채무자 1인의 채무이행으로 다른 채무자도 그 의무를 면하게 되는 민법상의 연대채무의무에 따른 것이다. 제2차 납세의무자는 납세자가 납세의무를 이행할 수 없는 경우에 그 부족분에 대하여 납세자를 대신하여 납부할 의무를 지는 자를 말한다. 보증인은 납세자의 국세, 가산금 또는 체납처분비의 납부를 보증하는 자를 말한다. 징수의무자는 원천징수의무자와 거래징수의무자로 구분하며, 그 구체적인 내용은 다음 항에서 기술하였다.

2) 원천징수와 거래징수

원천징수란 원천징수의무자(통상적으로 기업)가 세법에 의하여 원천징수의 대상이 되는 소득(예: 급여)을 지급하는 자가 소득금액 또는 수입금액을 지급할 때에 지급받는 자(종업원)로부터 세금을 사전적으로 징수하는 것을 말하다. 이 때 소득금액 또는 수입금액을 지급받는 자가 실질적인 납세의무자가 된다. 일반적으로 기업(원천징수의무자)은 지급해야 할 금액에서 징수해야 할 세금을 사전에 공제하고 난 후의 금액을 지급하게 된다. 이 때 소득자가 개인일 경우에는 소득세로 원천징수하고, 법인일 경우에는 법인세로 원천징수하여 정부에 납부하면 된다. 이를 그림으로 제시하면 아래와 같다.

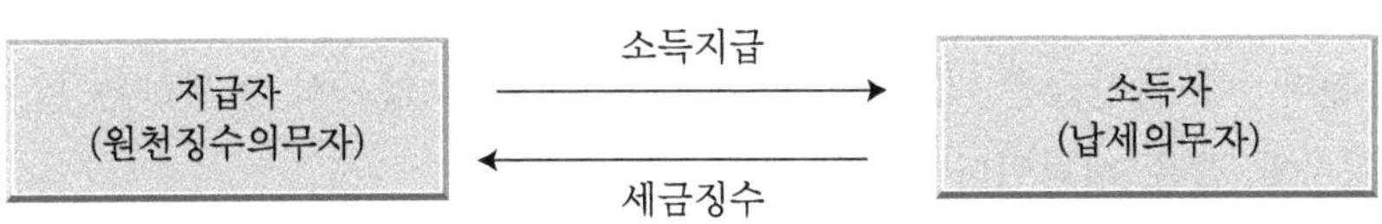

거래징수의무란 과세대상 물품 또는 용역을 공급하는 자가 구매자 또는 공급받는 자로부터 물품대금과 함께 세금을 징수하여 납부하는 제도를 말한다. 따라서 거래징수의무자는 과세대상 물품 또는 용역서비스를 공급하는 자가 된다. 이를 그림으로 표현하면 아래와 같으며, 그림에서 공급자가 거래징수의무자가 된다. 거래징수의무의 가장 대표적인 사례가 부가가치세의 거래징수이다.

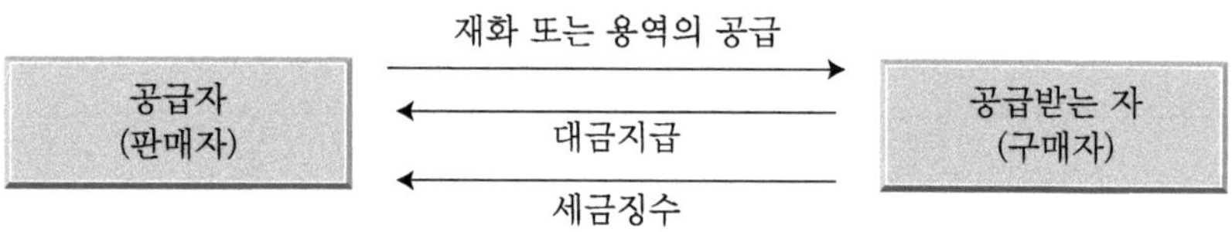

3) 가산세, 가산금, 그리고 중가산금

가산세는 세법상의 의무위반, 즉 성실한 신고 또는 납부를 하지 아니하거나 세법상의 보고의무를 이행하지 않은 자에 대한 행정상의 제재로서 일정한 부담을 세금의 형식으로 부과하는 것이다. 가산금은 세금을 일정한 납부기한까지 납부하지 아니한 경우 일정한 부담을 지우는 것으로 과세당국이 취하는 일종의 손해보상의 성격을 지니고 있다.

가산세와 관련된 세법조항을 자세히 살펴보면 "신고 또는 납부를 하지 아니하고…" "보고의무를 이행하지 아니하고…"라고 되어 있다. 이는 "신고 또는 납부"라는 말 대신에 "신고와 납부"로 이해하면 된다. 즉 신고도 하고 세금도 납부해야 된다는 의미이다. 가산세는 무엇인가 신고나 보고를 하지 않고, 당연히 신고를 않했으니 이에 대한 벌금의 형식으로 부과되는 세금을 의미한다. 가산세의 예를 들면 부동산이나 차량을 취득한 후에는 취득일로부터 30일 이내에 취득세를 신고하고 납부하게 되어 있지만, 이를 지키지 않은 납세자에게는 산출한 세액(원래 세금)에 20%의 가산세를 부과한다. 이 경우가 가산세에 해당된다.

가산금은 "납부기한까지 납부하지 아니한…"이라는 대목에 유의하면 된다. 우리가 세금고지서에 보면 납기 내 금액, 납기 후 금액으로 구분되어 있는데, 여기서 납기 후 금액이 납기 내 금액에 가산금이 합산된 것이라고 생각하면 된다. 즉 가산금은 세금을 기한 내에 납부하지 않아서 발생하는 일종의 연체이자와 같은 개념이다.

중가산금은 국세를 납부하지 않은 경우 납부기한이 경과한 날로부터 매 1

월이 경과할 때마다 납부하지 않은 국세의 12/1,000에 상당하는 중가산금을 60개월(5년)을 초과하지 않는 범위 내에서 부과하는 제도를 말한다. 예를 들어 미납세액이 1천만 원일 경우 납부기한경과시 가산금 30만 원(3/100)이 부과되고, 경과 후 1개월마다 12만 원의 중가산금이 부과된다. 이 때 가산금 30만 원에 대해서는 중가산금을 부과하지 않는다.

3. 세금의 계산

납세자가 내야 할 세금을 계산하는 방법은 세금의 종류에 따라 각각 다르지만, 공통적으로 고려해야 할 사항으로 과세표준 및 과세표준에 적용할 세율을 결정하는 것이다. 따라서 납세자가 내야 할 세액은 과세표준에 세율을 곱하여 계산된다. 그러면 과세표준 및 세율에 대하여 알아보자.

세 금=과세표준×세 율

1) 과세표준

과세표준이란 위의 식에서 보듯이 세금을 계산하는 데 기준이 되는 수량 또는 금액을 말한다. 예를 들어 소득세의 경우에는 소득금액, 상속세의 경우에는 상속금액과 같은 것이 과세표준이 된다. 과세표준이 금액일 경우에는 세금에 따라 결정되는 종가세가 되고, 과세표준이 수량일 경우에는 세금이 수량에 따라 결정되는 종량세가 된다. 소득세, 법인세, 부가가치세, 상속세 등 대부분의 조세는 종가세이지만, 주세, 인지세, 자동차세 등은 종량세이다.

2) 세 율

세율이란 세금을 결정하기 위하여 과세표준(과세물건의 수량 또는 가액)에 곱하는 비율을 말한다. 즉 과세의 한 단위에 대하여 징수하는 조세의 비율을 말한다. 그런데 세율은 과세표준이 가격인 경우에는 보통 백분비(%)로 표시되고, 과세표준이 수량인 경우에는 그 일정량, 즉 과세단위당 몇 원으로 표시된다. 즉 세율은 과세표준에 곱하여 세금의 액수를 결정하는 비율이며, 세율을 곱하는 기초가 되는 것이 과세표준이다. 따라서 부담(납부)해야 하는 세금은 세율이 같을 경우에는 과세표준의 크기에 따라서 달라지며, 과세표준이 같을 경우에는 세율의 높고 낮음에 따라 달라지게 마련이다.

세율에는 과세표준이 크고 작음에 관계 없이 일정한 비례세율이 있고, 과세표준의 증가와 함께 세율도 커지는 누진세율이 있다. 즉 비례세율은 과세표준의 크기에 관계 없이 일정한 세율을 말하는 것으로, 모든 과세거래에 동일하게 적용되는 부가가치세 10% 세율이 가장 대표적인 예라 할 수 있다. 누진세율은 과세표준금액이 증가함에 따라서 적용되는 세율도 높아지는 세율구조를 말한다. 누진세율은 과세표준이 증가함에 따라 단순히 고율의 세율을 적용하는 단순누진세율과 과세표준을 단계적으로 구분해서 위의 단계로 진행함에 따라 순차적으로 고율의 세율을 적용하는 초과누진세율로 나누어진다. 누진세율구조를 채용하고 있는 조세는 소득재분배기능과 경기안정기능을 갖는다. 소득세, 법인세, 상속세 및 증여세 등이 초과누진세율을 채용하고 있는 대표적인 조세들이다.

제3절 법 인 세

1. 법인세의 의의

법에서는 권리와 의무를 가질 수 있는 주체를 자연인과 법인으로 정하고 있다. 자연인은 이른바 사람을 의미하고, 법인이란 법에서 사람으로 간주하여 권리와 의무를 행사할 수 있는 조직을 말한다. 법인은 여러 가지 방법으로 분류할 수 있다. 우선 본점(또는 주사무소)의 소재지가 국내 또는 국외에 있느냐에 따라 내국법인과 외국법인으로 분류된다. 그리고 구성요소의 성격에 따라 사단법인과 재단법인으로 나누는 방법이 있다. 특정한 목적을 달성하기 위해서 여러 사람이 결합된 조직을 사단법인이라고 하고, 사람보다는 재산이 특정한 목적을 달성하기 위하여 결합된 조직을 재단법인이라고 한다.

[그림 13-4] 법인의 종류

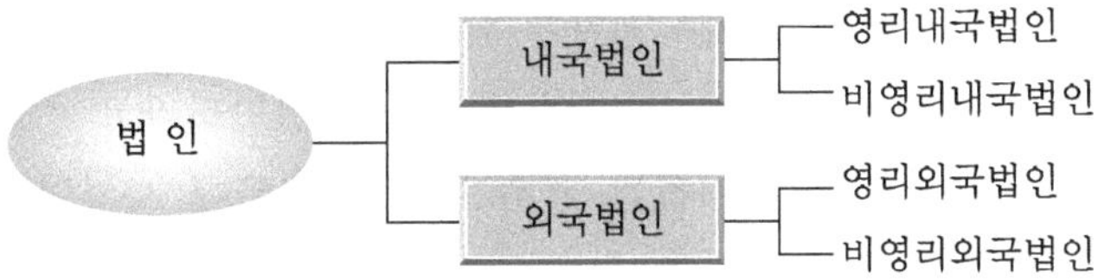

영리법인과 비영리법인의 구분

• 법인의 이윤을 주주(사원)들에게 배분을 하면 영리법인이고, 배분을 하지 않고 고유목적 사업에만 사용하면 비영리법인이다.

또한 설립목적이 영리성이 있느냐 없느냐에 따라 영리법인과 비영리법인으로 나눌 수 있다. 영리법인은 이익을 얻을 목적으로 설립된 법인이고, 비영리법인은 민법, 사립학교법 등 법률에 의하여 고유목적을 실현하기 위하여 설립된 법인이다. 이익을 얻을 목적으로 하는 대표적 영리사단법인에는 주식회사가 있다. 하지만 해운협회 등과 같은 조직은 비영리사단법인이고, 학교법인은 비영리를 목적으로 하는 학교법인이다. 이를 요약하면 위의 [그림 13-4]와 같다.

세법에서는 자연인이 얻은 소득에 대해서는 개인소득세(소득세)를 내도록 하고 있으며, 법인이 얻은 소득에 대해서는 법인소득세(법인세)를 내도록 하고 있다. 따라서 법인세는 법인이 얻은 소득을 과세대상으로 해서 과세되는 국세로서 법인이 내야 하는 직접세이다.

2. 법인의 소득

법인은 법에 의하여 개인과 같이 권리, 의무를 가질 수 있다는 점에서 유사하다. 하지만 개인이 벌어들이는 소득과 법인이 벌어들이는 소득에는 차이가 있다. 법인이 벌어들이는 소득에는 사업소득, 양도소득 및 청산소득이 있다.

1) 각 사업연도소득

회계학에서는 이익을 계산하는 단위를 회계단위라고 한다. 마찬가지로 세법에서는 법인의 소득을 계산하는 시간의 단위를 사업연도라고 한다. 일반적으로 회계기간과 사업연도는 일치하는 경우가 많기 때문에 사업연도는 1년인 것이 보통이다. 사업연도 동안에 법인이 얻은 소득을 각 사업연도소득이라고 하며, 각 사업연도별 소득에 대해 법인세가 과세된다.

2) 토지 등 양도소득

과거 부동산투기로 인한 경제구조의 왜곡, 분배의 불균형 등을 방지하기 위하여 토지 등 양도소득에 대하여 세금을 부과하게 되었다. 급격하게 부동산 가격이 상승하는 경우, 이를 규제하기 위한 장치 중의 하나로 법인의 토지 등 양도소득에 대해 법인세에 추가하여 양도소득세를 납부하도록 하였다. 즉 특정지역에 소재하는 토지, 건물 등의 양도로 인하여 발생한 법인의 양도소득에 대해서는 각 사업연도소득에 대한 법인세와는 별도로 추가적인 세금을 과세한다. 여기서 특정지역이란 당해 지역의 직전분기 평균지가가 직전 전 분기대비 3% 이상 상승하거나, 전년도 동 분기 대비 10% 이상 상승한 지역으로서 대도시 권역이나 개발사업 예정 또는 진행지역 및 그 인근지역을 의미한다.

3) 청산소득

기업은 사업을 계속하지 못하고 없어지는 때에도 소득이 발생할 수 있다. 기업이 해산하면 총자산에서 총부채를 차감하고, 남은 잔여재산을 주주들에게 분배하게 된다. 이와 같이 해산할 당시 분배한 잔여재산가액이 주주가 납입한 자기자본총액을 초과하면 해산시에 소득이 발생하게 된다. 이와 같은 청산소득은 기업이 존속하는 기간 동안에는 발생하지 않아 과세할 수 없고, 다만 청산시점에 과세할 수 있다.

청산소득＝잔여재산가액－자기자본총액

[표 13-1] 법인의 소득

법인의 종류		각 사업연도소득	토지 등 양도소득	청산소득
내국법인	영리법인	국내·외 모든 소득	○	○
	비영리법인	국내·외 수익사업에서 발생한 소득	○	×
외국법인	영리법인	국내원천소득	○	×
	비영리법인	국내원천소득 중 열거된 수익사업에서 발생한 소득	○	×
국가, 지방자치단체		납부의무 없음		

3. 법인소득별 납세의무

법인은 여러 형태의 소득에 대해 법인세를 납부할 의무가 있다. 하지만 이러한 소득에 대하여 모든 법인이 납세의무가 있는 것은 아니다. 내국법인 중 영리법인은 그 소득이 국내에서 생기든, 국외에서 생기든 상관없이 그 법인이 얻은 모든 소득(국내원천소득과 국외원천소득)에 대하여 법인세납세의무가 있다. 하지만 내국법인 중 비영리법인은 수익사업에서 발생한 소득과 토지 등 양도소득에 대해서만 납세의무가 있다. 반면 외국법인은 국내에서 생긴 소득(국내원천소득)과 토지 등 양도소득에 대해서만 법인세의 납세의무가 있다. 이를 요약하면 다음과 같다.

4. 법인세의 신고, 납부절차

법인세납세의무가 있는 법인은 사업연도종료일로부터 3월 내에 "법인세과세표준 및 세액신고서"에 기업회계기준에 의하여 작성된 재무제표(대차대조표, 손익계산서, 이익잉여금처분계산서, 주석), 세무조정계산서, 현금흐름표 및 기타 부속서류(결산보고서 및 부속명세서)를 첨부하여 본점납세지 관할세무서장에게 신고하여야 한다. 또한 법인세신고기한 내에 납부할 세액을 가까운 은행 또는

[그림 13-5] 법인세 신고, 납부절차

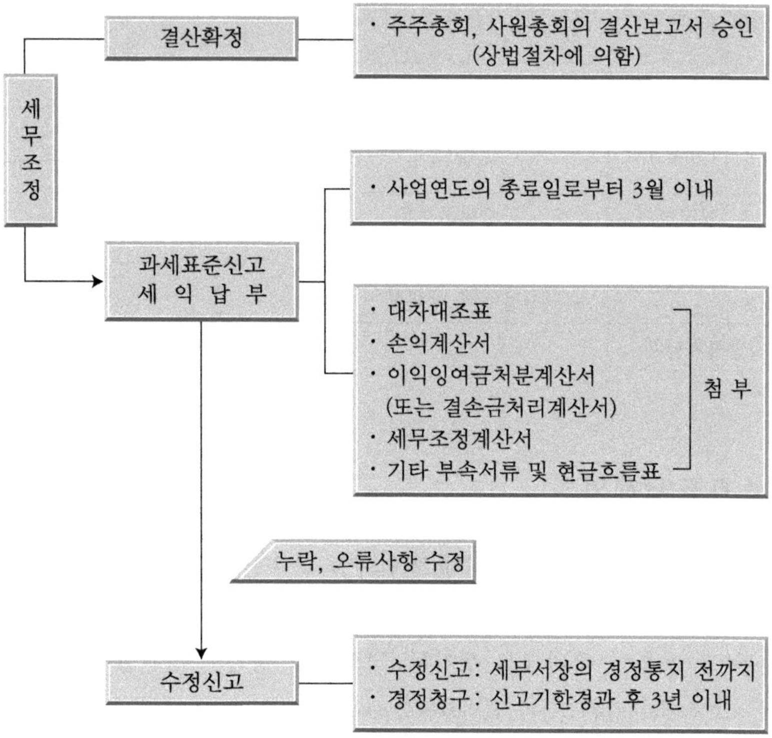

우체국에 납부하거나 인터넷 등에 의해 전자납부하면 된다. 납부할 세액이 1천만 원을 초과하는 경우에는 초과금액(2천만 원 초과시 50% 이하 금액)을 1월(중소기업은 45일) 이내에 나누어 납부할 수 있다. 이러한 법인세를 신고, 납부하는 절차를 요약하면 [그림 13-5]와 같다.

1) 세무조정

세무조정이란 기업이 일반적으로 공정, 타당하다고 인정되는 기업회계기준에 의하여 작성한 재무제표상의 당기순손익을 기초로 하고, 세법의 규정에 따라 익금과 손금을 조정하여 정확한 과세소득을 계산하는 일련의 절차를 말한다. 세무조정은 다시 협의의 세무조정과 광의의 세무조정으로 구분된다. 협의의 세무조정이란 익금산입, 손금산입, 익금불산입, 손금불산입 사항을 가감하는 절차를 말한다. 광의의 세무조정이란 과세소득과 과세표준의 산정에서부터 납부할 세액의 계산까지를 포함하는 절차를 말한다. 일반적으로 세법상 세무조정이라 함은 후자의 경우를 말한다. 이러한 세무조정은 절차상의 특성을 기준으로 다음과 같이 결산조정과 신고조정으로 나눌 수 있다. 결산조정이란 사업연도 말에 결산을 통하여 장부에 반영해야 하는 사항만을 대상으로 하여 세무조정을 하는 것을 말하며, 신고조정이란 결산서상 당기순손익의 기초가 되는 회사장부에 계상함이 없이 법인세 과세표준 및 세액신고서에만 계상해도 세무조정이 가능한 사항을 의미한다. 이와 같이 결산조정과 신고조정으로 구분하는 이유는 이들 양자 간에 조정절차상의 차이가 있을 뿐만 아니라, 조정형태에 따라 각 사업연도의 소득금액이 달라지기 때문이다.

2) 결산조정

결산조정이란 기업회계와 세무회계의 차이는 양 회계의 목적과 기능에 의하여 발생한다. 그러나 세법에서는 특정한 손비에 대하여는 기업회계결산시 비용으로 계상한 경우에 한하여 손금으로 인정하는데, 이러한 조정을 결산조정사항이라고 한다. 결산시 비용으로 계산된 결산조정사항은 세법상 한도액을 초과한 경우에 한도액만 손금산입되며, 초과액은 손금불산입하여야 한다. 그러나 결산시 비용으로 계상하지 않으면 손금으로 인정하지 않기 때문에 결산 이후 세무조정시 추가적으로 손금산입할 수 없다. 세법에서는 일부 손금항목에 대해서만 결산조정사항으로 규정하고 있다. 예로서 자산의 평가와 관련된 항목으로 감가상각비, 재고자산의 평가손실, 고정자산의 평가손실 등은 장부상에 계상되어야만 세무조정시 손금으로 인정된다. 또한 충당금의 경우에도 대손충당금, 퇴직급여충당금 등이 장부상에 계상되어 있어야만 손금으로 인정된다.

3) 신고조정

신고조정은 결산조정과는 달리 결산확정에 의한 손금산입을 필요로 하지 않고, 세무조정계산서에서 익금과 손금산입하거나 불산입하여 과세표준을 계산할 수 있는 항목을 말한다. 결산조정사항 이외의 다른 세무조정사항은 모두 신고조정사항이다.

4) 법인세외부조정 신고제도

조세감면을 받는 법인 등과 외부회계감사 대상법인(직전사업연도 수입금액 70억 원 이상인 법인) 등은 기업회계와 세무회계의 차이가 많이 발생하므로 정확한 과세소득을 자체적으로 계산하기가 쉽지 않다. 이러한 법인이 정확하고 성실한 납세의무이행을 위하여 법인세를 신고, 납부함에 있어 세무사(공인회계사 및 변호사 포함)로부터 세무조정계산을 받아 신고하도록 하는 제도를 "외부조정신고제도"라 한다.

5. 법인세계산구조

본 항에서는 법인의 소득 가운데 가장 대표적인 소득인 각 사업연도소득에 대한 법인세계산구조를 예시한 [표 13-2]를 살펴보고자 한다.

[표 13-2] 법인세계산구조

구 분	계산구조
각 사업연도 소득금액의 계산	결산서상 당기순이익 (+) 익금산입 및 손금불산입 (−) 손금산입 및 익금불산입 차가감소득금액 (+) 기부금한도초과액 (−) 기부금한도초과이월액의 손금산입 각사업연도소득금액
과세표준의 계산	각사업연도소득금액 (−) 이월결손금 (−) 비과세소득 (−) 소득공제 과세표준
산출세액의 계산	과세표준 (×) 세율 산출세액

1) 각 사업연도 소득금액의 계산

법인세를 계산하기 위해서는 법인이 1년이라는 사업연도 동안에 벌어들인 소득총액, 즉 각 사업연도소득을 구해야 한다. 법인세에서 각 사업연도소득이란 당해 사업연도 동안 순자산(자본)이 증가한 것을 말한다. 이와 유사한 개념으로 당기순이익이 있다. 당기순이익은 영업활동으로 얻어진 기업순자산의 증가분이다.

> 각 사업연도소득=사업연도 동안의 순자산증가분
> 당기순이익=영업활동에 의한 순자산증가분

당기순이익은 영업활동으로 인한 순자산의 증가분이지만, 각 사업연도소득은 사업연도 동안에 영업활동을 포함한 기업의 모든 활동을 통해서 얻은 순자산의 증가분이다. 이와 같이 당기순이익과 각 사업연도소득은 개념의 차이가 있기 때문에 그 금액도 차이가 나게 된다. 왜 이러한 차이가 발생하는지 구체적으로 알아보자.

사업연도 동안에 기업은 거래를 통해 순자산이 증가하는 경우도 있고, 감소하는 경우도 있다. 세법에서는 사업연도 동안 기업의 거래에서 발생한 순자산의 증가분을 익금, 순자산의 감소분을 손금이라고 한다. 따라서 각 사업연도소득은 해당 사업연도의 익금총액에서 손금총액을 차감해서 구할 수 있다.

> 각 사업연도소득=익금총액-손금총액

(1) 익　　금

사업연도 동안의 순자산증가분이란 고객에게 재화 또는 용역을 제공하고 획득한 수익금액뿐만 아니라 그 이외의 다른 활동들을 통해 당해 법인이 얻은 순자산증가분을 말한다. 그러나 순자산의 증가분이라 하더라도 자본(또는 출자)의 납입은 투자자본 자체가 증가한 것이지 소득이 증가한 것으로 볼 수 없다. 따라서 자본(또는 출자)의 납입은 익금에서 제외된다. 또한 순자산이 증가하는 것이라 하더라도 사회정책상, 조세정책상의 필요에 의해 세법에서 익금에 포함시키지 않기로 한 항목들이 있다. 따라서 익금이란 사업연도 동안의 순자산증가분 중 자본(또는 출자)의 납입 및 법인세법에서 익금에 포함시키지 않기로 한 항목들을 제외한 것이다.

> 익 금=순자산증가분－자본(출자)의 납입
> －세법에서 정한 익금불산입항목

(2) 손　　금

사업연도 동안의 순자산감소분이란 익금을 얻기 위해 소요된 모든 비용과 기타 당해 법인에게 발생한 모든 순자산감소분을 말한다. 그러나 순자산감소분이라 하더라도 자본(또는 출자)을 되돌려 주는 경우에는 투자자본 자체가 감소한 것이지 소득이 감소한 것으로 볼 수 없다. 따라서 자본(출자)을 되돌려 주는 경우에는 손금에서 제외된다. 또한 잉여금의 처분은 순자산이 감소되는 것이지만, 잉여금은 이미 과세된 소득이기 때문에 손금이라고 할 수 없다. 그리고 비록 순자산이 감소되는 것이라 하더라도 사회정책상, 조세정책상의 필요에 의해 세법에서 손금으로 산입하지 않기로 한 항목들이 있다. 따라서 손금이란 사업연도 동안의 순자산감소분 중 자본(또는 출자)의 환급, 잉여금의 처분, 법인세법에서 손금으로 산입하지 않기로 한 항목들을 제외한 것이다.

> 손 금=순자산감소분－자본(출자)의 환급
> －잉여금의 처분
> －세법에서 정한 손금불산입항목

(3) 수익, 비용과 익금, 손금의 관계

앞에서 설명한 것처럼 각 사업연도소득을 알기 위해서는 익금과 손금을 계산해야 한다. 그렇다면 익금과 손금을 어떻게 계산할 것인지 알아보자. 매일매일 이루어지는 거래를 익금, 손금인지 판단해서 장부를 만들어 기록하고 정리하면, 1년 동안의 익금과 손금을 구할 수 있을 것이다. 그러나 1년 동안 기업에서 이루지는 거래가 얼마나 많은가? 법인세만을 계산하기 위해서 이렇게 한다면 시간적, 경제적으로 낭비가 클 것이다. 그렇다면 어떻게 하면 될까? 기업에서는 1년 동안의 수익과 비용을 모두 기록하고 정리하여 결산시에 손익계산서와 대차대조표를 작성하고 있다. 만일 수익과 익금이 같고 비용과 손금이 같다면, 당기순이익은 각 사업연도소득과 같기 때문에 각 사업연도소득을 별도로 구할 필요가 없을 것이다. 그러나 수익과 익금, 비용과 손금은 개념의 차이와 조세정책의 차이 등으로 인해 일치하지 않는다.

세무조정은 기업회계와 세무회계상 차이가 발생하는 부분을 세무회계에 맞추어 조정하는 행위를 의미한다. 이는 법인의 회계결산상 당기순손익과 법인세를 계산하는 각 사업연도소득 간의 차이를 말하는 것으로써 이를 요약하면 [그림 13-6]과 같다.

위의 세무조정을 나타내는 표에서 기업회계와 세무회계의 차이는 4가지 항목으로 요약할 수 있다. 익금산입 및 익금불산입 항목, 손금산입 및 손금불산입 항목이 당기순이익과 각 사업연도소득 간에 차이를 유발시키는 항목들이다. 익금산입항목은 기업회계상 수익이 아니나 세무회계상 익금으로 인정하는 것으로 선수이자와 같은 것이 있다. 익금불산입항목은 기업회계상 수익이나 세무회계상 익금으로 보지 않는 항목이다. 손금산입항목은 기업회계상 비용이 아니나 세무회계상 손금으로 인정하는 항목이다. 손금불산입항목이란 기업회계상 비용이나 세무회계상 손금으로 인정하지 않는 항목으로 접대비한도초과액이 그 대표적인 예이다.

세무조정이 필요한 이유는 세법의 규정도 원칙적으로 기업회계기준을 존중하고 있으나, 조세정책 또는 사회정책적인 목적에서 예외적으로 기업회계기준과 다소 다른 규정(예 : 지급이자의 손금부인 등)을 두고 있기 때문이다. 따라서

[그림 13-6] 세무조정내용

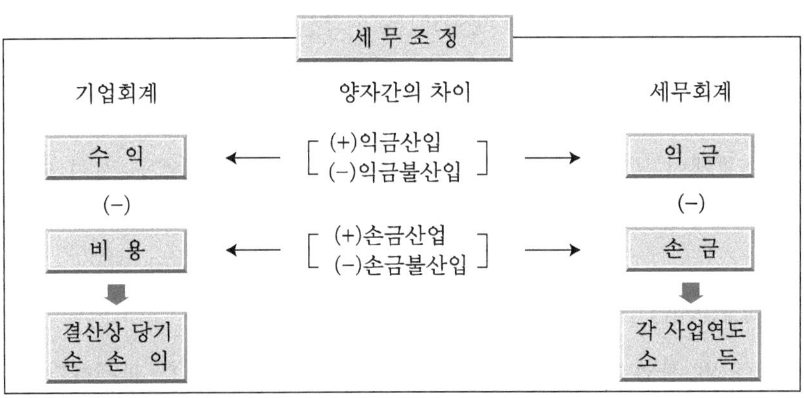

정확한 과세소득을 계산하기 위해서는 기업의 모든 거래를 성실하게 기장하고 올바르게 결산서를 작성해야 함은 물론 관련세법의 내용을 충실히 이해하여야 한다.

해운기업의 당기순이익액은 해운이익과 비해운이익을 합한 전체금액을 의미한다. 조세특례제한법에서 해운기업의 해운이익에 대하여는 선박표준이익을 이용하여 과세표준을 산정한다. 따라서 해운이익은 전액 손금산입하고, 별도의 산출방식에 의하여 계산된 선박표준이익을 과세표준으로 삼는다. 선박표준이익을 계산하여 이를 과세표준으로 삼는 제도를 톤세제도라 부르며, 이 내용에 대하여는 제 4 절에서 자세히 기술하였다.

※ A해운기업(200×년)의 사업연도소득 계산

(101) 결산서상 당기순이익		177,311,112,219
소득조정금액	(102) 익금산입	40,108,821,093
(103) 손금산입	196,819,238,776	
(104) 차가감소득금액(101+102−103)		20,600,694,536
(105) 기부금한도초과액		−
(106) 기부금한도초과이월액 손금산입		−
(107) 각 사업연도 소득금액(104)+(105)−(106)]		20,600,694,536

위의 계산사례표에서 보여 주는 바와 같이 A해운기업의 200×년 당기순이익은 177,311,112,219원이며, 이는 해운이익 97,153,148,596원과 비해운이익 80,157,963,623원으로 구성되었다. 또한 위의 표에서 그 금액이 정확히 표시되지는 않았지만, 해운이익 97,153,148,596원은 손금산입금액에 포함되어 있다. 따라서 각 사업연도소득 20,600,694,536원은 실질적으로 비해운이익이라 생각하면 된다. 이 기업의 200×년도 기부금은 총 40,165,394원이나 이는 전액 손금산입하여 한도초과액이 발생하지 않았으며, 기부금한도 초과이월액도 전혀 발생하지 않았으므로 각 사업연도 소득금액이 20,600,694,536원으로 계산되었다.

2) 과세표준계산

해당 연도의 사업소득이 결정되면 이를 바탕으로 법인세를 과세하기 위한 과세표준을 설정하여야 한다. 각 사업연도의 과세표준은 다음의 공식에 주어진 바와 같이 각 사업연도 소득금액에서 당해 연도 이전에 발생한 이월결손금 및 비과세소득을 차감하고 추가적으로 소득공제액을 차감하여 산출한다. 이월결손금, 비과세소득 및 소득공제액에 대한 구체적인 내용을 설명하면 아래와 같다.

> 과세표준=각 사업연도소득금액-이월결손금
> -비과세 소득-소득공제액

(1) 이월결손금

세법상의 결손금은 손금액이 익금총액을 초과하는 경우 그 초과금액(각 사업연도 소득금액이 음수가 나오는 경우)을 말하며, 이러한 결손금이 차기로 이월하는 금액을 이월결손금이라 한다. 법인세법에서는 기간단위과세의 단점을 보완하고, 과세의 형평성을 높이기 위하여 사업연도에서 발생한 결손금을 그 이후의 사업연도에 이월하여 공제한다. 결손금의 이월공제는 10년간 이월하는 것을 원칙으로 하며, 이를 강제공제라 한다. 이 경우 10년 이내에 이월결손금으로 두 개 사업연도 이상에서 결손금이 발생되어 이월된 경우에는 먼저 발생한 사업연도결손금부터 순차적으로 공제하게 된다. 또한 결손금의 소급공제는 중소기업에 한하여 직접 사업연도의 소득금액에서 소급하여 공제받을 수 있으며, 이는 관할세무서장에게 소급공제법인세액 환급신청서를 신청하여야 한다.

(2) 비과세소득

비과세소득은 순자산의 증가를 유발시키는 과세대상소득에 해당되지만, 공익 등 조세정책상의 목적으로 과세에서 제외하는 소득을 말한다. 이러한 측면에서 익금불산입은 각 사업연도에 포함되지 아니하는 익금불산입과는 그 성격이 다르다. 즉 비과세소득은 처음에는 익금항목으로 각 사업연도 소득금액에 포함한 후 과세표준 계산과정에서 이를 공제한다. 당기의 비과세소득이 각 사업연도 소득금액에서 이월결손금을 공제한 잔액을 초과하는 경우 그 금액은 소멸되며, 차기로 이월하여 공제할 수는 없다.

(3) 소득공제

이중과세조정 및 특정산업육성 등 조세정책적 목적에서 일정한 요건에 해당하는 소득에 대하여 과세표준계산시 일정액을 공제하여 주는 제도를 소득공제제도라 부른다. 소득공제는 법인세법상 소득공제와 조세특례제한법상의 소득공제로 분류된다. 법인세법상 소득공제는 대상법인에 대한 소득공제이다. 예로서 선박투자회사, 문화산업회사, 해외자원개발투자회사, 해외자원개발투자전문회사 기타 위와 유사한 투자회사 등 법이 정한 소정의 요건을 갖춘 회사가 배당가능이익[2]의 90% 이상을 배당한 경우에는 당해 사업연도 소득금액에서 그 배당금을 전액을 공제하는데, 이를 소득공제라 한다.

(4) 과세표준계산 사례

아래의 표에서 보여 주는 바와 같이 200×년 사업소득금액은 20,600,694,536원이고, 비과세소득과 소득공제금액이 각각 300,604,036원과 300,090,500원이다. 이 두 금액을 소득금액에서 공제하면 200억 원의 과세표준이 계산된다. 이 200억 원은 앞에서 설명한 바와 같이 실질적으로 비해운사업부문에서 발생한 과세표준으로 보면 된다. 해운사업부분의 과세표준은 톤세제도에 따라 선박표준이익을 산출하고, 이를 과세표준으로 삼는다. 본 사례에서 (159)의 선박표준이익은 A해운기업이 보유한 1,810개의 개별 선박의 표준이익합계액이다. 따라서 A해운기업의 과세표준은 과세표준과 선박표준 이익을 합한 35,240,000,000원이 된다.

※ A해운기업(200×년)의 과세표준

(108) 각 사업연도 소득금액(108=107)	20,600,694,536
(109) 이월결손금	–
(110) 비과세소득	300,604,036
(111) 소득공제	300,090,500
(112) 과세표준(108−109−110−111)	20,000,000,000
(159) 선박표준이익	15,240,000,000

3) 산출세액계산

법인세산출세액은 과세표준에 세율을 곱하여 산출한다. 법인세산출세액은

2) 배당가능이익=당기순이익+이월이익잉여금+이월결손금+상법에 따라 적립한 이익준비금.

※ A해운기업(200×년)의 산출세액계산

(113) 과세표준(=112번 소득+선박표준이익)	35,240,000,000
(114) 세 율	25%
(115) 산출세액	8,782,000,000
(116) 지점유보소득(법 제96조)	–
(117) 세 율	25%*
(118) 산출세액	–
(119) 합 계(115+118)	8,782,000,000

* 세율은 세법에서 정한 세율을 사용하여야 하며, 세율은 변경된다.

2단계 초과누진세율을 적용하며, 세율은 세법개정에 따라 변동할 수 있다. 200×년도 기준 법인세법에서 정한 세율은 사업연도가 1년인 경우, 과세표준이 2억 이하일 경우에는 세율 11%을 적용하고, 2억 초과시 초과액의 25% 세율을 적용한다고 가정하자. 사업연도가 1년 미만인 경우에는 사업연도의 크기와 무관하게 초과누진세율을 유지하기 위해 월수를 적용하여 계산한다.

A해운기업의 경우 법인세산출세액을 계산하기 위한 과세표준은 비해운이익에 해당하는 과세표준(200억 원)과 선박표준이익(152억4,000만 원)을 합한 금액인 352억4,000만 원이 된다. 이 과세표준에 첫 2억 원에 대하여는 11%의 세율을 적용하고, 2억 원을 초과하는 350억4,000만 원에 대해서는 25%의 세율을 적용하여 법인세액을 산출한다. 즉 200,000,000×11%+35,040,000,000×25%=8,782,000,000원이 산출된다. 따라서 A해운기업이 국세청에 납부하여야 할 최종 법인세액은 87억8,200만 원이 된다.

제 4 절 선박톤세제도

1. 해운조세의 개요

1) 체 계

해운조세는 선박의 취득, 보유, 등록, 운항소득, 선원의 소득, 선박투자로

[표 13-3] 해운조세 과세항목 및 공제제도

구 분	과세항목	공제제도
선 박	등록세, 취득세, 재산세, 영업세 등	
선박운항소득	법인세	감가상각, 준비금 및 결손금 처리
선박투자	투자소득세	선박매각손익, 선박투자자본 손익
선원소득	소득세	면세 및 환급

인한 이익에 대한 과세로 구성되고, 이와 관련한 조세로는 취득세, 등록세, 재산세, 소득세(법인세), 투자소득세 등이 있다. 이러한 세금부과와 함께 각 세금에 대한 공제제도로서 선박운항소득에 대한 감가상각, 준비금 및 결손금 처리가 있고, 선박투자에 대해서는 선박매각 손익처리, 선박투자 손익처리, 선원소득에 대해서는 감면 및 환급 등이 있다.

2) 특 징

해운조세는 국가의 미래 발전산업육성 및 경제력향상과 연관되어 있으며, 일반적으로 다음과 같은 특징이 있다.

첫째, 해운조세는 국가의 주요한 세원이며, 해운업의 성장과 국가경쟁력향상에 커다란 영향을 미치고 있다. 따라서 해운산업이 국민경제 및 국가안보에 미치는 영향이 큰 기간산업으로 인식되고 있기 때문에 전통적으로 세계 각국의 해운조세정책은 해운업의 국제경쟁력강화에 초점을 맞추어 실시하고 있다.

둘째, 해운조세는 해운업의 비용 및 원가구조에 영향을 미치고, 국제경쟁력을 좌우하는 중요한 요소이다. 이러한 요인 때문에 선박을 자국이 아닌 세금이 저렴한 3국으로 등록하는 등 조세정책이 선박회사간 경쟁력에 큰 영향력을 미치고 있다.

셋째, 해운조세는 선박투자 의사결정에 막대한 영향을 미치고 있다. 선박과 관련된 감가상각, 투자세액공제, 선박매매차익 과세이연 등은 선박투자에 대한 수익성을 결정하는 중요한 요소가 된다.

이와 같이 해운업에 있어서 조세제도는 세금의 과대 또는 과소 납부의 문제가 아닌 막대한 규모의 선박투자에 대한 의사결정, 산업경쟁력과 직결되는 경영의사결정의 핵심요소이다.

2. 선박톤세의 개요

1) 선박톤세의 정의

법인세의 과세표준이익 산출에 있어서 당기순이익 대신 톤세이익(선박표준이익)이라는 추정이익을 도입하는 것이 선박톤세제도이다. 톤세란 운항선박의 순톤수(net tonnage)와 운항일수를 기준으로 톤세이익이라는 추정이익을 산출하고, 이 추정이익에 세법에서 정한 법인세율을 곱하여 법인세를 산출하여 부과하게 된다. 이러한 톤세제도를 도입한 주된 목적은 해운기업의 조세경쟁력을 확보함으로써 해운산업의 안정적 성장기반을 유지하는 데 있다. 또한 해운산업이 수출경제의 안정과 국가안보를 도모할 수 있도록 지원하는 것을 목표로 하고 있다.

2) 선박톤세의 구조

해운기업의 경우 해운이익과 비해운이익으로 구분되어 계산되며, 아래의 표와 같이 해운이익에 대해서는 톤세제도를 적용하고, 비해운이익에 대해서는 다른 기업과 마찬가지로 법인세법을 적용한다.

• 해운기업의 총세금부담액

납부할 법인세 = 톤세(해운이익) + 법인세(비해운이익)

－해운이익의 법인세(톤세) 부담액

해운이익 = 톤세이익 = 선박표준이익 = 과세표준 = 순톤수 × 1톤당 1운항일 이익 × 운항일수 × 사용률 톤 세 = 과세표준(= 선박표준이익) × 법인세율

－비해운이익의 법인세부담액

법인세 = 과세표준(익금 − 손금) × 법인세율

이러한 해운기업의 조세는 톤세를 포함하여 다음과 같은 형태로 운영되는 특징이 있다.

첫째, 해운기업에게는 법인세든 톤세이든 기업 스스로 유리한 조세를 선택할 수 있는 조세선택권이 부여되어 있다. 이는 선사들에게 강제적으로 선박톤세적용을 의무화하지 않고, 법인세적용을 희망하는 기업은 선박톤세를 적용하지 않아도 된다는 것이다.

둘째, 해운업소득과 비해운소득을 구분하는 것이다. 이는 선박운항에 관련된 소득만을 해운소득으로 간주하고, 비해운소득에 대해서는 별도로 법인세로 적용하여 세금을 납부토록 하는 것이다. 해운소득과 비해운소득에 공통되는 익금과 손금은 「법인세법 시행규칙」에서 정한 규정에 따라 안분계산하면 된다. 법인세 시행규칙에 정한 안분계산기준은 2가지로 정리할 수 있다. ① 공통익금의 경우 해운소득과 비해운소득 수입금액 또는 매출액에 비례하여 안분계산하면 된다. ② 공통손금의 경우 업종이 동일한 경우에는 수입금액 또는 매출액에 비례하여 안분하고, 업종이 다른 경우에는 개별 손금에 비례하여 안분계산 하도록 되어 있다.

셋째, 해운기업이 선택한 조세(즉 톤세 혹은 법인세)는 지속성을 요구한다는 것이다. 해당 기업들은 해운소득에 대하여 선박톤세 또는 법인세 모두를 적용받을 수 있으며, 이 중 하나를 선택하여야 한다. 그러나 어떠한 세제를 선택하든 한번 선택한 세제를 5년 안에 변경할 수 없다. 이는 대상기업이 조세선택권을 자주 변경하는 경우, 조세시스템의 안정성을 저해할 수 있기 때문이다.

3) 선박톤세의 적용범위

선박톤세의 적용범위는 국제해상화물 및 여객운송 부문으로 설정하고 있다. 선박톤세는 선박운항소득과 선박운항에 관련된 소득에 적용하고, 선박운항에 관련되지 않는 소득에 대해서는 계속 법인세를 적용하게 된다. 또한 소득을 창출하는 데 투입되는 비용도 모두 선박톤세 적용범위에 포함되며, 선박운항에 관련된 소득과 비용에 영향을 주는 요인, 즉 환율과 이자율의 변동에 의한 금액도 선박톤세 적용대상이다. 여기에서 선박톤세 적용대상선박은 화물과 여객운송에 사용되는 선박으로 한정되며, 이러한 선박운항을 지원하는 선박들도 선박톤세의 적용대상이다. 예를 들어 부선을 예인하는 선박도 톤세의 적용대상이다. 그러나 숙박용으로 사용되는 호텔선박, 준설선, 어선 등과 같이 화물 또는 여객의 운송에 관련되지 않는 선박은 선박톤세 적용대상에서 제외된다.

화물과 여객의 운항선박으로서 선박톤세 적용범위를 보다 구체적으로 기술하면 다음과 같다. ① 해운기업이 소유한 선박, ② 우리나라에 설립된 선박투자회사로부터 용선한 선박, ③ 국적취득조건부 나용선(또는 소유권이전조건부 나용선), 단순나용선, 2년 이상의 정기용선, ④ 2년 이하로 용선한 선박의 경우에는 위의 ①~③에서 정한 선박의 5배에 해당하는 선박, ⑤ 공동소유선박은 소유권 지분에 해당하는 톤수를 적용하며, 공동운항선박은 선박사용지분에 해당하는 톤수를 반영하여 톤세를 적용한다.

4) 선박톤세의 주요 내용

(1) 손익별 회계처리

자산, 부채 및 손익은 해운소득에 속하는 것과 비해운소득에 속하는 것을 각각 독립된 별개의 회계로 구분처리하고, 공통손익은 법인세법 시행규칙에 따라 안분계산한다. 한도액 등 계산기준이 되는 요소가 있을 경우 매출액기준으로 배분한다. 독립회계로 구분하여 회계처리한 비해운소득부문은 별개의 법인으로 보아 한도액 등을 계산하여 세무조정한다. 법인세비용 또는 법인세 추가납부세액은 비해운소득부문 해당 액에 대해서만 손금불산입하고, 법인세법으로 산출하여 해운부문과 비해운부문으로 구분할 수 없는 경우에는 수입금액 또는 매출액으로 안분하여 계산한다. 법인세 추가납부세액인 경우 귀속사업연도 구입금액 등으로 안분하여 계산한다. 톤세적용 사업연도 전에 법인세계산상 유보로 처분되어 자본금과 적립금명세서에 남아 있고 해당 잔액을 톤세적용기간에 익금 또는 손금으로 세무조정할 사유가 발생한 경우, 비해운소득부문에 해당하는 금액에 대해서만 세무조정하되 해운소득과 비해운소득 부문을 구분할 수 없을 때에는 법인세법 시행규칙에 따라 안분계산한다.

톤세적용을 위한 신청은 적용신청기간이 속하는 사업연도의 직전사업연도 종료일에 하여야 한다. 또한 톤세적용대상기간은 앞서 설명한 바와 같이 일단 신청하면 5연속사업연도 기간 동안 적용받을 수 있으며, 이를 국토해양부장관의 확인서를 첨부하여 납세지 관할세무서장에게 신청하여야 한다.

(2) 해운소득의 범위

해운소득은 다음의 [표 13-4]에 제시한 바와 같이 크게 3가지로 구분할 수 있다.

그 첫번째는 외항해상운송 활동으로 발생한 소득이다. 이는 외항해상운송 활동으로 인한 운송수익(운임)에서 비용(선박연료비, 선박감가상각비, 선원비, 선원 주·부식비, 선박, 선원, 화물에 대한 보험료 등)을 차감하여 계산한 소득을 말한다. 외항해상운송 활동이란 해운법상 외항여객운송, 외항화물운송 사업자가 국내항과 외국항 간 또는 외국항간 해상에서 선박으로 여객, 화물을 운송하는 활동을 말한다.

해운소득의 두 번째 범주는 외항해상운송 활동과 연계된 다음의 활동으로 발생한 소득을 의미한다. ① 화물의 유치, 선적, 하역, 유지 및 관리와 관련된 활동, ② 외항해상운송 활동을 위해 불가피한 시설의 임대차와 관련된 활동으로서 컨테이너의 임대차와 관련된 활동, ③ 직원의 모집, 교육 및 훈련과 관련된 활동, 선박의 취득, 유지, 관리 및 폐기와 관련된 활동, ④ 선박의 매각, 다만 특례적용 이전부터 소유하고 있던 선박의 매각손익은 특례적용기간과 법인세법의 적용기간별로 안분하여 그 비율에 따라 각각 해운소득과 비해운소득으로 구분, ⑤ 단일운송계약에 의한 복합운송활동(선박과 항공기, 철도차량, 자동차 등 2가지 이상의 운송수단을 이용하는 운송활동)으로부터 발생한 소득을 의미한다.

[표 13-4] 해운소득의 범위

구 분	개 념	수익, 비용 항목
① 외항해상운송 활동으로 인한 소득	국내항과 외국항 간 또는 외국항간 해상에서 여객 또는 화물을 운송하는 활동으로 인한 소득	· 운 임 · 선박연료비, 선박감가상각비 선원비, 선원 주·부식비 보험료 등
② 위의 ①항에 제시된 활동과 연계된 활동으로 인한 소득	주로 육상에서 이루어지는 활동이므로 핵심활동은 아니나, 핵심활동을 위해 필수적으로 수행되는 활동에 의한 소득	다음 활동으로 인한 소득 · 화물유치, 선적 · 선원모집, 교육 · 선박취득, 매각 · 컨테이너임대 · 복합운송활동
③그 밖의 소득		· 이자소득 및 지급이자 · 외화환산손익 · 외환차손익 · 파생상품 거래손익

해운소득의 세 번째 범주는 위의 ①~②에서 정한 활동과 관련하여 부수적으로 발생하는 소득을 말한다. 구체적으로 이러한 소득에는 외항해상운송활동과 관련하여 발생한 이자소득, 투자신탁수익의 분배금 및 지급이자, 외항해상운송 활동과 관련하여 발생한 화폐성 외화자산 및 부채를 평가함에 따라 발생하는 외화환산손익과 외환차손익 기타 외항해상운송 활동과 관련하여 주요 가격변동의 위험을 회피하기 위해 체결한 파생상품거래로 인한 손익이 있다. 해운소득과 비해운소득의 구분원칙은 조세제한특별법 시행령 제104조의 7 제 2항에 따라 구분한다. 이 규정에 따르면 소득의 발생시기를 불문하고 앞의 규정에서 정한 해운소득의 범위에 해당하는 경우에는 해운소득으로 구분하고, 그 밖에 나머지 소득은 비해운소득으로 구분한다.

3. 과세표준 및 산출세액의 계산

1) 톤세이익(선박표준이익)의 계산

톤세이익을 실무에서는 개별 선박표준이익으로 표현한다. 즉 해운소득은 해운기업이 소유하거나 용선한 모든 개별 선박에 대하여 표준이익을 계산하고, 이를 합산한 금액이 톤세이익이 된다. 또한 개별 선박의 톤세이익을 합한 금액이 해운소득에 대한 과세표준이 되는 것이다.

개별 선박표준이익은 다음의 [그림 13-7]에서 보여 주는 바와 같이 개별 선박톤수×1톤당 1운항일 이익×운항일수×사용률로 계산된다. 여기에서 개별 선박순톤수란 협약 및 협약의 부속서의 규정에 따라 여객이나 화물의 운송용으로 제공되는 선박 안의 장소의 크기를 나타내는 지표를 말한다. 1톤당 1운항일 이익은 조세특례제한법 시행령 제104의 8 제 5 항 규정에서 정한 금액을 이용하도록 되어 있다. 이 규정에 따르면 1,000톤 이하분은 톤당 14원을 적용하고, 최고 25,000톤을 초과하는 부분에 대해서는 톤당 4원을 적용하도록 되어 있다.

사용일수의 경우 소유한 선박의 경우에는 소유기간을, 용선한 선박의 경우에는 용선기간을 사용하도록 되어 있다. 또한 사용률의 경우 기업이 소유한 선박은 100%를, 용선한 선박의 경우에는 용선계약에 의한 용선비율을 적용하고, 공동운항에 투입한 선박의 경우에는 공동운항비율에 따라 사용률을 정하도록

[그림 13-7] 톤세이익(과세표준)의 계산

개별 선박표준이익

(=)

개별 선박순톤수 → 선박법 제3조 제1항에 의한 순톤수

(×)

1톤당 1운항일 이익 →

개별 선박의 순톤수	1톤당 1운항일 이익
1,000톤 이하분	14원
1,000톤 초과 10,000톤 이하분	11원
10,000톤 초과 25,000톤 이하분	7원
25,000톤 초과분	4원

(×)

운항일수 → 운항일수는 다음의 하나에 해당하는 기간에 속하는 일수. 다만, 정비, 개량, 보수, 그 밖에 불가피한 사유로 30일 이상 연속하여 선박을 운항하지 아니한 경우에 그 기간을 제외함

① 특례적용기업이 소유한 선박의 경우에는 소유기간

② 특례적용기업이 용선한 선박의 경우에는 용선기간

(×)

사용률 →

① 특례적용기업이 소유한 선박	100%
② 특례적용기업이 용선한 선박	용선계약에 의한 용선비율
위 ①, ②에 불구하고 공동운항에 투입한 선박	공동운항비율

되어 있다.

해운기업의 해운소득에 대한 과세표준은 위와 같은 방법으로 계산하며, 중간예납의 경우에도 동일한 방식을 적용한다. 톤세적용기업이 자기계산기준에 의하여 중간예납을 하는 경우, 중간예납 과세표준은 톤세제도를 적용하여 산출한다. 이 경우 산출세액에서 감면세액 및 원천징수세액을 차감하는 규정은 해운소득부분에는 적용하지 아니하고, 비해운소득부분에 대하여만 적용하게 된다. 예로서 A해운기업은 1,000톤의 선박을 가지고 있으며 365일 운항한다고 할 때, 개별 선박표준이익[1,000톤×14원×365일×100%]은 5,110,000원이 된다. 이렇게 개별 선박의 각각에 대하여 선박표준이익을 계산하고, 이를 합산하면 선박표준이익(톤세이익)이 산출된다.

2) 해운소득에 대한 산출세액계산

앞서 설명한 바와 같이 해운이익의 법인세(톤세) 부담액은 개별 선박표준이익을 합산한 금액인 톤세이익(과세표준)에 법인세율을 곱하여 산출한다. 과세표준인 톤세이익을 계산하는 방식에 대해서는 앞서 설명한 바와 같다. 법인세율의 경우에는 톤세이익의 규모에 따라 누진세율이 적용된다. 이를 표로 제시하면 아래와 같다.

> 해운이익 = 톤세이익 = 선박표준이익 = 과세표준
> = 순톤수 × 1톤당 1운항일 이익 × 운항일수 × 사용률
> 톤 세 = 과세표준(= 선박표준이익) × 법인세율

앞의 제 3 절에서 설명한 법인세계산구조에서 제시한 A해운기업의 200×년 선박표준이익은 총 15,240,000,000원이다. 이 금액에 법인세율을 곱하여 톤세이익에 대한 법인세액을 산출하게 된다.

이처럼 해운기업의 경우 운임, 대선료, 선박구입 등 해운소득의 경우 법인세 과세표준산출시 영업이익을 사용하지 않고, 선박톤수와 운항일수를 기준으로 산출한 선박표준이익을 과세표준으로 삼는다. 영업이익이 아닌 보유선박톤수와 운항일수를 기준으로 하기 때문에 세금납부규모를 사전에 예측할 수 있어 중·장기 계획을 세워 사업을 추진할 수 있다는 장점이 있다. 그러나 이러한 톤세제도를 적용함으로써 호항기일 때는 세금부담을 줄일 수 있는 장점이 있지만, 운임이 낮아 실질적인 해운소득이 적을 경우에는 법인세체계보다 톤세제도의 적용이 더 불리하다는 단점이 있다.

참고문헌

〈국내 문헌〉

기회원, 해운경영학, 해문출판사, 1995.

길광수, "우리나라 해운산업의 중·장기 발전전략," 누리항만물류국제심포지엄 발표자료, 2006. 11. 8.

김문철, 김권중, 재무제표분석과 가치평가, 산문출판, 2005.

김복구, 이선표, 회계학원론, 한올출판사, 2007.

김정환, 물류시스템설계론, 문영각, 2001.

김종태, "외국의 선박관리업 발전사례 분석," 우리나라 해운산업의 신성장동력을 찾아서, 선박관리업 발전전략 세미나, 2009. 5.

김현겸, "우리나라 복합운송주선업의 구조 고도화 방안 연구," 해양한국, 1999. 5.

류동근, 해상운송의 이해, 다솜출판사, 2005.

류동근, "해운기업의 경영전략과 전략적 제휴의 역할에 관한 연구," 한국항해학회지 제24권 제3호, 2000. 6.

박경규, 신인사관리, 홍문사, 2006, pp. 239～246.

박민생, 최신 경영학의 이해, 형설출판사, 2005.

박석구, 최응용, 원가관리회계, 신영사, 1997.

박재린, 지식정보시대의 경영학, 무역경영사, 2004.

박정식, 박종원, 조재호, 현대재무관리, 다산출판사, 2007.

부산시, "해운 비즈니스 클러스터 구축전략 수립연구," 2009. 4.

손상익, 물류유통업 회계와 세무실무, 경영과회계, 2003.

송상엽, 회계원리(제7판), 웅지세무대학 출판사, 2005.

송인만, 윤순석, 최관, 중급재무회계(제13판), 신영사, 2007.

신재정, 경영학원론, 법영사, 2001.

신한원, "해운서비스 질의 결전요인에 관한 연구," 한국항해학회지, 1991.

안광호, 하영원, 박홍수, 마케팅원론(제 3 판), 학현사, 2004.

안기명, 현대물류회계론, 다솜출판사, 2005.

안기명, 김명재, 현대해운경영론, 다솜출판사, 2005.

ANJO 인터내셔널, 영문회계, 인터원, 2004.

오세영, 현대 해운경영의 이해 : 환경전략실무, 범한, 1998.

육근효, 물류원가관리의 혁신, 풀빛, 1998.

윤심노, 현대경영학원론, 세학사, 2005.

윤주석, 재무제표분석의 기초, 두남, 2001.

이유재, 서비스 마케팅(제 2 판), 학현사, 1999.

이정규, 김동옥, 김건우, 재무관리, 홍문사, 2000.

임우진, 장선구, 경영학원론, 비앤엠북스, 2006.

임종길, "상선선원의 직업의식에 관한 고찰," 해운물류연구, 1992, pp. 31~82.

장세진, 글로벌 경쟁시대의 경영전략, 서울 : 박영사, 2005.

전용수 외, 현대경영학의 개관, 법문사, 2006.

정경인, "소프트시스템방법론(SSM법)에 의한 해운대리점 발전방향 설정에 관한 개념모형 연구," 한국해양대학교 대학원 석사학위논문, 2008.

정기선사협의회 내부자료.

정한규, 김철중, 윤평식, 가치평가론, 경문사, 2001.

조담, 윤순석, 정성창, 장국현, 경영분석론, 박영사, 1995.

한국공인회계사회, 신회계편람, 2007.

한국선박관리업협회 내부자료.

한국선원선박문제연구소, 선박관리회사제도의 발전적 운영방안, 부산 : 한국선원선박문제연구소, 1991.

한국컨테이너부두공단, "상하이(대소양산) 및 북중국 항만의 발전이 미치는 영향과 대응방안 연구," 2004. 1.

한국해양수산개발원, "2005년 해운시황의 특징과 향후전망," 월간 해양수산 통권 제253호, 2005. 10.

해운산업연구원, 해운경영론 I, 1993.

해운항만청, 선원직업생활 의식구조 조사결과보고서, 1986.

황해화객협의회 내부자료.

현대상선, VIP Report, 해운연구실, 2003.

〈국외 문헌〉

Adams, J. S., "Inequity in Social Exchange," In L. Berkowitz(ed.), Advances in Experimental Social Psychology, Vol. 2, New York : Academic Press, 1965, pp. 267～299.

Alizadeh, A. H. & Nomikos, N. K., "The Dry Bulk Shipping Market," In C. Th. Grammenos(ed.), In The Handbook of Maritime Economics and Business, LLP, London, 2002.

American Marketing Association, "AMA Board Approves New Marketing Definitions," Marketing News, March 1, 1985.

Argyris, C., "Interpersonal Competence and Organizational Effectiveness," Homewood, Ⅲ, Irwin, Dorsey Press, 1962.

Bennis, W. & Nanus, B., "Leaders: The Strategies for Taking Charge," New York : Harper Collins, 1985.

Bass, B. M., "Leadership and Performance Beyond Expectations," New York : Free Press, 1985.

Blake, R. R. & Mouton, J. S., "Corporate Excellence Through Grid Organizational Development," Houston : Gulf Publishing, 1968.

Bolman, E. G. & Deal, T. E., "Reframing Organizations : Artistry, Choice, and Leadership," 3rd ed., San Francisco : Jossey-Bass, 2003.

Brooks, M. R., "An Alternative Theoretical Approach to the Evaluation of Liner Shipping : Part 1. Choice Criteria," Maritime Policy and Management, Vol. 2, No. 1, 1984.

Brown, D. G., "Freight Service Quality and Carrier Economics," Transportation Research Forum, 1990.

Chandler, A., "Strategy and Structure," Cambridge, M. A. : MIT Press, 1962.

Christopher H. Lovelock, "Managing Services," Englewood Cliffs, New Jersey: Prentice-Hall, 1988.

Cohen, M. D., March, J. G. & Olsen, J. P., "A Garbage Can Model of Organizational Choice," Administrative Science Quarterly, 17, 1972, pp. 1~25.

Deci, E. L. & Ryan, R. M., "Intrinsic Motivation and Self-Determination in Human Behavior," New York: Plenum Press, 1985.

Drewry, "Annual Container Market Review and Forecast 2005/6," 2005.

Fiedler, F. E., "The Contingency Model and the Dynamics of the Leadership Process," In L. Berkowitz(ed.), Advances in Experimental Social Psychology, Vol. 11, New York: Academic Press, 1978.

Fleishman, E. A., Harris, E. F. & Burtt, H. E., "Leadership and Supervision in Industry," Columbus: Bureau of Educational Research, Ohio State University, 1955.

Fleming, D. K., "Patterns of International Ocean Trade," In C. Th. Grammenos (ed.), In The Handbook of Maritime Economics and Business, LLP, London, 2002.

Frankel, E. G., "Total Quality Management in Liner Shipping," Marine Policy, January, 1993.

French, J. R. P. & Raven, B., "The Bases of Social Power," In D. Cartwright(ed.), Studies in Social Power, Ann Arbor, Institute for Social Research, University of Michigan, 1972, pp. 150~167.

Graen, G. & Cashman, J., "A Role Making Model of Leadership in Formal Organizations: A Development Approach," In J. G. Hunt & L. I. Larson(ed.), Leadership Frontiers, Kent, O. H.: Kent State University Press, 1975, pp. 143~165.

Gronroos, C., "A Service Quality Model and its Marketing Implication," European Journal of Marketing, Vol. 18, 1982.

Gorton, L., Ihre, R. and Sandevarn, A., "Shipbroking and Chartering Practice," LLP, London, 1999.

Hersey, P. & Blanchard, K. H., "Management of Organizational Behavior," 5th ed.,

Englewood Cliffs, N. J. : Prentice-Hall, 1988.

Herzberg, F., "Work and The Nature of Man," Cleveland, World, 1966.

Jago, A. G., "Leadership : Perspectives in Theory and Research," Management Science, Vol. 28-3, 1982, pp. 315~336.

Kotler, P., "Marketing Management," Prentice-Hall, 2000.

Kotler, J. P., "What Leaders Really Do," In R. P. Vecchio(ed.), Leadership : Understanding the Dynamics of Power and Influence in Organizations, Norte Dame, Indiana : Univ. of Norte Dame Press, 1997.

Lawrence, P. R. & Lorsch, J. W., "Organization and Environment : Managing Differentiation and Integration," Boston : Graduate School of Business Administration, Harvard University, 1967.

Lewin, K., "Field Theory in Social Science," New York : Harper & Row, 1951.

Locke, E. A., "Toward a Theory of Task Motivation and Incentives," Organizational Behavior and Human Performance, 1968, pp. 157~189.

Lovelock, C. H., "Service Marketing," 2nd ed., Prentice-Hall International, 1991.

Manz, C. C. & Sims Jr., H. P., "Superleadership : Beyond the Myth of Heroic Leadership," Organizational Dynamics, Vol. 19-4, 1991, pp. 18~35.

Masao, O., "The Structural Changes in Shipping Market and Marketing," Kaiun, 1984.

McGregor, D. M., "The Human Side of Enterprise," Management Review, 1957, pp. 22~28.

Mondy, W. & Noe Ⅲ, R., "Human Resource Management," 5th ed., Allyn & Bacon, 1993.

Morgan, G., "Images of Organization," Sage Publications, 1986.

Murdick *et al.*, Services Operations Management, Allyn and Bacon, 1990.

Ouchi, W. G., "Theory Z : How American Business Can Meet the Japanese Challenge, Reading," M. A. : Addison-Wesley, 1981.

Parasuraman, A., Zeithaml, V. and Berry, L., "A Conceptual Model of Service Quality and its Implications for Future Research," Journal of Marketing, Vol. 49, 1985.

Parasuraman, A. *et al.*, "SERVQUAL : A Multiple-item Scale for Measuring Consumer Perception of Service Quality," Journal of Retailing, Vol. 64, 1988.

Pearson, R., "Container Line Performance and Service Quality," University of Liverpool, Marine Transport Center, 1980.

Peters, T. J. & Waterman Jr., R. M., "In Search of Excellence : Lessons from America's Best-run Companies," New York : Harper & Row, 1982.

Porter, M. E., "Competitive Strategy : Techniques for Analyzing Industries and Competitors," New York : Free Press, 1980.

Porter, M. E., "Competition in Global Industries," Harvard Business School Press, 1985.

Porter, M. E., "Competitive Advantage," New York : Free Press, 1985.

Porter, M. E., "From Competitive Advantage to Corporate Strategy," Harvard Busienss Review, May-June 1987, pp. 43~59.

Prahalad, C. K. & Hamel, G., "The Core Competences of the Corporation," Harvard Business Review, May-June 1990, pp. 79~91.

Rochdale Committee, "Report of The Committee of Inquiry into Shipping," London : HNSO, 1970.

Rokeach, M., "The Nature of Human Values," New York : Free Press, 1973.

Schein, E. H., "Organizational Culture and Leadership," San Francisco : Jossey Bass, 1985.

Schein, E. H., "How Career Anchors Hold Executive to Their Career Paths," Personnel, May-June 1975, pp. 11~24.

Stephen W. Brown and Teresa A. Swartz, "A Gap Analysis of Professional Service Quality," Journal of Marketing, April 1989.

Stogdill, R. M., "Definition of Leadership," Handbook of Leadership, New York : Free Press, 1974, pp. 7~16.

Stopford, M., "Maritime Economics," Routledge, London, 2007.

Stopford, M., "Defining the Future of Shipping Markets," ITIC Forum 2000, London, October 2000.

Taylor, F. W., "The Principle of Scientific Management," New York : Harper, 1911.

Thomas, D. R. E., "Strategy is Different in Service Business," Harvard Business Review, July-August 1978.

Thanopoulou, H. A., Ryoo, D. K. and Lee, T. W., "Korean Liner Shipping in the Era of Global Alliances," Journal of Maritime Policy and Management, Vol. 26, No. 3, 1999, pp. 209～229.

Trunick, P. A., "Air Cargo Delivers on Commitments," Transportation and Distribution, October 1993.

UNCTAD, "Review of Maritime Transport," 2008.

Vroom, V. H., "Work and Motivations," New York : John Wiley and Sons, 1964.

Weick, K. E., "The Social Psychology of Organizing," 2nd(ed.), Reading, M. A. : Addison-Wesley, 1979.

Zeithaml, V. A. *et al.*, "Problems and Strategies in Services Marketing," Journal of Marketing, Vol. 49, Spring 1985.

국문색인

영문색인

공저자 약력

• **류동근(柳東瑾)**

한국해양대학교 해운경영학사
영국 카디프(Cardiff) 대학교 해운경영학(석사, 박사)
한국해양대학교 국제교류협력원장
해양수산부 도선수습생 전형시험(필기) 위원
현 한국해양대학교 부교수
  한국해운항만물류연구원 이사
  International Association of Maritime Economists(IAME) 정회원
  한국항해항만학회 편집위원
  부산광역시 창의시정연구위원

주요 저서 및 논문

해상운송의 이해(저서)
항만물류의 이해(저서)
세계의 선진항만(저서)
The Handbook of Maritime Economics and Business(저서)
PORTS IN ASIA : Development, Competition and Co-operation(저서)
부산항경쟁력 제고방안 연구용역
해운비즈니스 클러스터 구축전략 수립
우리나라 선박관리업 발전방안에 관한 연구
국내 컨테이너 전용터미널의 효율성 비교 : DEA 접근 외 다수
e-mail : dkryoo@hhu.ac.kr

• **김창수(金昌洙)**

중앙대학교 경영학사
플로리다 주립대(FIU)(회계학석사, 경영학박사)
한국도로공사 사외이사
중앙대학교 기획조정실장
한국회계정보학회 부회장
정부산하기관 경영평가위원
현 중앙대학교 상경학부 교수
  중앙대학교 기획관리본부장
  대학경영학회 부회장

주요 저서 및 논문

신용분석을 위한 특수회계
기술지향성과 환경요인이 제품창조성과 성과에 미치는 영향
경영성과 증대를 위한 정보기술과 은행전략의 적합성
동태적 패널모형의 회계이익률 예측능력 검증모형
The Effects of IT Expenditures on Banks' Business Performance : Using a Balanced Scorecard Approach 외 다수
e-mail : kimc@cau.ac.kr

• 윤방섭(尹仿燮)
연세대학교 상경대학(경영학사, MBA)
Georgia Institute of Technology(1991. Ph. D., 조직행동)
연세대학교 기획처장
한국기업윤리학회 상임이사
한국산업경영학회 이사
한국인사관리학회 이사
현 연세대학교 정경대학 경영학과 교수
연세대학교 원주교무처장

주요 저서 및 논문
직무요인, 조직요인과 직무만족, 조직몰입의 관계에서 임파워먼트의 매개역할
임파워먼트의 선행요인: 병원근로자들의 직종에 따른 비교연구
창업과 임금근로의 경력선택: 근로가치와 경력지향성의 영향
창업의지의 결정요인: 개인특성 및 환경요인
임파워먼트: 개념, 이론 및 실천
우리나라 제조기업의 공장자동화의 정착에 관한 연구: 인적자원적 접근 외 다수
e-mail: bsyoon@yonsei.ac.kr

• 신한원(辛瀚源)
한국해양대학교 항해학과 졸업
연세대학교 대학원 경영학과(경영학 석사, 박사)
영국 Wales 대학교 객원교수
한국해양대학교 기획실장
한국마케팅관리학회 회장
미국 Georgia주 Kennesaw State University 객원교수
현 한국해양대학교 교수

주요 저서 및 논문
국제물류기업의 서비스 지향성이 경영성과에 미치는 영향에 관한 연구
해운서비스 시장에 있어서 관계 질에 영향을 미치는 요인에 관한 실증연구 외 다수
e-mail: hwshin@hhu.ac.kr

해운기업경영론

2009년 2월 28일 초판발행
2024년 9월 11일 중판발행

저 자 류동근 · 김창수 · 윤방섭 · 신한원
발행인 안종만 · 안상준
발행처 (주)박영사
서울특별시 금천구 가산디지털로 53, 210호(가산동, 한라시그마밸리)
전화 (733)6771 FAX (736)4818
등록 1959. 3. 11. 제300-1959-1호(倫)

www.pybook.co.kr e-mail: pys@pybook.co.kr

정 가 30,000원 ISBN 978-89-7189-916-8